不动产估价：方法与案例

主 编 高 佳

东北大学出版社

·沈 阳·

图书在版编目（CIP）数据

不动产估价：方法与案例 / 高佳主编. -- 沈阳：东北大学出版社，2024.12. -- ISBN 978-7-5517-3735-7

Ⅰ. F293.3

中国国家版本馆 CIP 数据核字第 2024JP0923 号

出 版 者：东北大学出版社
　　　　　地址：沈阳市和平区文化路三号巷 11 号
　　　　　邮编：110819
　　　　　电话：024-83683655（总编室）
　　　　　　　　024-83687331（营销部）
　　　　　网址：http://press.neu.edu.cn
印 刷 者：辽宁一诺广告印务有限公司
发 行 者：东北大学出版社
幅面尺寸：170 mm × 240 mm
印 　 张：27.75
字 　 数：544 千字
出版时间：2024 年 12 月第 1 版
印刷时间：2024 年 12 月第 1 次印刷
策划编辑：牛连功
责任编辑：邱 　 静
责任校对：高艳君
封面设计：潘正一
责任出版：初 　 茗

ISBN 978-7-5517-3735-7　　　　　　　　　　定价：58.00 元

《不动产估价：方法与案例》编委会

主　　编　高　佳

副 主 编　苏　浩　吕　晓　张　鑫　吴建伟

编写人员　曹晓晨　赵怡佳　王鹏宇　陈　越

　　　　　王靖雯　姜博文　柴宇佳　朱耀辉

　　　　　刘蜀涵　李文博

前言 | PREFACE

　　不动产估价是土地资源管理领域中的一项关键技术，涉及对土地、建筑物及其他附着物的客观价值进行科学、合理的评估。在市场经济体系下，不动产估价不仅关系个人和企业的财产权益，还对国家土地资源的合理配置、优化利用具有深远影响。在城市更新、土地征用、房地产开发、资产评估、金融信贷、税收征管等多个领域扮演着至关重要的角色。准确开展不动产估价能够为市场参与者提供决策依据，促进土地资源的合理流动和有效配置，保障社会经济活动的公平与效率。

　　随着经济的发展和城市化进程进入快速发展的后期高质量发展阶段，经济发展由大规模增量建设转为存量提质改造和增量结构调整并重，促进资本、土地等要素根据市场规律和国家发展需求进行优化再配置，才能从源头上促进经济发展方式转变。不动产估价作为连接不动产市场供需、促进交易公平、维护多权益主体利益的重要环节，其重要性日益凸显。为满足高等教育对估价专业人才培养的需求，响应不动产市场对专业估价人才的需求，我们编写了《不动产估价：方法与案例》教材。本教材的编写团队由具有丰富教学经验的高校教师、丰富实践经验的行业专家组成，教材内容涵盖不动产估价的基本理论、方法和实际案例，力求做到理论与实践相结合，为学生提供全面、系统的专业知识学习教材。

　　本教材包含上篇、下篇两部分。上篇主要介绍不动产估价理论与方法，包括不动产估价理论概述、收益还原法、市场比较法、成本法、假设开发法、路线价法、长期趋势法、基准地价系数修正法和建筑物估价方法等内容。下篇介绍不动产估价程序与报告撰写方法，列举使用不同估价方法展开估价业务的不动产估价实务案例，包括国有土地使用权出让价格评估案例、国有建设用地使用权出让底价评估案例、国有建设用地使用权转让价格评估案例、房地产市场价值评估案例和房地产抵押价值评估案例等。本教材可供土地资源管理专业学生、不动产估价从业人员、行业备考人员等学习与参考。

本教材主编为高佳，副主编为苏浩、吕晓、张鑫、吴建伟。分工如下：第一章由高佳、吕晓、柴宇佳编写；第二章由高佳、吕晓、曹晓晨编写；第三章由高佳、赵怡佳编写；第四章由高佳、王鹏宇编写；第五章由高佳、陈越、姜博文编写；第六章由苏浩、王靖雯编写；第七章由苏浩、王鹏宇、朱耀辉编写；第八章由苏浩、赵怡佳编写；第九章由苏浩、姜博文、陈越编写；第十章由苏浩、王靖雯编写；第十一章、十二章由高佳、曹晓晨编写；第十三章、十四章由张鑫、曹晓晨编写；第十五章、十六章由吴建伟、曹晓晨编写。本教材由高佳、吕晓拟定思路框架，由高佳、苏浩、吕晓负责统稿和定稿。参与本教材编写的还有刘蜀涵、李文博。本教材参考了大量已经出版的国内外相关教材与图书、已发表的论文、国家现行标准和估价师资格考试指导系列教材等，在此谨向相关资料作者致以诚挚的感谢。编写中难免有缺失与疏漏之处，敬请广大读者批评指正。

本教材是东北大学2024年本科教育教学改革研究项目"企业深度参与土地资源管理专业人才培养研究与实践""'学科交叉、多维协同、知行合一'的土地资源管理专业应用创新型人才培养探索与实践"的阶段性研究成果。

编　者

2024年9月30日

目录|CONTENTS

上篇
不动产估价：理论与方法

第一章 绪 论

一、不动产的概念

不动产，与动产形成鲜明对比，其定义在多数国家的民法中遵循一项基本原则：所有附着于或固定于土地之上的物品，均被视为土地的一部分，共同构成一个统一的土地所有权。根据德国民法典、日本民法典、意大利民法典的相关规定，不动产被定义为那些不可移动或移动会导致其经济价值受损的物品。这包括但不限于土地本身、其上的建筑物、固定于土地的机械和设备，以及与土地不可分割的产出物，如果实、树木、种子和肥料等。

在我国，关于不动产的界定尚未形成一个统一且权威的标准。1988年，《最高人民法院关于贯彻执行〈中华人民共和国民法通则〉若干问题的意见（试行）》首次对不动产进行了明确，将其定义为土地、附着于土地的建筑物及其他定着物、建筑物的固定附属设备。《中华人民共和国民法典》第一百一十五条虽然提到了物的分类——包括不动产和动产，但并未对不动产给出明确的界定。《不动产登记暂行条例》中所指不动产为土地、海域以及房屋、林木等定着物。其中，土地定着物指的是那些固定于土地上且不可移动的、具有独立经济价值的物品。中国现行法律承认矿产资源、海域等作为独立于土地的定着物，因此不动产的范围应当扩展至土地、矿藏、水流以及地面上的定着物。在不动产市场交易中，不动产通常指的是土地、其附着物和隶属物，以及所有法律上不可移除的物体。

综上所述，尽管对于不动产的定义在不同法律体系中存在差异，但动产与不动产之间的区分主要基于物品的可移动性及其移动后价值是否受损。不动产通常被理解为那些固定于土地之上、无法移动或一旦移动便失去其价值或功能的物品。这类财产因其固有的不可移动性，在经济、法律和社会层面上具有独特的重要性。

　　不动产的范畴相当广泛，它涵盖了一系列与土地紧密相连的财产。具体而言，不动产包括但不限于以下几类：土地资源，如耕地、建筑用地、林地、草原、水域、荒山、荒地、滩涂等；各类建筑物及其附属设施；林木；与不动产尚未分离的产出物，如农作物。这些财产的核心特征在于它们与土地的不可分割性。

二、不动产的特征

（一）位置固定性

　　位置固定性是不动产的一项显著特征，这与动产的流动性形成鲜明对比。不动产由于其固有的物理属性，如重量和结构，一旦建立或形成，便牢固地固定在特定的地理位置上，无法轻易移动或在移动后不损害其本质特性和价值。这种物理固定性是不动产位置固定性的基础。

　　不动产的位置固定性还体现在法律层面的稳定性。法律对不动产的保护和认可确保了其权属的确定性、转移和变更的严格性。所有这些法律程序和规定旨在维护不动产的稳定性和安全性，从而使得不动产成为一种重要的投资和保值工具。法律稳定性的确立进一步强化了不动产作为长期资产的价值。

（二）多样性

　　不动产以其多样化的类型而著称，具有多样性特征，它们不仅包括不同的物质形态，还涵盖广泛的资产类别。从自然属性的角度来看，不动产指土地及其附着物，这包括但不限于住宅、商业建筑、工业设施、农业用地等，如房屋、道路、桥梁、农作物等。进而，根据城市功能的不同，不动产还可以被细分为住房、非住房以及公共设施。住房类别包括住宅、公寓、别墅等居住型建筑。非住房类别则更为广泛，包括商业用途的购物中心、商铺、办公楼，工业用途的工厂、仓库，以及生产用途的耕地、林地、草地、水域等。

　　此外，还有特殊用途的不动产，如政府大楼、图书馆、博物馆、公园等公共建筑。公共设施作为不动产的另一重要类别，包括街道、下水道系统、高速公路等基础设施，它们虽然不直接作为建筑物存在，但同样是城市运行不可或缺的一部分。

（三）异质性

　　不动产与其他资产类型相比，具有显著的异质性特征。不动产由于其独特的地理位置、使用状况和权利属性，拥有经济价值和使用价值。这种位置和条件的多样性为市场参与者提供了广泛的选择空间。政策调整、社区发展、经济波动等外部因素与权利相关人的决策等内部因素交织在一起，使不动产市场的供需关系呈现出高度的动态性和复杂性。这种动态性和复杂性进一步增强了不动产的异质性，市场需求的不断变化与供给的有限性相互作用，导致不同不动产在市场中的表现各异。正因如此，不动产市场为投资者提供了一个挑战和机遇并存的环境，投资者需要深入理解每个不动产的独特性，并在不断变化的市场条件下做出明智的投资决策。

（四）稀缺性

随着人类社会的发展和用地范围的扩张，可用于开发的土地资源变得越来越稀缺，而土地作为一种不可再生资源，一旦遭受破坏或消耗，便无法恢复。不动产的存在必须依托土地，土地资源的有限性和不可再生性直接导致不动产的稀缺性。这种稀缺性在两个方面对不动产市场产生影响。首先，它推高不动产的价格，使得不动产成为一种重要的投资和保值手段。在供不应求的市场环境下，投资者往往愿意支付高额费用来购买不动产，以期待其未来价值的增长。其次，土地资源的稀缺性加剧了不动产市场的竞争，促使开发商和投资者更加注重提升不动产的品质和附加值，以吸引更多的消费者和投资者。在这种环境下，不动产的质量和特性成为市场竞争的关键因素。

（五）土地依赖性

土地不仅是不动产的物理基础，也是支撑其价值的关键。无论是商业设施、住宅建筑、工业厂房，还是其他附着物，都需要依托土地来实现自身的功能和价值。因此，土地作为不动产的核心载体，在特定条件下，能够独立作为资产进行运营、处置，并产生经济收益，成为资产配置中不可或缺的一部分。

土地为不动产提供了必要的环境条件。不动产的使用、转让、抵押等经济活动都必须以土地为基础。如果房屋及建筑物与土地分离，那么它们的基本功能将难以实现，其价值也会大打折扣。

（六）保值增值性

不动产具有独特的保值增值特性，它们不会因为使用或时间的流逝而损耗或毁灭，反而可能随着时间的推移而增值。在我国，土地使用权有明确的年限规定，但不动产的不可移动性和耐久性确保了其价值的稳定性。每一宗不动产都处于特定的地理位置，这些位置通常具有独特的自然、经济和社会条件，从而赋予不动产相对稳定的价值。尽管市场供需关系和经济环境等因素可能会影响不动产的价格，但与其他类型的资产相比，不动产的价值波动通常较小。这种稳定性使得不动产成为抵御通货膨胀的有效工具。

随着城市化进程的加速和人口的增长，土地资源的稀缺性日益显著，但不动产具有适应性，能够通过改造和再开发来满足新的需求。例如，旧工厂可以被改造成创意园区或商业中心，这种功能上的灵活性进一步增强了不动产的保值增值潜力。

（七）影响广泛性

不动产的影响远远超出了经济领域，它深入社会、环境等多个层面。从个体角度来看，不动产对个人生活、企业运营乃至社区发展都产生了深远的影响。从宏观角度来看，不动产对整个经济体系、社会结构和环境都具有不可忽视的作用。作为经济体系的重要组成部分，不动产的健康发展对于经济增长和稳定至关重要。政府通过政策调控和市场监管促进不动产市场的健康发展，同时保障中低收入群体的住房需求，这对于实现社会公平和包容性具有重要意义。

此外，不动产的开发和建设过程中会占用大量土地资源，并消耗大量能源和水资源，对生态环境产生直接影响。合理的规划和设计可以减少对生态环境的破坏，促进生态平衡和环境保护。

第二节 不动产市场

一、不动产市场的概念

不动产市场是不动产商品交换的统一平台，它作为连接不动产开发与消费的纽带，实现了不动产使用价值和价值的转换。这个市场包含不动产交易双方在交易过程中形成的一切商品关系，其流通的基本形式是基于法律文件进行权属变更。不动产市场的运作涉及政策、法律、经济和社会等多个层面。尽管它具有一般市场的多元性、竞争性和动态性，但不动产的不可移动性和有限性使其与一般市场有着本质的区别。此外，由于不动产市场独特的经济属性和社会功能，其在国民经济中扮演着极其重要的角色。它不仅通过土地出让金和房产税等形式为国家财政贡献了大量资金，而且通过推动建筑业、金融业、服务业等相关产业的发展，促进了整个经济的繁荣发展。

不动产市场可以根据不同的标准进行分类。按照市场客体不同，我国不动产市场主要分为土地市场、房产市场和不动产中介服务市场。按照市场运行层次不同，不动产市场可以划分为一级、二级、三级不动产市场。一级不动产市场是国家将土地使用权出让给开发公司或使用者的交易市场；二级不动产市场是开发公司将土地与建筑物转让给消费者的市场；三级不动产市场是消费者之间进行买卖、租赁、抵押、交换的交易市场。按照用途不同划分，不动产市场还可以分为住宅市场、办公市场、娱乐市场等。

从这些分类可以看出，不动产市场的运作依赖于一个多元化且高度参与的主体体系，包括政府、不动产开发商、金融机构、中介服务机构以及企业事业单位和个人等关键角色。政府通过政策引导和监管确保市场稳定有序。不动产开发商不断创新以满足市场多元化需求，推动产业升级。金融机构的参与为市场注入活力，促进资金流动和提升市场活跃度。中介服务机构连接交易双方，为买方和卖方提供服务，降低交易成本，提高市场效率。企业事业单位和个人作为市场的使用者，其决策和行为直接影响市场供需，为市场提供动力。

不动产市场是一个复杂而庞大的体系，涉及多个参与主体和多种市场机制。它不仅是经济活动的重要组成部分，也是社会发展的重要支撑。

二、不动产市场的特征

（一）地区性

不动产市场的独特之处在于其固有的地区性，这一特性源于不动产的不可移动本质。每块土地、每座建筑物都固定于其地理位置，无法像其他商品那样在空间上自由转移。因此，不动产交易和流通主要局限于特定地理区域，形成了具有地域特色的市场。

与一般商品相比，不动产在不同地区的价格水平、供求状况和交易量存在显著差异。这些差异不仅反映了地区经济、社会和自然环境的特点，也构成了各地区不动产市场的独特格局和动态。地区性特征使得不动产市场在各个地方表现出不同的市场行为和发展趋势。

（二）权属交易性

不动产市场的流通核心在于权属的变更，这一过程严格依据法律文件进行。不动产权属交易，包括产权、所有权或使用权的转移，均基于法定契据、产权证书等法律文件。通过正规程序，权属交易确保交易双方的权益得到明确界定和有效保护。权属交易不仅是不动产市场运作的基础，也是市场健康发展的关键。它要求所有交易行为遵循法律规定，确保交易的合法性和正当性。这一特征体现了不动产市场对法律规范的依赖，以及法律在维护市场秩序中发挥的重要作用。

（三）交易形式的多样性

不动产市场以交易形式的多样性著称，这一特点源于不动产作为耐用且价值较高的商品的本质。不动产交易不仅限于直接买卖，还涵盖多种债权和债务关系，这些关系根据期限的长短、承受能力、安全性和收益的不同而有所区别。例如，长期按揭贷款、短期过桥融资、不动产抵押债券、典当和租赁等，都是不动产市场中常见的金融工具。这些金融工具不仅为市场参与者提供了多样化的融资途径，而且打破了传统市场流通的限制，增强了市场的灵活性。

借助这些金融工具，不动产能够更有效地参与到更广泛的经济活动中，满足从个人投资者到大型机构的多层次需求。这种多样性促进了市场的繁荣和健康发展，为不动产市场保持活力提供了支持。

（四）交易方式的复杂性

不动产市场的交易方式因其多样性而显得尤为复杂。市场交易不仅包括传统的买卖方式，还扩展到租赁、抵押、信托和证券化等多元化的交易模式。每一种交易方式都拥有特定的操作规则和风险属性，这要求参与交易的各方不仅要有深厚的市场知识，还要具备敏锐的市场洞察力。

在交易的每一个环节，从产权核实、合同签订到登记过户，都必须严格遵循相应的法律法规。此外，税收政策和贷款政策等法律法规的变动也会对交易方式选择和成本效益评估产生即时的影响。不动产交易的复杂性还体现在它涉及金融、税务、法律等多个领域的知识，这要求交易双方不仅要有专业的素养，还要有跨领域的综合能力。由于交易的复杂性，中介机构的参与往往非常必要，它们为交易双方提供专业的服务，帮助降低交易成本，提高市场交易效率。然而，这也相应地增加了交易过程的复杂性和挑战性。

（五）供给滞后性

不动产市场的供给调节通常表现出滞后性，这与需求调节的即时性形成鲜明对比。供给滞后性主要源于不动产的几个固有特性。首先，不动产的不可移动性意味着其供给的增加受到地理位置的严格限制。其次，不动产的开发过程漫长且复杂，从土地获取、规划设计到施工建设，每一步都需要大量的时间和资源投入。一旦土地用途被确定，它在短期内很难迅速转变为满足市场需求的供给源。这种供给的滞后性限制了市场对需求变化的响应速度。即使在需求增加的情况下，供给也需要较长时间来调整，以达到市场的新均衡。最后，不动产的建设和使用与国家的土地资源分配和利用密切相关，必须遵循国家的法律法规和政策导向。在市场供过于求的情况下，过剩的供给同样需要较长时间来消化。

(六) 市场失灵性

不动产市场存在显著的市场失灵现象，如信息不对称等。由于不动产具有多样性，其形态、产权、价值等方面存在显著差异，这增加了信息获取的复杂性和专业性。同类不动产之间的交易信息难以有效汇集，导致市场参与者难以全面了解市场行情。在没有专业中介参与的情况下，买卖双方可能无法准确掌握市场供求状况，成交价格可能无法真实反映市场价值。此外，不动产的位置、质量、用途、面积、价格等属性的多样性进一步加剧了市场的失灵现象。特别是在我国，土地实行社会主义公有制，某些企业或个体可能因特定区域或领域的优势地位而获得政府支持，这可能会对市场交易产生显著影响。

除此之外，市场的多样性和复杂性也为竞争提供了空间，形成了垄断与竞争并存的市场格局。这种格局要求市场参与者具备更高的市场洞察力和专业判断能力，以应对信息不对称带来的挑战。

(七) 对金融市场的依赖性

不动产市场因其资金密集型的特性对金融市场具有显著的依赖性。不动产的开发、运营和交易过程均需要巨额资金的支撑，通常通过金融市场的融资手段来实现。银行、证券公司、基金公司等金融机构发挥着关键作用，它们通过提供贷款、发行债券和股票等金融产品，为不动产市场注入所需的资金。金融市场的政策变动和市场条件（如利率和汇率的波动）对不动产市场有着直接且深远的影响。例如，利率的下降能够减少购房者的贷款成本，激发购房需求，从而可能推动房价上涨。相反，汇率的波动可能影响外国投资者对不动产市场的兴趣和投资决策，进而对市场供求和价格产生影响。

这种依赖性表明，金融市场的稳定性和预测性对不动产市场的健康发展至关重要。这也意味着不动产市场容易受到金融市场波动的影响，需要市场参与者密切关注金融政策和市场动态。

(八) 政府干预性

不动产市场相较于其他市场，受到政府更为深入和直接的干预。这种干预的原因在于不动产资源开发对地区经济发展、城市规划、社会稳定及金融安全具有深远的影响。为了保障土地资源的合理利用和推动城市的可持续发展，不动产资源的开发必须与城市规划紧密协调。

不动产不仅具有保值增值的特性，还因其消费和投资的双重属性以及较大的投资回报潜力，成为众多投资公司和普通家庭寻求稳定收益的重要投资渠道。然而，不动产投资的风险性以及土地资源的稀缺性也使这一领域容易成为投机行为的温床。为了应对这些挑战，政府通过制定和实施城市规划、土地政策和金融政策等措施，对不动产市场进行积极的引导和规范。这些政策旨在确保不动产开发符合城市的整体发展需求和环境保护的标准。同时，政府通过这些政策影响不动产的市场价格，以减小市场波动对社会和金融体系可能造成的冲击。

三、不动产市场的功能

（一）传递信息

不动产市场的信息传递功能是市场功能发挥的关键。借助信息发布平台、中介机构、媒体等渠道，市场动态信息得以实时更新和传播，包括价格波动、供求状况和政策变化等关键信息。这些海量信息的汇聚和传递为市场参与者（包括投资者、消费者、开发商以及政策制定者）提供了全面且及时的数据支持。信息的有效传递不仅使投资者能够评估市场趋势和制定投资策略，还帮助消费者在房源选择和价格比较上做出明智决策。此外，开发商可以根据市场需求的变化，调整其产品结构和开发计划，实现资源的优化配置。

（二）优化资源配置

不动产市场在资源配置中扮演着至关重要的角色，其功能是通过市场机制实现资源的高效流动与分配。在城市化的快速发展中，土地资源作为城市扩张和功能完善的基础，其合理配置对于推动经济增长和提高社会福祉具有决定性作用。

不动产市场的发展促进土地资源的集约利用。通过市场的价格杠杆和政府的规划引导，开发者被激励在有限的土地上建造更高密度和更高质量的建筑，这不仅提升了土地的使用效率，也促进了资源的集中和高效利用。

此外，不动产市场不仅是商品交易的场所，还是推动社会经济结构转型和资源优化配置的重要平台。通过市场机制的作用，不动产市场有助于实现资源从低效率使用向高效率使用的转变，从而为社会带来更大的经济效益和社会效益。

（三）提高就业率

不动产市场的繁荣对提高就业率具有显著影响。当一个区域的不动产市场活跃时，它能够吸引企业和人才，形成产业集群。这种集群不仅促进企业间的资源共享和技术交流，还激发合作创新，有效降低生产成本并提高生产效率，增加就业机会。

随着我国城镇化的加速，越来越多的人口流向城市，对住房、商业设施等不动产的需求显著增长。不动产市场的兴旺带动建筑业、房地产业、金融服务业和物业管理等相关产业快速发展。这些产业的发展给劳动力带来了大量的就业机会。同时，不动产市场的扩大和深化进一步增加了对专业人才的需求，为不同领域的就业者提供了广阔的职业发展空间。因此，不动产市场不仅在经济发展中起着关键作用，也是提高就业率和促进社会稳定的重要因素。

（四）调节和再分配国民收入

不动产市场作为国民经济的重要组成部分，通过其内在的价格机制，在资源配置和国民收入分配中发挥着关键作用。政府通过调整土地供应和信贷政策等关键因素，对市场供需产生影响，进而影响不动产价格。当市场需求量增长，不动产价格上涨时，市场会吸引更多投资，推动相关产业的发展和就业机会的增加。这种价格上涨的正面效应可以促进经济增长和社会就业。相反，当市场需求量减少，不动产价格下降时，可以遏制非理性投资，避免资本过度集中，减少市场泡沫的风险。

此外，政府对不动产市场的税收政策（如契税、房产税等）是国民收入再分配的重要工具。通过实施这些税收政策，政府能够将部分财富从高收入群体向低收入群体转移，实现社会资源的公平分配，促进社会的整体和谐与稳定。可见，不动产市场在调节经济、促进就业、增加政府税收以及实现社会公平方面发挥着多维度的作用，是实现宏观经济目标的重要平台。

（五）优化消费结构

不动产市场的规范化和调控政策的实施有效推动了消费者住房消费结构的理性化。现代消费者在住房选择上趋向于实用性和高性价比，而非单纯追求面积大、档次高的住宅。这种消费观念的转变有助于减少市场过度投机行为，避免泡沫经济的形成，确保住房消费与居民的实际需求和经济实力相匹配。

随着市场的成熟，居民对住房的需求已从单一的居住功能扩展到对高品质生活的追求。消费结构的多元化促使开发商在住房设计和建设中，更加重视居住环境的美观、舒适和便利。同时，开发商积极引入教育、医疗、商业等优质社区服务，以提高居民的生活品质。这种消费结构的优化不仅满足居民的多样化需求，引导消费升级，而且促进相关产业链的完善和发展，为经济增长提供了新的动力和方向。

四、中国不动产市场的形成与发展

中国不动产市场的形成是经济发展和城市化进程中的一个重要组成部分，其形成与发展包括以下几个阶段。

（1）计划经济时期的不动产管理阶段。新中国成立初期，国家对经济实行高度集中的计划管理，这一时期的不动产市场并未形成现代意义上的市场体系。社会主义改造导致大量城市房地产转为国有，私人不动产交易几乎停滞。在这一阶段，不动产的分配和使用完全依赖于政府的计划安排，市场机制未能发挥作用。

（2）改革开放后的市场觉醒与成长阶段。20世纪70年代末期，随着改革开放政策的实施，中国经济体制开始转型，为不动产市场的发展提供了肥沃土壤。1979年经济体制改革的启动为房地产市场的萌芽奠定了基础。1980年，政府提出了"出售公房、调整租金、鼓励个人建房购房"的设想，这标志着政府对房地产市场的初步探索。1984年，国家计划委员会、城乡建设环境保护部印发了《城市建设综合开发公司暂行办法》，提出建立城市房地产开发公司，开展房地产开发、建设和经营业务，标志着房地产市场的萌生。

（3）20世纪90年代，随着土地使用权依法转让和土地拍卖的实施，不动产市场开始逐步形成。1998年，住房实物分配制度的终结更是为房地产市场注入了新的活力，市场迎来了快速发展期。在此阶段，不动产市场逐步实现了市场化运作，包括土地招拍挂及房地产开发、销售、租赁等多个环节都形成较为完善的市场机制。政府出台了一系列政策措施，加强对不动产市场的调控和管理，以保障市场的平稳健康发展。

（4）规范化与数字化阶段。近年来，中国不动产市场步入规范化与数字化的新阶段。政府加强了市场监管，通过制定更为完善的法律法规，规范市场行为，保障消费者权益。信息技术飞速发展，推动房地产市场的数字化转型。大数据、云计算等现代信息技术的应用提升了市场的透明度与交易效率，降低了交易成本与风险。

在规范化与数字化阶段，政府继续加强对房地产市场的调控和管理，保持市场平稳健康发展。不动产市场加快数字化转型步伐，向多元化方向发展，提高市场透明度和交易效率。随着环保意识的提高和可持续发展理念的普及，市场将更加注重绿色低碳发展，推动绿色建筑和节能技术的应用。

（5）现阶段，中国不动产市场将继续保持平稳健康发展的态势，同时将面临新的挑战与机遇。政府、企业和个人需要共同努力，加强市场监管，推动数字化与绿色发展，以满足人民群众日益增长的美好生活需要，并积极应对全球化、区域经济一体化等外部因素为中国房地产市场带来的机遇与挑战。

第三节 不动产价格

一、不动产价格的概念

根据经济学原理，价格是商品价值在货币形式下的体现，它反映了商品与货币交换的比率。具体来讲，价格是商品在交易过程中所呈现的交换价值，用货币来量化商品、服务及资产的价值。不动产作为一种资产，在市场交易中需要通过货币来衡量其价值，这就构成了不动产价格。

不动产价格是指由人们对不动产效用的认知、不动产的稀缺性及不动产的有效需求等三者互相结合所产生的不动产的经济价值（交换价值）的货币表现形式。这一定义涵盖了不动产价格形成的几个关键因素，包括人们对不动产的效用认知、不动产的稀缺性以及不动产的有效需求。这些因素共同作用，决定了不动产在交易中的货币价值，即不动产价格。

不动产的效用是不动产满足人们欲望的能力。这些效用可以是直接的，也可以是间接的，它们共同构成了不动产价格的基础。人们对不动产效用的认知直接影响不动产价格。不动产具有居住效用，不动产作为住宅，提供了居住空间，满足人们的基本生活需求。不动产具有商业效用，商业地产可以用于商店、办公室、餐馆等商业活动，为经营者提供经营场所。不动产具有工业效用，工业用地可以用于工厂、仓库等工业生产活动，满足生产和存储的需要。不动产具有农业效用，农业用地用于种植作物、养殖动物等农业生产活动，提供食物和其他农产品。不动产还可以作为一种投资工具，通过升值或出租获取收益。不动产还具有环境效用、社会效用、文化效用、心理效用、法律效用等多种效用，这些效用在不同不动产类型和不同地区会表现出不同价值，不动产的各种效用和人们对不动产效用的认知共同决定了不动产价格。

具有不同效用的不动产往往存在着不同程度的稀缺性，正因为如此，购置不动产通常被认为是一种保值和增值的手段。不动产的稀缺性表现在很多方面。不动产具有明显的地域性特征，不同地区的不动产因地理位置、经济发展水平、人口密度等因素而具有不同的稀缺性，如一线城市和部分热点二线城市由于经济发达、人口密集，其不动产相对稀缺，价格高。不同类型的不动产（如甲级写字楼、商务园区、长租公寓等）因其用途和市场需求不同，也表现出不同程度的稀缺性，如甲级写字楼因其在商业中心区域的集中度和高端商务需求，通常具有较高的稀缺性。另外，不动产的稀缺性也受到市场供需关系的影响，在供不应求的情况下，不动产的稀缺性更为显著，大城市、中心城区的高端改善型不动产由于其供应相对有限，而需求量较大，因此具有较强的稀缺性。不动产的稀缺性是一个多维的概念，直接影响不动产价格，在进行不动产估价时需充分考虑。

不动产的稀缺性会使其产生价值，但并不能直接以价格表现出来，具有购买力支持的需求形成有效的需求才能产生价格。不动产的有效需求是消费者既有购买欲望又有支付能力的需求。在房地产市场中，有效需求的释放是市场稳定和健康发展的关键因素。

因此，不动产价格是其效用、稀缺性和有效需求三者共同作用的结果。

二、不动产价格的特征

由于不动产本身具有诸多特殊性，所以不动产价格具有如下特征。

① 不动产价格一般以交换价格或租金表示。一般不动产价格以交换价格表示，也可用一定期间（通常为一年或一个月）的收益（即租金）表示。不动产价格与租金之间的关系，犹如资本金与利息之间的关系，如果想求取本金，只要能把握纯收益与还原利率，即可依照收益还原法，将纯收益还原，求取不动产价格。相反，如果想求租金，只要能把握不动产价格及还原率，就可以求得纯租金。

② 不动产价格是关于不动产权利的价格。由于土地的地理位置具有固定性，因此在不动产市场上能够流通的并非不动产本身，而是该不动产的所有权、使用权及其他权利，不动产价格也就是这些权利的价格。这是与不动产市场的权属交易特征相对应的。

③ 不动产的价格是在长期考虑下形成的。不动产通常与其他不动产构成某一地区，但该地区的各种条件并不是固定的，其社会经济条件经常在变化之中，故不动产的使用或构成状态是否最合适，或虽然现在最合适，但随着时间的推移，能否保持最合适状态，这些都需要经常进行分析。因此，不动产价格通常是在对过去至将来的长期考虑下形成的。今天的价格是昨天的延续、明天的反映，是随着不动产本身条件的变化而不断变化的。分析该不动产过去如何使用、将来能作何使用，全面分析不动产的过去、现在和将来，才能形成不动产今天的价格或某一特定时期的价格。前面谈到不动产的使用或构成状态是否

最合适，就是通常所说的不动产的最有效使用的判断。必须根据不动产所处地区条件，依据该不动产与所处地区的关系，判断其是否为最有效使用。地区条件是经常变化的，因此，不动产的最有效使用也是在不断变化的，判断时应注意这一前提：不动产的最有效使用，能否随着时间的变化而持续，这是估价过程中必须经常注意的。

④ 不动产价格通常不具备形成市场价格的场所。不动产的现实价格通常是在实际交易过程中个别形成的，而且常受到急买、急卖、亲戚间交易等特殊情况的影响，因此其并不是由一般交易市场形成的，而是由不动产具有的固定性、不增性、个别性等土地自然特性决定的。不动产有别于其他一般商品，不易具备交易市场行情，而且不易形成固定的交易市场，不像其他一般商品可以进行样品交易、标价出售等，其价格可以在交易市场上形成。至于土地，并不能将其搬到一处作比较。虽然某些新开发的土地（住宅用地、工业用地等）可形成局部性的市场，但这是极狭小的不完全市场。就现实情况而言，不动产不可能具备完全的自由市场。因此，不动产并不具备任何人均容易识别其适当价格的市场。要获得不动产的适当价格，只有依赖于不动产估价。

三、影响不动产价格的因素

（一）一般因素

影响不动产价格的一般因素即不动产所处的社会、经济和制度背景条件，包括社会因素、经济因素和制度因素。任何不动产估价都是在既定的社会、经济、制度背景下进行的。因此，不动产估价人员必须首先对影响不动产价格的一般因素进行把握和分析。

1. 社会因素

影响不动产价格的社会因素包括人口增长和密度、城市化进程、教育和社会福利水平、政治稳定性与社会治安、不动产投机行为、消费者的心理因素和对未来的预期、国际形势的变化等。人口的增长和家庭规模的缩小提升了对住房的需求，从而推动房价上涨。城市化的发展吸引人口向城市集中，对城市不动产的需求量增加。政治稳定和社会秩序良好增强了投资者和居民的信心，促进不动产市场的繁荣。不动产投机行为可能导致不动产价格波动。消费者的心理因素，如消费者对位置、门牌号码的偏好，以及消费者和开发商对未来市场的预期，都能显著影响不动产价格。教育和社会福利水平，尤其是教育资源的分布，会影响人们对居住地的选择，进而影响不动产价格。国际形势的变化（如政治冲突或经济制裁）也可能对不动产市场产生负面影响。这些社会因素的综合作用，形成了不动产价格的复杂动态。

2. 经济因素

影响不动产价格的经济因素是多方面的（包括经济发展水平的提升），能够激发投资和消费活动，增加对各类不动产的需求量，从而推动不动产价格上涨。稳健的财政收支与金融状况为不动产市场提供资金流动性和贷款条件，影响消费者购买力和投资者决策。居民（尤其是中等收入群体）收入水平提高，对改善居住条件的需求增加，进而可能推高房价。物价水平的变动，尤其是通货膨胀，可能促使人们投资不动产以求保值，反之则可能削弱购买力。市场供求关系直接决定价格的波动，供不应求通常导致价格上涨。储蓄、消费及投资水平的变化反映居民的购买力和对未来的预期，高储蓄率可能预示着潜在的购买力。技术革新和产业结构的优化可以降低开发成本，提升不动产的质量和功能，改变需求类型。城市交通体系的完善提高了区域的可达性和吸引力，对不动产价格产生正面影响。国际经济状况的波动通过影响国际贸易和投资流动，间接作用于国内不动产市场。这些因素相互作用，共同塑造了不动产价格的动态变化。

3. 制度因素

土地和住房制度、土地利用总体规划与城市规划、税收政策、交通管制、行政隶属变更、特殊政策以及地价政策都是影响不动产价格的关键因素。土地制度（包括土地所有权和使用权）直接影响土地价格，住房制度的变化（如从福利分房到住房商品化）也显著影响住宅市场的价格。土地利用和城市规划通过对土地用途和开发强度的规定，决定了不同区域的不动产开发价值。税收政策通过影响供需双方的成本和购买力，进而调节不动产价格。交通管制通过改善或降低区域的可达性，对不动产价格产生正向或负向的影响。行政隶属的变更（如行政级别的提升或地区划归的调整）可以增加对不动产的需求，推动不动产价格上涨。特殊政策（如经济特区的设立）通过促进经济发展，提高不动产价值。地价政策通过放开或限制地价，直接影响土地成本和最终的不动产价格。这些因素综合作用，形成了复杂多变的不动产市场。

（二）区域因素

区域因素对不动产价格的影响至关重要，因为它们反映了不动产所在地区的独特条件和特性。由于不动产的不可移动性，这些区域因素在估价过程中扮演着关键角色，并且对不同用途的不动产产生不同的影响。

居住型不动产的价格是由其物理属性以及所在区域的社会和自然环境条件共同决定的。购房者首先关注的是自然环境条件（包括气候、空气质量、水资源以及灾害风险），自然环境条件直接影响居住的舒适度和健康。风景优美、环境清新的地区通常受欢迎，能够吸引购房者。其次，良好的居住环境条件（如合理的街道布局、完善的公共设施、健全的基础设施以及便利的交通）是提升住宅吸引力和价值的关键。这些条件能够显著提高居住的舒适度和便利性。再次，人文环境条件（如居民的职业、社会阶层和文化素养）对不动产价格产生影响。高教育水平和高收入阶层聚居的社区往往能够提供更好的邻里关系和社区服务，吸引更多追求高品质生活的购房者。最后，社区的文化活动、历史背景和地方特色也是增加居住型不动产吸引力的重要因素。因此，居住型不动产的价格不仅反映住宅本身的质量和条件，还体现其所在区域的综合价值。了解这些影响因素对于房地产开发商在选址和规划时做出明智决策、购房者在选择理想住宅时做出合理判断、政府在城市规划和环境改善时制定有效政策都至关重要。

商业不动产的价格深受其所在区域的多种因素影响，这些因素共同决定商业活动的繁荣程度和投资价值。商业活动的密集度（即商业繁华程度）是吸引客流和商机的关键，通常在商业活动频繁的区域，商业不动产的价值更高。客流量是衡量商业价值的直接指标。客流量大的地区往往意味着更大的商业潜力和收益。交通状况对于商业活动的可达性和吸引力至关重要，便捷的交通网络能够促进客流和物流，提升商业不动产的吸引力。商业集聚状况（即商业集中的区域）能够形成良好的商业氛围，通过集群效应吸引更多的顾客和投资。此外，营业类别及市场竞争状况会影响商业不动产的价格，特定营业类型的需求和市场竞争的激烈程度都会对商业价值产生影响。商业临近地域状况（包括周边是否有大型购物中心、娱乐设施或其他商业配套）也是影响商业不动产价值的重要因素。综合这些区域因素，商业不动产的价格反映其所在地区商业环境的吸引力和发展潜力。

工业不动产的价格受到一系列区域因素的影响，这些因素共同决定工业区域的吸引力和生产效率。首先，工业区域与市场和原材料产地的距离是一个关键因素，接近这些资源的地点通常为工业企业提供了物流和成本上的优势。其次，交通设施的便利程度对于工业运作至关重要，接近高速公路、铁路、港口和机场等主要交通网络能够显著提高物流效率。再次，稳定的水资源和动力资源供应是工业生产的基础，资源供应状况直接影响工业企业的运营能力。第四，劳动力资源的可用性、成本和技能水平是决定工业企业选址的重要因素，充足的高质量劳动力能够提升生产效率并降低人力成本。第五，产业集群的效应（即关联产业的位置）能够通过协同作用促进创新和降低生产成本。最后，政府的法律法规对产业发展的规定和政策（如土地使用政策、环境法规和税收优惠等）也会对工业不动产的选址决策和价格产生显著影响。综合这些区域因素，工业不动产的价格不仅反映其物理属性和功能，还体现其所在地区的经济潜力和政策环境。

（三）个别因素

个别因素（也就是不动产自身的特性和条件）是决定不动产价格最直接和最基本的因素。这些因素可以进一步细分为土地因素和建筑物因素。土地因素包括位置、地势、地质、地形、日照、通风、湿度、温度、土地面积、形状、临街宽度及深度等，而建筑物因素则涉及用途、质量、结构、装修、设计、设备、材料和施工质量等。

位置是影响不动产价格的显著因素，优越的地理位置通常意味着更高的价格。土地的地势、地质和地形会影响其开发成本和使用价值：地势高的地区的不动产通常价格更高，地质条件良好、地形平坦的土地同样具有更高的开发价值。日照、通风、湿度和温度等环境因素在适宜的范围内可以提升土地的效用和价格。土地面积较大、形状规则、临街宽度和深度适中的土地通常具有更高的利用效率和吸引力。土地的开发程度，如"三通一平""七通一平"，以及自然灾害的频率和严重程度，都会对土地价格产生影响。土地使用管制，包括城市规划限制条件，也会影响土地的可用性和价格。

建筑物的用途和质量直接影响其价格，不同用途的建筑物设计要求和收益潜力不同。建筑物的外观、朝向和楼层会影响其价格，外观吸引人、朝向和楼层适宜的建筑物通常更受欢迎。建筑结构、装修标准、设计、设备、材料和施工质量都是决定建筑物价格的重要因素。附属设备和完损程度也会影响房屋的便利性和满意度，进而影响价格。

总体而言，不动产的价格是由其自身因素和外部环境因素共同作用的结果。在估价过程中，估价人员需要综合考虑这些因素的复杂关系，注意定性和定量相结合，以准确评估不动产的价格。

【复习思考题】

1. 如何理解不动产的内涵？
2. 不动产具有哪些突出特征？
3. 不动产市场有哪些功能与特征？
4. 影响不动产价格的因素有哪些？

第二章　不动产估价概述

········· **第一节　不动产估价理论** ·········

一、地租理论

地租理论是土地经济学中的核心概念之一，它起源于对土地这一独特资源经济价值的深入探讨。土地因其不可再生性和地理位置的固定性，被视为一种有限的生产要素，在经济活动中具有稀缺性。地租，作为土地稀缺性的经济反映，是对土地使用权的一种经济补偿。

从历史脉络来看，地租理论的探讨始于古典经济学时期。亚当·斯密和大卫·李嘉图等经济学先驱通过对地租本质的分析，为地租理论的发展奠定了坚实的基础。他们的观点不仅影响了后来的经济学研究，也为不动产估价中的地租理论提供了理论支撑。进而，马克思在批判资本主义社会的剥削机制时，对地租理论进行了深刻的分析和系统化构建。他将地租视为资本主义生产方式下土地所有者对劳动者创造的剩余价值的一种索取，从而形成了一个全面而深刻的地租理论体系。

（一）古典经济学的地租理论

地租理论作为古典经济学的重要组成部分，其思想萌芽可以追溯至17世纪。随着18世纪和19世纪资本主义经济的迅猛发展，资产阶级与封建地主阶级之间的矛盾逐渐尖锐，这一社会经济背景为地租理论的产生和发展提供了肥沃的土壤。在这样的历史条件下，古典经济学的地租理论应运而生，并逐步得到深化和完善。

1. 威廉·配第的地租理论

威廉·配第是英国古典政治经济学的奠基人之一，其主要经济著作包括《赋税论》《政治算术》《献给英明人士》《货币略论》等。这些作品对后世经济学的发展产生了深远的影响。

配第的地租理论主要围绕农业生产展开。他提出，地租是农业生产中土地使用所产出的农作物的剩余部分。具体而言，总收获物由三部分组成：种子、工资和地租。其中，种子代表生产资料的成本，工资代表劳动者的生活资料，而地租则是除去前两者之后的剩余产品。配第将地租视为劳动创造的、超过工资部分的剩余价值，这一观点为理解地租的本质提供了新的视角。

此外，配第还注意到地租与土地位置和农业生产效率的关系。他指出，靠近城市的农业土地由于交通便利，能够降低农产品的运输成本，从而获得更高的地租。同时，如果农民通过增加劳动和资源投入来改良土地，提高土地的产量和质量，那么这块土地的地租也会相应增加。

配第的地租理论不仅体现了他对经济现象的深刻洞察，也为后来的地租理论发展奠定了基础。他的理论强调了土地位置、农业生产效率与地租之间的内在联系，为理解土地经济活动提供了重要的理论工具。

2. 亚当·斯密的地租理论

亚当·斯密被誉为"古典经济学之父"，其主要经济著作《国富论》对经济学领域产生了深远的影响。在《国富论》中，斯密对地租理论进行了系统性的研究，并提出了一系列重要的理论观点。

斯密认为，地租是使用土地所需支付的代价，是土地使用者为了获得土地使用权而向土地所有者支付的价格。地租是在确保土地使用者能够补偿其资本投入并获得平均利润的基础上，根据土地的实际情况所能支付的最高价格。地租并不总是土地所有者改良土地投入资本的利润或利息。这是因为土地改良的投资可能并非来自土地所有者，而是租地人。然而，在租约续订时，土地所有者往往会要求增加地租，好像他们投入了改良资本一样。

斯密还强调，地租在一定程度上是一种垄断价格。土地所有者在土地租赁关系中享有一定的垄断地位，他们会试图获取超过租地人补偿资本和获得普通利润后的剩余部分作为地租。这种垄断地位使得地租的高低与租地人所能支付的数额成比例。

斯密还注意到，不同地区的耕地由于受土壤肥力、气候条件、交通便利程度等因素的影响，其地租和利润会有所不同。例如，靠近城市或交通枢纽的耕地，由于运输成本低、市场需求大，往往能获得更高的地租和利润。斯密还观察到，如果某块土地用于生产特殊产品所能提供的地租低于生产粮食所能提供的地租，那么这块土地很可能会改为种植粮食，即地租的高低会影响土地的种植作物选择。

斯密的地租理论不仅为理解土地经济活动提供了重要的理论框架，而且对后来的经济学研究和土地政策制定产生了深远的影响。

3. 大卫·李嘉图的地租理论

大卫·李嘉图是英国古典政治经济学的主要代表之一，以其主要经济著作《政治经济学及赋税原理》闻名于世。在这部作品中，李嘉图对地租的本质进行了深入的探讨。

李嘉图认为，地租是为使用土地的固有和不可摧毁的生产力而支付给土地所有者的一部分土地产品。他区分了地租和土地改良资本的支付，指出在经过改良的农场所支付的货币额中，只有一部分是严格意义上的地租，而另一部分是对土地改良资本（包括地上建筑物）的支付。他进一步阐述，每年付给土地所有者的这种报酬，既包含地租也包含利润，其数额可能会因为不同因素的相互作用而保持不变，或者因为某一因素的影响而有所增减。

李嘉图强调，土地数量的有限性和质量的差异性是支付地租的根本原因。如果土地数量无限且所有土地具有相同的特性，那么使用土地时就无须支付地租。他提出，地租是由使用相同量的资本和劳动在不同质量的土地上获得不同产量的土地产品之间的差额而产生的。这种差额总是伴随着追加劳动量所获报酬的相应减少。

李嘉图还指出，谷物价格的高低并不是因为支付了地租，而地租的支付是因为谷物价格的高低。谷物的价格是由那些不支付地租的土地或资本的生产成本决定的，因此地租并不是谷物价格的构成部分。他甚至认为，即使土地所有者放弃全部地租，谷物的价格也不会因此下降。

李嘉图的地租理论不仅为理解土地经济活动提供了重要的理论框架，而且对后来的经济学研究和土地政策制定产生了深远的影响。他的理论强调了土地的有限性和质量差异性在地租形成中的作用，并对地租与市场价格之间的关系进行了深刻的分析。

（二）马克思的地租理论

马克思的地租理论是在马克思和恩格斯对古典政治经济学家的地租理论批判性地继承的基础上建立和发展起来的。马克思的地租理论主要研究了资本主义农业地租，对城市地租也有所涉及，主要包括资本主义地租、级差地租、绝对地租、垄断地租等内容。

1. 资本主义地租

资本主义地租是农业资本家为了获得土地使用权而向土地所有者支付的超过平均利润的剩余价值部分。这一概念揭示了资本主义社会中土地所有者、农业资本家以及农业雇佣工人三者之间的经济关系。在农业生产实践中，实际进行耕作的是农业雇佣工人，他们受雇于农业资本家。根据约定，农业资本家需要在一定期限内，按照契约规定向土地所有者支付一定数额的货币，即地租。值得注意的是，农业资本家支付地租的行为并不会减少其平均利润，而土地所有者则从中获得超额利润。

马克思进一步区分了真正的地租与投入土地的固定资本的利息。他认为，投入土地的资本并不构成真正的地租。真正的地租是为了使用土地本身——无论土地是处于自然状态还是已被开垦——而支付的。对于那些长期固定在土地上的资本，即使它们大部分或全部由租地农场主投入，在租约期满后，这些资本连同土地本身将成为土地所有者的财产。在签订新的租约时，土地所有者会将这些资本的利息加入真正的地租中，从而导致地租增加。

2. 级差地租

马克思认为，超额利润虽然等于市场价格超过个别生产价格的余额，但不是产生于资本，而是产生于对一种能够被垄断且已经被垄断的、数量有限的自然力的利用，显然这种自然力不是该生产部门的一般条件或一般都能创造的条件。在这种情况下，级差地租是产生于支配垄断土地自然力的个别资本的个别生产价格与投入该生产部门一般资本的社会生产价格之间的差额。级差地租根据形成条件不同，又可分为级差地租Ⅰ和级差地租Ⅱ两种形式。

级差地租Ⅰ是由土地的肥沃程度不同和位置差异引起的。用等量资本投在肥沃程度不同的土地上产生超额利润，这一超额利润就转化为级差地租Ⅰ。在位置不同的条件下，经营距市场较近的土地与距市场较远的土地相比，会因节约运输费而取得超额利润，这一超额利润就转化为级差地租Ⅰ。

级差地租Ⅱ是在同一块土地连续投入等量资本，各等量资本之间的生产率不同所产生的超额利润转化形成的地租。在同一块土地上，随着不断追加投资，比如采用更先进的农业技术、改良土壤、增加灌溉设施等，土地的生产效率会逐步提高。如果农产品的社会生产价格不变，那么由追加投资带来的产量增加部分就会产生超额利润。这些超额利润在土地租约期内归农业资本家所有，但当租约期满，土地所有者会根据土地生产能力的提高而提高地租，从而将这部分超额利润转化为级差地租Ⅱ。土地所有者同样会将这部分超额利润以地租的形式收取。

级差地租Ⅰ与级差地租Ⅱ虽表现不同，但实质上是一样的。

3. 绝对地租

绝对地租指的是土地所有者基于土地所有权的垄断地位所获得的地租。这种垄断使得农产品必须以高于其生产价格的价值出售，从而使得农业资本家在获得平均利润的同时，还能将农产品价值超过生产价格的部分作为绝对地租支付给土地所有者。即便是质量最差的地块，由于土地私有权的存在，农业资本家也必须支付地租，以获得土地使用权进行农业生产。

在级差地租的形成过程中，土地经营所创造的超额利润转移到了土地所有者手中，即级差地租来源于农业工人创造的剩余价值。然而，在绝对地租的情况下，土地所有权本身是导致市场价格上升的因素。仅仅拥有法律上的土地所有权，并不足以为土地所有者创造地租，真正起作用的是土地所有权的垄断地位，这才是绝对地租形成的根本原因。

4. 垄断地租

马克思指出，垄断地租是由产品的真正垄断价格带来的超额利润转化而成的地租。真正的垄断价格并非以生产价格或价值为依据，而是取决于购买者的购买欲望和支付能力。这一超额利润源自与该垄断价格产品进行交换的其他产品生产者利润的转移，也就是其他产品剩余价值的一部分。

垄断地租可分为两类：第一类垄断地租，由于土地所有权的垄断，非耕地上的投资受到限制，导致土地产品以高于其价值的垄断价格出售。在这种情况下，垄断地租实际上等同于绝对地租，因为土地的垄断性质导致了垄断价格的形成。第二类垄断地租，由于特殊土地能生产出特别的产品。鉴于土地的特殊自然条件，农业生产者在此类土地上进行生产，产出具有独特品质或稀缺性的产品，从而能够以超出价值基础的垄断价格出售，由这种垄断价格产生的超额利润便转化为垄断地租。本质上，这种垄断地租就是级差地租，在此处是垄断价格产生了地租。

（三）新古典经济学地租理论

在新古典经济学时期，盛行的地租理论是地租的边际生产力理论。一般来说，约翰·冯·杜能是这一理论的开创者，他在《孤立国同农业和国民经济的关系》（简称《孤立国》）一书中运用边际生产力概念对地租理论进行分析，还构建了区位地租理论。在边际生产力理论及其在地租中的应用方面作出重要贡献的经济学家还有门格尔、杰文斯、克拉克、威克塞尔、威克斯蒂德、马歇尔等人，其中马歇尔是重要代表人物之一。

1. 边际生产力地租

在农业生产中，资本和劳动的投入被划分为一系列等量的单位剂量，这些剂量依次投入土地。随着投入的增加，每一单位剂量所带来的产出（即报酬）可能会经历递增、递减或交替变化的阶段。在这一过程中，当某一单位剂量的产出恰好覆盖了耕作者的生产成本（包括该剂量的成本和平均利润）时，我们称这一剂量为边际剂量。边际剂量的特点是，它使得耕作者在支付了所有成本后，能够获得平均利润，而不会有额外的剩余。边际剂量的产出价值被称为边际报酬，它是评估土地投入效率的关键指标。所有投入剂量的边际报酬乘以各自的剂量数，即可得到资本和劳动投入的总报酬。如果实际总报酬超过了这个计算得出的一般总报酬，那么超出的部分就构成了土地的剩余生产物，这部分在适当的市场和法律框架下，有可能转化为地租，即土地所有者因其土地所有权而获得的额外收益。

2. 级差地租和稀有地租

马歇尔认为，地租的形成机制可以从两个角度来理解：级差地租和稀有地租。级差地租是指土地的质量和位置等存在差异，导致不同土地的产出效率和产出价值存在差异，从而使得某些土地能够产生超出平均利润的额外收益。这种额外收益即地租，是由于土地服务的总价值超过了在边际利用条件下所有土地所能提供的服务价值的总和。稀有地租则强调了土地资源的稀缺性。如果每块土地都被充分利用，即利用到其边际产出仅能覆盖生产成本（包括费用和利润）的程度，那么土地的服务或产品的价格将由土地服务的自然稀缺性和市场需求来决定。在这种情况下，地租可以被视为土地服务的稀缺价格与产品生产成本之间的差额。由此可知，级差地租反映了土地质量或位置的差异，而稀有地租则体现了土地资源的总体稀缺性。这两种地租形式共同作用，决定了土地的租金水平。

3. 城市地租

马歇尔还认为，城市地租是由位置地租和农业地租两部分组成的。位置地租是指由于地理位置的便利性而产生的额外收益，这种便利性可能包括接近市场、交通要道或其他经济活动的中心。农业地租则是基于土地的农业生产能力而产生的收益。

以两个生产者为例，如果他们在生产条件、规模和效率上完全相同，但第一个生产者由于地理位置更接近市场，因此其产品运输成本较低，这使得他能够在市场上以更有竞争力的价格销售产品，从而获得更高的利润。假设第二个生产者没有第一个生产者位置便利，其所使用的土地仅按农业土地缴纳地租。在这种情况下，第一个生产者所支付的地租不仅包括基于其土地农业生产能力所产生的农业地租，还包括由于位置便利性而产生的额外收益，即位置地租。这种地租的构成反映城市地租的双重性质：一方面，它与土地的自然生产能力有关；另一方面，它也与土地的地理位置和市场接近度有关。

4. 准地租

准地租是指那些在短期内供给缺乏弹性的生产要素所获得的收入。这些生产要素包括但不限于建筑物、特殊机器设备、专利权等。由于这些要素的供给在短期内无法迅速增加，它们在市场上具有一定程度的稀缺性，这使得它们能够获得超出其生产成本的额外收益。

马歇尔的生产要素论指出，任何生产要素，只要它的供给在一定时期内保持不变或变化很小，那么它就有可能获得准地租。这种收入的性质类似于地租，因为它是基于生产要素的稀缺性和不可替代性而产生的。然而，与土地地租不同的是，准地租通常与人类制造的生产工具相关，而不是自然赋予的资源。例如，一个拥有特殊专利的机器设备，其独特性和专利保护使得其他生产者无法轻易复制或替代，因此在短期内，这种机器设备的供给是固定的。如果该设备能够提高生产效率或创造独特的产品，那么它就能够为所有者带来额外的收入，这部分收入就是准地租。

5. 地租与土地产品价格关系

地租作为成本因素在价格决定中的作用取决于分析问题的视角和范围。在宏观经济或大型行业层面，地租通常被视为由土地产品的需求决定的。在这种情况下，土地的供给是相对固定的，因为土地的总量是有限的，且在短期内难以增加。因此，地租主要取决于对土地及其产出的需求，即引致性需求。这意味着，如果对土地产品的需求增加，那么地租也会随之上升，因为土地所有者可以要求更高的价格来补偿其土地的使用权。

然而，从单个企业或小型行业的视角来看，情况则有所不同。在这些情况下，土地的利用方式更加多样化，企业可以根据市场需求和预期利润来选择不同的土地利用方式。例如，一块土地可以用于种植小麦、开发住宅、建设写字楼或公园等。在这种情况下，土地的供给相对具有更大的弹性，因为企业可以根据市场条件调整土地的使用方式。因此，地租在这种情况下成为影响土地产品价格的一个成本因素。如果地租上升，可能会增加企业的生产成本，从而影响产品的价格。

总体而言，地租在价格决定中的作用是多维度的，它既可以是需求驱动的，也可以是成本驱动的，这取决于分析问题的经济层面和市场条件。在宏观经济和大型行业层面，地租更多地由需求决定；而在单个企业和小型行业层面，地租则更多地作为成本因素影响价格。

(四) 近现代经济学地租理论

近现代西方经济学对土地收益的认识，决定了其对地租的理解。该学说认为，土地价格是土地收益（即地租）的资本化，而其中的地租指的是经济地租，也就是土地总收益扣除总成本后的余额。这一理论的创立者为美国经济学家伊利。

伊利在《土地经济学原理》一书中提出："土地的收益是确定其价值的基

础。""若土地的总收入仅仅能够支付劳动力和其他费用的开销，那么土地将毫无收益。""土地收益决定土地价格，而非土地价格决定土地收益。"

美国现代土地经济学家巴洛维在《土地资源经济学——不动产经济学》一书中也有类似的观点。巴洛维认为："地租可以简单地被看作一种经济剩余，即总产值或总收益减去总要素成本或总成本之后所余下的那一部分。"同时他指出："各类土地上的地租额取决于产品价格水平和成本之间的关系。"

在经济学上，土地资本价值与土地收益关系模型可以用公式 $V = a/r$ 来表示。式中，V 为土地价格；a 为土地纯收益；r 为土地还原率。它包含三个基本要求，即处于正常生产条件下、土地处于最佳利用方向以及扣除了生产成本及一切赋税。将预期的土地年收益系列资本化为一笔价值基金，在经济学上称为土地的资本价值，在实践中则称为土地的售价。由此可以得出，土地价格就是土地收益的资本化，用公式表述为 $V = (R - C)/r$。式中，R 为预期总收益；C 为预期总成本。在此基础上，产生了许多实用的地价估算模型。

二、区位理论

区位是一个综合的概念，它体现了自然界地理要素与人类社会经济活动之间在空间位置上的相互联系和作用。通常将区位进一步划分为自然地理区位和经济地理区位。自然地理区位指某一事物与周围陆地、山川、河湖、海洋等自然环境的空间关系，以及该位置上的地质、地貌、植被、气候等自然条件的组合特征。经济地理区位则是在人类社会经济活动过程中形成或创造的人地关系。

区位理论形成于19世纪下半叶，在20世纪40年代初步发展。杜能、韦伯、克里斯塔勒、廖什等是区位理论初期研究的重要代表人物，他们主要研究农业、工业或市场的区位选择问题，关注点在于客体和有关区位因素的空间分布与空间联系。

（一）农业区位论

19世纪初，德国经济学家杜能创立了关于农业布局的学说。在其代表作《孤立国》中，以虚构的"孤立国"和他在德国梅克伦堡经营的台楼农场为例，试图证明农产品种类的分布取决于与市场的距离以及运输费用的多少。他设想了一个以城市为中心的关于农业分布的六个同心圆地带，这一理论在西方国家较为流行。

杜能设定了一系列假设：孤立国与世隔绝，只有一个中心城市，全国各地的农产品都以这个城市为主要销售市场；各地土壤肥沃程度相同，气候、地形等条件完全一致；城乡间的运输工具只有马车；各地农业经营者的能力和技术条件相同；平原四周是未开垦的荒野，使孤立国与外界隔离；农作物的经营目的是获取最大收益；运输费用与农产品重量和生产地到消费市场的距离成正比；市场上农产品的价格、农业劳动者的工资、资本的利息都固定不变。

在这些假设条件下，杜能认为农产品的利润由农业生产成本、农产品市场价格和农产品的运费三个因素决定。杜能分析了城市周围土地利用类型及农业集约化程度，得出城市周围土地利用类型以及农业集约化程度随距离递增呈带状变化，围绕城市形成一系列同心圆，即"杜能圈"结论。

杜能对农业区位论的研究从级差地租出发，阐明了市场距离对农业生产集约程度和土地利用类型（农业类型）的影响，得出农业布局应按距离由近到远配置不同作物，经营方式也应由集约向粗放转变。杜能从建立农业分圈层实现农业化与各圈层多种作物合理组合的理论，引申出农作物的最优区位，首次确立了土地利用方式的区位存在客观规律性和优势区位具有相对性这两个重要概念。

（二）工业区位论

德国经济学家韦伯最早完整地提出了工业区位理论，并产生了广泛影响，被公认为工业区位理论的奠基者，其代表作是《工业区位论》。

韦伯指出，理想的工业区位应最小化生产成本。他将影响工业区位选择的因素归纳为三大类：普遍适用的一般性因素和特定行业的特殊性因素；影响企业分布的区域性因素，以及促进或抑制企业集聚的集聚与分散因素；还有包括自然资源、技术条件、社会结构和文化背景在内的自然技术和社会文化因素。韦伯特别强调，运输成本、劳动力成本和集聚效应是影响企业成本的主要因素，其中运输成本尤为关键。

韦伯的工业区位理论基于一系列假设，包括地区间的自然条件和政治环境的一致性、原料的广泛分布与特定分布、劳动力的充足性与地区间工资差异、固定的销售地点和已知的销售量，以及运费与质量和距离的关系。在这些假设的基础上，韦伯提出了三个主要工业区位法则：第一，运输区位法则。这一法则指出，当原料指数（原料重量与产品重量之比）大于1时，工厂应位于原料地；当原料指数小于1时，工厂应位于消费地；当原料指数等于1时，工厂可以设在原料地或消费地。韦伯通过"区位三角形"模型分析了不同原料和市场条件下的最优区位选择，以实现运费最小化。第二，劳动区位法则。韦伯考虑了劳动力成本对工业区位的影响，提出当某一地区的劳动力成本显著低于其他地区，并且这种成本节约足以弥补由此增加的运费时，工厂可能会选择在劳动力成本最低的地点设立，即使这并非运费最低的地点。第三，集聚（分散）法则。韦伯认为，集聚效益可以导致工厂从理论上的运费最小点迁移到集聚或分散的区域。这种迁移发生的条件是，集聚或分散带来的成本节约大于从运费最小点迁移增加的费用。韦伯的这些法则为理解工业区位选择提供了一个多因素考量的框架，强调了运输成本、劳动力成本和集聚效益在决策过程中的重要性。

（三）中心地理论

中心地理论是关于城市区位的一种理论，产生于第一次世界大战后的西欧工业化和城市化迅速发展时期，由德国经济地理学家克里斯塔勒首创，发表在《德国南部中心地》一书中。中心地理论探索和揭示了城镇分布的"安排原则"，即决定城镇数量、规模和分布的原则，认为城市形成于一定数量生产地的中心地，是向周围区域居住的人口供应物品和劳务的地点，不同级别的中心地应遵循一定的等级分布规律。

中心地理论有以下基本概念：一是中心地和中心地职能。中心地是向周围地域（尤指农村地域）的居民提供各种货物和服务的地方，通常指城镇所在地。中心地的职能主要是提供货物和服务，由于各个中心地的级别不同、大小不一，所以各中心地提供的货物和服务种类也不同，表现为各个中心地的职能不同。二是人口门槛。门槛是指一个企业为维持经营活动所必须赚取的最低收入，以人口数来计算，即维持一家企业单位所需的最低人口数，这个最低人口数称为人口门槛。三是货物的最大销售距离。在其他条件不变的情况下，消费者购买货物的数量取决于实际价格，实际价格等于商品的销售价格与交通费用之和。如果商品销售价格不变，实际价格的变化主要取决于交通费用，而交通费用与出行距离直接相关。当出行距离增大到一定程度，交通费用大到消费者不准备支付时，这个距离即货物的最大销售距离。货物最大销售距离、门槛范围及实际距离之间的关系：最大销售距离＞实际距离＞门槛范围。

克里斯塔勒承袭了杜能、韦伯的抽象分析方法，在建立中心地模型之前也提出一系列假设条件：区域是均匀的，没有自然或人为的边界；人口、资源和收入分布均匀；交通系统统一，费用与距离成正比；消费者和生产者都是理性的，追求成本最小化。

克里斯塔勒探讨了中心地对周围地区担负中心服务的范围，认为距离最近、最便于提供货物和服务的地点应位于圆形商业地区的中心。但在多个中心地并存的情况下，圆形市场区不再是最合理的市场区图形，根据周边最短而面积最大和不留空当的弥合性原则，市场区最合理、最有效的图形是正六边形体系。

由于中心地提供的货物和服务有高级、低级之分，低级货物和服务的门槛较低，最大销售距离和范围较小；高级货物和服务的门槛较高，最大销售距离和范围较大。克里斯塔勒认为，不同的货物和服务的提供点都能按照一定规则排列成有顺序的等级体系，一定等级体系的中心地不仅提供相应级别的货物和服务，还提供所有低于那一级别的货物和服务。克里斯塔勒认为，可根据以下三种原则建立中心地的等级体系，即市场最优原则、交通最优原则、行政最优原则。市场最优原则即城镇按市场最优原则分布，有利于商业和服务业。交通最优原则即交通线路的交叉点往往形成城镇，城镇分布在交通线上，以优化交通效率。行政最优原则即行政中心的设置对城镇体系有重要影响，理想的体系是均匀分布的行政单位。

中心地理论主要论述一定区域（国家）内城镇等级、规模、职能间的关系及其空间结构的规律性，并采用六边形图式对城镇等级与规模关系加以概括，同杜能与韦伯的理论一起，对地理学、经济学、区域规划和城市规划等领域产生了较大影响。

三、劳动价值理论

劳动价值理论是马克思主义政治经济学的重要基础理论，主要由马克思创立并发展。其核心观点包括以下几点。

① 商品具有使用价值和价值两个因素。使用价值是物品能够满足人们某种需要的属性，由商品的自然属性决定；价值是凝结在商品中的无差别的一般人类劳动，反映的是商品生产者相互交换劳动的社会关系，是商品的本质属性。

② 生产商品的劳动具有二重性，即具体劳动和抽象劳动。具体劳动是在具体形式下进行的劳动，创造商品的使用价值；抽象劳动是抛开劳动具体形式的一般人类劳动力的耗费，形成商品的价值。

③ 商品的价值量由生产某种商品时所耗费的社会必要劳动时间决定。社会必要劳动时间是在社会平均的劳动熟练程度和劳动强度下制造某种使用价值所需要的劳动时间。

④ 随着社会分工和商品交换的进一步发展，要求一般等价物相对地固定在某一种商品上，即固定在贵金属的自然形式上，当这种充当一般等价物的职能被固定在某一种特殊商品时，这种商品就成了货币。

⑤ 价值规律是商品经济的基本规律。在商品经济条件下，商品价格以价值为中心上下波动。市场上商品的供给与需求之间经常处于不平衡状态，商品供不应求时价格上涨而高于价值，供过于求时价格下降而低于价值。

⑥活劳动是创造价值的唯一源泉。活劳动指劳动者在物质资料生产过程中耗费的体力与脑力，活劳动通过具体劳动将生产资料转化为新的使用价值，并创造出新的价值。

劳动价值理论第一次确定了什么样的劳动形成价值、为什么形成价值以及怎样形成价值，阐明了不同劳动在商品价值形成中的不同作用，并在此基础上创立了剩余价值理论，科学分析了资本主义经济运动规律，进而为马克思全部经济学说奠定了理论基础，对正确认识社会主义市场经济也具有重要指导作用。

四、供需理论

不动产供需理论体现不动产市场中供给与需求的关系及其对不动产价格和数量的影响。

（一）不动产供给

不动产供给是指在一定时期内，不动产所有者或开发者在各种可能的价格下愿意并且能够提供出售的不动产数量。例如，房地产开发商在不同的房价水平下，决定开发和销售不同数量的房屋。影响不动产供给的因素包括以下几点。

①土地供应。土地是不动产开发的基础，土地供应的数量和价格直接影响不动产的供给。如果政府增加土地供应，房地产开发商可以获得更多的开发用地，从而增加房屋的供给量。

②开发成本。开发成本包括土地购置成本、建筑材料成本、劳动力成本、融资成本等。如果开发成本上升，房地产开发商在相同价格下的利润会减少，从而减少供给。

③政策法规。政府的政策法规对不动产供给有重要影响。例如，房地产调控政策中的限购、限贷、限售等措施会影响房地产市场的需求，进而影响开发商的供给决策。此外，规划政策、环保政策等也会影响不动产的开发和供给。

④开发商预期。开发商对未来市场价格和需求的预期会影响他们的供给决策。如果开发商预期未来房价会上涨，他们可能会推迟当前的项目开发，以等待更好的销售时机，从而减少当前的供给量。

（二）不动产需求

不动产需求是指在一定时期内，消费者在各种可能的价格下愿意并且能够购买的不动产数量。例如，购房者在不同房价水平下，会决定购买不同数量的房屋。影响不动产需求的因素包括以下几点。

① 人口因素。人口数量、人口结构、人口流动等都会影响不动产需求。城市人口增长会增加不动产需求。年轻人结婚、组建家庭等会增加不动产需求。农村人口向城市迁移、城市之间的人口流动等，也会影响不同地区的不动产需求。

② 经济因素。经济发展水平、居民收入、利率等经济因素对不动产需求有重要影响。一般来说，经济发展水平越高，居民收入越高，不动产需求越高。随着经济的发展，人们的收入增加，对改善居住条件的需求会增加，从而增加不动产需求。利率的变化会影响不动产需求。当利率下降时，购房成本降低，会刺激消费者购房，增加需求；当利率上升时，购房成本增加，会抑制消费者购房，减少需求。

③ 政策因素。政府的房地产政策、税收政策等会影响不动产需求。例如，政府出台购房补贴、税收优惠等政策，会刺激消费者购房，增加需求；而出台限购、限贷等政策，会抑制消费者购房，减少需求。

④ 心理因素。消费者的心理预期、偏好等会影响不动产需求。例如，如果消费者预期房价会上涨，他们可能会提前购房，增加需求；如果消费者对某个地区的居住环境、教育资源等有偏好，也会增加对该地区不动产的需求。

(三) 不动产供需平衡

在不动产市场中，供需平衡是形成均衡价格和数量的关键因素。当市场上的供给与需求达到一致时，便形成了市场的均衡状态。在这一状态下，不动产的供应量与需求量相匹配。以房地产市场为例，当房屋的供应量与需求量达到一致时，当前的房价即为均衡价格，而相应的房屋数量则为均衡数量。

任何不动产供给或需求的变动都可能导致市场均衡状态的改变，进而影响均衡价格和均衡数量。例如，如果不动产的供给增加而需求保持不变，那么均衡价格可能会下降，而均衡数量则可能增加。反之，如果不动产的供给减少而需求不变，均衡价格可能会上升，均衡数量则可能减少。以城市房地产开发为例，当开发商大量推出新楼盘，且需求保持不变时，房价可能会下降，而房屋的销售量可能增加。

同样地，如果不动产的需求增加而供给保持不变，均衡价格和数量都可能上升。相反，如果需求减少而供给不变，均衡价格和数量都可能下降。例如，在一个经济发展放缓、居民收入下降的城市中，对住房的需求可能会减少。在这种情况下，如果房屋供应量保持不变，房价可能会下降，房屋的销售量也可能减少。这些变化反映了市场供需关系对不动产价格和交易量的直接影响。

五、补偿理论

经济学的补偿理论主要探讨在经济活动中，当发生某些变化时，如何对受到影响的主体进行补偿以实现公平和效率的平衡。补偿原理的核心观点在于，经济变化往往会带来利益的重新分配，不能仅仅以帕累托最优作为唯一的衡量标准。在现实经济中，由于达到帕累托最优的条件过于严格，很难实现，所以补偿原理允许经济变化中有一部分人受损，只要在理论上或通过一定的机制能够实现对受损者的补偿，使得整体福利得到提升，就可以认为这种经济变化是有价值的。同时，补偿理论在一定程度上考虑了社会公平因素，强调不能忽视经济变化中受损者的利益，通过合理的补偿机制来实现经济效率与社会公平的平衡。补偿理论在不动产估价中具有重要的应用价值，主要体现在以下两个方面。

（一）确定不动产价值调整因素

1. 外部性影响补偿

当外部条件对不动产产生正面或负面的影响时，补偿原则可以帮助确定其价值的相应调整。例如，如果住宅区附近新建了一个公园，这通常会提升住宅的环境质量，根据补偿原则，该住宅的价值可能会增加，以反映由外部正面效应带来的增值。相反，如果住宅区附近新建了一个工厂，可能会产生噪声、空气污染等不利因素，这时，根据补偿理论，该不动产的价值可能需要下调，以反映由外部负面效应造成的价值损失。

在进行不动产估价时，估价师会采用市场比较法等估价技术，选择受到类似外部因素影响的不动产交易案例进行比较分析。通过研究这些案例中的价格变动，估价师能够确定特定外部因素对不动产价值的具体影响，并据此调整不动产的评估价值。

2. 政策变化补偿

政府政策的变动对不动产价值具有深远的影响。例如，当某地区实施新的城市规划，将特定区域定位为商业中心，这通常会导致该区域及其周边的不动产价值显著提升。在这种情况下，根据补偿原则，可以对受益于政策利好的不动产价值进行相应的上调，以反映政策变化带来的价值增长。相反，如果政策对不动产的开发或使用施加了限制，比如为了加强环境保护而限制某些工业用地的使用，这可能会导致这些不动产的价值下降。在这种情况下，应根据补偿理论对受影响的不动产价值进行下调，以补偿由政策限制造成的价值损失。

估价师在进行不动产估价时，会密切关注政策变化，并分析这些变化对不同类型不动产价值的潜在影响。通过综合考虑政策因素，估价师能够更准确地评估不动产的市场价值，确保估价结果的合理性和公正性。

（二）评估不动产受损后的价值补偿

1. 物理损坏补偿

自然灾害和人为事故对不动产价值的影响是显著的。当不动产遭受如地震、洪水等自然灾害或火灾、爆炸等人为破坏时，其市场价值可能会遭受重大损失。在这种情况下，补偿理论可以被用来评估不动产的价值减少以及所有者应获得的补偿金额。

估价师在评估受损不动产时，会首先确定不动产在未受损害时的市场价值，然后综合考虑修复成本、功能损失以及其他相关因素，以确定不动产受损后的价值。例如，如果一栋房屋在地震中受损，需要进行大规模的修复，估价师将估算修复工程的费用，并评估由损坏导致的功能性降低（如结构稳定性降低、装修损坏等）对不动产价值的影响。

根据补偿理论，受损不动产的价值可以通过以下方式计算：损坏前的价值减去修复成本和功能损失的价值。此外，为了使不动产所有者恢复到受损前的经济状况，可能还需要考虑额外的补偿，比如临时安置费用、搬迁费用等。这种评估方法有助于确保不动产所有者得到公正的补偿，同时为保险理赔和法律诉讼提供了重要的参考依据。

2. 权益受限补偿

不动产的价值受到其权益状况的直接影响。当不动产的权益受到限制，如地役权的设定或产权纠纷导致的产权不明确，这些因素都可能削弱不动产的市场价值。补偿理论在这种情况下被用来评估权益受限对不动产价值的具体影响，并据此进行价值调整，以补偿所有者因权益受限而可能遭受的经济损失。

估价师在评估这类不动产时，会深入分析权益受限的具体情形：地役权可能包括通行权、排水权等，不同类型的地役权对不动产使用的影响不同。地役权可能是永久性的，也可能是有期限的，期限的长短会影响价值评估。地役权对不动产使用的具体限制（如限制建筑高度、限制特定用途等）都会影响不动产的价值。产权不清晰或法律纠纷可能导致不动产交易受阻，增加交易成本和风险，从而降低其价值。估价师会综合这些因素，通过市场比较法、成本法或收益法等估价方法确定权益受限对不动产价值的具体影响。例如，对于受地役权影响的不动产，估价师可能会比较类似条件下未受限制的不动产的市场价值，以确定受限不动产的价值减少幅度。通过这种细致的分析和评估，可以确保不动产所有者得到合理的价值补偿，同时为不动产交易、保险理赔和法律诉讼提供重要的参考依据。

第二节 不动产估价原则

一、替代原则

替代原则体现了普遍的市场竞争规律。在同一商品市场中，当商品（或提供服务）效用相同或相近时，价格最低者的需求量最大。由于这一现象，市场上商品价格会向最低价靠近，最终趋于一致。当有多个具有替代性的商品（或服务）同时存在于一个市场时，它们的价格会相互影响和比较，达到平衡与协调。简单来说，相同或相似的商品在同一市场价格应相近。不动产价格也遵循替代规律，即某一不动产价格由同一区域具有相同使用价值、可替代的不动产价格决定。具有相同使用价值和可替代的不动产会相互影响、竞争和牵制，使价格趋于一致。

遵循替代原则的重要意义在于揭示了不动产价格由具有替代性的其他土地价格决定的规律。在观察不动产市场时，要充分考察价格竞争环境。在估价过程中，完全竞争的思想应贯穿始终，以得到客观的估价结果。

二、预期收益原则

在市场中，不动产的当前价值并非依据历史价格或成本确定，而是取决于市场参与者对未来利益的预期。例如，破烂不堪的不动产收益不确定且需大量改造费用，价值可能较低；而城市商业中心的不动产因预期收益高，价值往往较高。可见，不动产的收益预期与其价值正相关，人们更看重其可预期的收益。在这一原则指导下，不动产价格评估的重点是未来，过去收益仅为推测未来收益变化提供依据。不动产估价中预期收益原则包含以下内容。

①市场竞争中不动产持续使用会带来收益。

②收益预期决定人们对不动产的购买欲望和支付费用，即不动产价值的高低。

③估价师应尽可能发现不动产的未来收益预期，以判断其价值。

遵循预期收益原则的意义在于，通过分析不动产收益能了解其价值的真正来源。无论购买不动产的动机如何，最终都能为权利人带来不同形式的收益，即使自住也能在市场上找到替代品并用现金衡量，从而判断不动产的价值。

三、最有效利用原则

取得不动产的目的是利用。尽管不动产用途多样，但不同利用方式收益不同，人们遵循物尽其用原则，以最可能的方式利用不动产获取最大收益。在完全竞争的市场中，不动产通常处于最有效使用状态。最有效使用可定义为不动产在合法前提下，以实体上可实现、符合市场需求且经营上能获取最佳利润的方式使用，此时不动产具有最好的价值。可以理解为，不动产需使用才有价值，处于最有效使用状态下的价值才是其真实客观价值。不动产估价中最有效利用原则包含以下内容。

①市场竞争中不动产权利人会最有效地利用不动产。

②最有效地使用会产生最大的不动产价值。

③符合市场条件的不动产最大价值是最客观的，估价应体现最有效使用状态下的价值。

遵循最有效利用原则的意义在于，考虑不动产在法律允许、技术可行、经济合理的情况下的最佳利用方式，避免仅从现状出发估价，充分挖掘不动产的潜在价值，使估价结果更准确地反映其真实市场价值。

四、供需原则

经济学理论表明，在完全自由的市场中，稳定的商品价格通常在需求与供给的均衡点形成。需求超过供给时价格上升，供给超过需求时价格下降。这一供需均衡法则也适用于土地市场。不动产价格随供给变动，供给增加价格下降，供给减少价格上升。不动产供给和需求向均衡点变动，在均衡点市场价值与价格理论上相等。但不动产供给受多种因素制约，需求相对稳定，价格与供需关系不如一般商品敏感，可能出现与理论相反的情况。但这并不意味着可以忽视供需原则，反而应透过现象考察背后的真实情况，以实现客观估价。

不动产估价中的需求与供给原则可概括为以下几点。

① 不动产市场存在供给与需求关系。

② 供给与需求变化导致不动产价格波动。

③ 应在供给与需求的均衡点上判断不动产的价格。

遵循需求与供给原则的重要意义在于揭示不同供需状况下不动产价格的变化趋势，对确定不动产现实价格至关重要。

五、变动原则

一般商品价格随价格构成因素变化而变动，不动产价格也如此。不动产价格是各种价格形成因素相互作用的结果，这些因素处于不断变动中，影响着不动产价格。变动因素包括社会、经济、政策和环境等方面，对不动产价格的影响持续且不可避免。在不动产市场中，经济状况、法律政策、不动产交易等都在不断变化，影响着不动产的需求与供给、效用、稀缺程度等，最终影响不动产的价格。不动产估价中的变动原则可概括为以下几点。

① 影响不动产价格的市场因素不断变化。

② 各种因素的变化趋势会导致不动产价格调整。

③ 不动产估价应在预估一切可能变化的前提下进行。

遵循变动原则的意义在于通过分析市场因素的变化趋势，观测和判断不动产价格的未来变化趋势，提高不动产价值评估结果的精确度。

六、报酬递增、递减原则

不动产估价的报酬递增、递减原则源于经济学边际效益递减原则。该原则认为，增加各生产要素的单位投入量时，生产的纯收益会增加，但当投入达到一定数值后，继续追加投资，纯收益不再与追加投资成比例增加。不动产投资也遵循这一原则，不动产价值与投资存在理论上的均衡点，超过该点追加费用不一定使不动产价值成比例增加。不动产估价中报酬递增、递减原则包含以下内容。

① 不动产的价值与投入在不动产上的成本有关。

② 成本投入有最佳经济均衡点，超过该点不动产价值不一定成比例增加。

③ 在成本最佳经济均衡点时不动产价值最客观。

遵循报酬递增、递减原则的意义在于避免估价师单纯从成本或收益角度估价，减少高估或低估不动产价值的风险。

七、均衡原则

均衡原则在不动产市场中意味着各种影响因素相互作用，促使不动产价格在特定范围内达到相对稳定的平衡状态。这种平衡是动态的，受供需关系、经济环境、政策法规等因素影响。例如，供需关系变化、经济环境好坏、政策法规调整等都会影响不动产价格平衡。

遵循均衡原则，估价师在进行不动产估价时需综合考虑各种因素，不能只关注某一个因素，以得出更准确的估价结果。若不遵循均衡原则，则可能导致估价结果出现偏差。

八、贡献原则

在不动产估价中，贡献原则指某一不动产的各个组成部分对该不动产整体价值的贡献程度。评估不动产价值时，需考虑各组成部分单独的价值及其对整体价值的贡献。例如，房屋的土地、建筑物结构、装修、附属设施等部分都影响着整个不动产的价值。贡献原则强调，一个组成部分的价值应基于其对整体的贡献确定，而非孤立考虑其自身价值。若某部分对整体价值提升作用大，其价值贡献就高；反之则低。不动产估价中贡献原则包含以下内容。

① 不动产总价值由土地和建筑物等构成因素贡献产生。

② 不动产价值可以依据各要素的贡献大小进行分割和分配。

③ 某一要素的价值可以在不动产总价值的基础上扣除其他要素价值得到。

遵循贡献原则的意义在于明确不动产各个组成部分对整体价值的具体贡献大小，使估价结果更加精细和合理。

九、谨慎原则

谨慎原则是指在不动产估价过程中，当面对不确定性因素时，应充分考虑可能的风险和损失，对估价结果进行保守调整，确保其可靠性和谨慎性。房地产抵押涉及时间长、风险多，拟接受抵押担保的债权人关注变现风险，因此房地产抵押价值和抵押净值评估除遵循市场价值估价原则外，还应遵循谨慎原则。遵循谨慎原则的关键在于弄清不确定性因素，若面临确定性因素则无须谨慎。当面临不确定性因素且不同判断会导致价值相对偏高、偏低和居中估计时，应采取导致对房地产抵押价值相对偏低的估计。

《房地产抵押估价指导意见》针对不同估价方法提出遵守谨慎原则的要求：在运用市场比较法估价时，不应选取成交价格明显高于市场价格的交易实例作为可比实例，并应当对可比实例进行实地查看；在运用成本法估价时，不应高估土地取得成本、开发成本、有关费税和利润，不应低估折旧；在运用收益法估价时，不应高估收入或低估运营费用，选取的报酬率或资本化率不应偏低；在运用假设开发法估价时，不应高估未来开发完成后的价值，不应低估开发成本、有关费税和利润。

十、独立、客观、公正原则

独立、客观、公正原则要求房地产估价师站在中立立场，评估出对各方当事人公平合理的价值。"独立"要求估价师凭借专业知识、经验和职业道德进行估价，不受非法干预；"客观"要求从客观实际出发，反映事物本来面目；

"公正"要求公平正直地估价，不偏袒任何一方。

不动产估价遵守独立、客观、公正原则是因为评估出的价值若不公平合理，则会损害某一方利益，有损估价师、估价机构及整个行业的声誉和公信力。遵守独立、客观、公正原则应做到：不动产估价机构是独立机构；估价机构和估价师与估价对象无现实或潜在利益关系；估价机构和估价师在估价中不受外部因素干扰，不受私心杂念影响。

十一、合法原则

合法原则要求估价结果是在依法判定的估价对象权益下的价值。所谓依法，不仅要依据宪法和相关法律、行政法规、估价对象所在地的地方性法规（民族自治地方应同时依据相关自治条例、单行条例）、缔结或者参加的相关国际条约，还要依据国务院及其各部门颁发的相关决定、命令、部门规章和政策及技术规范，最高人民法院和最高人民检察院颁布的相关司法解释，估价对象所在地的国家机关颁发的相关地方政府规章和政策，以及估价对象的规划设计条件、国有建设用地使用权出让合同、房屋租赁合同等。因此，合法原则中所讲的"法"是广义概念的"法"。

不动产估价之所以要遵守合法原则，是因为不动产价值实质上是不动产权益的价值，不动产估价从某种意义上讲是评估不动产权益的价值。但估价对象的权益必须是依法判定的，不是委托人或估价师可以随意假定的。当然，遵守合法原则并不意味着只有完全合法的房地产才能成为估价对象，除了依法不得以某种方式处分的房地产不能成为以该种处分方式为估价目的的估价对象（如法律、行政法规规定不得抵押的房地产不能成为以抵押贷款为估价目的的估价对象）外，任何权益状况的房地产都可以成为估价对象。

依法判定的估价对象权益包括依法判定的权利类型及归属，以及使用、处分等权利。具体地说，遵守合法原则应做到下列几点。

① 在依法判定的权利类型及归属方面，一般应以不动产权属证书、权属档案（不动产登记簿）以及相关合同（例如租赁权应依据租赁合同）等其他合法权属证明为依据。

② 在依法判定的使用权利方面，应以使用管制（如城市规划、土地用途管制等）为依据。

③ 在依法判定的处分权利方面，应以法律、法规、政策或者合同等允许的处分方式为依据。

④ 在依法判定的其他权益方面，评估出的价值应当符合国家的价格政策。

第三节　不动产估价制度

一、国内不动产估价制度

（一）我国的不动产估价制度发展过程

我国的不动产估价制度历经持续的发展与完善。20世纪80年代末，伴随中国对外开放的深化以及商品经济的成长，不动产投资于东部经济发达区域兴起，产权交易现象也逐步涌现，不动产估价行业由此复苏并开始萌芽，且在土地出让、国企改革、企业重组、不动产税收、抵押贷款等社会经济活动中发挥着关键作用。

我国不动产估价制度的演进历程可划分为以下几个时期。

1. 萌芽阶段（改革开放初期至20世纪80年代末）

改革开放的推进为中国的经济体制带来了深刻的变革，市场经济体制的逐步建立为不动产业的蓬勃发展奠定了基础。在这一时期，不动产市场开始显现出繁荣的景象，不动产经营企业和中介机构的数量显著增加，开发与交易的规模也在不断扩大。随着市场的活跃，不动产估价的重要性日益凸显，成为市场发展的关键环节。

1987年9月，深圳市成功出让了中国第一块国有土地的使用权，期限为50年。这一事件不仅标志着中国不动产市场的正式开启，也为中国不动产估价制度的构建奠定了基础。这一时期的发展为后续不动产市场的成熟和完善奠定了坚实的基础。

2. 初步发展阶段（20世纪80年代末至90年代中期）

随着改革开放的深入，中国不动产估价行业在20世纪80年代末至90年代中期迎来了初步发展。1988年，建设部联合其他部门共同发布的170号文件明确强调了"房地产价格估价工作的重要性"，并提出"各地应尽快组建房地产价格估价专业队伍"，这为不动产估价工作的快速发展提供了强有力的动力。

随后，相关部门陆续颁布了《关于认定房地产估价师有关问题的通知》和《土地估价师资格考试暂行办法》，这标志着中国房地产估价师职业资格认证制度的正式建立。

1993年5月，建设部和人事部联合认定了首批140名中国注册房地产估价师。1994年4月，又认定了第二批206名。这些认定工作的开展为全国范围内房地产估价师资格考试和注册制度的实施奠定了基础。

1994年5月，中国土地估价师协会正式成立，同年8月，中国房地产估价师学会也宣告成立。这两个专业组织的成立为不动产估价行业的规范化、专业化发展提供了重要的组织保障。

3. 快速发展阶段（1995年至21世纪初）

1995年，《中华人民共和国城市房地产管理法》的实施从法律层面确立了房地产估价师在中国经济发展和不动产业中的重要作用。随后，相关配套政策如《房地产估价师职业资格考试实施办法》的出台标志着中国不动产估价制度的进一步完善，房地产职业资格的认定方式由之前的认定制转变为全国统一考试制度。在这一时期，大多数估价机构隶属政府部门或企业，其业务主要集中在地价管理、房地产交易管理、房屋拆迁管理等领域，为政府的决策和市场交易提供了重要的专业支持。

2000年，根据国务院发布的《关于经济鉴证类社会中介机构与政府部门实行脱钩改制的意见》，估价机构开始转型，由估价师出资设立的有限责任公司或合伙企业成为主流，这标志着估价机构的市场化和专业化进程迈出了重要一步。

4. 规范完善阶段（21世纪初至今）

1999年《房地产估价规范》（GB/T 50291—1999）的发布以及2001年《城镇土地估价规程》（GB/T 18508—2001）的出台，标志着中国首次以国家标准的形式对不动产估价行为进行规范，为行业的标准化发展奠定了基础。2005年10月，《房地产估价机构管理办法》发布，进一步规范了房地产估价机构的行为，维护了市场秩序，保障了当事人的合法权益。

2014年《城镇土地估价规程》（GB/T 18508—2014）以及2015年《房地产估价规范》（GB/T 50291—2015），对原有标准进行了首次修订，进一步提升了行业的规范性。2016年12月，《中华人民共和国资产评估法》实施，不仅填补了估价行业的法律空白，也为整个行业的规范与发展提供了重要的指导。

随着不动产市场的持续发展与成熟，相关法规、规章和标准的不断完善，中国构建起了一套涵盖不动产估价技术标准、操作流程、报告撰写等方面的系统性规范，使得不动产估价工作更加标准化、规范化。同时，行业自律组织的不断发展壮大加强了对估价机构和估价师的管理与监督，为不动产估价行业的健康发展提供了有力保障。

（二）我国现行不动产估价制度

1. 估价机构

估价机构应当依法采用合伙或者公司形式，聘用估价专业人员开展估价业务。设立估价机构，应当向工商行政管理部门申请办理登记。估价机构应当自领取营业执照之日起三十日内向有关估价行政管理部门备案。估价行政管理部门应当及时将估价机构备案情况向社会公告。

合伙形式的估价机构应当有两名以上估价师；其合伙人三分之二以上应当是具有三年以上从业经历且最近三年内未受停止从业处罚的估价师。公司形式的估价机构应当有八名以上估价师和两名以上股东，其中三分之二以上股东应当是具有三年以上从业经历且最近三年内未受停止从业处罚的估价师。估价机构的合伙人或者股东为两名的，两名合伙人或者股东都应当是具有三年以上从业经历且最近三年内未受停止从业处罚的估价师。

2. 从业人员

估价专业人员从事估价业务，应当加入估价机构，并且只能在一个估价机构从事业务。估价专业人员包括估价师和其他具有估价专业知识及实践经验的估价从业人员。估价师是指通过估价师资格考试的估价专业人员。

3. 监督管理

住房和城乡建设部负责制定房地产估价的准则、标准和估价行业监督管理办法，自然资源部负责制定土地估价的准则、标准和估价行业监督管理办法。设区的市级以上人民政府有关估价行政管理部门依据各自职责，负责监督管理估价行业，对估价机构和估价专业人员的违法行为依法实施行政处罚，将处罚情况及时通报有关估价行业协会，并依法向社会公开。估价行政管理部门对有关估价行业协会实施监督检查。

4. 行业自律组织

估价行业协会是估价机构和估价专业人员的自律性组织，依照法律、行政法规和章程实行自律管理。估价行业按照专业领域设立全国性估价行业协会，根据需要设立地方性估价行业协会。估价行业协会的章程由会员代表大会制定，报登记管理机关核准，并报有关估价行政管理部门备案。估价机构、估价专业人员加入有关估价行业协会，平等享有章程规定的权利，履行章程规定的义务。有关估价行业协会公布加入本协会的估价机构、估价专业人员名单。不动产估价行业协会有中国房地产估价师与房地产经纪人学会和中国土地估价师与土地登记代理人协会。

中国房地产估价师与房地产经纪人学会（China Institute of Real Estate Appraisers and Agents，CIREA）简称中房学，是全国性的房地产估价、经纪及住房租赁行业自律管理组织，由从事房地产估价、经纪及住房租赁活动的专业人士、机构及有关单位组成，依法对房地产估价、经纪及住房租赁行业进行自律管理。

中国房地产估价师与房地产经纪人学会的业务范围如下。

①组织开展房地产估价和经纪租赁理论、方法及其应用的研究、讨论、交流和考察。

②经政府有关部门批准，拟订并推行房地产估价和经纪租赁执业标准、规则。

③协助行政主管部门组织实施全国房地产估价师职业资格考试。

④经政府有关部门批准，实施房地产经纪专业人员职业资格评价，办理房地产经纪专业人员资格证书登记。

⑤开展房地产估价和经纪租赁业务培训，对房地产估价师、房地产经纪专业人员进行继续教育，推动知识更新。

⑥建立房地产估价师和房地产估价机构、房地产经纪专业人员和房地产经纪租赁机构信用档案，经政府有关部门批准，开展房地产估价机构和房地产经纪租赁机构资信评价。

⑦提供房地产估价和经纪租赁咨询和技术服务。

⑧依照有关规定，编辑出版房地产估价和经纪租赁刊物、著作，建立有关网站，开展行业宣传。

⑨代表本行业开展国际交往活动，参加相关国际组织。

⑩向政府有关部门反映会员的意见、建议和要求，维护会员的合法权益，支持会员依法执业。

⑪办理法律、法规规定和行政主管部门委托或授权的其他有关工作。

中国土地估价师与土地登记代理人协会（China Real Estate Valuers and Agents Association，CREVA）简称中估协，是由具有土地估价资格、土地登记代理资格及从事土地估价、登记代理工作的组织和个人自愿组成，依法登记成立的、非营利性的全国行业自律性社会团体。

中国土地估价师与土地登记代理人协会的业务范围如下。

①制定、实施土地估价、登记代理行业执业准则和职业道德准则，建立各项自律制度，形成完善有效的行业自律性约束机制。

②经政府有关部门授权，承担土地估价、登记代理中介机构和人员职业资格认定，以中介机构执业注册、土地估价师和土地登记代理人执业登记的方式实行市场准入，实施行业自律管理。

③负责会员的管理及组织联络，维护会员的合法权益，反映会员的意见和要求，维护行业利益，提升行业地位，保障土地估价师、土地登记代理人依法执业的权利，代表会员向有关部门反映诉求。

④组织土地估价、登记代理理论、方法和政策的研究与交流，制定土地估

价和登记代理专业技术指南，为会员提供专业技术支持和信息服务，开展业务培训和考核，向社会提供专业咨询服务，提升行业的整体技术水平和综合服务能力。

⑤经政府有关部门授权，组织实施土地估价师资格考试和实践考核工作；协助业务主管单位组织实施全国土地登记代理人资格考试。

⑥根据《中华人民共和国资产评估法》要求，协同业务主管单位开展对土地估价、登记代理中介机构和人员执业质量的监督检查，并按有关程序对违反土地估价、登记代理行业执业准则和职业道德准则的协会会员进行相应处理或处罚。

⑦受理土地估价、登记代理业务活动中发生纠纷的调解。

⑧建立土地估价师和土地估价中介机构、土地登记代理人和登记代理中介机构信用档案。

⑨根据国家有关规定，编辑印发土地估价、登记代理书刊、资料，开展与国内外各相关组织的合作、交流与宣传工作。

⑩接受业务主管单位委托的符合本协会宗旨的其他工作。

二、国外不动产估价制度

（一）美国的不动产估价制度

美国对估价行业的管理工作由联邦政府及相关机构、全国性的估价学会和协会承担。其中，美国估价基金会和美国估价学会发挥着重要作用。

美国估价基金会是非营利性的教育机构，致力于提高估价行业的水平。其职责包括建立、完善并推行专业估价实务统一标准，即美国评估准则（US-PAP）；建立估价师许可、注册和重新注册的教育资格标准和经历资格标准；向估价职业人员、州和联邦政府的机构、估价服务的使用者、相关行业和行业组织以及社会公众传播关于 USPAP 和估价师资格标准的信息；资助对估价师和估价服务使用者有益的相关活动。

美国估价学会由不动产估价师学会（SREA）和不动产评估师协会（AIREA）于1991年合并成立，已成为住房和商业房地产评估教育、研究、出版和专业成员选派方面的公认权威机构，是估价基金会最大的成员。其主要任务是：制定并实施严格的行业法规；向合格的不动产估价人员颁发专业资格称号；保持高水准的估价服务；推行高标准的估价教育课程与培训计划；提供有关不动产估价方面的出版物；加强和促进相关研究工作等。该学会按照估价师的专业水平和实践经验授予两种类型的专业资格称号，即高级住宅估价师（在居住用房地产估价中有经验的估价师）和估价学会会员（在商业、工业、住宅或其他类型的不动产估价中有经验的估价师以及在不动产投资决策中提供咨询服务的估价师）。

美国估价学会对高级住宅估价师的资格要求包括：受承认的教育机构颁发的大学学位；通过专业评估执业统一准则课程；通过估价学会的住宅估价师委员会的3门以上（含3门）课程考试；准备一份有关住宅产业的估价报告；3000小时（基本上相当于18个月的工作）有关独户住宅、排屋和不超过4个单元的收益性居住物业的估价经验。对估价学会会员的资格要求包括受承认的教育机构颁发的大学学位；通过专业评估执业统一准则、估价报告书写作和估价分析课程考试；通过估价学会的一般产业委员会的7门以上（含7门）课程考试；提交一份估价报告；4500小时的商业、工业、租售、农业和居住用房地产估价的实践经验。此外，估价学会也非常重视对已从业人员的继续教育，强调估价师的持续学习和专业发展，以保持其专业知识和技能的更新。例如，美国估价学会强制性推行职业教育再培训计划，要求学会会员在3年内参加60个学时的高级课程讲座和学术研讨会等活动。

美国估价协会通过制定职业道德条款和行业法规，规范估价师的行为。估价师在进行估价时必须遵守相关的职业道德规范，如行为、管理、保密、档案保管等方面的规定。同时，美国估价协会会对违规行为进行调查和处理，以维护行业的良好秩序。

美国有各种专门的保险公司为估价机构提供保险产品和计划，以降低估价机构和估价师的执业风险。例如，估价机构（法人）必须定期购买执业保险。

（二）日本的不动产估价制度

日本的不动产估价制度较为完善。日本称房地产估价为不动产鉴定。在制度建立方面，经历了一系列过程。1961年3月，日本公共用地取得制度调查会向建设大臣建议建立不动产鉴定评价制度，1962年成立宅地制度审议会，1963年7月通过不动产鉴定评价法并于1964年4月实施，同时，1964年3月制定了不动产鉴定评价基准，使估价制度趋于完善。

在管理方面，日本为了行使有关对不动产估价的法律规定的权力，在国土厅中设置了土地鉴定委员会。

1. 日本不动产鉴定人员的资格要求

日本法律对不动产鉴定人员有严格的资格要求。首先，不动产鉴定人员应凭良心诚实进行不动产的鉴定评价，不得做出损伤自身信用的行为。其次，若无正当理由，不得将业务上所得的秘密向他人泄露。此外，日本还制定了不动产鉴定评价的伦理纲要，要求不动产鉴定人员具备良好的道德品质。想要取得不动产鉴定师资格，往往需要经过多次考试，并且要有一定年限的实务经验，还可能需要完成实务补习。

2. 日本不动产鉴定业者的登记规定

在日本，从事不动产鉴定业务的从业者需要向政府登记。若从业者想要在两个以上的都道府县设立事务所，则需向国土厅登记，其他则向事务所所在地的都道府县登记。登记的有效期间为3年，期满后若欲继续营业则需要重新登记。经营者还需每年一次向国土厅或都道府县提供相关文件。

3. 日本不动产估价的管理方式

日本对不动产估价采取多方面的管理方式。政府通过一系列法律法规来规范不动产估价行业，包括对不动产鉴定师的资格认定、业务范围和行为准则的规定等。同时，建立了监督机制，对不动产估价的过程和结果进行监督，以确保估价的公正和准确。此外，行业协会也在自律管理方面发挥了一定作用，促进了整个行业的规范发展。

4. 日本不动产鉴定的业务限制

日本对不动产的鉴定估价有明确的业务限制。例如，对农地的交易估价有特殊的规定，需要依据《农地法》和《土地改良法》，通过市町村、都道府县等法定机构另行实行规范和协调。同时，法律明确规定，除不动产鉴定估价师和助理不动产鉴定估价师以外，任何人不能进行不动产的鉴定估价业务。

（三）英国的不动产估价制度

英国的不动产估价制度具有一定的特点和体系。英国的不动产估价师主要分为民间和官方两种类型。民间的估价师主要从事契约估价和法定估价等工作，他们为各类房地产交易提供专业的价值评估服务。例如，在房产买卖、租赁和抵押贷款等场景中，民间估价师会根据市场情况、房屋状况和相关法规运用专业知识和经验对不动产进行准确估价。他们还会为客户提供有关房地产投资和资产管理的建议。官方的估价师则主要为政府的土地估价室、区域办公室及土地法定工作服务，比如为政府的土地征收、税收评估等提供估价支持，确保公共利益得到保障。当二者的估价结果有差异时，通过协调乃至土地法庭来解决。

英国皇家特许测量师学会（RICS）是行业自律性组织，在英国不动产估价领域具有重要地位和广泛影响力。RICS成立于1868年，在全球146个国家和地区拥有超过13万名会员，涵盖土地、房地产、建造和基础设施等多个领域。RICS制定了一系列严格的专业标准和道德准则，包括《RICS估价专业标准》

等。这些标准规范了测量师的行为，确保他们在进行不动产估价等工作时保持客观、公正、准确。例如，在估价过程中，测量师必须遵循严格的方法和程序，充分考虑市场因素、物业状况、地理位置等多个方面，以得出可靠的估价结果。虽然不动产估价不强制要求工作人员是RICS会员，但由于该组织具有很高的执业标准和信誉度，从事不动产估价的人员通常都是其会员，否则估价结果难以被社会广泛认可。

监管也分为民间和官方两个方面。政府通过相关部门对不动产估价行业进行一定的监督管理，如对估价机构和估价师的资质审核、对估价行为的规范等，以保障估价活动的公正性和准确性。行业组织通过制定严格的行业准则和规范对会员的行为进行约束和管理。会员需遵守相关规定，否则可能面临警告、除名等处罚，被除名者不得再担任不动产鉴定评价工作。

三、不动产估价师制度

中国设置房地产估价师准入类职业资格，纳入国家职业资格目录，实行统一考试、统一注册、分工监管。

（一）资格考试

房地产估价师职业资格考试实行全国统一大纲、统一试题、统一组织。住房和城乡建设部会同自然资源部负责审定房地产估价师职业资格考试科目，对考试工作进行指导、监督、检查。房地产估价师职业资格考试设置4个科目，原则上每年举行1次。

住房和城乡建设部会同自然资源部负责房地产制度法规政策、房地产估价原理与方法科目的考试大纲编制、命审题、阅卷等工作。住房和城乡建设部、自然资源部分别负责房地产估价基础与实务、土地估价基础与实务科目的考试大纲编制、命审题、阅卷等工作。考试大纲编写、命审题、阅卷等具体考务工作委托有关行业组织承担。

报名条件：拥护中国共产党领导和社会主义制度；遵守中华人民共和国宪法、法律、法规，具有良好的业务素质和道德品行；具有高等院校专科以上学历。

（二）资格获得

房地产估价师职业资格考试成绩实行4年为一个周期的滚动管理办法，在连续的4个考试年度内通过全部4个科目考试，方可取得中华人民共和国房地产估价师职业资格证书。

房地产估价师职业资格考试合格人员，由各省、自治区、直辖市考试管理机构颁发房地产估价师职业资格证书。该证书由住房和城乡建设部统一印制，住房和城乡建设部、自然资源部共同用印，在全国范围内有效。

（三）注册制度

国家对房地产估价师职业资格实行执业注册管理制度，取得房地产估价师职业资格并经注册的，可以依法从事房地产估价业务和土地估价业务，签署房地产估价报告和土地估价报告。

对房地产估价师实行分工监管，房地产估价师需在中国房地产估价师与房地产经纪人学会进行注册后从事房地产估价业务，签署房地产估价报告，在中国土地估价师与土地登记代理人协会进行注册后从事土地估价业务，签署土地估价报告，若只在一个协会注册，则只能开展注册协会监管的估价业务。

（四）继续教育

房地产估价师应当按照国家专业技术人员继续教育的有关规定接受相应行业组织的继续教育，更新专业知识，提高业务水平。继续教育有面授和网络教育等形式，房地产估价师每年需完成规定的继续教育学时。

【复习思考题】

1. 不动产估价的理论基础有哪些？
2. 不动产估价的基本原则是什么？
3. 中国与外国不动产估价制度的主要差异是什么？

第三章 收益还原法

第一节 收益还原法的基本原理

一、收益还原法的概念

收益还原法，亦称为收益法或收益资本化法，是一种在国际不动产评估领域广泛采用的经典方法。它适用于商业、工业、住宅以及农业等各类不动产权益价值的评估。该方法的精髓在于经济学中的预期收益原则，即资产的价值是其未来收益流的现值总和的体现。在土地经济学的框架下，收益还原法特别强调地租概念的重要性，将土地使用产生的超额利润视为一种持续的经济利益。通过资本化过程，这种持续性收益被转化为土地的当前价值。

综合来看，收益还原法通过将待评估不动产的未来纯收益以一定的不动产还原率进行还原来估算其价格。这种方法适用于评估具有收入生成能力的资产价值。收益还原法的核心在于以不动产的预期收益能力为基础，来确定估价对象的价值。通过这种方法得出的价格被称为收益价格。

二、收益还原法的理论依据

收益还原法作为一种评估不动产价值的方法，其基本思想可以这样表述：不动产，特别是那些具有收益潜力的物业，由于其较长的使用寿命，其价值不仅体现在当前能够产生的净收益上，更在于其持续创造净收益的长期能力。投资这类不动产，相当于持有一种长期稳定的收入来源。具体来说，这类不动产的价值相当于一笔资本，这笔资本如果存入银行，按照当前的利率计算，其产生的利息收入应与不动产的预期净收益相匹配。换句话说，不动产的价格实际上是"特定金额"，它满足以下公式："特定金额"乘以利息率等于预期的净收益。这种方法将不动产的预期收益能力转化为其当前的资本价值，从而为评估其市场价值提供了一种有效的途径。

通过对上述等式的转换，我们可以推导出该不动产价格的计算公式：

$$不动产价格 = 预期净收益/利息率 \qquad (3-1)$$

其中，利息率实际上指的是资本化率，它反映了投资者对于投资回报的期望，包含无风险利率及针对不同风险类型的投资溢价。式（3-1）清晰地展示了如何通过预期的年净收益和选定的资本化率来评估收益性不动产的价值。

收益还原法作为一种评估不动产价值的评估方法，其核心理念在于预期原理。这种方法认为，不动产的价值主要取决于其未来的盈利能力，而非其历史价格或建造成本。市场参与者对未来收益潜力的预期，是塑造不动产当前价值的关键因素。收益还原法不仅考虑了未来净收益的不确定性，还考虑了资本化率（还原利率）的潜在波动，以及收益期限的有限性或无限性。无论是有限期还是无限期的收益，收益还原法的通用原则都是基于评估时点，计算出在未来一段时间内持续获得的净收益的现值总和。如果存在一笔资金，其现值等于这些未来净收益的现值总和，那么这笔资金的数额就代表该不动产的价值。这种方法强调对未来收益的预测和资本化率的合理确定，以确保评估结果的准确性和可靠性。通过对不动产未来收益的深入分析，收益还原法为投资者和市场参与者提供了一种评估不动产价值的有效工具。

收益性不动产的价值，从本质上讲，是其未来净收益的现值累积。这种价值的高低主要受以下三大因素的影响：第一，未来净收益规模。不动产的预期净收益越大，其价值越高；如果净收益预期较低，其价值也会相应降低。第二，收益获取风险。风险较小的净收益获取会提高不动产的价值，因为较低的风险意味着收益的稳定性和可预测性更高；相反，如果风险较高，不动产的价值则可能会受到负面影响。第三，收益期限长度。能够持续获得净收益的时间越长，不动产的价值越高，因为较长的收益期限意味着更长时间的收益累积；如果收益期限较短，其价值可能会较低。

由此可知，收益还原法通过细致分析这三个关键维度——未来收益规模、收益获取风险以及收益期限长度——提供了一个系统性的框架来评估不动产的价值。这种方法的核心在于将不动产的预期经济利益转化为当前的货币价值，为投资者和市场参与者提供了一种评估不动产价值的有效工具。通过这种方式，收益还原法不仅考虑了不动产的当前收益能力，还考虑了其长期的盈利潜力和相关风险。

三、收益还原法的适用范围和条件

（一）收益还原法的适用范围

收益还原法主要用于有现实收益或潜在收益，且收益和风险都能准确量化的不动产估价。它不限于估价对象本身现在是否有收益，只要估价对象所属的这类不动产有获取收益的能力即可。这种方法特别适用于以下几种情况。

① 收益性房地产。商业物业（如购物中心、办公楼）、工业地产、公寓楼、酒店、度假村、医疗设施、学校、停车场等，这些物业通常通过租金、服务费等形式产生稳定的收入。

② 农业用地。农场、牧场、果园等，它们通过农作物、畜牧业或林业产品销售产生收益。

③ 自然资源。矿山、油田、天然气田等，其价值与开采资源的收益相关联。

④ 投资性物业。投资者购买并持有的物业，目的是从租金收入或资产增值中获利。

⑤ 长期租赁物业。如果物业被长期租给单一租户，且有固定的租金收入模式，那么收益还原法也是适用的。

⑥ 专业用途物业。医院、实验室、数据中心等，这些物业的收入模式通常较为稳定，且与特定的专业活动相关。

收益还原法虽然是一种广泛使用的不动产评估方法，但它并不适用于所有类型的不动产。特别是对于没有收益或收益不稳定、难以预测的物业，以及行政办公楼、学校、公园等公益性不动产，这种方法可能不太适用。例如，私人住宅、空置土地或仅用于个人使用的别墅，它们的价值往往更多地取决于位置、审美、情感价值等非经济因素。此外，在市场条件不稳定或物业的收益模式过于复杂，以至于难以进行准确预测的情况下，收益还原法的应用也会受到限制。面对这种情况，估价师可能需要考虑结合其他估价方法（如成本法或市场比较法）来综合评估不动产的价值。这种方法的多样性和灵活性有助于评估师更全面、更准确地评估不动产的市场价值。

（二）收益还原法的适用条件

收益还原法的适用条件主要围绕着评估对象是否能够产生稳定且可预测的收益，以及市场条件是否允许合理确定还原利率。其适用条件包括以下几点。

① 收益稳定性。待评估的不动产必须能够产生稳定且可预测的净收益。这种收益可以是当前实际存在的，也可以是潜在的，但必须是可以量化和预测的。

② 收益期限。不动产的收益期限应该是已知的，无论是无限期还是有限期。对于有限期的资产，收益还原法可以计算出收益期内的不动产价值。

③ 还原利率的确定。需要有一个合适的还原利率（资本化率），它反映投

资者对于该类资产的预期回报率和风险水平。还原利率的确定应该基于市场数据，考虑无风险利率、风险溢价、流动性溢价等因素。

④市场条件。市场上的租金水平、投资回报率、资本流动性和经济环境都应当相对稳定，以便于准确评估未来的收益流。

⑤收益与费用的分离。能够清晰地区分和预测资产的总收入和总费用，以便计算出净收益。

⑥法律和合同条件。评估时要考虑任何影响收益的法律或合同约束，如租赁协议、使用限制或政府规定。

⑦财务分析能力。评估者需要有能力进行财务分析，包括对资产的历史和预期收益进行审查，以及评估潜在的收入增长或减少趋势。

⑧市场参与者的理性。市场中不动产的买家和卖家都是理性的，他们会基于资产的未来收益潜力来确定其价值。

⑨信息透明度。市场上有关资产收益和风险的信息应当公开且容易获取，以便所有市场参与者都能够做出知情决策。

⑩不动产市场的有效性。不动产市场应当是有效的，即资产的价格反映了所有可用信息，包括其未来收益的预期。

四、收益还原法的基本公式

(一) 理论公式

收益还原法的基本公式用于评估收益性不动产（如房地产）的价值，基于资产未来预期的净收益和一个适当的资本化率（也称还原利率）：

$$V = \frac{a_1}{1+r_1} + \frac{a_2}{(1+r_1)(1+r_2)} + \cdots + \frac{a_n}{(1+r_1)(1+r_2)\cdots(1+r_n)} \tag{3-2}$$

式中，　　　　V——不动产在估价时点的收益价格；

n——不动产的收益期限，是自估价时点起至未来可获收益的时间，通常为收益年限；

$a_1, a_2, \cdots, a_n$——不动产相对于估价时点而言的未来第1期，第2期，第3期，……，第n期的净收益；

$r_1, r_2, \cdots, r_n$——不动产相对于估价时点而言的未来第1期，第2期，第3期，……，第n期的收益率。

（二）基本公式（无限年期）

当资产使用年期无限时，收益还原法的基本公式可以简化为：

$$不动产价格 = \frac{纯收益}{还原率} \qquad (3-3)$$

也可以表示为：

$$V = a/r \qquad (3-4)$$

式中，V——不动产价格；

　　　a——不动产纯收益；

　　　r——不动产还原率。

适用此公式的前提是：a 每年都无变化，r 每年不变且大于 0，年期无限。

【例3-1】假如有一宗不动产，正常情况下，该不动产每年的总收益为 50 万元，同时每年支出的总费用为 5 万元，估价期日时不动产还原率为 9%。则该宗不动产的无限期使用年期收益价格是多少？

【解】该宗不动产每年的纯收益都没有变化（纯收益=总收益−总费用），同时是无限期使用年限，故适用收益还原法无限年期的基本公式。

$$V = \frac{50-5}{9\%} = 500 \,（万元）$$

（三）基本公式（有限年期）

当资产使用有年限时，每年还原率不变且大于 0，在这种情况下，可以将公式简化为：

$$V = \frac{a}{1+r} + \frac{a}{(1+r)^2} + \frac{a}{(1+r)^3} + \cdots + \frac{a}{(1+r)^n} = \frac{a}{r}\left[1 - \frac{1}{(1+r)^n}\right] \qquad (3-5)$$

式中，n——不动产剩余的使用年限或有收益的年限。

适用此公式的前提是：a 每年不变，r 每年不变且大于 0，若 $r=0$，则 $V = a \times n$。

【例3-2】假如有一宗不动产，正常情况下，该不动产每年的总收益为 50 万元，每年支出的总费用为 5 万元，还原率为 9%，且不动产的剩余使用年限为 45 年，则该不动产 45 年使用期的收益价格是多少？

【解】该宗不动产有使用年限，所以不适用无限年期基本公式，还原率每年不变且大于 0，故适用有限年期基本公式。

$$V = \frac{50-5}{9\%}\left[1 - \frac{1}{(1+9\%)^{45}}\right] \approx 489.65 \,（万元）$$

（四）纯收益在若干年内有变化（无限年期）

当每年的纯收益有变化时，就需要根据理论公式和基本公式进行变化，从而求解。在无限年期内，不动产的纯收益在若干年内有变化的情况下，可以将公式变化为：

$$V = \sum_{i=1}^{t} \frac{a_i}{(1+r)^i} + \frac{a}{(1+r)^t} \qquad (3-6)$$

式中，a_i——第 i 年的纯收益；

　　　t——纯收益有变化的年限。

适用此公式的前提是：t 年以前的纯收益有变化；t 年以后的纯收益无变化且为 a；r 每年不变且大于 0；年期无限。

【例3-3】一宗不动产，通过预测计算其未来三年的纯收益分别为 5 万、8 万、12 万元，而从第三年以后每年的纯收益稳定在 15 万元，还原率为 5%，不动产无限年期的收益价格是多少？

【解】该宗不动产使用年期无限，纯收益有变化，还原率每年不变且大于 0，在第三年后每年的纯收益趋于稳定，故适用无限年期内纯收益在若干年有变化的公式。

$$V = \frac{5}{1+5\%} + \frac{8}{(1+5\%)^2} + \frac{12}{(1+5\%)^3} + \frac{15}{(1+5\%)^3} \approx 35.34 \,(\text{万元})$$

（五）纯收益在若干年内有变化（有限年期）

与上述情况的区别为不动产有使用年限，公式可以表达为：

$$V = \sum_{i=1}^{t} \frac{a_i}{(1+r)^i} + \frac{a}{r(1+r)^t} \left[1 - \frac{1}{(1+r)^{n-t}} \right] \qquad (3-7)$$

式中，n——使用年限。

适用此公式的前提是：t 年以前的纯收益有变化，t 年以后的纯收益无变化且为 a；r 每年不变且大于 0；年期有限为 n。

【例3-4】一宗不动产，通过预测计算其未来三年的纯收益分别为 5 万、8 万、12 万元，而从第三年以后每年的纯收益稳定在 15 万元，还原率为 5%，且不动产的剩余使用年限为 20 年，则该不动产使用年期的收益价格是多少？

【解】对该不动产题目分析后可以发现，与例题 3-3 仅多了一个使用年限的限制，适用于有限年期的纯收益在若干年有变化的情况。

$$V = \frac{5}{1+5\%} + \frac{8}{(1+5\%)^2} + \frac{12}{(1+5\%)^3} + \frac{15}{5\% \times (1+5\%)^3} \times \left[1 - \frac{1}{(1+5\%)^{17}}\right]$$

$$\approx 168.47 \,(\text{万元})$$

（六）纯收益在若干年内有变化（已知若干年后不动产价格的情况）

这种情况多出现在某区域在未来改变自然环境条件或用途的不动产价格评估。公式可以表达为：

$$V = \sum_{i=1}^{t} \frac{a_i}{(1+r)^i} + \frac{V_t}{r(1+r)^t} \tag{3-8}$$

式中，t——已知未来不动产价格的年限；

V_t——未来第 t 年的不动产价格。

【例3-5】 一宗不动产在现有条件下单价为3000元/米^2，每年纯收益为150元/米^2，还原率为5%。获悉该地区将规划为商业中心，需要5年时间建成，届时该地区将与现有商业中心的繁荣程度相同、土地级别相同。已知现有商业中心的不动产单价为6000元/米^2，可预测该地区5年后建成商业中心的不动产单价也将达到6000元/米^2。在获悉兴建商业中心后，该不动产无限使用年期价格是多少？

【解】 该宗不动产由于被规划为商业中心且已知商业中心的预估不动产单价，纯收益在若干年内有变化。

$$V = \sum_{i=1}^{5} \frac{150}{(1+5\%)^i} + \frac{6000}{5\% \times (1+5\%)^5} \approx 5350.60 \,(\text{元/米}^2)$$

（七）纯收益每年按等差级数递增或递减（无限年期）

在这种情况下，b 为纯收益按照等差级数递增或递减的额度，纯收益第一年为 a，则第二年为 $a \pm b$，第三年为 $a \pm 2b$，第 n 年为 $a \pm (n-1)b$。收益递增，则取正号；收益递减，则取负号。

$$V = \frac{a}{r} \pm \frac{b}{r^2} \tag{3-9}$$

【例3-6】 一宗不动产，未来第一年的纯收益为5万元，预测其后每年的纯收益会比上一年增加1万元，还原率为5%，则该宗不动产无限使用年期的收益价格是多少？

【解】

$$V = \frac{5}{5\%} + \frac{1}{5\%^2} = 500 \,(\text{万元})$$

（八）纯收益每年按等差级数递增或递减（有限年期）

获得有限年期纯收益按等差级数递增或递减的公式可以根据公式（3-9）进行推算，经推算可得递增情况下的公式（3-10）和递减情况下的公式（3-11）。

$$V=\left(\frac{a}{r}+\frac{b}{r^2}\right)\left[1-\frac{1}{(1+r)^n}\right]-\frac{b}{r}\times\frac{n}{(1+r)^n} \tag{3-10}$$

$$V=\left(\frac{a}{r}-\frac{b}{r^2}\right)\left[1-\frac{1}{(1+r)^n}\right]+\frac{b}{r}\times\frac{n}{(1+r)^n} \tag{3-11}$$

（九）纯收益每年按一定比率递增或递减（无限年期）

在这种情况下，s 为纯收益逐年递增或递减的比率，纯收益第一年为 a，则第二年为 $a(1\pm s)$，第三年为 $a(1\pm s)^2$，第 n 年为 $a(1\pm s)^{n-1}$。

$$V=\frac{a}{r\mp s} \tag{3-12}$$

式中，若收益递增，则取负号；若收益递减，则取正号。

【例3-7】一宗不动产，第一年纯收益为 5 万元，预测未来每年纯收益会比上一年增长 1%，还原率为 5%，则该宗不动产无限使用年期的收益价格是多少？

【解】该宗不动产每年纯收益按照比率上升且使用年期无限。

$$V=\frac{5}{5\%-1\%}=125（万元）$$

（十）纯收益每年按一定比率递增或递减（有限年期）

获得有限年期纯收益按一定比率递增或递减的公式可以根据公式（3-12）进行推算，经演算可获得递增情况下的公式（3-13）和公式（3-14）。

$$V=\frac{a}{r-s}\left[1-\left(\frac{1+s}{1+r}\right)^n\right] \tag{3-13}$$

$$V=\frac{a}{r+s}\left[1-\left(\frac{1-s}{1+r}\right)^n\right] \tag{3-14}$$

【例3-8】一宗不动产，第一年纯收益为 5 万元，预测未来每年纯收益会比上一年增长 1%，还原率为 5%，该不动产剩余年限为 45 年，则该宗不动产 45 年使用年期的收益价格是多少？

【解】该宗不动产每年纯收益按照比率上升且有使用年期，递增比率为 1%，还原率为 5%，使用年限为 45 年。

$$V = \frac{5}{5\% - 1\%}\left[1 - \left(\frac{1 + 1\%}{1 + 5\%}\right)^{45}\right] \approx 103.20 \,(万元)$$

五、收益还原法的特点

收益还原法适用于有现实收益或潜在收益，且收益和风险都能准确量化的不动产估价。大致可以划分为租赁不动产（租赁土地、房屋等）、经营不动产（店铺、旅馆、工厂、公司、饭店等）和农用地经营不动产（耕作、种植、养殖、休闲旅游等）。

收益还原法考虑的是不动产未来能够产生的净收益，通过一定的土地还原率（或资本化率），将这些未来收益折现到当前价值。而不动产的净收益通常是指扣除了运营成本、维护费用、税费等之后的净收益额。确定还原率时要考虑风险和不确定性，因为这些因素会影响投资者对收益的预期。

由于土地具有永续性，收益还原法假设土地可以无限期地产生收益。该方法适用于那些能够产生租金或其他形式收益的不动产，如商业地产、出租住宅等。在评估过程中，需要考虑法律允许的最高最佳用途，以及市场经济条件对不动产收益的影响。应根据不动产具体特性和市场条件进行调整，以更准确地反映不动产的价值。另外，使用收益还原法时还需要专业的评估师根据市场情况和不动产特性进行专业判断，给出最终估价。

在实践应用中，假如在市场波动较大或缺乏历史数据的情况下，确定稳定纯收益和合适的还原率可能非常困难，市场风险、租金增长潜力、空置率和运营成本的变化也会对收益还原法的应用产生不可忽视的影响。

第二节　收益还原法的估价步骤

一、资料收集

在进行不动产估价时，资料收集是至关重要的第一步。资料收集是一个复杂且耗时的过程，需要评估人员具备专业知识、耐心和细致的工作态度，确保收集到的资料全面、准确，这是进行合理评估的前提。资料收集涉及收集待估不动产和与待估不动产特征相同或相似的不动产用于租赁或经营时的年平均总收益、总费用等资料，以便进行准确的评估。资料应保持连续、稳定、有效，能够反映不动产长期收益的趋势。租赁类不动产的资料收集应囊括3年以上的资料，营业类不动产的资料收集应囊括5年以上的资料，直接生产用地的资料收集应囊括至少过去5年的资料，使估价准备工作准确、翔实、有效。对不动产估价对象进行资料收集时，可以从以下几个方面着手。

（一）收集估价对象的详细信息

地理位置：具体地址、经纬度、区域特征。

物理描述：土地面积、地形地貌、建筑结构、使用状况、设施设备。

权益状况：所有权形式、使用权限、租赁情况、抵押状况、有无法律纠纷。

规划信息：土地用途、容积率、建筑密度、规划限制。

历史资料：购买历史、交易记录、使用历史、改善记录。

（二）收集市场资料

交易数据：近期类似物业的销售或租赁交易记录。

租金水平：相同区域或相似物业的租金行情。

成本信息：建造成本、维护成本、运营成本。

市场趋势：区域经济发展、人口变化、行业动态、政策影响。

竞争分析：同类型物业的市场供应量、需求量、空置率。

（三）法律法规与政策资料

法律法规：土地管理法、房地产法、城市规划法。

政策文件：地方政策、税收政策、补贴政策、发展规划。

规划文件：区域规划图、土地利用总体规划、控制性详细规划。

（四）经济数据与指数

经济指标：GDP增长率、通货膨胀率、失业率。

房地产指数：房价指数、租金指数、建设成本指数。

金融利率：贷款利率、存款利率、资本市场利率。

（五）根据不动产估价对象可以查阅对应的特殊资料

特定用途资料：如工业用地的环境评估报告、商业地产的市场调研报告。

历史文档：对于历史建筑或有特殊文化价值的物业，需收集相关历史文件。

专业评估：如环境评估、结构安全评估、地质灾害评估。

(六) 利用专业资源

官方数据库：土地登记局、税务局、规划局的公开资料。
行业报告：房地产研究机构、咨询公司的市场分析报告。
专业顾问：律师、会计师、建筑师、工程师的专业意见。
网络资源：房地产网站、数据库、行业论坛、社交媒体。

(七) 实地考察与访谈

现场勘察：亲自访问物业，记录现状，拍照留证。
业主访谈：了解物业的详细信息、业主期望、历史背景。
专家咨询：与当地房地产专家、评估师交流，获取专业建议。

(八) 数据整理与分析

信息验证：交叉验证收集到的信息，确保数据的准确性和可靠性。
数据分析：运用统计方法和市场分析工具提炼关键信息。
编制报告：将收集到的资料整理成详细的估价报告，便于后续估价。

二、计算年总收益

(一) 不动产总收益概述

年总收益指待估不动产按最有效利用方式出租或自行使用，在正常情况下，合理利用不动产应取得的持续稳定的收益或租金。地租是土地收益的表现形式，是土地所有者凭借土地所有权得到的收益，是土地所有权借以实现的经济形式，即土地所有者从土地上获取收益的权利。土地收益和地租在"量"上具有一致性，但土地所有权和使用权的分离使来自土地的收益对于土地使用者而言是土地收益，对于土地所有者而言是地租。

收益可以分为实际收益和客观收益。实际收益受个人经营能力影响较大，不能作为估价依据。客观收益是排除了实际收益中特殊的、偶然的因素后得到的一般正常收益，可用于估价。收益也可以划分为有形收益和无形收益。有形收益是指可以用货币形式表现的收益。无形收益是难以用货币形式表现的收益，如专利、荣誉、技术等。在实际不动产估价过程中，无形收益和有形收益都需要考虑。

（二）不动产客观收益计量方法

对待估不动产客观收益进行衡量时，需要遵循以下标准：从客观上看，不动产总收益是由具有社会普遍使用能力者使用而产生的收益。收益是不动产处于最佳利用方向和最佳利用程度下产生的正常收益。收益必须是持续、稳定且有规律地产生的收益，即可长期取得的。收益是安全可靠的，必须是符合国家规定和批准的经营项目所产生的。未经批准的，尤其是违法的经营项目收益不能作为计算客观收益的依据。

根据不动产参与生产经营过程的形式和业主以不动产取得收益的方式不同，总收益计量的形式包括不动产或土地租金、企业经营收益和农业种植收益。

不动产或土地租金指土地或不动产在出租过程中，出租方从承租方取得的租金收入，包括租赁过程中承租方所交纳的押金或担保金的利息。在计算总收益时，一般需要根据实际租赁合同金额和当地估价期日的不动产租赁市场状况综合分析。有租约期限的，期限内采用租约确定的租金，期限外采用正常客观租金；合同租金明显高于或低于市场租金的，应调查租赁合同的真实性，分析解除租赁合同的可能性及其对收益价值的影响。

企业经营收益，指企业在正常的经营管理水平下每年所获得的与同类企业相近的客观总收益。当分析企业经营的客观收益时，一方面，可以根据企业的财务报表进行分析，但是要考虑各种因素对收益的影响，经过适当调整后，以正常经营管理水平下的客观收益为准；另一方面，可以根据企业经营项目，按生产产品或提供服务的市场价格分析其客观总收益。

农地种植收益指农用地用于农业生产过程中，每年农业生产产品的平均收入，包括主产品收入和副产品收入。收入应根据其产量和估价期日的正常市场价格计算，还可根据相似地区的农地平均年产值确定。

注意，只要是评估对象产生并由其产权主体所取得的收益均应计入总收益，如承租方支付押金的利息收益、企业经营生产过程中副产品销售收益等；充分考虑客观闲置损失，如出租房屋闲置一般以出租率或空置率扣除；收益期超过或不足1年的，应统一折算成年不动产总收益。

三、计算年总费用

年总费用指利用不动产进行出租或经营活动并取得相应收益时正常合理的必要年支出，即不动产在出租或经营过程中，所有者为取得总收益而必须支付的相关费用，分为以下几种情况：土地租赁中的总费用、房屋出租中的总费用、企业经营费用和农地种植费用等。注意：土地租赁中的各项费用应根据土地租赁合同的内涵决定取舍，由承租人承担的部分不应当计入。

（一）土地租凭中的总费用

土地租赁总费用可以分为土地使用税、土地管理费、土地维护费和其他税费。土地使用税是指因土地使用和租赁发生的，由评估土地负担的税负，如城镇土地使用税等；土地管理费是管理人员的薪水及其他费用，按年租金额的3%计算；土地维护费是维护土地使用所发生的费用，如给排水及道路的修缮费等；其他税费按规定缴纳。

（二）房屋出租中的总费用

房屋出租中的总费用可以分为经营管理费、经营维修费、房屋年保险费、税金、物业服务费及其他费用。经营管理费指出租房屋需要的必要管理费用，包括公共设施消耗、管理人员工资等，一般可依可出租面积平均计算或按照年租金的2%～5%计算。经营维修费指为保证房屋正常使用，每年需支付的维护费用和修缮费用，按建筑物重置价的1.5%～2%计算。房屋年保险费指房屋所有人为使房屋避免遭受意外损失而向保险公司支付的费用，一般按照房屋重置价或现值×保险费率（0.15%～0.2%）计算。税金包括房产税（一般非住房以租金的12%计算，住房以租金收入的4%计算）、营业税（单位和个体工商户出租不动产按5%计算，出租住房按5%的征收率减按1.5%计算）、城市维护建设税及教育费附加［实际缴纳的营业税(增值税)税额×税率(7%，5%，1%)；教育费附加率为3%，地方教育费按2%计算］、印花税（非住房按财产租赁合同租赁金额的0.1%贴花，住房免征）。物业服务费及其他费用一般按照合同规定的相关内容计算。

（三）企业经营费用

企业经营费用指企业在经营过程中为获取经营收益而必须支付的一切费用，包括原料费、运输费、折旧费、工资、税金、应摊提费用以及其他应扣除的费用。经营型企业（如宾馆、饭店、商场等）的企业经营总费用包括销售成本、销售费用、经营管理费、财务费用等；生产型企业（如工厂、矿山等工业企业）的企业经营总费用包括生产成本、产品销售费、产品销售税金及附加费、财务费用、管理费用等。

值得注意的是，要以财务报表、生产经营或服务项目为依据来计算企业经营的总费用。

（四）农地种植费用

农地种植费用是指以农用地维护费和生产农副产品的费用之和作为总费用。农用地维护费一般是指农用地基本配套设施的年平均维修费用；生产农副产品的费用一般包括生产农副产品过程中所必须支付的直接及间接费用，包括种苗费（种子费、幼畜禽费）、肥料费或饲料费、人工费、畜工费、机工费、农药费、材料费、水电费、农舍费（含畜禽舍费）、农具费以及有关的税款、利息等。此外，对于投入形成的固定资产，按照使用年限摊销费用，再纳入每年农地种植总费用的计算。

四、确定土地纯收益

在确定土地年总收益和年总费用后，对土地的纯收益进行计算。由于各类不动产纯收益稍有不同，本节将对不动产出租、企业经营不动产、农地种植不动产、自用或待开发土地不动产四类不动产进行详细的计算思路阐释。总体来看，不同类型的不动产在计算纯收益时侧重点不同，但核心都是通过精确计量收入与成本，以客观反映不动产的经济价值。

（一）不动产出租纯收益

在计算不动产出租纯收益时，需详细列出所有与该物业出租相关的收入与支出。不动产总收益通常包括租金收入、押金利息（如适用）、其他附加服务收入（如停车费、广告位租金等）。不动产总费用则涵盖房产税、物业管理费、维修保养费、保险费等。此外，在考虑不动产出租纯收益时，还要考虑空置期间的损失以及可能的收租损失（如租户违约）。具体计算公式为：

不动产出租纯收益＝不动产总收益－不动产总费用－空置或收租损失

（3-15）

（二）企业经营不动产纯收益

对于企业直接经营使用的不动产，其纯收益计算主要基于年度经营数据。年经营总收入包括产品销售或服务提供所获得的所有收入，而年经营总费用则涉及人员工资、原材料成本、运营维护费用、市场营销费用、税费及折旧等。具体计算公式为：

企业经营不动产纯收益＝企业经营年总收益－企业经营年总费用

（3-16）

（三）农地种植不动产纯收益

农地种植不动产纯收益关注的是农作物销售带来的收入减去种植过程中的各种成本。年农产品总收入包括所有作物销售所得，年种植总费用则包括种子、化肥、农药、灌溉、人工、机械使用及土地租赁或折旧费用等。具体计算公式为：

$$农地种植不动产纯收益 = 年农产品总收入 - 年种植总费用 \qquad (3-17)$$

（四）自用或待开发土地不动产纯收益

对于自用或待开发土地，因其本身不直接产生收益，其纯收益评估较为复杂，通常采用比较法。选取同一地区或类似条件下已知纯收益的相似不动产作为参照物，考虑该地区的经济发展水平、交通便利程度、周边环境等因素（区域因素），以及地块的具体位置、大小、形状、基础设施条件等（个别因素），对参照物的纯收益进行调整，从而估算目标土地的预期纯收益。其计算思路为：

$$自用或待开发土地不动产纯收益 = 参照物纯收益 \times 区域因素修正系数 \times$$
$$个别因素修正系数$$

$$(3-18)$$

五、确定土地收益还原率

确定土地收益还原率是收益还原法评估不动产价值过程中一个至关重要的环节，其复杂性和精度要求极高，原因在于收益还原率直接关系到最终评估出的土地或不动产价值的准确性和合理性。

收益还原率，简而言之，是指未来预期收益转换为当前价值的一个比率，反映市场对投资风险和时间价值的综合考虑。土地收益还原率哪怕是微小的变动，都可能导致评估价值发生显著变化，这种现象体现了收益还原率的高度敏感性。

假设一块土地的年纯收益固定，若还原率从5%调整至6%，意味着投资者对未来的预期回报要求更高，相应地，这块土地的现值评估将会下降，因为按照更高的还原率折现回来的现值会减少。反之，若还原率降低，则土地价值评估将上升。这种敏感性要求评估师在确定还原率时必须极其谨慎，确保选择的还原率既符合市场实际，又能准确反映被评估资产的风险特征。

（一）土地收益还原率的实质

土地收益还原率是不动产纯收益与不动产价格的比率，实质是资本投资的收益率，也称资本化率、综合收益率、综合还原率。不同区位、不同时期、不同性质、不同用途的不动产投资风险各不相同，收益率也不尽相同，还原率会随着市场状况变化而变化。

① 区位差异对还原率的影响。不同地理位置的不动产，其市场活跃度、发展潜力、配套设施完善程度等存在显著差异，这些因素直接影响不动产的吸引力和潜在收益。例如，城市中心区域的商业地产通常因人流量大、商业活动频繁而具有较高的租金收益和增值潜力，但高密度的竞争和较高的购置成本也可能意味着相对较高的风险，因此，其还原率可能与偏远郊区的同类不动产有所不同。

② 时期效应与市场波动。房地产市场随经济周期波动，不同时期的经济环境、金融政策、供求关系等都会对不动产的收益预期和风险水平产生影响。在经济增长强劲、资金成本较低的时期，投资者可能愿意接受较低的还原率，因为预期收益增长可以覆盖成本并实现资本增值；相反，在经济衰退或资金紧张时，还原率可能上升，反映出市场对风险的规避和对更高回报的追求。

③ 不动产性质与用途的多样性。住宅、商业、工业、农业等不同性质和用途的不动产，其收益模式、市场需求、运营成本、政策限制等方面各具特点。例如，商业地产往往追求短期高收益但伴随较高波动性，而住宅地产可能更侧重于长期稳定的租金收入和资本增值。因此，不同类型不动产的还原率也会有所差异，以体现各自特有的投资回报特性和市场认可度。

④ 风险与收益的平衡。还原率的设定本质上是对不动产投资风险与预期收益之间的一种权衡。高风险的不动产项目（如开发初期的商业地产）可能需要较高的预期回报来吸引投资者，反映为较高的还原率；而低风险、稳定收益的项目（如成熟的住宅租赁市场）的还原率则相对较低。因此，还原率不仅是市场状况的反映，也是对不动产风险特征的量化评估。

（二）土地收益还原率的种类

土地收益还原率包括综合还原率、建筑物还原率和土地还原率。

综合还原率是指在考虑不动产整体（包括土地和其上的建筑物）未来预期收益的基础上，通过一定的资本化处理，将其转化为当前价值时所使用的比率。它综合考量土地与建筑物两者的收益情况和风险特征，是两者共同作用下的一个总体评价指标。在评估包含建筑物的不动产整体价值时，综合还原率的确定尤为关键，因为它直接反映市场对该不动产综合收益能力和风险的预期。

建筑物还原率专注于建筑物本身的收益和风险评估。建筑物作为不动产的一部分，其价值不仅取决于当前的物理状态和功能效用，还与预期的维护成本、折旧速度、租赁收入潜力等因素紧密相关。建筑物还原率的确定需要深入分析建筑的年龄、结构质量、剩余使用寿命、租金水平及其变动趋势等因素，以反映建筑物单独作为投资对象的资本化价值。

土地还原率是专门针对土地部分的价值评估，考量的是土地自身作为稀缺资源，基于其位置、用途、潜在开发价值等因素所带来的预期纯收益。由于土地具有不可再生性和位置固定性，其价值受区位条件、规划限制、市场需求变化等影响较大。土地还原率的确定更加注重土地的长期增值潜力和当前的利用效率，反映市场对土地投资回报和风险的综合评价。

在实践评估中，综合还原率、建筑物还原率和土地还原率之间存在内在联系。综合还原率往往是建筑物还原率和土地还原率的某种加权平均，反映整个不动产项目的综合经济效益。然而，根据评估目的的不同，有时需要单独考虑土地或建筑物的价值，这时就需要分别应用土地还原率或建筑物还原率。例如，在考虑重新开发项目时，开发商可能更关心土地的潜在价值，此时土地还原率的准确确定就显得尤为重要；而在评估一栋租赁办公楼的整体价值时，综合还原率更能全面反映建筑物与土地的共同价值贡献。其计算公式为：

$$r_0 = \frac{r_L \times V_L + r_B \times V_B}{V_L + V_B} \tag{3-19}$$

其中，r_0——综合还原率，适用于不动产估价；

r_L——土地还原率，适用于土地估价；

r_B——建筑物还原率，适用于建筑物估价；

V_L——土地价格；

V_B——建筑物价格。

还原率一般相对容易获取，但价格（土地价格或建筑物价格）比较难以获取。通过土地价格或建筑物价格占不动产价格的比例也可以求得综合还原率：

$$r_0 = L \times r_L + B \times r_B \tag{3-20}$$

其中，L——土地占不动产价格的比例；

B——建筑物占不动产价格的比例，$L + B = 1$。

一般情况下，建筑物还原率要比土地还原率高2%~3%。

（三）土地收益还原率的计算

1. 市场提取法

市场提取法是指从市场上相似物业的买卖或租赁活动中推算出土地收益还原率，又称纯收益与价格比率法。一般是选择3宗以上近期发生交易的，且不动产区域条件、用途、交易类型等与待估不动产相似的交易实例，利用交易实例的不动产纯收益、价格等数据选用相应的收益还原法公式，测算还原率。这种方法实际上是通过不动产租金与价格的比值来确定不动产的综合还原率，根据综合还原率、土地还原率、建筑物还原率之间的关系来推算其他两个还原率，最终使用3宗以上不动产的还原率的均值作为待估不动产的还原率。

【例3-9】已知4宗与待估不动产区域条件、用途、交易类型相似的近期交易实例，相关的纯收益、价格、还原率均可从表3-1中得知，且均为无限年期，待估不动产也是无限年期。请问待估不动产的还原率是多少？

表3-1　待估不动产相关参数

可比实例	纯收益/(元·年$^{-1}$·米$^{-2}$)	价格/(年·米$^{-2}$)	还原率
1	450	7030	6.4%
2	400	6820	5.9%
3	450	6780	6.6%
4	440	6950	6.3%

【解】本例是针对无限年期的，故不需要对年期进行修正（有限年期市场需要对年期进行修正）。还原率即为纯收益与价格的比值，待估不动产的收益还原一般是使用3宗以上不动产的还原率的均值。

$$r = (6.4\% + 5.9\% + 6.6\% + 6.3\%) \div 4 = 6.3\%$$

2. 累加法

累加法又称安全利率加风险值调整法，一般以安全利率加上风险调整值计算还原率。安全利率是指无风险的资本投资的收益率，可选用国务院金融主管部门公布的同一时期的一年期国债年利率或一年期定期存款年利率。风险调整值是指为承担额外风险要求的补偿，根据估价对象所在地的社会经济现状及对未来的预测、行业、市场、估价对象的用途及新旧程度、投资风险程度等确定，主观性较强，不易掌握。

3. 复合投资收益率法

复合投资收益率法将不动产看作一种投资行为，不动产价格为投资额，不动产收益就是投资收益。不动产价格可分为抵押贷款和自有资金，不动产收益是抵押贷款收益和自有资金收益，不动产还原率是抵押贷款利率和自有资金收益率的加权平均值。一般来说，该方法将不动产抵押贷款收益率与自有资金收益率加权平均，从而得出还原率。

$$r = M \times R_{\mathrm{M}} + (1 - M) \times R_{\mathrm{E}} \tag{3-21}$$

式中，r——还原率；

　　　M——贷款价格比率，抵押贷款额占不动产价格的比率；

　　　R_{M}——抵押贷款收益率；

R_E——自有资金收益率。

【例3-10】 如某人贷款购买一处不动产，贷款占70%，贷款年利率为6.39%，自有资金的社会一般收益率为8%，则该不动产的还原率为多少？

【解】 不动产还原率 = 贷款价格比率×贷款年利率 + 自有资金价格比率×
自有资金收益率

$$= 70\% \times 6.39\% + 30\% \times 8\% \approx 6.87\%$$

4. 投资风险与投资收益综合排序插入法

投资风险与投资收益综合排序插入法，一般通过找出社会中各种类型的投资（银行存款、贷款、国债、债券、股票）的收益率和风险，将收益率由高到低或由低到高排序，再将估价对象不动产与其他投资进行比较分析，考虑投资的风险程度、管理难易程度等，找出相近的风险投资，从而判断还原率应落的区域范围，最终确定还原率。

六、确定收益年限，计算收益价格

确定收益期或持有期是评估不动产价值时的一项基础工作，它关乎如何合理预测资产未来收益的时间范围。这一概念直指待估不动产产生经济利益的持续时间，对评估结果有直接影响。具体到不同情形下土地使用权与建筑物剩余寿命的对比，收益价值的计算方法展现出灵活性与复杂性，体现了对不同权利状况和法律条款的考量。

（一）土地使用权剩余年限长于建筑物剩余经济寿命

在这种情况下，不动产的价值评估需分两部分考虑。第一，基于建筑物在其经济寿命内可产生的预期收益计算的价值，这反映了建筑物在有效使用期内的经济贡献。第二，当建筑物收益期结束后，剩余的土地使用权仍然具有独立的价值，这部分价值需根据剩余年限、土地的潜在用途、市场状况等因素单独评估，并折现至当前时点。

简而言之，总价值=建筑物在收益期内的折现价值+收益期结束后的土地使用权价值（折现至当前）。

（二）土地使用权剩余年限短于建筑物剩余经济寿命

在此情况下，处理方式根据土地出让合同的具体条款有所不同。

若合同明确约定无偿收回地上建筑物，则意味着建筑物在土地使用权到期后，不再属于产权人，其价值仅限于土地使用权有效期内的收益。因此，评估的收益价值仅涵盖建筑物在收益期内的折现价值，不包括建筑物在土地使用权到期后的任何剩余价值。

若合同未作明确约定，则评估时需更加谨慎处理。建筑物在土地使用权到期后的处置不确定性增大，但通常做法是将建筑物在收益期结束时的残余价值（考虑折旧后的价值）也纳入评估范围，通过折现的方式将其价值计算到当前时点，与建筑物在收益期内的价值合并计算。因此，总价值=建筑物在收益期内的折现价值+建筑物残值在收益期末的折现价值。

综上所述，在确定收益期并据此评估不动产价值时，需细致分析土地使用权与建筑物寿命的相对长度，以及相关法律法规和合同条款的具体规定，确保评估结果的合理性和准确性。不同的处理方式体现了评估实践中的灵活性和对法律精神的尊重，旨在全面、公正地反映不动产的真实市场价值。采用收益还原法估算价格后，应当采取市场比较法或成本法估算价格进行估算验证。

第三节　收益还原法的扩展——残余法

不动产存在租金收入，适宜采用收益还原法。要求单独计算土地价格，应使用残余法。先计算不动产总价，再根据重置成本法计算房屋现值，从不动产总价中减去房屋现值可得土地价格。

一、土地残余法

依据收益还原法以外的方法求得建筑物的价格；从待估不动产的纯收益中减掉属于建筑物的纯收益，得到土地纯收益；以土地还原率还原，可得土地价格。公式为：

$$V_L = \frac{a - V_B \times r_B}{r_L} \tag{3-22}$$

式中，V_L——土地收益价格；

a——不动产总收益；

V_B——建筑物价格；

r_B——建筑物还原率；

r_L——土地还原率。

土地残余法计算步骤可以分为七步：第一，确定不动产总收益；第二，确定不动产总费用；第三，计算房屋折旧费；第四，计算不动产纯收益；第五，计算建筑物纯收益；第六，计算土地纯收益；第七，计算土地价格。

在计算房屋折旧费时，若房屋耐用年限超过土地使用权出让年限，对非住宅用地使用期满而使用者未申请续期的，且土地出让合同约定无偿收回地上建筑物的，由国家无偿取得，则以土地使用权出让年限为房屋可使用年限，计算折旧时无须考虑残值，公式为：

$$年折旧费 = 重置价格 \times (1 - 残值率) \div 耐用年限 \qquad (3-23)$$

在计算建筑物纯收益时，应以收益还原法以外的方法进行求取，如建筑物残余法。

【例3-11】某市一幢综合大厦于2012年10月底建成，用途为综合，其中，1~2层为商场，建筑面积为4000 m²，第3~8层为写字楼，建筑面积为7500 m²，建筑容积率为4。该大厦用地是在2010年10月底以出让方式获得的50年土地使用权，出让地价为1250万元。

据调查，目前该大厦租赁合同中商场的实际租金为5.20元/(建筑平方米·天)，写字楼实际租金为3.80元/(建筑平方米·天)；同类物业的平均租金水平按可出租建筑面积计算：商场租金为5.0元/(建筑平方米·天)，可出租面积占建筑面积的75%，出租空置率为5%；写字楼租金为4.0元/（建筑平方米·天），可出租面积占建筑面积的70%，出租空置率为20%。各类物业出租的费用一般如下：年管理费为租金的5%，年维修费为重置价的8%，每年需支付税费30元/建筑平方米，年保险费为重置价的2‰，该大厦结构为框架结构，重置价为3000元/建筑平方米，经济耐用年限为50年，残值率为2%，该城市在2010—2017年物价指数每年上涨9%，当地土地还原率为8%，建筑物还原率为10%。

请评估该宗土地在2017年10月31日现状基础设施条件下的土地使用权价格。

【解】求土地价格，适用于土地残余法。容积率=建筑物总面积÷净用地面积，楼面地价=土地价格÷建筑面积=单位地价（地面地价）÷容积率。

（1）不动产大厦总收益（商场+写字楼）

待估不动产总收益=[5.0 × 4000 × 75% × （1 − 5%）+ 4.0 × 7500 × 70% ×（1 − 20%）] × 365≈1133.33（万元）

（2）不动产大厦总费用

① 年总管理 = 1133.33 × 5% ≈ 56.67(万元)；

② 年总维修费 = 3000 × (4000 + 7500) × 8% = 276.00(万元)；

③ 年总税费 = 30 × (4000 + 7500) = 34.50(万元)；

④ 年保险费 = 3000 × (4000 + 7500) × 0.20% = 6.90(万元)；

⑤ 年总费用 = 56.67 + 276.00 + 34.50 + 6.90 = 374.07(万元)。

（3）不动产大厦纯收益=总收益 − 总费用=1133.33 − 374.07 = 759.26（万元）

（4）建筑物纯收益

① 建筑物重置价格 = 3000 × (4000 + 7500) = 3450.00(万元)；

② 建筑物折旧费 = 3450 ÷ (50 − 2) × (2017 − 2012) ≈ 359.38(万元)；

③ 建筑物现值 = 3450 − 359.38 = 3090.62(万元)；

④ 建筑物纯收益 = 3090.62 × 10% ≈ 309.06(万元)。

（5）土地纯收益 = 不动产大厦纯收益 − 建筑物纯收益 = 759.26 − 309.06 = 450.20(万元)

（6）不动产大厦占用的土地价格

① $V = \dfrac{a}{r}\left[1 - \dfrac{1}{(1+r)^n}\right] = \dfrac{450.20}{8\%}\left[1 - \dfrac{1}{(1+8\%)^{50-7}}\right] = 5627.5 \times 0.96 \approx 5402.40$(万元)；

② 楼面地价 = 5402.40 × 10000 ÷ (4000 + 7500) ≈ 4697.74 （元/米²）；

③ 单位地价 = 4697.74 × 4 ≈ 18790.96 （元/米²）。

二、建筑物残余法

依据收益还原法以外的方法求得土地价格；从待估不动产的纯收益中减掉属于土地的纯收益，得到建筑物纯收益；以建筑物还原率还原，可得建筑物价格。计算步骤同土地残余法，其公式为：

$$V_L = \dfrac{a - V_L \times r_L}{r_B} \tag{3-24}$$

【例3-12】某公司通过参加拍卖竞得面积为2500 m²的土地使用权，性质为商业。并在其上建造了一座酒楼，建筑面积为8000 m²，建筑容积率为4。此公司委托估价机构对其酒楼本身进行收益价格评估，评估日期为2017年3月12日。据估价人员核实，此不动产在评估期日尚可使用35年，当地同类同档次物业每月的营业额为50万元，每月管理费和税费总计为30万元；经市场比较法求得，同交易圈内使用年期35年，容积率在3~4的土地使用权价格为6000元/米²，土地还原率为7%，建筑物还原率为9%。

请评估该宗土地在2017年3月12日现状基础设施条件下的房屋单价。

【解】该题求取房屋价格，应采用建筑物残余法。

（1）不动产纯收益 = 年总营业额 − 年支出额 = (50 − 30) × 12 = 240 （万元）

（2）土地总价格 = 6000 × 2500 = 1500 （万元）

（3）土地年纯收益

$$a = \dfrac{V_r}{1 - \dfrac{1}{(1+r)^n}} = \dfrac{1500 \times 7\%}{1 - \dfrac{1}{(1+7\%)^{35}}} \approx 115.85 \quad （万元）$$

（4）房屋年纯收益 = 240 − 115.85 = 124.15 （万元）

（5）房屋价格

$$V = \frac{a}{r}\left[1 - \frac{1}{(1+r)^n}\right] = \frac{124.5}{9\%}\left[1 - \frac{1}{(1+9\%)^{35}}\right] \approx 1311.87 \text{（万元）}$$

（6）房屋单价 = $1131.87 \times 10000 \div 8000 \approx 1414.84$（元/米^2）

第四节 收益还原法的应用

【例3-13】求取经营服务类不动产价格。

某旅游区一宾馆共四层，其中首层供餐饮用，月收入为18万元，余下全部供住宿用，共300个房间，平均每间每天向客户收取95元，空置率为27%，该宾馆营业实际每月花费25万元。当地同档次的宾馆一般每间每天能有90元的收入，空置率为20%，正常营业费用为月收入的30%。当地同档次单层餐饮业房地产月收入为25万元，营业费用为8万元。该地区商业不动产的还原率为10%，测算宾馆的转让价值。

【解】该宗土地有收益，适用于运用收益还原法进行评估。注意：此处使用的是同档次的宾馆和餐厅的费用，而非待估不动产本身的状况。

（1）年总收益（住宿 + 餐饮）= $90 \times 300 \times 365 \times (1 - 20\%) + 250000 \times 12$
$= 1088.40$（万元）

（2）年总费用（住宿 + 餐饮）= $90 \times 300 \times 365 \times (1 - 20\%) \times 30\% + 80000 \times 12$
$= 332.52$（万元）

（3）年净收益 = $1088.40 - 332.52 = 755.88$（万元）

（4）旅馆价值 = $755.88 \div 10\% = 7558.80$（万元）

即宾馆的转让价值为7558.80万元。

【例3-14】求取若干年前收益变化的不动产价格。

某宗不动产建成于2014年12月31日，有效使用期至2044年12月31日。2015年末到2016年末分别获得净收益为120万、122万元，预计2017—2020年每年末分别有125万、130万、135万、138万元的净收入进账。而在2020年后，该不动产收益能稳定在136万元，该类不动产的还原率为8%，评估该宗不动产在2017年中（2017年6月30日）的收益价格。

【解】该宗土地有收益，适用于运用收益还原法进行评估。在计算纯收益过程中，阅读题目可知该宗待估不动产为有限年期 t 年前纯收益有变化，t 年以后的纯收益无变化且稳定，还原率不变且大于零。需要注意：收益价格是站在估价时点看未来年份的净收益的现值之和。因此，站在2017年6月30日的时间节点，$i_1 = 0.5$，后续依次推算。

$$V = \sum_{i=1}^{t} \frac{a_i}{(1+r)^i} + \frac{a}{r(1+r)^t}\left[1 - \frac{1}{(1+r)^{n-t}}\right]$$

其中，$a_1 = 125$，$a_2 = 130$，$a_3 = 135$，$a_4 = 138$，$a = 136$，$r = 8\%$，$n = 30 - 2.5 = 27.5$（有限年期为2014—2044年，时间节点在2017年6月30日，即使用年期已经用了2.5年，剩余的使用年期即为30年减去2.5年），$t = 3.5$。最终可得 $V = 1546.68$万元。

【复习思考题】

1. 收益还原法的概念是什么？

2. 收益还原法的理论依据是什么？

3. 收益还原法估价的操作步骤是什么？

4. 各类型不动产的净收益如何求取？

5. 现有一宗地，占地面积为100 m²，2000年11月通过出让方式取得土地使用权，使用年期为50年。2003年11月建成一房屋，该房屋建筑面积为250 m²，现全部用于出租。根据以下资料，评估该宗土地2014年11月的价格。

（1）该房屋用于出租，每年收取押金6万元，平均每月租金收入为4万元，平均每月总运营费用为2万元；

（2）该房屋耐用年限为50年，目前的重置价格为6000元/建筑平方米，假设残值率为0；

（3）押金收益率为9%；

（4）土地还原利率为6%，建筑物还原利率为8%。

第四章　市场比较法

第一节　市场比较法的基本原理

一、市场比较法的概念

市场比较法又称市价比较法、交易实例比较法、市场资料比较法、现行市价法等。这种方法在评估不动产价格时，凭借其直观易懂的特点，使得无论是专业人士还是普通公众都能够较为容易地理解并掌握其原理。由于市场比较法直接依赖于实际市场价格数据，因此它能够更加准确地反映当时的经济行为和市场动态。因此，它被广泛认可为一种适用范围广、可靠性高、说服力强的基本估价方法。相关概念界定如下。

①类似不动产。在同一供需圈内，在用途、建筑结构、规划条件等方面与待估不动产基本相似的不动产。类似不动产常被选作可比实例，用于市场比较法的计算。

②同一供需圈。与待估不动产具有替代性且对价格形成的影响具有相似性的区域。

③市场比较法。市场比较法是将估价对象与在估价时点近期有过交易的类似不动产进行比较，对这些类似不动产的已知价格做适当的修正，以此估算估价对象的客观合理价格或价值的方法。其本质是利用不动产市场中已知的相似交易实例不动产成交价格评估待估不动产的价格。即在求取一宗待估不动产价格时，依据替代原理，将待估不动产与类似不动产的近期交易价格进行对照比较，通过对交易情况、交易日期、区域因素和个别因素等进行修正，得出待估不动产在评估基准日的正常合理价格。由市场比较法估价得到的价格称为比准价格，比准价格经过市场调节后，即得出市场价值。

二、市场比较法的理论依据

（一）替代原理

市场比较法之所以能够在诸多国家得到大规模应用，其原因可以归结为该方法具有坚实的理论基础，即经济学中的"替代原理"。

替代原理基于"市场上的经济主体都是理性的"基本假设，在进行经济活动时会考虑购买的性价比，试图以最低的价格获得最高的效用，因此会选择效用大且价格低的商品。替代品指的是在效用上相互替代的商品，当购买者在一组存在替代关系的商品中进行选择时，效用太小或价格太高的商品就会被放弃。在自由市场上，当多个替代品同时存在时，这类商品的价格就会在替代原理的作用之下趋于一致。

替代原理的应用范围十分广泛，在不动产市场上同样能够看到替代原理发生作用。在理论范围内，市场上效用相等的不动产经过长期竞争后，价格将维持在同一水平。但在实际市场交易之中，受限于交易各方信息差、偏好、不动产位置的固定性以及交易的偶然性等因素，不动产的价格存在偏离常态的可能。但评估人员凭借深厚的专业知识和丰富的经验，可以对交易情况、交易日期、区域差异和个别特性等因素进行细致的分析和调整，确保待估案例与选取的交易案例在比较时满足替代原理的要求。从统计学的角度出发，当有足够的交易数据作为支撑时，这些数据往往能够较为准确地反映市场的真实状况。因此，在应用市场比较法时，特别强调选取的参照物——不动产交易实例，必须与待估不动产具有高度的相似性。

（二）供需状况

使用市场比较法需充分把握不动产的供给和需求状况，紧密结合交易时间的不动产市场供需状况。此外，在进行不动产价格修正时，也需紧密结合估价时点的不动产市场供需状况。

（三）外部性

除替代原则和供需原则外，使用市场比较法还应充分考虑待估不动产和其他外部不动产间的相互关系和相互影响。

三、市场比较法的适用范围和条件

使用市场比较法，需要明晰该方法的适用对象。主要包括具有交易性的不动产，如商场、写字楼、商品住宅、开发用地、高档公寓等。宗教场所、公共用地、学校等交易性质较弱的不动产则较难使用市场比较法进行估价。

该方法的使用要求在同一供求范围之内，类似不动产的交易数量需要达到一定规模。在不动产市场发展较为欠缺的地区难以采用市场比较法进行估价。甚至在不动产市场发达的地区也会存在特殊情况导致市场比较法不适用，如特殊原因导致的类似不动产交易数量大幅下降，或在农村等不动产交易频率低的地区。

此外，估价过程中需要结合交易情况、不动产状况、交易发生日期等条件进行修正，修正的尺度、方式取决于估价人员的个人素质、行业经验和对当地不动产市场的了解。若估价人员素质有限，执业时间较短，则难以运用比较法得出较为合理的估价结果。

市场比较法的原理和技术也可以用于其他估价方法中相关数值的求取，如经营收入、资本化率、空置率、成本费用、开发经营期等。

四、市场比较法的基本公式

市场比较法通过对一系列因素的修正，得到待估不动产在估价基准日的市场状况下的价格水平。这些因素主要有交易情况、交易日期和不动产状况三类。基本计算公式为：

$$P = P' \times A \times B \times C \tag{4-1}$$

式中，P——待估不动产评估价格；

P'——可比实例交易价格；

A——交易情况修正系数；

B——交易日期修正系数；

C——不动产状况修正系数。

五、市场比较法的特点

①具有较强现实意义，得到的估价结果说服力强、可信度高。市场比较法利用近期发生的与估价对象具有替代性的交易案例作为标准，修正推算待估不动产的价格，能够反映近期市场行情，容易被接受。

②应用范围广。市场比较法产生于实践，能够应用于大多数场景。

③价格修正调整难度较大。市场比较法以价格求价格，因不动产市场价格随时间发展而变动，故需在计算中对可比实例价格进行多方面因素的修正，估价的修正过程也是市场比较法的核心。

④需要估价人员具有较高的素质。应用市场比较法需要对交易情况、交易日期、区域因素及个别因素等一系列项目进行比较修正，这就要求估价人员要具备多方面的知识和丰富的经验，以提高估价结果精确度。

第二节　市场比较法的估价步骤

运用市场比较法进行估价可以归纳为收集交易实例、整理和选取可比实例、建立比较基础、利用公式进行价格修正，进而通过分析和调整计算比准价格。

一、收集交易实例

（一）广泛收集交易实例的必要性

使用市场比较法估价的前提是拥有充足的案例资料，只有拥有大量真实、可靠的交易实例，才能够了解正常的市场价格行情，进而估算出客观、合理的价格。若交易实例的数量太少，则可能因个别非正常交易案例的影响，进而使评估出的价格失真。因此，估价人员应尽可能多地收集交易实例，而不能在估价需要时再进行收集。在使用市场比较法进行估价时，也可有针对性地收集一些交易实例。

（二）收集交易实例途径的多样性

交易实例的收集是一个长期的过程，收集交易实例的途径多样，具体包括以下途径。

①查阅政府相关部门的不动产交易资料，如不动产权利人转让不动产时申报的成交价格资料、交易登记文件，政府出让土地使用权时的地价资料，政府确定、公布的基准地价、标定地价、房屋重置价格、不动产交易资料等。

②查阅报纸、杂志、网络上与不动产出售、出租有关的广告信息等资料。

③直接向开发商、代理商了解不动产的用途、结构、布局、价格等信息。

④参加不动产交易展示会、换房大会等，了解不动产价格行情和其他相关资料。

⑤向不动产交易当事人、潜在购买者、四邻、经纪人、金融机构、司法机关等开展调查，以了解不动产交易的相关资料。

⑥以购买者的身份与不动产出售者（如开发商、代理商等）进行沟通，以了解不动产价格资料。

⑦估价机构和估价人员间可交换收集到的交易实例或经手的估价案例资料，以丰富彼此的交易实例库。

⑧充分利用生活中的各类资源，收集不动产相关信息资源。

需要注意的是，以上多种渠道收集的相关资料中价格的种类是多样的，仅交易双方的实际交易价格可用于市场比较法的估算中。地价税、土地税、土地征用、土地抵押等估价额，法院公证登记的估价额，标售的拍卖价格，广告刊登的价格等均包含特殊因素，不能直接在估价中使用。因此，在参考收集到的交易实例时，需要关注其价格组成和其与市场价格间相差的比率，以判断它们与正常价格的区别。

（三）收集内容的真实性和完整性

交易实例内容的真实和完整能够直接提升市场比较法的估价精度，因此应尽可能多地收集交易实例的信息，一般包括以下几点。

①成交价格。包含计价方式、价款、币种等。

②成交日期。

③付款方式。如一次性付款、分期付款、贷款付款等。

④交易双方。如买方名称、卖方名称、买卖双方关系等。

⑤交易情况。如交易目的、交易方式、税费负担方式，有无利害关系人间交易、急买急卖、人为哄抬等特殊交易情况。

⑥交易实例不动产状况。如不动产名称、坐落、面积、四至、用途、产权结构、土地形状、建筑物建成年月、周围环境、交通便捷情况、景观等。

为保障交易实例及其内容的真实性和可靠性，应对所收集的每个交易实例及其内容进行查证核实，保证准确无误。此外，为避免收集内容过程中遗漏信息，应根据不同类型不动产（如居住、商业、办公、旅馆、餐饮、娱乐、工业、农业等）制作调查表（表4-1），以保证所收集内容的规范化和统一化。在实际估价工作中，还可将估价人员和交易实例收集者分开，以提升估价效率。工作中可建立不动产交易实例库，建立不动产交易实例库是从事不动产估价的一项基础性工作。建立交易实例库，可通过制作交易实例卡片分门别类存放，或将收集的交易实例分门别类存储至计算机中，以方便在需要时查找与调用。

表4-1 交易实例调查表

名称		编号	
坐落		基准地价	
卖方		买方	
交易价格		交易方式	
付款方式		成交日期	
不动产状况说明	实物状况说明		
	权益状况说明		
	区位状况说明		
交易情况说明			
位置图		形象图	
调查人员：		调查日期： 年 月 日	

二、选取可比实例

(一) 可比实例的质量要求

可比实例又称比准实例。经筛选，能够在市场比较法估价时使用的可比实例往往具有以下性质。

1. 物质的同一性或类似性

物质的同一性或类似性是为消除实物状况和权益状况对不动产效用及价格造成的影响，具体体现在以下几点。

① 与估价对象的用途相同。

② 与估价对象的价格类型相同，即需保证比准实例和估价对象的权力性质相同，如需评估估价对象买卖价格时，不能选用抵押价格的交易实例进行比较。

③ 与估价对象的交易类型与估价目的吻合，交易类型可分为土地使用权协议出让、一般买卖、租赁、征用、抵押等，需选择与估价对象交易类型一致的交易实例进行比较。

④ 与估价对象的建筑结构、建筑材料等相同。

2. 地点的同一性或类似性

地点的同一性或类似性是为消除区位因素对不动产效用（即价格）造成的影响。可比实例应与估价对象在同一地区，与估价对象间距离越近越好。若同一地区内没有可选取的交易实例，则可在同一供需圈（同一供需圈指与待估不动产能形成替代关系，对待估不动产价格产生显著影响的其他不动产所在的区域）内选取。若估价对象为北京王府井地区的商业店铺，则交易实例也应选择王府井地区的其他商业店铺，若王府井地区没有可供选择的交易实例，则可选择东单、国贸、西单等邻近地区或同等级别商业区的交易实例作为可比实例。

3. 交易时间的接近性

交易时间的接近性是一个相对的概念，其核心是保证不动产市场状况基本一致。因此，若几年来不动产市场较为稳定，价格变化幅度不大，则可使用几年前的交易实例作为可比实例。通常而言，可比实例交易日期与估价对象交易日期间相差不宜超过5年。

4. 交易情况的正常性

交易实例必须为正常交易或可修正为正常交易的交易，即交易应在公开市场、完全竞争、信息畅通、交易双方平等自愿、没有私自利益关系的情况下进行。

（二）可比实例的数量要求

理论上，选取可比实例的数量越多越好，但实际生活中可获取的交易实例数量有限，且可比实例数量过多可能造成后续修正和调整的工作量过大。因此，在实际估价工作中，一般选取3~10个可比实例即可。

三、建立比较基础

确定可比实例后，需要对这些可比实例的成交价格进行换算处理，保证其成交价格间口径一致、相互可比，为后续修正建立比较基础。具体而言，包括以下四个方面。

（一）统一付款方式

因不动产价值量较大，因此经常出现分期付款的情况。为便于比较，在估价过程中，成交价格应以一次性付清所需支付的金额为基准，而对于分期付款的可比实例，需要将实际成交价格折算为成交日期时一次性付清的成交价格。折算公式为：

$$P = P_{首} + \frac{P_{余}}{(1+r)^n} \tag{4-2}$$

式中，P——成交日期一次性付清的成交价格；

　　　$P_{首}$——首付款价格；

　　　$P_{余}$——尾款价格；

　　　r——银行利率；

　　　n——贷款年限。

【例4-1】某房地产交易总价款为40万元，其中首付款20万元，余款20万元于1年后一次性付清。设银行月利率为1%，则在其成交日期时一次性付清的价格为：

$$20 + \frac{20}{(1+1\%)^{12}} \approx 37.75 \text{（万元）}$$

（二）统一计算单位

在市场比较法估价过程中，为方便计算，统一使用单位面积价格进行计算。如房地产和建筑物通常使用单位建筑面积、单位套内建筑面积或单位使用面积上的价格；土地则通常使用单位土地面积上的价格或单位建筑面积上的价格（楼面地价）。单位面积在上述情况下是一个比较单位。

（三）统一货币种类

不同货币种类的名称、货币单位、币值均不同，它们间需要进行换算或兑换。不同货币种类成交价格间的换算需要采用成交日期对应的市场汇率，该汇率与估价时点对应的市场汇率可能不同。但是，若按原币种价格进行了交易日期调整，则应使用估价时点对应的市场汇率进行换算。市场汇率一般取国家外汇管理部门公布的外汇牌价的卖出、买入中间价。

（四）统一面积内涵与单位

因部分交易实例中的土地单价使用楼面地价表示，房地产单价（如车库价格）使用车位数单价为单位，使用市场比较法进行估价时，均需统一内涵后再进行比较。换算公式如下：

$$建筑面积下的价格 = 套内建筑面积价格 \times \frac{套内建筑面积}{建筑面积} \quad (4-3)$$

$$建筑面积下的价格 = 使用面积下的价格 \times \frac{使用面积}{建筑面积} \quad (4-4)$$

$$套内建筑面积下的价格 = 使用面积下的价格 \times \frac{使用面积}{套内建筑面积} \quad (4-5)$$

在面积单位方面，中国内地通常使用平方米（土地面积除平方米外，有时还使用公顷、亩等单位），中国香港地区和美国、英国等通常使用平方英尺，中国台湾地区和日本、韩国通常使用坪。各单位间换算如下：

$$1 公顷 = 10000 \ m^2$$
$$1 亩 = 666.67 \ m^2$$
$$1 平方英尺 = 0.09290304 \ m^2$$
$$1 坪 = 3.30579 \ m^2$$

四、交易情况修正

交易实例的交易目的可能不正常，对可比实例进行交易情况修正是为排除交易行为中一些个别因素造成的成交价格偏差。

（一）造成成交价格偏差的原因

因不动产具有不可移动、不可替代、价值量大等特性，且不动产交易市场是一个不完全市场，因此不动产的成交价格往往受交易过程中一些个别因素的影响，使其偏离正常市场价格。造成此类偏差的原因如下。

① 有利害关系的买卖双方进行交易。如亲友之间、母子公司之间、公司与其员工之间的不动产交易行为。

② 急买急卖或不了解市场行情的交易。如因欠债到期、抵押不动产拍卖清偿等急于出售不动产以偿还债务的，成交价格往往偏低；因生活刚需急于购买房产的，成交价格往往偏高。

③ 交易双方或一方有特别动机或偏好的交易。如买方或卖方对不动产有特别的爱好或感情，交易价格往往偏高。

④ 受债权债务关系影响的交易。如设立了抵押权、典权或拖欠工程款的交易。

⑤ 相邻不动产的合并交易。不动产价格受土地形状、土地面积等的影响，形状不规则或面积过小的不动产价格往往较低。然而，将这类不动产与相邻不动产合并后，效用往往会增加，故买方欲同时购入相邻两个不动产时，卖方往

往提高售价，导致成交价格高于正常市场价格。

⑥交易税费非正常负担的交易。正常成交价格指买卖双方各自缴纳自己应缴纳的交易税费时的价格，但在实际交易中，经常出现签订协议转嫁税费的情况，如契税本应由买方承担，在实际交易中转嫁给了卖方；交易手续费本应由买卖双方各承担一部分，在实际交易中转嫁给了其中一方。

⑦特殊交易方式。特殊交易方式包括拍卖、招标、哄抬或抛售等。正常的交易价格为买卖双方经过充分的沟通交流最终达成的协议价格，而特殊交易方式中买卖双方往往会受到现场气氛、个人情绪等影响，导致价格失常。但目前，我国（除港澳台地区）使用权出让较为特殊，招标、拍卖时的价格更能反映市场行情，而协议价格往往偏低。

（二）进行交易情况修正的方法

一般情况下，存在上述情况的特殊交易实例不宜选为可比实例用于估价，但若可供选择的交易实例数量过少，则不得不选用特殊交易实例作为可比实例，并对其进行交易情况修正。进行交易情况修正的估价人员需拥有丰富的估价经验，并且充分了解当地的市场行情，具体程序如下。

①剔除非正常交易案例。

②测定各类特殊因素对正常价格的影响程度。测定方法往往为估价人员利用现有的交易资料分析计算，最终确定修正系数。该方法主观性强，且缺乏统一的测算尺度，因此需估价人员拥有丰富的经验，以保证尽可能准确地测算出修正系数。

③交易情况修正。修正方法包括百分率法和差额法。

1. 百分率法修正公式

可比实例正常交易价格 = 可比实例成交价格 × 交易情况修正系数

交易情况修正系数由正常市场价格为基准进行计算，设可比实例成交价格比正常市场价格高/低的百分率为 $\pm S\%$，则：

$$交易情况修正系数 = \frac{1}{1 \pm S\%} = \frac{100}{100 \pm S} \qquad (4\text{-}6)$$

2. 差额法修正公式

$$可比实例正常交易价格 = 可比实例成交价格 \pm 交易情况修正数额 \qquad (4\text{-}7)$$

【例4-2】 某宗房地产交易的买卖双方在合同中规定，买方付给卖方 2760 元/米^2，买卖中涉及的税费均由买方承担。据悉，该地区房地产买卖中卖方应缴纳的税费为正常成交价格的 8%，买方应缴纳的税费为正常成交价格的 5%，试求该宗房地产的正常成交价格。

【解】

$$正常成交价格 = \frac{卖方实际得到的价格}{1-卖方应缴纳的税费比率} = \frac{2760}{1-8\%} = 3000（元/米^2）$$

【例4-3】某宗房地产交易的买卖双方在合同中规定，买方实际花费4200元/米²，买卖中涉及的税费均由卖方承担。据悉，该地区房地产买卖中卖方应缴纳的税费为正常成交价格的7%，买方应缴纳的税费为正常成交价格的5%，试求该宗房地产的正常成交价格。

【解】

$$正常成交价格 = \frac{卖方实际得到的价格}{1+买方应缴纳的税费比率} = \frac{4200}{1+5\%} = 4000（元/米^2）$$

【例4-4】有三宗非正常交易实例的交易情况见表4-2，分别求取其正常成交价格。

表4-2　交易情况修正系数表

	交易实例1	交易实例2	交易实例3
交易形式	内部协议购买	急于脱售	拍卖
修正系数	60	85	110
交易价格/万元	120	255	275

【解】

$$交易实例1正常成交价格 = 120 \times \frac{100}{60} \approx 200（万元）$$

$$交易实例2正常成交价格 = 255 \times \frac{100}{85} \approx 300（万元）$$

$$交易实例3正常成交价格 = 275 \times \frac{100}{110} \approx 250（万元）$$

五、交易日期修正

（一）交易日期修正的内涵

交易实例的成交价格为其交易日期时的价格，而估价对象的价格为估价时点时的价格。在交易实例的交易日期和估价时点间往往存在一段时间差，在这一时间差期间，不动产市场可能发生变动，不动产的价格也可能升高或降低。为排除市场变动对不动产价格的影响，将交易实例的不动产价格修正为估价时点的不动产价格，就是交易日期修正，也可称为市场状况修正。需要进行交易日期修正的情况包括：可比实例发生在前，待估案例发生在后；或可比实例发生在后，待估案例发生在前。

(二) 交易日期修正的方法

从可比实例成交日期到估价时点，不动产价格可能随时间的推移上涨、平稳或下降。若该时间段内不动产价格平稳，则可不进行交易日期修正；而不动产价格上涨或下降这两类情况都必须进行交易日期修正。交易日期修正以百分率法为主，其一般公式为：

$$可比实例在估价时点价格 = 可比实例成交价格 × 交易日期修正系数$$

$$(4-8)$$

其中，交易日期修正系数以可比实例成交日期为基准，设自成交日期至估价时点可比实例涨跌的百分率为 $±T\%$，式 (4-8) 中交易日期修正系数为 $(1±T\%)$ 或 $100/(100±T)$。

利用不动产价格指数进行交易日期修正也是较为常见的方法。不动产价格指数是反映不同时期不动产市场价格水平的变化趋势和程度的相对数量指标，采用不动产价格指数（地价指数或不动产价格指数，其中，地价指数即运用一定统计方法将特定区域一定时期内的地价水平换算成相对某一基准日期地价水平相对百分比的指数）的变动率来分析计算，相关公式为：

$$可比实例在估价时点的价格 = 可比实例成交价格 × 交易日期修正系数$$

$$交易日期修正系数 = \frac{待估不动产估价时点的价格指数}{可比实例成交日期时点的价格指数} \quad (4-9)$$

由于物价指数和不动产价格指数变动幅度不同，故修正的可靠性必然受到影响。目前我国已编制了中房指数、国房指数、城市地价指数等多种不动产价格指数，为交易日期修正提供了依据。在进行交易日期修正时，需注意可比实例不动产价格指数的地区和类型需与待估不动产一致。

不动产价格指数按基期不同可分为定基指数和环比指数。前者是以某一时点为基期建立的；后者的基期不固定，通常以上一统计时点为基期。其中，基期的价格指数通常定义为1，具体见表4-3和表4-4。

【例4-5】某宗不动产2020年的价格为1200元/米^2，现需将其调整至2023年，已知该区域类似不动产的定基价格指数和环比价格指数见表4-3和表4-4所示（设2015年为1），试求该宗不动产2023年的价格。

表4-3　定基价格指数表

时间/年	2019	2020	2021	2022	2023
定基价格指数	1	0.98	1.02	1.05	1.06

表4-4　环比价格指数表

时间/年	2019	2020	2021	2022	2023
环比价格指数	1	0.98/1=0.98	1.02/0.98=1.04	1.05/1.02=1.03	1.06/1.05=1.01

【解】该宗不动产2023年的价格计算如下：

$$P_{定} = 1200 \times \frac{1.06}{0.98} \approx 1298（元/米^2）$$

$$P_{环} = 1200 \times \frac{1.02}{0.98} \times \frac{1.05}{1.02} \times \frac{1.06}{1.05} \approx 1200 \times 1.04 \times 1.03 \times 1.01$$

$$\approx 1298（元/米^2）$$

若已知环比指数，则需换算为定基指数进行不动产价格指数修正。国家统计局每季度发布的土地出让价格指数就是以上一年同季度为基期的指数。除价格指数修正方法外，还可通过大量交易实例分析地价随时间的变动规律，并用以修正。

【例4-6】现有一宗可比实例，成交价格为6000元/米^2，成交日期为2020年7月。设2020年1月至2021年7月，该类不动产价格平均每月上涨1%，2021年8月至2022年1月，该类不动产价格平均每月下降0.2%。试求该可比实例进行交易日期修正后2022年1月的不动产价格。

【解】

$$P = 6000 \times (1 + 1\%)^{12} \times (1 - 0.2\%)^6 \approx 6680（元/米^2）$$

六、不动产状况修正

不动产自身状况是影响不动产价格的重要因素。若可比实例和估价对象自身状况间存在差异，则需对可比实例成交价格进行不动产状况修正，将可比实例在其自身不动产状况下的价格转化为在估价对象不动产状况下的价格。

（一）不动产状况修正的内容

不动产状况修正包括区位状况修正、实物状况修正和权益状况修正三大类，每类修正还可细分为若干因素的修正。因构成不动产状况的因素较为复杂，不动产状况修正是市场比较法的核心部分。

1. 区位状况修正

区位状况指不动产所处的自然地理位置和社会经济位置，是不动产独有的决定其价值的因素。区位状况调整是将可比实例在自身区位状况下的价格调整为在估价对象区位状况下的价格。

区位状况修正的内容包括位置、方向、距离、临街状况、楼层、繁华程度、交通便捷度、环境、配套设施等影响不动产价格的因素。其中，环境包括自然环境、人工环境、社会环境、景观等；配套设施指可比实例和估价对象外的部分，包括基础设施和公共服务设施的完备程度。对于住宅用地而言，公共服务设施包括教育、医疗卫生、文化体育、商业服务等公共设施的完备程度；对于商业用地而言，楼层能够对不动产价格或租金造成很大影响。

2. 实物状况修正

实物状况修正是将可比实例在其实物状况下的价格调整为在估价对象实物状况下的价格。

对于土地而言，实物状况修正的内容包括面积、形状、地形、地势、临街深度、地质条件、基础设施完备程度等。对于建筑物而言，实物状况修正的内容包括建筑规模、建筑结构、设施设备、装饰装修、空间布局、新旧程度、平面布置、工程质量等影响不动产价格的因素。

3. 权益状况修正

权益状况指对不动产价格有影响的不动产权益因素的状况。权益状况修正是将可比实例在自身权益状况下的价格调整为在估价对象权益状况下的价格。

权益状况修正的内容包括土地使用权年限、城市规划限制条件（容积率等）、用益物权设立情况、担保物权设立情况、租赁或占用情况、共有情况等。

（1）不动产使用权年期修正。不动产使用权年限长短直接影响不动产可获得的收益，年限越长，不动产总收益越多，不动产价格越高。不动产使用年期的修正公式为：

可比实例年期修正后价格＝可比实例价格×不动产使用权年期修正系数（K）

$$(4-10)$$

$$K = \frac{1 - \dfrac{1}{(1+r)^m}}{1 - \dfrac{1}{(1+r)^n}} \tag{4-11}$$

式中，r——不动产还原率；

n——可比实例使用权年限；

m——待估不动产使用权年限。

（2）容积率修正。容积率大小决定土地利用程度高低，容积率越大，土地利用程度越高，土地利用效用越好（边际收益＞边际成本）。容积率的修正公式为：

容积率修正后的可比实例地价＝可比实例价格×容积率修正系数（4-12）

$$容积率修正系数 = \frac{待估不动产容积率修正系数}{可比实例容积率修正系数} \qquad (4-13)$$

（二）不动产状况修正的方法

1. 不动产状况修正步骤

不动产状况修正是对优于估价对象的可比实例做减价修正、对劣于估价对象的可比实例做加价修正的过程，其修正步骤为：

① 确定对待估不动产价格产生影响的不动产状况因素。

② 判定估价对象和可比实例在以上因素方面的状况。

③ 逐项比较估价对象和可比实例在这些因素方面的状况，确定由以上状况差异造成的价格差异程度。

④ 根据差异程度对可比实例价格进行修正。

2. 不动产状况修正公式

不动产状况修正的方法可以分为百分率法和差额法两类。

（1）百分率法修正公式。

可比实例在待估不动产状况下的价格 = 可比实例价格 × 不动产状况修正系数

$$\qquad (4-14)$$

$$不动产状况修正系数 = \frac{待估不动产状况修正系数}{可比实例不动产状况修正系数} \qquad (4-15)$$

在百分率法中，不动产状况修正系数的确定以待估不动产状况为基准。设可比实例在其不动产状况下的价格比估价对象在其不动产状况下的价格高或低的百分率为 $\pm R\%$（价格高时百分率为 $+R\%$，价格低时百分率为 $-R\%$），则不动产状况修正系数的计算公式为：

$$不动产状况修正系数 = \frac{1}{1 \pm R\%} \qquad (4-16)$$

或

$$不动产状况修正系数 = \frac{100}{100 \pm R} \qquad (4-17)$$

（2）差额法修正公式。

可比实例在待估不动产状况下的价格 = 可比实例价格 ± 不动产状况修正额

$$\qquad (4-18)$$

【例4-7】 现有一宗可比实例，成交价格为5000元/米²，该可比实例的不动产状况优于待估不动产。经分析，可比实例在繁华程度、交通便捷度、配套设施、城市规划限制条件等方面综合计算需修正4%，则经不动产状况修正后的可比实例价格为多少？

【解】

$$5000 \times \frac{100}{104} \approx 4808 \text{（元/米}^2\text{）}$$

【例4-8】现有一宗可比实例，成交价格为4000元/米²，该可比实例的不动产状况劣于待估不动产。经分析，可比实例在临街深度、公共服务设施、容积率等方面综合计算需修正-2%，则经不动产状况修正后的可比实例价格为多少？

【解】

$$4000 \times \frac{100}{98} \approx 4082 \text{（元/米}^2\text{）}$$

七、计算比准价格

在将可比实例与估价对象建立比较基础后，通过交易情况修正，将可比实例可能不正常的交易价格转换为正常交易价格；通过交易日期修正，将可比实例成交价格转换为在估价时点的价格；通过不动产状况修正，将可比实例成交价格转换为在待估不动产状况下的价格。经过以上三方面修正，能够将可比实例的实际成交价格转化为估价对象在估价时点的客观合理价格。

（一）求取某可比实例对应比准价格的方法

1. 百分率法修正系数连乘公式

估价对象价格 = 可比实例价格 × 交易情况修正系数 × 交易日期修正系数 × 不动产状况修正系数

(4-19)

2. 百分率法修正系数累加公式

估价对象价格 = 可比实例价格 × （1 + 交易情况修正系数 + 交易日期修正系数 + 不动产状况修正系数）

(4-20)

3. 差额法公式

估价对象价格 = 可比实例价格 ± 交易情况修正额 ± 交易日期修正额 ± 不动产状况修正额

(4-21)

特别地，上述百分率法修正系数连乘公式和百分率法修正系数累加公式中的修正系数存在差异。设交易情况修正中可比实例成交价格比正常市场价格高或低的百分率为 ±S%，交易日期修正中可比实例成交日期到估价时点间可比实例成交价格涨跌的百分率为 ±T%，不动产状况修正中将可比实例调整为待估不动产状况后可比实例成交价格升降的百分率为 $\pm R\%$，则百分率法修正系数连乘公式为：

$$\text{估价对象价格} \times (1 \pm S\%) \times (1 \pm R\%) = \text{可比实例成交价格} \times (1 \pm T\%)$$
$$(4-22)$$

或

$$\text{估价对象价格} = \text{可比实例成交价格} \times \frac{100}{100 \pm S} \times \frac{100 \pm T}{100} \times \frac{100}{100 \pm R}$$
$$(4-23)$$

百分率法修正系数累加公式为：

$$\text{估价对象价格} \times (1 \pm S\% \pm R\%) = \text{可比实例成交价格} \times (1 \pm T\%) \quad (4-24)$$

或

$$\text{估价对象价格} = \text{可比实例成交价格} \times \frac{100 \pm T}{100 \pm S \pm R} \quad (4-25)$$

在使用市场比较法进行估价的过程中，百分率法修正系数连乘是最为常用的计算方法，且交易情况、交易日期和不动产状况修正通常采用百分率法进行计算。

使用百分率法进行不动产状况修正可以分为直接比较法和间接比较法两类。直接比较法即直接将待估不动产状况作为标准进行修正，而间接比较法则假设一个标准不动产，以其不动产状况为标准进行修正。其中，间接比较法因操作难度较大，因此不常被使用。以连乘形式的百分率法修正为例，具体化直接比较法和间接比较法修正计算公式如下。

（1）直接比较法修正。

$$\text{估价对象价格} = \text{可比实例价格} \times \frac{100}{(\quad)} \times \frac{(\quad)}{100} \times \frac{100}{(\quad)}$$
$$= \text{可比实例价格} \times \frac{\text{正常市场价格}}{\text{实际成交价格}} \times \frac{\text{估价时点价格}}{\text{成交日期价格}} \times \frac{\text{对象状况价格}}{\text{实例状况价格}}$$
$$(4-26)$$

式中，交易情况修正分子——100，表示以正常市场价格为标准；

交易日期修正分母——100，表示以成交日期价格为标准；

不动产状况修正分子——100，表示以待估不动产状况价格为标准。

（2）间接比较法修正公式

$$\text{估价对象价格} = \text{可比实例价格} \times \frac{100}{(\quad)} \times \frac{(\quad)}{100} \times \frac{100}{(\quad)} \times \frac{(\quad)}{100}$$

$$= 可比实例价格 \times \frac{正常市场价格}{实际成交价格} \times \frac{估价时点价格}{成交日期价格} \times$$

$$\frac{标准状况价格}{实例状况价格} \times \frac{对象状况价格}{标准状况价格} \qquad (4\text{--}27)$$

式中，交易情况修正分子——100，表示以正常市场价格为标准；

交易日期修正分母——100，表示以成交日期价格为标准；

标准化修正分子——100，表示以标准状况价格为标准；

不动产状况修正分母——100，表示以标准不动产状况价格为标准，分子
为待估不动产相对于标准不动产所得的分数。

（二）将数个可比实例比准价格合并为一个最终比准价格的方法

因使用市场比较法进行估价的过程中，需要 3～10 个可比实例，每一个可
比实例经交易情况、交易时间、不动产状况修正后均会得到一个比准价格。受
多方面因素的影响，这些比准价格可能不一致，因此需将它们合并为一个最终
的比准价格，作为市场比较法的估算结果。常见的合并方法有以下四种：

①平均数。数个比准价格的简单算术平均值或加权算术平均值。

②中位数。将数个比准价格按由低至高或由高至低的顺序排列。若项数为
基数，则取位于正中间位置价格的数值；若项数为偶数，则取位于正中间位置
的两个价格的简单算术平均值。

③众数。数个比准价格中出现频数最多的数值。

④其他方法。例如，除去数个比准价格中的一个最高价和一个最低价，取
剩余比准价格的简单算术平均值；根据估价人员经验，以数个比准价格中的一
个为主，参考其他比准价格最终确定一个数值。

在实际估价工作中，平均数是最常用的计算方式，中位数其次，众数则很
少使用。

【例 4-9】可比实例的比准价格结果分别为 2600，2650，2800，2860，单
位为元/米^2，求平均数和中位数价格。

【解】

$$平均价格 = \frac{2600 + 2650 + 2800 + 2860}{4} = 2727.5 （元/米^2）$$

$$中位数价格 = \frac{2650 + 2800}{2} = 2725 （元/米^2）$$

第三节 市场比较法的应用

一、土地价格评估

【例4-10】现需对A市一待估宗地G的正常市场价格进行评估，现已收集与待估宗地条件类似的6块宗地，待估宗地和可比实例的具体情况见表4-5。

表4-5 各宗地具体情况表

宗地	成交价/(元·米⁻²)	交易年份	交易情况	容积率	不动产其他状况
A	1200	2019	1%	1.3	1%
B	1000	2019	0	1.1	−1%
C	1300	2018	5%	1.4	−2%
D	1400	2020	0	1.0	−1%
E	2000	2021	−1%	1.6	2%
F	1400	2022	0	1.3	1%
G		2022	0	1.1	0

A市的地价指数表见表4-6。

表4-6 A市地价指数表

年份	2016	2017	2018	2019	2020	2021	2022
指数	100	103	107	110	108	107	112

据调查，A市该类宗地的容积率与地价的关系比为：容积率在1.0～1.5时，容积率每增加0.1，宗地单位地价便比容积率为1.0时的地价增加5%；容积率超过1.5后，容积率每增加0.1，宗地单位地价便比容积率为1.0时的地价增加3%。交易情况修正、交易日期修正、不动产状况修正均以待估宗地为标准，表4-5中负值表示可比实例在该项劣于待估宗地，正值表示可比实例在该项优于待估宗地，数值大小表示对宗地地价的修正幅度。

试根据以上条件，评估宗地G在2022年的正常市场价格。

【解】

根据题干建立容积率地价指数表，见表4-7。

表4-7　容积率地价指数表

容积率	1.0	1.1	1.2	1.3	1.4	1.5	1.6
地价指数	100	105	110	115	120	125	128

可比实例修正计算如下：

可比实例A：$1200 \times \frac{112}{110} \times \frac{100}{101} \times \frac{105}{115} \times \frac{100}{101} \approx 1094$（元/米²）

可比实例B：$1200 \times \frac{112}{110} \times \frac{100}{100} \times \frac{105}{105} \times \frac{100}{99} \approx 1234$（元/米²）

可比实例C：$1200 \times \frac{112}{107} \times \frac{100}{105} \times \frac{105}{120} \times \frac{100}{98} \approx 1068$（元/米²）

可比实例D：$1400 \times \frac{112}{108} \times \frac{100}{100} \times \frac{105}{100} \times \frac{100}{99} \approx 1540$（元/米²）

可比实例E：$1200 \times \frac{112}{107} \times \frac{100}{99} \times \frac{105}{128} \times \frac{100}{102} \approx 1020$（元/米²）

可比实例F：$1200 \times \frac{112}{112} \times \frac{100}{100} \times \frac{105}{115} \times \frac{100}{101} \approx 1085$（元/米²）

根据以上比准价格结果可知，案例D为异常值，其他结果较为接近，故删除案例D，取其他比准价格结果的平均值作为评估结果。

因此，待估宗地G的正常市场价格为：

$$\frac{1094 + 1234 + 1068 + 1020 + 1085}{5} = 1100.2（元/米²）$$

二、房地产价格评估

【例4-11】为评估某写字楼2024年4月1日的正常市场价格，在该写字楼附近调查选取了A、B、C三栋类似写字楼的交易实例作为可比实例，三栋可比实例相关状况见表4-8。表4-8中，交易情况栏正负值表示可比实例交易价格高于或低于正常市场价格的幅度；不动产状况栏正负值表示可比实例不动产状况优于或劣于估价对象不动产状况的价格差异幅度。设2023年11月1日美元与人民币的市场汇率为1:6.6，2024年4月1日美元与人民币的市场汇率为1:6.4。不动产使用面积系数（使用面积/建筑面积）为80%。该写字楼以人民币为基准的市场价格2023年5月1日至2023年9月1日基本不变，2023年9月1日至2024年1月1日平均每月下降1%，2024年1月1日后平均每月上升0.5%。试评估该写字楼2024年4月1日的正常市场价格（如需计算平均值，请采用简单算术平均值法）。

表4-8 可比实例状况表

项目	可比实例A	可比实例B	可比实例C
成交价格	9500元/米²	1500美元/米²	12250元/米²
面积内涵	使用面积	使用面积	建筑面积
成交日期	2023年8月1日	2023年11月1日	2024年2月1日
交易情况	-3%	2%	2%
不动产状况	1%	6%	1%

【解】

统一货币单位：可比实例B成交价格 = 1500×6.6 = 9900（元/米²）

统一面积内涵：可比实例C成交价格 = 12250×0.8 = 9800（元/米²）

可比实例修正计算如下：

可比实例A：

$$9500 \times \frac{100}{97} \times (1-1\%)^4 \times (1+0.5\%)^3 \times \frac{100}{101} \approx 9455（元/米^2）$$

可比实例B：

$$9900 \times \frac{100}{102} \times (1-1\%)^2 \times (1+0.5\%)^3 \times \frac{100}{106} \approx 9110（元/米^2）$$

可比实例C：

$$9800 \times \frac{100}{102} \times (1+0.5\%)^2 \times \frac{100}{99} \approx 9802（元/米^2）$$

因此，待估写字楼的正常市场价格为：

$$\frac{9455+9110+9802}{3} \approx 9456（元/米^2）$$

【例4-12】为评估某住宅2023年12月31日的正常市场价值，在住宅附近选取了三个类似住宅交易实例作为可比实例，可比实例相关情况见表4-9。表4-9中交易情况栏正负值表示可比实例成交价格高于或低于正常市场的价格幅度。该类住宅2023年8月至12月的定基价格指数见表4-10。现假设一标准不动产，以该不动产为比较标准，将估价对象和可比实例分别从区位状况、实物状况和权益状况三类不动产状况与标准不动产进行比较，比较结果见表4-11。表4-11中正负表示估价对象或可比实例的某项不动产状况因素优于或劣于标准不动产，导致其价格高于或低于标准不动产价格的幅度。试评估该住宅2023年12月31日的正常市场价值。

表4-9 可比实例情况表

项目	可比实例A	可比实例B	可比实例C
成交价格	9100元/米²	9250元/米²	9400元/米²
成交日期	2023年8月31日	2023年10月31日	2023年11月30日
交易情况	-2%	2%	1%

表4-10 2023年8月至12月该类不动产的定基价格指数表

月份	8	9	10	11	12
价格指数	101	99	102	103	98

表4-11 不动产状况比较表

项目	权重	估价对象	可比实例A	可比实例B	可比实例C
区位状况	0.4	-2%	1%	-1%	3%
实物状况	0.3	1%	2%	-2%	0
权益状况	0.3	0	0	0	-2%

【解】

可比实例修正计算如下：

可比实例A：

$$9100 \times \frac{100}{98} \times \frac{98}{101} \times \frac{0.4 \times 98 + 0.3 \times 101 + 0.3 \times 100}{0.4 \times 101 + 0.3 \times 102 + 0.3 \times 100} \approx 8876（元/米²）$$

可比实例B：

$$9250 \times \frac{100}{102} \times \frac{98}{102} \times \frac{0.4 \times 98 + 0.3 \times 101 + 0.3 \times 100}{0.4 \times 99 + 0.3 \times 98 + 0.3 \times 100} \approx 8757（元/米²）$$

可比实例C：

$$9400 \times \frac{100}{101} \times \frac{98}{103} \times \frac{0.4 \times 98 + 0.3 \times 101 + 0.3 \times 100}{0.4 \times 103 + 0.3 \times 100 + 0.3 \times 98} \approx 8758（元/米²）$$

因此，待估住宅的正常市场价格为：

$$\frac{8876 + 8757 + 8758}{3} = 8797（元/米²）$$

【复习思考题】

1. 简述市场比较法的概念和理论依据。

2. 市场比较法的基本公式是什么？

3. 简述市场比较法的估价步骤。

4. 为评估某商业店铺2024年8月1日的正常市场价值，在商业店铺附近选取三个类似商业店铺交易实例作为可比实例，可比实例相关情况见表4-12。表4-12中交易情况栏正负值表示可比实例成交价格高于或低于正常市场的价格幅度。该类商业店铺2024年4月至8月的定基价格指数见表4-13。表4-14中，区位状况栏正负值表示可比实例区位状况优于或劣于正常市场价格的幅度；实物状况栏正负值表示可比实例实物状况优于或劣于正常市场价格的幅度；权益状况栏正负值表示可比实例权益状况优于或劣于正常市场价格的幅度。试评估该商业店铺2024年8月1日的正常市场价值。

表4-12　可比实例情况表

项目	可比实例A	可比实例B	可比实例C
成交价格	9500元/米²	9800元/米²	10500元/米²
成交日期	2024年4月16日	2024年6月20日	2024年7月2日
交易情况	-3%	-1%	2%

表4-13　2024年4月至8月该类不动产的定基价格指数表

月份	4	5	6	7	8
价格指数	98	100	101	102	103

表4-14　不动产状况比较表

项目	权重	估价对象	可比实例A	可比实例B	可比实例C
区位状况	0.5	1%	-1%	2%	1%
实物状况	0.3	-1%	2%	-2%	2%
权益状况	0.2	0	0	0	-1%

第五章　成本法

一、成本法的概念

　　成本法又称承包商法、原价法，是先测算估价对象在估价时点的重置成本或重建成本和折旧，然后将重置成本或重建成本减去折旧得到估价对象的价格或价值的方法。运用成本法评估出的价格称为积算价格。

　　成本法的本质是以不动产重新开发建设成本为导向求取估价对象的价值。在使用其他方法进行估价时，成本法可以作为一种检验方式。

二、成本法的理论依据

　　成本法的理论依据是生产费用价值论，亦称生产成本论。该理论认为，商品的价值是由生产该商品所花费的必需费用决定的。成本法基于这一理论，通过估算重新构建或开发一个类似不动产所需的成本，来评估该不动产的价值。具体来说，成本法认为不动产的价值应该至少等于其开发或建设时的成本，加上合理的利润和税费等。一个理性的投资者在决定开发或购买不动产时，会考虑其投资成本及预期的回报。如果不动产的价值低于其开发或建设时的成本，那么投资者就不会选择该投资。

　　考虑到市场条件、材料价格、劳动力成本等因素经常处于变动之中，不动产的重置成本或重建成本也会随之变动。因此在使用成本法测算估价对象的价格时，应当首先求取估价对象在估价时点的重置成本或重建成本。不确定估价时点就判断估价对象的价格是不合理的。

三、成本法的适用范围和条件

　　所有不动产在开发建设时都会产生一定的成本，但鉴于成本法的特殊性，它更加适用于以下情形的不动产估价。

①新近开发建设、计划开发建设或可以假设重新开发建设的不动产。

②不动产市场不活跃、缺乏市场交易实例的区域的不动产，或无法利用市场比较法评估的不动产。

③以公益或公用为目的的不动产。如公园、医院、学校、图书馆、博物馆等不以营利为目的或没有直接经济利益的不动产。

④设计独特或有特定用途的不动产。如工厂、发电厂、油田、机场、码头等具有特殊设计或用途的不动产，这类不动产在市场上很难找到类似的可比交易。

⑤处于特定状况下的不动产。例如，处于保险和损害赔偿状况下的不动产，由于其特殊性质，可能需要将土地和地上建筑物分开评估，此时成本法能够提供更合理的估价。

⑥成本法还适用于不动产开发建设的可行性研究。在对拟建不动产进行成本测算时，如果其市场价格高于总建筑成本、开发费用和部分利润，这种开发才具有可行性和经济效益。此外，在进行建筑物的再装修或改造项目的成本效益分析时，通过成本法可以估算出装修改造所带来的实际效益，防止过度装修导致投资效益下降。

使用成本法估价较为费时费力，在估算重置成本或重建成本和折旧时也有一定难度，特别是在面对较为老旧的建筑物时，需要估价人员进行详尽的实地勘察和主观判断，此时成本法的适用性相对有限。此外，成本法对估价人员的专业素养和实践经验有较高要求，特别需要他们在建筑材料、建筑设备、工程造价等领域具备扎实的专业知识。

使用成本法时还需注意，要区分客观成本和实际成本。客观成本指的是假设开发建设时大多数不动产开发商的一般花费，实际成本指的是某个具体的不动产开发商的实际花费。在成本法估价中应当采用客观成本，而不是实际成本。要结合当前市场的供求关系评估不动产的价格，当供过于求时，价格应低于成本；当供不应求时，价格可高于成本。

四、成本法的基本公式

成本法的基本公式为：

$$不动产价格 = 土地价格 + 建筑物现值$$
$$= 土地价格 + 建筑物重置成本 - 建筑物折旧 \qquad (5-1)$$

成本法具体的估价内容和方法见表5-1。

表5-1 成本法估价的内容与方法

不动产价格											
土地价格	建筑物现值										
成本逼近法	建筑物重置成本					建筑物折旧					
	直接法			间接法	价格指数调整法	耐用年数法			成新法	观察法
	工料测量法	单位面积法	单位体积法			定额法	定率法	偿还基金法		

五、成本法的特点

成本法具有以下几个特点。

① 适用范围广泛。成本法以建造成本为着眼点，每一个不动产都存在建造成本，特别是在交易性不强或者无法将收益货币化的不动产项目估价中，成本法弥补了其他估价方法适用范围的局限性。

② 需要确定重置价格或重建价格。成本法的实质是通过对不动产的各组成部分的市场价格的估算，最终确定不动产整体的市场价格。在评估过程中，会首先求取估价对象在估价期日时的重置价格或重建价格，然后扣除折旧，以此估算估价对象的客观合理价格或价值。

③ 考虑折旧因素。通过扣除折旧，可以更准确地反映不动产的实际价值。

④ 对评估人员的专业要求较高。成本法需要评估人员对不动产市场有深入的了解和认识，熟悉估价对象的特性和价值影响因素。

第二节 成本法的估价步骤

一、收集估价资料

运用成本法估算不动产价格需要收集的资料主要包括以下几个方面。

① 土地资料。包括国有土地使用证、土地出让合同等，以获取土地权属、位置、面积、用途等信息。

② 建筑物资料。包括建筑安装工程预算书、测绘建筑面积证明等，以获取建筑物建筑结构、建成年份、装修状况、工程费用、材料费用、人工费用等信息。

③ 其他相关资料。包括委托方营业执照、法人身份证、估价委托书等证明委托方身份和委托估价关系的文件。

具体资料可能因估价对象和估价目的的不同而有所差异。在收集资料时，应确保资料的完整性和准确性，为后续的估价工作提供可靠的数据支持。

二、估算不动产重新建造价格

不动产的重新建造价格是指假设在估价时点，在同一场所除不动产以外的状况均维持不变时，重新建造全新的估价对象所必需的支出，或者重新开发建设全新的估价对象所必需的支出和应取得的利润。需要注意建筑物的重新建造价格是全新状况下的价格，而土地的重新建造价格是估价时点状况下的价格，因此，土地的增减价因素一般已经考虑在其重新建造价格中。

(一) 建筑物重置成本的构成

建筑物的重置成本主要由以下几个部分构成。

① 建筑安装工程费用。包括直接费用、间接费用、利润、税金。其中，直接费用包括直接工程费和措施费，间接费用包括规费和企业管理费。

② 设备工器具购置费用。包括设备管理费、工器具及生产家具购置费。其中，设备管理费包括设备原价和设备运杂费。

③ 工程建设其他费用、预备费、投资利息、税费等。

(二) 建筑物重置成本的计算方法

建筑物重置成本的计算方法主要有直接法（工料测算法、单位面积法、单位体积法）、间接法和价格指数调整法，可以根据实际情况选择使用。

1. 直接法

直接法是根据目标不动产直接求取重新建造原价的方法。它根据待估建筑物在估价时点所需的各种材料、人工等费用，结合当地市场价格，计算出直接工程费，加上间接工程费及适当的承包商利润后，得出标准建造费。再加上发包人直接负担的附加费，最终算出重新建造价格。根据计算过程的不同，又可分为以下几种方法。

(1) 工料测算法。工料测算法是指求取估价对象在估价期日的标准建设费，加上通常的附加费用求得重新建造原价的方法。当采用工料测算法时，首先需要确定建造建筑物所需的各种材料（如水泥、砖块、钢材等）和设备，以及所需的人工种类和数量在估价期日的总成本，这些成本是工程的直接成本，是建造建筑物的直接支出。然后需要计算管理费、设计费、工程监理费、保险费等，这些是与建造建筑物相关的，但不直接构成建筑物实体的费用，即间接成本。在得到直接成本和间接成本后，需要加上适当的承包商利润和税金，这些费用通常根据行业标准和合同约定来确定。将直接成本、间接成本、利润和税金相加，得出建筑物的重置成本。这个成本反映的是在当前的市场条件下，重新建造一个与待估建筑物完全相同的新建筑物的成本。

工料测算法的优点是较为详细和准确。通过逐项估算材料和人工的成本，并考虑各种间接费用和利润，能够较为准确地反映建筑物的真实重置成本。然而这种方法也相对较为复杂和耗时，需要专业的估价人员和详细的数据支持。

（2）单位面积法。单位面积法是根据近期建成的类似建筑物的单位面积成本来估算重置成本的方法。它将类似建筑物的单位面积成本作为参考，乘以待估建筑物的建筑面积，从而得出待估建筑物的重置成本。该方法是实践中运用较多的方法。

单位面积法的优点是简单、迅速，适用于建筑物的初步估算，当参照建筑物与待估建筑物相似度较高时，估算结果较为准确。但该方法忽略了不同建筑物在建筑结构、设计、装修等方面的差异，对参照建筑物的选择和单位面积成本的确定也可能存在主观性和误差，导致估算结果不准确。

（3）单位体积法。单位体积法与单位面积法相似，是根据近期建成的类似建筑物的单位体积成本来估算重置成本的方法。通过计算类似建筑物单位体积的造价，乘以待估建筑物的总体积，从而得出待估建筑物的重置成本。它的优点是考虑了建筑物不同层高的影响。

2. 间接法

间接法是一种基于市场比较的方式来估算建筑物重置成本的方法。它是指在近邻地区或同一供应范围内的类似地区中，收集与待估建筑物类似建筑物的实际总造价及各构成部分的明细价，对类似建筑物与待估建筑物的差异进行比较和修正，得出待估建筑物在类似条件下的可能造价，即重置成本。在使用间接法时，要确保选择的类似建筑物与待估建筑物在地理位置、结构、装修程度等方面具有较高的相似性，以提高估算的准确性。

3. 价格指数调整法

价格指数调整法也称为指数调整法，是一种利用有关价格指数或变动率，将待估建筑物的原始价值调整到估价时点的价值，来求取建筑物重置成本的方法。该方法可以用来检测其他方法的测算结果。

三、估算不动产使用期折旧

建筑物折旧是指由物质因素、功能因素或经济因素等造成的建筑物价值的实际减损，其数额为建筑物在估价时点的市场价值与在估价时点的重新建造价格之差。

（一）建筑物折旧的类型

根据建筑物折旧的原因，可以将建筑物的折旧分为物质折旧、功能折旧和经济折旧三类。

1. 物质折旧

物质折旧是一种有形损耗，是建筑物在实体方面的破损所造成的价值损失，包括自然腐化、正常使用的磨损、自然灾害等意外损毁以及延迟维修的损坏残存。

自然腐化和正常使用的磨损可以按照估价期日测算，而自然灾害等意外损毁难以有效测算，需要依靠估价人员的专业知识和判断。

2. 功能折旧

功能折旧是一种无形损耗，是指由消费观念变更、规划设计更新、技术进步等导致建筑物在功能方面相对缺乏、落后或不适用所造成的价值损失。

计算功能折旧时，能够修正的部分可以进行修正，难以修正的部分则需要与类似不动产进行比较判断。

3. 经济折旧

经济折旧又称外部性折旧，也是一种无形损耗，是指由建筑物本身以外的各种不利因素所造成的建筑物价值的损失，包括供给过量、需求不足、自然环境恶化、空气污染、交通拥堵、政策变化等。

（二）建筑物折旧的计算方法

建筑物折旧的计算方法主要有耐用年限法、成新折扣法、实际观察法。

1. 耐用年限法

耐用年限法的原理是将建筑物的重置成本按一定方法分摊到其耐用年限内，计算每一年的折旧额和累计折旧额。根据价值分摊方法的不同，可以细分为直线折旧法、余额递减法、偿还基金法等。

（1）直线折旧法。耐用年限法中最主要的方法是直线折旧法。直线折旧法又称定额法、平均年限折旧法，它假设不动产在其耐用年限内每年的折旧额相等，由此计算年折旧额，即用待估建筑物的折旧总额除以单一的耐用年数，求得每年的折旧额。直线折旧法的年折旧额计算公式为：

$$D_n = D = \frac{C-S}{N} = \frac{C(1-R)}{N} \tag{5-2}$$

式中，D_n——第 n 年的折旧额；

C——建筑物的重新建造价格；

　　S ——建筑物耐用年限期满的净残值；

　　N ——建筑物的耐用年限；

　　R ——建筑物的残值率，即建筑物耐用年限期满的净残值与建筑物的
　　　　重新建造价格的比率。

通过直线折旧法可以计算出在第 y 年末的建筑物折旧总额为：

$$V = D_y = (C - S)\frac{y}{N} = C(1 - R)\frac{y}{N} \tag{5-3}$$

在第 y 年末的建筑物现价为：

$$P = C - V = C - (C - S)\frac{y}{N} = C\left[1 - (1 - R)\frac{y}{N}\right] \tag{5-4}$$

若建筑物残值率 $R = 0$，则建筑物现价为：

$$P = C\left(1 - \frac{y}{N}\right) \tag{5-5}$$

【例5-1】某商业用房的建筑面积为 800 m²，其重置成本为3000元/米²，经济耐用年限为50年，已使用10年，预计残值率为5%。请使用直线折旧法计算该商业用房的年折旧额、折旧总额和当前价值。

【解】

该商业用房的重新建造价格为：$C = 800 \times 3000 = 2400000$（元）$= 240$（万元）

年折旧额为：$D = 2400000 \times (1 - 5\%) \div 50 = 45600$（元）$= 4.56$（万元）

折旧总额为：$V_{10} = 45600 \times 10 = 456000$（元）$= 45.60$（万元）

当前价值为：$P = 2400000 - 456000 = 1944000$（元）$= 194.40$（万元）

（2）余额递减法。余额递减法又称定率法，是将不动产经过折旧后的残余价值乘以一定的比率，从而得出每年的折旧额。根据余额递减法的原理，每年的折旧额是基于资产取得时的原始价值，第一年最高，随后逐年递减。因此，这种方法被视为一种加速折旧或提早折旧的方法。它更准确地反映了不动产随时间推移价值逐渐减少的趋势，特别是在资产价值因技术进步或市场变化而迅速降低的情况下。

假设折旧率为 r，第一年的折旧额 D_1 为：

$$D_1 = rC \tag{5-6}$$

第一年末的不动产残余价格 S_1 为：

$$S_1 = C - rC = C(1 - r) \tag{5-7}$$

第二年的折旧额 D_2 为：

$$D_2 = r \times S_1 = rC(1 - r) \tag{5-8}$$

第二年末的不动产残余价格 S_2 为：

$$S_2 = S_1 - D_2 = C(1-r) - rC(1-r) = C(1-r)^2 \qquad (5-9)$$

同理可得，第三年末的折旧额 D_3 和残余价格 S_3 分别为：

$$D_3 = rC(1-r)^2 \qquad (5-10)$$

$$S_3 = C(1-r)^3 \qquad (5-11)$$

在耐用年限期满的第 N 年末的折旧额 D_N 和残余价格 S_N 分别为：

$$D_N = rC(1-r)^{N-1} \qquad (5-12)$$

$$S_N = C(1-r)^N \qquad (5-13)$$

即残余价格 S 为：

$$S = C(1-r)^N \qquad (5-14)$$

折旧率 r 为：

$$r = 1 - \sqrt[N]{S/C} \qquad (5-15)$$

根据式（5-13）可得，在第 y 年末的建筑物现价为：

$$r = P = S_y = C(1-r)^y = C \times \left(\sqrt[N]{S/C} \right)^y \qquad (5-16)$$

第 y 年的折旧总额为：

$$D = D_1 + D_2 + D_3 + \cdots + D_y = rC + rC(1-r) + rC(1-r)^2 + \cdots + rC(1-r)^{y-1}$$

$$= rC + rC \left[(1-r) + (1-r)^2 + \cdots + (1-r)^{y-1} \right] = C \left[1 - (1-r)^y \right]$$

$$(5-17)$$

因此，第 y 年末的建筑物现价也可表示为：

$$P = C - D = C - C \left[1 - (1-r)^y \right] = C(1-r)^y \qquad (5-18)$$

【例5-2】某商业用房，总面积为 1500 m²，于 8 年前建成，当时的购入价格为 5000 元/米²。该房屋的耐用年限为 60 年，预计残值率为 5%。请使用余额递减法计算该商业用地的折旧总额。

【解】

该商业用房的重新建造价格为：$C = 1500 \times 5000 = 7500000(元) = 750(万元)$

折旧率为：$r = 1 - \sqrt[60]{5\%} \approx 0.049$

折旧总额为：$D = 7500000 \times \left[1 - (1-0.049)^8 \right] \approx 2482291.83(元) \approx 248.23(万元)$

（3）偿还基金法。偿还基金法通过每年存入一定金额，并按照预设的复利率进行累积，使这些资金在建筑物耐用年限结束时，其累积的本金与利息总额能够与建筑物折旧期满时的总折旧额相匹配。

假设每一年储存 F 元，i 为利率。第一年的储存金在第 N 年的本金和利息合计为 $F(1+i)^{N-1}$；第二年的储存金在第 N 年的本金和利息合计为 $F(1+i)^{N-2}$。

同理可得，第一年到第 N 年的本利合计为：

$$C - C \times R = \frac{F\left[1 - (1+i)^N\right]}{1 - (1+i)} = \frac{F\left[(1+i)^N - 1\right]}{i} \tag{5-19}$$

由式（5-19）可得 F 的计算公式为：

$$F = \frac{iC(1-R)}{(1+i)^N - 1} \tag{5-20}$$

可得在第 y 年的折旧总额为：

$$D = Fy = \frac{yiC(1-R)}{(1+i)^N - 1} \tag{5-21}$$

在第 y 年末的建筑物现价为：

$$P = C - D = C - \frac{yiC(1-R)}{(1+i)^N - 1} = C\left[1 - \frac{yi(1-R)}{(1+i)^N - 1}\right] \tag{5-22}$$

偿还基金法在计算建筑物等逐年折旧额（储存额）时需要考虑储存利息，因此每年的折旧额会少于使用直线折旧法所计算出的折旧额。这种差额通过储存利息来进行补充，以确保在建筑物耐用年限结束时，累积的本金与利息总额能够达到预期的总折旧额。然而，采用这种方法进行估价时，需要注意可能会将目标不动产的现值评估过高，超出其合理的市场价格。

2. 成新折扣法

成新折扣法是指基于建筑物的建成年代、新旧程度和完损情况等因素来确定建筑物的成新率，用成新率乘以建筑物的重新建造价格即可求得建筑物的现值。具体公式为：

$$P = C \times q \tag{5-23}$$

式中，P ——建筑物的现值；

C ——建筑物的重新建造价格；

q ——建筑物的成新率。

在实际估价中，可以使用耐用年限法计算成新率，根据建筑物的建成年代对计算结果进行验证，并通过实际观察法对计算结果进行修正。

3. 实际观察法

实际观察法是指由估价人员亲临现场，直接观察、估算建筑物在物质、功能及经济等方面的折旧因素所造成的折旧总额的方法。这种方法不直接以建筑物的有关年限（特别是实际经过年数）来求取建筑物的折旧，而是注重建筑物的实际损耗程度。

四、求取不动产现价

在建筑物重新建造价格的基础上，扣除建筑物的总折旧额，得到建筑物的现值。用公式表示为：

$$P = C - D \tag{5-24}$$

式中，P——建筑物的现值；

$\quad\quad C$——建筑物的重新建造价格；

$\quad\quad D$——建筑物的总折旧额。

考虑估价时点与不动产重新建造时间点的差异，可以结合市场比较法等方法对现值进行适当修正。

五、测算土地价格

若估价对象包括土地，则需要单独测算土地的价格。采用成本逼近法等方法可以测算土地价格，测算时需考虑土地的已使用年限。

六、求取积算价格

将不动产的现值与土地价格相加，得到估价对象的积算价格，如式（5-1）所示。如估价对象包含多个不动产单元或不同用途部分，需分别计算各部分的现值并汇总。最后，可以根据估价目的和要求，对积算价格进行必要的调整或修正。

第三节　成本法的扩展——成本逼近法

一、成本逼近法的概念

成本逼近法是指以重新开发土地所消耗的各项费用之和为基础，加上一定的利润、利息、应缴纳的税金和土地增值收益来确定土地的价格。与成本法相比，成本逼近法侧重于推算土地价格，把对土地的所有投资（包括土地取得费用和基础设施开发费用等）作为基本成本，并考虑相应的利润、利息等因素来求得土地价格。成本法则更侧重于评估包括土地和建筑物在内的整个不动产的价值。

二、成本逼近法的理论依据

成本逼近法的理论依据是生产费用价值论和等量资本应获得等量利润的投

资原理。生产费用价值论的前提是在资产上所花费的成本费用是一种社会成本。在这样的假设前提下，资产的评估值等于或近似等于该资产所费成本之和。对于"经济人"而言，经济效益最优是唯一目标，因此在购置不动产时，经纪人愿意支付的价格不会超过自己购买一宗土地并对其进行开发所耗费的全部成本。等量资本应获得等量利润的投资原理强调相同数量的资本在不同的投资中应获得相同的回报。这意味着如果某一不动产的生产成本是已知的，那么其市场价值应该反映出对投资者合理的利润回报。如果一个不动产的市场价值低于其重置成本，那么投资者就可能认为这一不动产不值得投资，因为投资回报率并不符合预期。

由于用途变更或环境改善，土地会产生增值，在计算土地价格时，需要将这部分因素考虑在内，即将土地成本价格与土地增值相加，得出成本逼近法所求取的土地价格。

三、成本逼近法的适用范围和条件

成本逼近法主要适用于以下情况：

① 土地市场欠发育，交易实例少的地区。在土地市场不够成熟或交易实例较少的情况下，难以采用市场比较法进行估价，此时成本逼近法能够提供相对准确的土地价格估算。

② 既无收益又无交易情况的特殊土地。学校、公园、公共建筑、公益设施、园地、机场、码头等既无直接经济收益又缺乏市场交易情况的特殊性土地。

四、成本逼近法的基本公式

成本逼近法的基本公式为：

$$土地价格 = 土地成本价格 + 土地增值收益$$
$$= 土地取得费 + 土地开发费 + 税费 + 管理费 + 利息 +$$
$$利润 + 土地增值收益 \qquad (5-25)$$

其中，土地取得费是指获取土地所需支付的费用，通常包括征地费、拆迁费、青苗补偿费等。这些费用是获取土地使用权的基础成本。

土地开发费是指对土地进行基础设施开发所需的费用，如道路建设、水电安装、排水设施等。这些费用反映土地从原始状态转变为可开发状态所需的投资。

税费是指在土地取得和开发过程中需要缴纳的税，如土地使用税、契税等。这些税费是土地交易和开发过程中不可避免的支出。

管理费是指土地开发过程中因组织、协调、监督等管理活动而产生的费用，包括行政管理、项目管理、监管支出及相关运营成本。

利息是指为取得土地和开发土地所支付的资金成本，即贷款利息或资金占用成本。这反映资金的时间价值。

利润是指开发商或投资者在土地开发过程中期望获得的收益。这是基于等量资本应获取等量收益的投资原理而计算的。

土地增值收益是指由土地位置的优越性、规划的变化或其他因素导致的土地价值增加部分。这是土地价格中的重要组成部分，反映土地市场的供求关系和预期变化。

五、成本逼近法的特点

成本逼近法具有以下几个特点。

① 成本累加与收益考虑。成本逼近法以取得和开发不动产所耗费的各项费用之和为主要依据，同时考虑不动产的潜在收益，如利润、利息等。

② 特定适用性。成本逼近法特别适用于新开发的土地估价，以及土地市场狭小、缺乏交易实例的情况。对于工业用地、学校、医院等特殊性质的不动产也具有较强的适用性。

③ 应用投资理念。运用等量资金应获得等量利润的经济学投资原理。

④ 评估结果具有局限性。虽然成本逼近法考虑了成本和收益等多个因素，但其评估结果可能忽略了不动产的效用、价值及市场需求等方面的情况，增值地租等部分也难以准确估算。

六、成本逼近法的估价步骤

（一）确定土地取得费

土地取得费是指为取得土地而向原土地使用者支付的费用，是土地所有权从原使用者转移给新使用者或投资者所需支付的费用。这些费用可以包括购买土地的直接成本以及与土地取得相关的其他费用。

1. 土地购买费用

土地购买费用包括土地交易价格及税费。土地交易价格即实际支付给卖方的土地价格；税费是指与土地交易相关的税费，如土地增值税、契税等。

2. 与土地取得相关的其他费用

通过征用或拆迁取得土地的，征地费用和拆迁安置补偿费即为土地取得费。征地费用包括土地补偿费、地上附着物补偿费、生活或就业安置补助费、青苗补偿费等。拆迁安置补偿费包括房屋及其他建筑物补偿费、搬迁补助费、设备和附属物补偿费等。

需要注意的是，成本的增加并不一定直接反映土地效用和价值的提升，特别是在单宗地的评估中。征地、拆迁等土地取得费主要是用于补偿原土地使用者因失去土地而产生的收益损失，而非基于新土地用途或未来土地收益的高低来确定。因此，高额的征地、拆迁等土地取得费用并不意味着该宗地的效用和价值就高。

在评估过程中，考虑到区域内的土地市场状况、政策影响以及社会经济发展水平等因素，征地、拆迁等取得土地的费用资料应从测算待估宗地所在区域的平均土地取得费用入手进行计算。

(二) 确定土地开发费

土地开发费是指将待估土地所在区域的生地开发至具备一定建设条件的土地所需的各种费用。这些费用包括土地平整、基础设施建设、公共服务设施配备等必要的投入。

1. 土地平整费

如果土地的地形不平，可能需要进行土地平整。通常包括挖掘、填充、压实等工作的费用。

2. 基础设施建设费

待估土地所在区域的基础设施建设情况一般可概括为"三通一平"（通水、通电、通路和平整土地）、"五通一平"（通供水、通排水、通电、通路、通信和平整土地）、"七通一平"（通供水、通排水、通电、通路、通信、通暖、通燃气和平整土地）等，需要根据不同的开发程度确定开发费。

3. 公共服务设施配备费

该费用包括绿化景观、公共交通设施、社区服务设施、教育和医疗设施等，需要根据不同的配备程度确定开发费。

需要注意的是，土地开发费用应进行合理分摊。例如，道路不仅服务于某个项目，其他行业也可能受益；绿地和公园同样惠及周围的单位和个人。因此，这些费用应根据实际受益程度进行分摊。

(三) 计算税费

成本逼近法中的税费是指土地取得和开发过程中必须支付的各项税金和费用。在征地时，产生的税费主要包括占用耕地的耕地占用税、用于恢复耕地的开垦费用、对占用菜地的菜地开发建设基金、征地管理费用、新增建设用地所需支付的土地有偿使用费，以及按照政府规定需要缴纳的教育基金等。这些税费的具体金额和计算方式应严格遵循税法以及中央和地方政府的各项规定；在房屋拆迁过程中，税费主要包括房屋拆迁管理、服务和估价过程中产生的各项费用，以及政府规定的其他相关税费。这些费用的确定需遵循相关法规和政策。

（四）计算管理费

管理费是指在土地开发和建设过程中，为了确保项目顺利进行而发生的各项管理和行政费用。这些费用涵盖项目规划、设计、施工以及验收等各个阶段所需的管理和组织成本。

（五）计算土地开发利息

土地开发利息的计算基数通常包括土地取得费、土地开发费、相关税费以及管理费。这些费用共同构成了土地开发的总投资额。计算土地开发利息时需要注意以下方面。

1. 计息期

计息期是指针对某项费用应计算利息的具体时间段，不同费用的计息期处理方式有所不同。

（1）土地取得费及各项税费。通常假定土地取得费及各项税费在土地开发动工前（即取得土地时）一次性付清，计息起点是土地开发的起始时点，计息期是整个土地开发期。

（2）土地开发费及管理费。这些费用是在整个开发期内持续投入的，通常被假定为在开发期内均匀投入或分段均匀投入。在这种情况下，每一笔费用投入的时点被视为其计息期的起点，而计息期的终点则与开发期结束的时间点相同。具体来说，如果费用是在某个时段的中间投入，那么该时段的中间点就被视为计息期的起点。

2. 计息周期

计息周期是计算利息的时间单位。可以是年、半年、季度、月等，通常是年。

3. 计息方式

计息方式有单利计息和复利计息两种。如果土地开发周期不超过一年，可按照单利计息；超过一年，需要按照复利计息。

（1）单利计息。单利计息是指利息仅基于本金计算，而不考虑利息的累积效应。单利计息的计算公式为：

$$A = P \times i \times n \tag{5-26}$$

式中，A——总利息；

P ——本金;

i ——利率;

n ——计算周期数。

（2）复利计息。复利计息是指利息不仅基于本金计算，前期的利息也会计入后续的本金中，形成"利滚利"的效果。复利计息的计算公式为:

$$A = P\left[(1+i)^n - 1\right] \tag{5-27}$$

4. 利率

根据计息方式的不同，有不同的利率。一般采用估价时点的不动产开发贷款的平均利率。

（六）计算土地开发利润

土地开发利润是指开发者在进行特定的不动产开发时所期望获得的平均利润，通常需考虑土地利用类型、开发周期长短和开发土地所处地区经济环境。一般通过土地开发总投资额乘以投资利润率计算，总投资额包括土地取得费、土地开发费、各项税费及管理费。具体计算公式为:

土地开发利润 =（土地取得费 + 土地开发费 + 税费 + 管理费）× 投资利润率

$$\tag{5-28}$$

（七）确定土地增值收益

土地增值收益是待估宗地因用途改变或周边设施改善达到建设用地的某种利用条件而发生的价值增加。它是土地价格的一部分，体现了土地因投入和改良而获得的额外价值。一般通过土地成本价格乘以土地增值率来确定。具体的计算公式为:

土地增值收益 =（土地取得费 + 土地开发费 + 税费 + 管理费 + 利息 + 利润）×
土地增值率

$$\tag{5-29}$$

此外，还可通过参照类似的土地开发项目的土地市场价格与其土地成本价格间的差额确定土地增值收益。

（八）计算、修正和确定土地估价结果

1. 计算土地价格

根据上述步骤，计算最终土地价格的公式为:

土地价格 = 土地取得费 + 土地开发费 + 税费 + 管理费 + 利息 + 利润 + 增值收益

$$\tag{5-30}$$

2. 修正土地价格

对土地价格进行初步计算后，还需要结合估价对象的具体情况，考虑是否进行结果修正。

（1）个别因素修正。依据待估土地在所属区域内的位置及宗地条件进行个别因素修正。特别是对相同或相近区域内多宗土地进行评估时，需要对其进行价值排序。

（2）土地使用年期修正。当采用成本逼近法来估算有限使用年限的土地使用权价格时，要对土地使用年期进行修正。年期修正的具体计算公式为：

$$K = 1 - \frac{1}{(1+r)^n} \tag{5-31}$$

式中，K——年期修正系数；

r——土地还原率；

n——土地使用年期。

是否需要年期修正要结合实际情况分析。如果土地增值是通过有限年期的土地市场价格与成本价格的差额来计算的，那么年期修正已经在土地增值收益中得到体现，无须进行额外的年期修正；如果土地增值是通过无限年期的土地市场价格与成本价格的差额来计算的，土地增值与成本价格应当一起进行年期修正；如果待估土地是已经出让的土地，那么需要对剩余使用年期进行修正。

3. 确定土地价格

经过土地价格计算和修正之后，可以确定最终的土地价格。

当使用成本逼近法估算的是某一小区（或开发区）的平均土地价格时，需要考虑土地利用率或可出让土地面积的比率。因为一些公共服务设施（如道路、绿化景观等）所占用的面积是无法直接出售的，需要进行分摊。在确定土地价格时，需要将这些公共服务设施的土地价格和相关的开发投资成本分摊到可出让面积中。具体的计算公式为：

$$可出让土地平均单价 = 土地总平均单价 \times \frac{土地总面积}{可出让土地面积} \tag{5-32}$$

第四节 成本法的应用

一、建筑物估价的应用

当使用成本法的估价对象为建筑物时，采用的计算公式为：

建筑物价格 = 建筑物重置成本 − 建筑物折旧

$$= (建筑物重建价格 + 管理费 + 销售税费 + 利息 + 利润) − 建筑物折旧$$

$$(5-33)$$

【例5-3】 某商业综合体为钢筋混凝土结构，经济寿命为50年，有效经过年数为15年。经过市场调查与测算，目前重新建造全新状态的该商业综合体的建造成本为2000万元（建设期为2年，假定第一年投入建造成本的70%，第二年投入30%，均为均匀投入），管理费用为建造成本的4%，年利息率为5%，销售税费为100万元，开发利润为300万元。又知该商业综合体的屋顶和外墙等损坏的修复费用为30万元；内部装修的重置价格为400万元，平均寿命为8年，已使用4年；设备的重置价格为200万元，平均寿命为12年，已使用6年。假定残值率均为零，试计算该商业综合体的价格。

【解】

（1）计算建筑物重置成本

① 建造成本：2000万元；

② 管理费用：$2000 × 4\% = 80$（万元）；

③ 销售税费：100万元；

④ 利息：$(2000 + 80) × 70\% × [(1 + 5\%)^{1.5} − 1] + (2000 + 80) × 30\% × [(1 + 5\%)^{0.5} − 1] ≈ 125.96$（万元）；

⑤ 开发利润：300万元；

⑥ 建筑物重置成本：2000+80+100+125.96+300=2605.96（万元）。

（2）计算建筑物折旧

① 屋顶和外墙：30万元；

② 内部装修：$400 × 4 ÷ 8 = 200$（万元）；

③ 设备：$200 × 6 ÷ 12 = 100$（万元）；

④ 长寿命项目折旧：$(2605.96 − 30 − 400 − 200) × 15 ÷ 50 ≈ 592.79$（万元）；

⑤ 建筑物折旧总额：$30 + 200 + 100 + 592.79 = 922.79$（万元）。

（3）计算建筑物现值

建筑物现值：$2605.96 − 922.79 = 1683.17$（万元）。

二、土地估价的应用

使用成本法的估价对象为土地时，采用式（5-25）计算。

【例5-4】 某区拟出让一宗工业用地，出让年限为40年，土地面积为6000 m²。该市已完成"七通一平"，土地总面积为4 km²，其中可出让土地面积为2.5 km²。根据调查与测算，征地过程中产生的土地补偿费、地上附着物补偿费、青苗补偿费及安置补助费平均为8万元/亩，土地开发费（含管理费）平均为1.5亿元/千米²，征地过程中发生的其他有关税费约3万元/亩。一般征地完成后，"七通一平"的土地开发周期为2年，第一年土地开发费占全部土地开发费的40%，每年投资资金均匀投入，全部土地投资利润率为18%，银行的年贷款利率为5.8%，土地增值率为15%，土地还原率为6%。试测算该宗地的出让地价。

【解】

（1）土地取得费和税费：$(8+3) \times 10000 \div 666.67 \approx 165$（元/米²）

（2）土地开发费和管理费：1.5亿元/千米² = 150元/米²

（3）利息：$165 \times [(1+5.8\%)^2 - 1] + 150 \times 40\%[(1+5.8\%)^{1.5} - 1] + 150 \times 60\% \times [(1+5.8\%)^{0.5} - 1] \approx 27.56$（元/米²）

（4）利润：$(165 + 150) \times 18\% = 56.7$（元/米²）

（5）土地成本价格：$165 + 150 + 27.56 + 56.70 = 399.26$（元/米²）

（6）土地增值收益：$399.26 \times 15\% \approx 59.89$（元/米²）

（7）可出让土地单位面积价格：$(399.26 + 59.89) \times (4 \div 2.5) = 734.64$（元/米²）

（8）土地使用年期修正：$734.64 \times [1 - (1+6\%)^{-40}] = 663.22$（元/米²）

（9）土地出让价格：$663.22 \times 6000 = 397.93$（万元）

三、房地产估价的应用

当估价对象既包括建筑物也包括土地时，需要根据实际情况决定建筑物和土地是分开估价还是合并估价。

（一）房地分估

房地分估需要分别测算建筑物现值和土地价格。采用式（5-1）计算，即

$$不动产价格 = 土地价格 + 建筑物现值$$
$$= 土地价格 + 建筑物重置成本 - 建筑物折旧$$

房地分估路径主要适用于以下两种情况：一是土地市场上主要交易的是可直接进行房屋建设的小块熟地；二是相关成本、费用、税金和利润，尤其是基础设施建设费和公共配套设施建设费能较容易地在土地和建筑物之间分配。

【例5-5】某企业于10年前以出让方式取得一宗面积为3000 m²的50年使用权的土地，并于8年前建成物业投入使用，总建筑面积为8000 m²。现重新取得50年土地使用权的出让价格为2500元/米²，重新建造建筑物的建筑安装成本为1200万元（建筑期为2年，第一年投入40%，第二年投入60%，均匀投入）。

管理费用为建筑安装成本的4%，年利率为5%，销售税费为150万元，开发利润为180万元。已知门窗、墙面等损坏的修复费用为12万元；装修的重置价格为200万元，平均寿命为10年；设备的重置价格为150万元，平均寿命为15年。假设所有资产的残值率均为零，土地资本化率为7%。请计算该不动产的现时价格。

【解】

（1）计算土地价格

$$3000 \times 0.25 \times \left[1-(1+7\%)^{-(50-10)}\right] / \left[1-(1+7\%)^{-50}\right] \approx 724.51（万元）$$

（2）计算建筑物重置成本

① 建筑安装成本：1200万元；

② 管理费：$1200 \times 4\% = 48$（万元）；

③ 利息：$(1200+48) \times 40\% \times \left[(1+5\%)^{1.5}-1\right] + (1200+48) \times 60\% \times \left[(1+5\%)^{0.5}-1\right] = 56.40$（万元）；

④ 销售税费：150万元；

⑤ 开发利润：180万元；

⑥ 建筑物重置成本：$1200 + 48 + 56.40 + 150 + 180 = 1634.40$（万元）。

（3）计算建筑物折旧

① 门窗、墙面：12万元；

② 装修：$200 \times 8 \div 10 = 160$（万元）；

③ 设备：$150 \times 8 \div 15 = 80$（万元）；

④ 长寿命项目折旧：$(1634.40 - 12 - 200 - 150) \times 8 \div 48 \approx 212.07$（万元）；

⑤ 建筑物折旧总额：$12 + 160 + 80 + 212.07 = 464.07$（万元）。

（4）不动产价格：$724.51 + 1634.40 - 464.07 = 1894.84$（万元）。

（二）房地合估

房地合估是指把土地看作原材料，计入不动产重置成本或重建成本。当房地产开发建设中的成本、税费、利润等难以在建筑物和土地间分配时，可以采用房地合估。具体计算公式为：

$$\begin{aligned} 不动产价格 &= 不动产重置成本 - 建筑物折旧 \\ &= 土地取得费 + 建设成本 + 管理费 + 销售税费 + \\ &\quad 利息 + 利润 - 建筑物折旧 \end{aligned} \quad (5\text{-}34)$$

房地合估较适用于新建不动产的价格评估。

【例5-6】某企业2年前以1500元/米²获得一块地，用途为商业用地，面积为6000 m²。该企业在地块上进行了基础设施开发、场地平整、商业建筑建设、内部装修及配套设施等工程建设，最终建成了集购物、餐饮、娱乐于一体的商业综合体，总建筑面积达到12000 m²。经市场调查，类似土地的现实取得费为1800元/米²，土地取得税费为5%，基础设施开发、场地平整、建筑安装等工程建设成本共投入3000万元（建设期2年，第一年投入40%，第二年投入60%，均匀投入），管理费为建设成本的4%，投资利润为22%，银行年贷款利率为7%，销售税费为150万元。计算该不动产的现实价格。

【解】

（1）计算不动产重置成本

① 土地取得费及税费：$6000 \times 0.18 \times (1+5\%) = 1134$（万元）；

② 建设成本：3000万元；

③ 管理费：$3000 \times 4\% = 120$（万元）；

④ 销售税费：150万元；

⑤ 利息：$1134 \times \left[(1+7\%)^2 - 1 \right] + (3000+120) \times 40\% \times \left[(1+7\%)^{1.5} - 1 \right] + (3000+120) \times 60\% \times \left[(1+7\%)^{0.5} - 1 \right] \approx 362.04$（万元）；

⑥ 开发利润：$(1134+3000+120) \times 22\% = 935.88$（万元）；

⑦ 不动产重置成本：$1134+3000+120+150+362.04+935.88 = 5701.92$（万元）。

（2）不动产折旧：新建房地产折旧额为0

（3）不动产价格：5701.92万元

【复习思考题】

1. 简述成本法的适用范围和条件。

2. 简述建筑物折旧的影响因素及其计算方法。

3. 简述成本法和成本逼近法的区别。

4. 简述使用成本逼近法时，如何计算土地开发利息。

5. 某企业拟评估其拥有的一个工业园区的不动产价值。该工业园区占地面积为15000 m²，土地取得费为1500元/米²，土地取得税费为4%。园区内共有5栋厂房，总建筑面积为25000 m²，平均每栋厂房的建筑成本为1000元/米²。建设期为3年，第一年投入30%，第二年投入40%，第三年投入30%，均匀投入。管理费为建设成本的5%，投资利润率为22%，银行年贷款利率为6.5%，销售税费为250万元。请计算该不动产的现时价格。

第六章　假设开发法

·····-·····-·····-·····- 第一节　假设开发法的基本原理 ·····-·····-·····-·····-

一、假设开发法的概念

假设开发法是利用估算的开发完成后估价对象正常交易价格减去预计的必要开发成本和利润，得到估价对象价格的方法。其本质是求取土地剩余价值，又称为剩余法或倒算法，所得结果称为剩余价格或倒算价格。

二、假设开发法的理论依据

假设开发法的理论依据是预期原理，其基本思路与房地产开发商决定投标土地价格一致。在房地产开发商的视角下，土地购置并非出于自用之需，而是着眼于潜在的投资回报。在这一过程中，开发商与众多寻求利润的投资者展开竞争。若开发商期望获得超额利润，可能会采取降低投标价格的策略，但这增加了在土地竞标中失利的风险。相反，若预期利润低于市场最低可接受利润，则开发商可能选择放弃该投资机会，转而寻找其他更具吸引力的项目。为了确保投资的合理性，开发商在决定购买土地之前，必须进行详尽的分析，以评估土地的内外部条件，并确定在规划许可范围内最适宜的开发用途与规模。此外，开发商还需预测项目完成后的市场价值、开发成本（包括建筑成本、管理费用、税费以及各类预付资本的利息）以及预期利润。基于这些预测，开发商愿意支付的最高投标价格应等于项目完成后的市场价值减去总成本和预期利润后的净额。这种分析方法有助于开发商在竞争激烈的市场中做出明智的投资决策，确保其投资能够获得与社会同类房地产开发项目相匹配的正常利润。

假设开发法在土地价值评估中扮演着重要角色，其深层理论依据与地租原理紧密相关。地租原理认为，土地的价值源于其能够产生的年度租金剩余，而假设开发法则将这一概念扩展到一次性的价格剩余。在地租理论中，土地价格被视为地租的资本化形式，即土地使用者为获取土地使用权而支付给土地所有者的一种经济代价。这种代价即地租，是土地产出中扣除了相关成本费用和普通利润后的剩余价值，也就是所谓经济剩余。普通利润在这里代表土地所有者愿意接受的最低价值，同时是土地使用者愿意支付的最高价值。这一概念在假设开发法中同样适用，只是将地租的年度计算方式转变为一次性的不动产出售价格和成本的计算。具体而言，假设开发法通过预测开发完成后的不动产市场价值减去开发过程中的所有成本（包括建筑成本、管理费用、税费以及资本的利息等），从而得出土地的评估价值。这种方法使得开发商能够在土地购买决策中更加精确地评估潜在的投资回报，确保其投资决策既符合市场规律，又能够实现预期的利润目标。通过这种方式，假设开发法为房地产开发商提供了一种科学、合理的土地价值评估工具，有助于他们在竞争激烈的市场中做出明智的投资选择。

三、假设开发法的适用范围和条件

(一) 适用范围

假设开发法适用于具有投资开发或再开发潜力的不动产估价。适用对象包括以下几种。

① 待开发的土地估价，包括生地、毛地、熟地。

② 现有新旧房地产的地价单独评估。

③ 房地产在建工程。

④ 旧不动产装修、改建、扩建。

⑤ 房地产开发项目的财务状况评估。确定获取开发地块能支付的最高价格；确定开发项目的合理预期利润；确定开发项目的成本最高限额。

(二) 适用条件

假设开发法中所用的租金和成本需要于未来支付，但是估价师难以准确预测未来的租金和成本，所以均采用目前数据进行估算。在开发期间，租金和成本都可能会上涨（下降），因此，假设开发法隐含着假设：其涉及的关键变量在开发期间不会发生大变化。如果用假设开发法进行项目可靠性研究和投资决策分析，也可以通过周密的市场调查和分析，预测租金和成本数据，或者采用更准确考虑支出或收益变化的现金流量法或贴现现金流量法评估。

四、假设开发法的基本公式

根据假设开发法的概念和原理，其基本公式为：

$$P = A - B - C \qquad (6\text{-}1)$$

式中，P——待估不动产价格；

A——开发完成后土地或房地产总价值；

B——整体开发成本；

C——客观开发利润。

实际常用的计算公式为：

$$待估不动产价格＝开发完成后不动产总价值－开发成本－ \\ 管理费用－利息－税费－利润 \qquad (6\text{-}2)$$

根据估价对象在估价时点状况和开发完成后状态，可将公式具体细化。

（一）生地价格公式

生地指已经完成土地使用批准手续（包括土地使用权出让手续）可以用作建筑的土地，此建筑用地完全没有或者有部分基础设施，但不具备完全的"三通"（通路、通水、通电）条件，同时，地上地下仍有未拆迁的建筑物和构筑物。估算生地价格包括以下两种情形。

1. 在生地上建房屋的价格公式

$$生地价格＝开发完成后的不动产价值－生地建成房屋的开发成本－ \\ 管理费用－投资利息－销售税费－开发利润－ \\ 买方购买生地应付担的税费 \qquad (6\text{-}3)$$

2. 将生地开发成熟地的价格公式

$$生地价格＝开发完成后的熟地价值－生地开发成熟地的开发成本－ \\ 管理费用－投资利息－销售税费－土地开发利润－ \\ 买方购买生地应付担的税费 \qquad (6\text{-}4)$$

（二）毛地价格公式

毛地指已经完成土地使用批准手续（包括土地使用权出让手续），具有"三通"条件或更加完善的基础设施，但未拆迁的可以用作建筑的土地。估算毛地价格包括以下两种情形。

1. 在毛地上建房屋的价格公式

$$毛地价格＝开发完成后的不动产价值－毛地建成房屋的开发成本－ \\ 管理费用－投资利息－销售税费－开发利润－ \\ 买方购买毛地应付担的税费 \qquad (6\text{-}5)$$

2. 将毛地开发成熟地的价格公式

$$毛地价格 = 开发完成后的熟地价值 - 毛地开发成熟地的开发成本 -$$
$$管理费用 - 投资利息 - 销售税费 - 土地开发利润 - \qquad (6-6)$$
$$买方购买毛地应付担的税费$$

（三）熟地价格公式

熟地指具有完善的基础设施，且地面平整，可以用作建筑的土地。估算熟地价格公式为：

$$熟地价格 = 开发完成后的不动产价值 - 熟地建成房屋的开发成本 -$$
$$管理费用 - 投资利息 - 销售税费 - 开发利润 - \qquad (6-7)$$
$$买方购买熟地应付担的税费$$

（四）在建工程价格公式

$$在建工程价格 = 续建完成后的不动产价值 - 续建的开发成本 -$$
$$管理费用 - 投资利息 - 销售税费 - 开发利润 - \qquad (6-8)$$
$$买方购买在建工程应付担的税费$$

（五）旧屋价格公式

$$旧屋价格 = 装修改造完成后的不动产价值 - 装修改造的开发成本 -$$
$$管理费用 - 投资利息 - 销售税费 - 开发利润 - \qquad (6-9)$$
$$买方购买旧屋应付担的税费$$

五、假设开发法的特点

假设开发法可靠性依赖有关数据的估算，主要包括：是否根据合法原则和最有效原则正确规划了不动产最佳开发利用方式；是否正确判断了房地产市场行情及供求关系；是否正确确定了成本费用和正常利润。

第二节 假设开发法的估价步骤

根据假设开发法的概念、理论依据、基本公式，将假设开发法具体估价步骤总结如下。

一、调查待估不动产基本情况

这是估价的基本步骤之一，其他估价方法也同样需要进行此步。假设开发法调查待估不动产基本情况的主要目的是合理确认其最佳开发利用方式，预测不动产价值和成本。围绕区位情况、实物情况、权利情况、规划情况、市场状况展开调查。

（一）区位情况

区位情况主要包括：不动产所在城市的性质和职能；不动产所在城市区域的性质；不动产具体坐落及周围土地条件及利用情况等。依据上述区位情况来确认待估不动产最佳开发利用方式。

（二）实物情况

若待估不动产为土地，则主要调查面积大小、形状、平整状况、地质状况、基础设施状况等；若待估不动产为房地产，则调查面积大小、建造年代、结构状况、新旧程度等。依据上述实物情况确定待估不动产开发成本。

（三）权利情况

权利情况主要包括土地的权利性质，土地的使用年限，土地续期、转让、出租、抵押等有关规定。依据上述权利情况确定待估不动产开发后价值。

（四）规划情况

规划情况主要包括规划允许用途、建筑容积率、建筑覆盖率、建筑高度及其他行政管制要求。依据上述规划情况确定建筑物的规模、造型等服务。

（五）市场状况

市场状况主要包括房地产市场的宏观环境及其发展趋势，尤其是与待估不动产相关的市场信息，如供求状况、空置率、收益率等。依据上述市场状况确定待估不动产最佳开发利用方式。

二、确定待估不动产的最佳开发利用方式

假设开发法的核心在于准确估算待估不动产开发完成后的预期价值。这一预期价值的估算与确定不动产的最佳开发利用方式密切相关。最佳指的是根据估价对象的自身条件，同时适应市场发展的需求，并能够实现最大盈利的开发模式。

确定最佳开发利用方式的过程需要在城市规划和政府管制的允许范围内进行。这包括但不限于确定最佳用途、建筑容积率、土地覆盖率、建筑高度、建

筑装修档次以及租售方式等关键因素。在这些因素中，确定最佳用途尤为关键，这要求评估者深入考虑土地的位置特性、社会对不同用途的现实需求以及未来的发展趋势。具体而言，评估者需要分析当地市场对于不同类型房地产的接受能力，预测在项目建成的时间段内，市场最需要的房地产类型。这涉及对土地位置的可接受性、社会需求的现实程度以及市场发展趋势的深入分析。通过对这些因素的综合考量，评估者能够确定最有可能带来最大盈利的开发方式，从而为土地的价值评估提供坚实的基础。通过这种方法，假设开发法不仅帮助开发商在土地购买和开发决策中做出更加科学和合理的选择，也确保了投资的回报最大化，符合市场规律和投资者的预期。

三、估计开发经营周期

估计开发经营周期涉及开发后不动产价值，产生开发成本、管理费用、销售税费的时间和数额，以及各项收入和支出的折现或计算投资利息等。

开发经营周期从取得待估不动产开始，直到开发完成后不动产经营结束，是中间的这段时间。

开发经营周期可分为开发期和经营期。开发期起点与开发经营周期起点相同，即取得待估土地的日期，也即估价基准日，终点是预计待开发房地产竣工的日期。若在土地上进行房屋建设，则开发期又可分为前期和建造期。前期是从取得土地使用权到动工开发的这段时间，建造期是从动工开发到房屋竣工的这段时间。

经营期根据未来开发完成后的不动产的经营使用方式划分。若不动产用于销售，则经营期称为销售期，即从开始销售到全部销售完毕这段时间。需要注意的是存在预售的情况，开始销售时不动产开发尚未完成，所以与开发期有重合。若不动产用于出租、营业、自用，则经营期称为运营期，即从开发完成到不动产经济寿命结束这段时间。

开发经营周期中各种时期间的关系如图6-1所示。

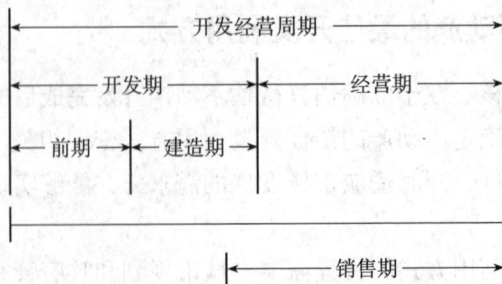

图6-1　开发经营期分阶段示意图

估计开发经营周期的方法通常参考各地的工期定额指标，可采用类似于市场比较法的方法，即根据其他相同类型、同等规模的类似开发项目已有的正常开发经营期来估计确定。开发期一般能比较准确地估计，估计开发期时一般不考虑现实中特殊的非正常因素造成的开发期延长。经营期一般是比较难以估算的，特别是销售期，应充分考虑未来房地产市场的景气状况。

四、测算开发完成后的不动产价格

开发完成后的不动产价格对应的日期是不动产开发完成的具体日期，应根据待估不动产的最佳开发经营方式、当地不动产市场现状及未来变化趋势，运用市场比较法或长期趋势法确定其在评估期日的价值。

(一) 对于出售的不动产

对于开发完成后拟出售的不动产，运用市场比较法，按照当时市场上同类用途、性质、结构的不动产的市场交易价格确定开发完成后的不动产价格，同时考虑不动产价格的未来变动趋势。或运用市场比较法和长期趋势法相结合，即根据类似不动产过去和现在的价格及未来可能变化的趋势测算。

(二) 对于出租和营业的不动产

对于开发完成后拟出租或营业的不动产，运用市场比较法，按照当时市场上同类用途、性质、结构、装修的不动产的租金水平和出租费用水平或经营收入水平和经营费用水平，再运用将该纯收益还原为不动产价值。具体测算时涉及以下几个要素：年总收益、年总费用、还原率、收益年期、可出租面积。

五、估算必要的开发成本

必要的开发成本是开发经营周期内所发生的客观费用的总和，不同开发项目的成本构成有所差异。在土地开发项目中，必要的开发成本包括购地税费、将土地（生地或毛地）开发成熟地的开发费用、管理费用、投资利息和销售税费；在房地产开发项目中，必要的开发成本包括购地税费、房屋建造成本、管理费用、投资利息和销售税费；在在建工程续建项目中，必要的开发成本包括购买在建工程税费、续建成本、管理费用、投资利息和销售税费。

(一) 购地税费

购地税费是预测房地产开发商购买待开发土地负担的税费，通常根据税法及中央和地方政府的有关规定或正常费用标准，按照待开发土地价值的一定比例计算。

购买在建工程税费与购地税费类似，是预测房地产开发商购买在建工程应负担的税费。

(二) 开发成本

开发成本一般包括土地开发费用和房屋建造成本。

土地开发费用考虑待估土地的开发难度，按照需要投入的各项客观费用计算。可采用类似于市场比较法的方法，根据同类土地开发项目当前的开发费用预测。

房屋建造成本包括房屋建筑安装工程费和专业费用。房屋建筑安装工程费包括建造房屋及附属工程所发生的土建工程费用和安装工程费用。可采用市场比较法估算，即根据当地同类建筑当前的一般或平均费用来推算，也可采用建筑工程概预算的方法估算。通常通过总建筑面积和单位建筑面积成本计算出来。专业费用包括建筑师的建筑设计费、预算师的工程概预算费用等，一般按照建筑安装工程费的一定比率估算。

对于在建工程续建项目中的续建成本，可根据具体项目进展情况，按照续建过程中需要投入的各项客观费用计算。

(三) 管理费用

管理费用可按照当地同类不动产开发项目当前的正常管理费用来推算，通常取建筑安装工程费的一定比率计算。

(四) 投资利息

投资利息考虑资金的时间价值，即开发全部预付资本的融资成本。包括地价款、购地税费、开发成本（土地开发费用、房屋建造成本等）、管理费用。销售税费（销售税、销售费用）一般不计息。

计息方式通常按照复利计息，即以上一期的利息加上本金为基数计算当期的利息，本金和利息都要纳入利息计算，公式为：

$$I = P[(1+i)^n - 1] \tag{6-10}$$

$$F = P(1+i)^n \tag{6-11}$$

式中，P——本金；

i——利率；

n——计息周期数；

I——总利息；

F——计息期末的本利和。

计算利息需要充分考虑资本投入的进度安排，不同费用的计息时间长短不同。费用计息的起点是该项费用发生的时间，终点是开发经营周期结束的时间。地价款、购地税费是假设在估价期日一次付清，计息期为整个开发经营周期。土地开发费用或房屋开发成本、管理费用不是发生在一个时间点，而是连续发生在一段时间，通常假设在建造期内均匀投入或分段均匀投入，具体视为在该时间段的期中投入。若土地开发费用或房屋开发成本、管理费用在建造期内均匀投入，则按开发经营周期的一半计算；若土地开发费用或房屋开发成本、管理费用在建造期内分段均匀投入，有分年度投入数据，则可进一步细化，土地开发费用或房屋开发成本、管理费用在建筑竣工后的空置及销售期内应按全额全期计息。

（五）销售税费

销售税费一般包括销售税和销售费用。

销售税是销售开发完成后的不动产应缴纳的税金及附加，包括营业税（现改为增值税）、城市维护建设税和教育费附加，其他销售税费包括印花税等。

销售费用主要指销售开发完成后的不动产所必需的广告宣传费、销售代理费及交易手续费等费用。销售税费一般按照开发完成后的不动产总价值的一定比率计算。

六、估算开发商合理利润

开发商的合理利润是正常条件下开发商能获得的平均利润，一般按照开发完成后的不动产价值或全部预付资本的一定比率计算，对应比率分别为销售利润率和投资利润率，与所处地区和项目类型有关，应采用同一市场上类似不动产开发项目的平均利润率。在实际测算过程中，要特别注意不可混淆开发利润计算基数与利润率的相互对应关系。

七、计算待估不动产价格

将上述测算结果代入公式计算待估不动产价格：

$$待估不动产价格 = 开发完成后不动产总价值 - 开发成本 - 管理费用 - 利息 - 税费 - 利润 \tag{6-12}$$

在假设开发法的计算过程中，尽管公式右侧的利息计算涉及待估不动产价格这一未知数，且利润计算中也可能包含未知数，但整个等式中仅存在待估不动产价格一个未知数。这种情况并不妨碍对不动产价格的计算。为了避免等式两边同时出现未知数，可以在计算利息时，仅考虑土地开发费用或房屋建造成本、管理费用的利息，而暂时不将待估不动产价格和购地税费的利息纳入计算。这两种计算方式在本质上是相同的，其结果也是一致的。

在实际操作中，可以先求取包含购地税费的地价，再在最终计算中将其扣除，以简化计算过程。在估算必要的开发成本和合理利润时，不必严格遵循上述的划分方法，而应根据当地房地产市场的实际构成进行分项计算。

此外，根据估价对象所处的开发建设阶段选择动态分析法或静态分析法，并优先考虑使用动态分析法。动态分析法要求对后续开发的必要支出和开发完成后的价值进行折现现金流量分析，同时不另外测算后续开发的投资利息和应得利润。而静态分析法则需要额外计算这些因素。具体来说，动态分析法的开发价值计算是将开发完成后的价值和后续开发的必要支出分别折现到价值时点后进行相减，折现率应选择类似房地产开发项目所要求的收益率。静态分析法则是将开发完成后的价值减去后续开发的必要支出及应得利润来计算开发价值。通过这种细致且科学的分析方法可以更准确地评估不动产的价值，确保评估结果既符合市场规律，又能够满足投资者的预期。

第三节　假设开发法的应用

一、荒地估价

【例6-1】某成片荒地的面积为3 km²，适宜开发成"五通一平"的熟地后分为小块转让；可转让土地面积的比率为60%；附近地区与其区位状况相当的小块"五通一平"熟地的单价为900元/m²；建设期为3年；将该成片荒地开发成"五通一平"熟地的建设成本、管理费用和销售费用为2.5亿元/km²；贷款年利率为8%；土地开发的年平均投资利润率为10%；当地土地转让中卖方需要缴纳的增值税等税费和买方需要缴纳的契税等税费分别为转让价格的6%和4%。

请采用假设开发法中的静态分析法测算该成片荒地的总价和单价。

【解】价值时点为购买该成片荒地之日，假设为现在，并设该成片荒地的总价为V，则：

(1) 开发完成的熟地总价值 = 900 × 3000000 × 60% = 16.2(亿元)

(2) 该成片荒地取得税费总额 = V × 4% = 0.04V(亿元)

(3) 建设成本、管理费用和销售费用总额 = 2.5 × 3 = 7.5(亿元)

（4）投资利息总额 $= (V + 0.04V) \times [(1 + 8\%)^3 - 1] + 7.5 \times [(1 + 8\%)^{1.5} - 1] \approx 0.27V + 0.92$（亿元）

（5）转让开发完成的熟地的税费总额 $= 16.2 \times 6\% = 0.972$（亿元）

（6）开发利润总额 $= (V + V \times 4\%) \times 10\% \times 3 + 7.5 \times 10\% \times 1.5 = 0.312V + 1.125$（亿元）

（7）$V = 16.2 - 0.04V - 7.5 - (0.27V + 0.92) - 0.972 - (0.312V + 1.125)$

计算可得 $V \approx 3.50$（亿元）

故：

该成片荒地总价 $= 3.50$（亿元）

该成片荒地单价 $= 350000000/3000000 \approx 116.67$（元/米²）

二、熟地估价

【例6-2】某宗"七通一平"熟地的面积为5000 m²，容积率为2.0，适宜建造一幢写字楼。预计取得该土地后将该写字楼建成需要2年，建筑安装工程费为每平方米建筑面积2000元，勘察设计和前期工程费及其他工程费为建筑安装工程费的8%，管理费用为建筑安装工程费的6%；建筑安装工程费、勘察设计和前期工程费及其他工程费、管理费用第一年需要投入60%，第二年需要投入40%。在该写字楼建成前半年需要开始投入广告宣传等销售费用，并预计该费用为售价的2%。

当地房地产交易中卖方应缴纳的增值税等税费和买方应缴纳的契税等税费分别为正常市场价格的6%和4%。预计该写字楼在建成时可全部售出，售出时的平均价格为每平方米建筑面积8000元。

请利用所给资料采用假设开发法中的动态分析法测算该土地的总价、单价和楼面地价（折现率为12%）。

【解】价值时点为购买该土地之日，假设为现在，并设该土地的总价为 V，则：

（1）该写字楼的总建筑面积 $= 5000 \times 2 = 10000$（m²）

（2）建成的该写字楼总价值 $= 8000 \times 10000/(1 + 12\%)^2 \approx 6377.55$（万元）

（3）该土地取得税费总额 $= V \times 4\% = 0.04V$（万元）

（4）建筑安装工程费的总额 $= 2000 \times 10000 \times (1 + 8\% + 6\%) \times [60\%/(1 + 12\%)^{0.5} + 40\%/(1 + 12\%)^{1.5}] \approx 2062.07$（万元）

（5）销售费用总额 $= (8000 \times 10000 \times 2\%)/(1 + 12\%)^{1.75} \approx 131.22$（万元）

（6）销售税费总额 $= 6377.55 \times 6\% = 382.653$（万元）

（7）$V = 6377.55 - 0.04V - 2062.07 - 131.22 - 382.653$

计算可得 $V \approx 3655.39$（万元）

故：

土地总价 = 3655.39(万元)

土地单价 = 36553900/5000 = 7310.78(元/米^2)

楼面地价 = 36553900/10000 = 3655.39(元/米^2)

三、旧厂房估价

【例6-3】某旧厂房拟出卖，其建筑面积为8000 m^2，根据其位置，适宜改造成商场出售，并可获得政府批准，但应补缴出让金等费用500元/米^2（按建筑面积计），同时取得40年的出让建设用地使用权。预计买方购买该旧厂房需缴纳的税费为购买价格的3%；改造期为1年，改造费用为每平方米建筑面积1200元；改造完成时即可全部售出，售价为每平方米建筑面积4000元；在改造完成前半年开始投入广告宣传等销售费用，该费用为售价的2%；销售税费为售价的6%。

请利用上述资料采用假设开发法中的动态分析法测算该旧厂房的正常购买总价和单价（折现率为12%）。

【解】价值时点为购买该旧厂房之日，假设为现在，并设该旧厂房的正常购买总价为 V，则：

（1）改造后的商场总价值 = 4000 × 8000/(1 + 12%) ≈ 2857.14(万元)

（2）购买该旧厂房的税费总额 = V × 3% = 0.03V(万元)

（3）应补缴出让金等费用总额 = 500 × 8000 = 400(万元)

（4）改造总费用 = (1200 × 8000)/(1 + 12%)$^{0.5}$ ≈ 907.11（万元）

（5）销售费用总额 = (4000 × 8000 × 2%)/(1 + 12%)$^{0.75}$ ≈ 58.78（万元）

（6）销售税费总额 = (4000 × 8000 × 6%)/(1 + 12%) = 171.43(万元)

（7）V = 2857.14 − 0.03V − 400 − 907.11 − 58.78 − 171.43

计算可得 $V \approx 1281.38$(万元)

则该旧厂房购买总价 = 1281.38(万元)

购买单价 = 12813800/8000 ≈ 1601.73(元/米^2)

四、在建工程估价

【例6-4】某在建工程的建设用地面积为3000 m^2，规划总建筑面积为12400 m^2，用途为办公，土地使用期限自2023年3月1日起50年，建设用地使用权出让合同约定不可续期，当时取得该土地的楼面地价为800元/米^2。该土地上正在建造写字楼，建筑结构为框架结构，测算正常建设费用（包括勘察设计和前期工程费建筑安装工程费、管理费用等）为每平方米建筑面积3300元。

至2024年9月1日完成了主体结构，相当于投入了40%的建设费用。预计至建成尚需18个月（1.5年），还需投入60%的建设费用。建成半年后可租出，可出租面积为建筑面积的70%，可出租面积的月租金为100元/米², 出租率为85%，出租的运营费用为有效毛收入的25%。买方购买在建工程需缴纳的税费为购买价格的3%，同类不动产开发项目的销售费用和销售税费分别为售价的3%和6%，在建成前半年开始投入广告宣传等销售费用。

请利用上述资料采用假设开发法中的动态分析法测算该在建工程2024年9月1日的正常购买总价和按规划总建筑面积折算的单价（报酬率为9%，折现率为13%）。

【解】价值时点为2024年9月1日，并设该在建工程的正常购买总价为 V，则：

（1）续建完成的写字楼总价值采用收益法测算，公式为：

$$\frac{A}{Y}\left[1 - \frac{1}{(1+Y)^n}\right] \times \frac{1}{(1+r_d)^t} \qquad (6\text{-}13)$$

式中，　A——净收益；

　　　　Y——报酬率；

　　　　n——收益期；

　　　　r_d——折现率，

　　　　t——需要折现的年数。

根据题意，它们分别如下：

$$A = 100 \times 12 \times 12400 \times 70\% \times 85\% \times (1 - 25\%) = 664.02（万元）$$

$$Y = 9\%$$

由于预计框架结构建筑物的使用年限会超过50年而使其经济寿命晚于土地使用期限结束，出让合同约定不可续期，n 根据建设用地使用权的剩余期限来确定，又由于土地使用期限为50年，自2023年3月1日至该写字楼建成之日为3年（自2023年3月1日至价值时点2024年9月1日已经过去1.5年，加上尚需1.5年建成，共3年），建成半年后可租出，所以

$$n = 50 - 3 - 0.5 = 46.5（年）$$

$$r_d = 13\%$$

t 是把收益法测算出的续建完成的价值折算到价值时点的价值的年限。由于收益法测算出的续建完成的价值是在价值时点之后2年，所以

$$t = 2（年）$$

续建完成的写字楼总价值计算如下：

续建完成的写字楼，总价值 = 664.02/9% × [1 − 1/(1 + 9%)$^{46.5}$] × 1/(1 + 13%)^2 ≈ 5672.99(万元)

（2）购买该在建工程的税费总额 = V × 3% = 0.03V(万元)

（3）续建总费用 = 3300 × 12400 × 60%/(1 + 13%)$^{0.75}$ ≈ 2240.15(万元)

（4）销售费用总额 = 664.02/9% × [1 − 1/(1 + 9%)$^{46.5}$] × 3%/(1 + 13%) 1.25 ≈ 186.53(万元)

（5）销售税费总额 = 5672.99 × 6% ≈ 340.38(万元)

（6）V = 5672.99 − 0.03V − 2240.15 − 186.53 − 340.38

$$V ≈ 2821.29(万元)$$

（7）该在建工程2024年9月1日的正常购买总价和按规划总建筑面积折算的单价分别为：

该在建工程总价 = 2821.29(万元)

该在建工程单价 = 2821.29/1.24 ≈ 2275.23(元/米^2)

【复习思考题】

1. 什么是假设开发法？

2. 假设开发法的理论依据、适用范围是什么？

3. 假设开发法的基本公式是什么？根据不同估价对象细分的具体公式有哪些？

4. 假设开发法的估价步骤是什么？

5. 开发经营期、开发期、前期、建造期、租售期的含义及它们之间的区别和联系是什么？

6. 开发成本、管理费用、销售税费如何求取？

7. 投资利息如何求取？

8. 开发利润如何求取？

第七章 路线价法

················ 第一节 路线价法的基本原理 ················

一、路线价法的概念

路线价法是一种用于城市土地价格评估的方法，其理论依据是土地价格随距离道路的远近程度递减。这种方法特别适用于需要在大范围内对大量土地进行估价的场合，如土地课税、土地重划、征地拆迁等。在使用路线价法进行不动产估价时，需掌握以下关键概念。

① 标准宗地。《城镇土地估价规程》（GB/T 18508—2014）规定，标准宗地指在均质区域内确定的，其深度、宽度、形状、用途、开发利用状况等特征在该区域内具有代表性，使用状况相对稳定，能够起示范及比较标准作用的宗地。

② 标准深度。在城市中，随土地与道路间距离的增加，道路对土地利用价值的影响下降为零时的深度。

③ 里地线。里地线是标准深度的连线。里地线与道路间的区域为临接地或表地，里地线以外的区域为里地。

④ 深度指数修正表。以道路为基准，根据距离道路的变化情况编制的地价变化表。

⑤ 路线价区段。以街道为单位，宗地状况接近性和使用价值大致相等的区域。

⑥ 路线价。路线价指对临接特定街道、使用价值相等的市街地，设定标准深度上多宗土地的平均单价，并附设于特定街道上的价格。其本质是一种均质地域的基准地价。

由此可知，路线价法是依据特定街道的路线价，配合深度指数表和其他修正率表，用数学方法计算出临接同一街道其他宗地地价的一种估价方法。

二、路线价法的理论依据

路线价法是一种土地估价技术，它通过分析标准宗地的价格与多种影响因素之间的关系来估算区域内其他宗地的价格。这种方法主要适用于商业用地，其核心理念是地价随着宗地与街道的距离增加而递减，即宗地越靠近街道，其利用价值和价格越高；反之，宗地越远离街道，其利用价值和价格则越低。路线价法与市场比较法在估价思路上相似，但更侧重于路线价值和宗地特征的修正，如深度、宽度和形状，而不是对区位、物质和权益差异的修正。路线价法的基本理论依据是替代原理和区位论。

路线价法认为，在市场机制下，具有相同使用价值的土地，在交易双方均掌握充分市场信息的前提下，应当具有相等的土地价值，这是替代原理的直接体现。根据区位论，可及性是区位条件的关键指标，对商业用地的使用价值具有显著影响，同一街道内的土地价格会随着其临街深度的增加而递减。城市可以根据土地的可及性划分出不同的地价区段，每个区段反映出不同的区域条件和使用价值的差异，从而实现土地价格的合理估算。

三、路线价法的适用条件和范围

① 路线价法的适用条件。具有可供使用、科学合理的深度指数表和其他各类修正率；有完善的城市规划和完整的道路系统；区域土地排列较为整齐。

② 路线价法的适用范围。一般的估价方法仅适用于单宗土地的估价，而路线价法被认为是一种迅速、公平、合理而又省时、省力、经济的估价方法，适用于对大宗土地进行地价估算，尤其适用于土地课税、土地重划、征地拆迁或其他需要在较大范围内对大宗土地进行评估的情况。路线价法适用于市街地，以估算商业繁华区域土地价格为主，尤其适用于道路系统完整、街道两旁宗地排列整齐的区域和城市。路线价法需要区域内不动产市场较为规范，且拥有较为丰富的交易实例。否则，估算结果将存在较大误差，影响地价评估精度。

四、路线价法的基本公式

路线价法的一般公式为：

$$宗地总价 = 路线价 \times 深度百分率 \times 临街宽度 \qquad (7-1)$$

若待估宗地条件特殊，如宗地属街角地、两面临街地、三角形地、梯形地、不规则地、袋地等，则需使用下列公式进行计算：

$$宗地总价 = 路线价 \times 深度百分率 \times 临街宽度 \times 其他条件修正率 \qquad (7-2)$$

或

$$宗地总价＝路线价×深度百分率×临街宽度±其他条件修正率 \quad (7-3)$$

五、路线价法的特点

在土地估价领域，路线价法作为一种市场比较法的变体，其核心在于对标准宗地的单位地价进行评估。这种方法将路线价视为评估的基础，进而对同一街道上各宗土地的单位地价进行估算。在估算过程中，需要综合考量宗地的面积、深度、形状、位置以及宽度等多个因素，并进行相应修正。估价结果的准确性主要取决于正确运用路线价、深度指数和各种修正率。

路线价法的优势在于其能够高效地对多宗土地进行价格估算，这主要得益于其主要考虑因素——宗地的临街深度，这一因素相对简单，从而减少了评估过程中的时间消耗。

路线价法的估价精度与其基础路线价和修正体系的精确度紧密相连。在实际应用中，估价师首先需设定一个标准深度，据此计算出宗地的平均单价。然后，通过应用深度指数表等工具对评估结果进行必要的修正。因此，估价精度受路线价和修正体系准确性直接影响。

第二节 路线价法的估价步骤

一、划分路线价区段

路线价区段通常以街道为单位，将地价相近、可及性相当、土地利用价值相近的地段划分为同一路线价区段。路线价区段通常为带状地段，街道两侧接近性基本相等的地段长度为路线段长度。路线价区段的分界点通常为路线价显著增减的地点，如街道十字路口、丁字路口的中心或其他特征明显的标志物点，两分界点间的地段为一路线价区段。一般情况下，同一街道仅设置一个路线价，不同街道的路段路线价不同。但若街道两侧的繁华程度有明显差异，则同一路线价区段内也可设置两种路线价；若街道繁华程度较高（如商业区）、土地条件变化较大，则往往将同一街道划分为多个路线价区段，分设路线价；若区域繁华程度较低（如住宅区、工业区等），则可将多个街区合并为同一路线价区段，设置相同路线价。

路线价区段划分完毕后，对每一路线价区段求取该区段内标准宗地的平均地价，并附设于该区段内道路上。

二、确定标准深度和标准宗地

设定路线价前应先确定标准深度和标准宗地。标准深度是土地价格变化的转折点，由此接近街道方向，地价受道路的影响逐渐增加；由此远离街道方向，地价则急剧下降。标准深度通常是路线价区段内临接各宗土地深度的众数，以简化计算。例如，某路线价区段内大部分临界宗地的深度为 16 m，则其标准深度为 16 m。若不以众数深度为标准深度，由此制作的深度指数表将使未来多数宗地价格的计算需要加以深度指数修正，不仅加大计算工作量，还会降低评估精度。标准宗地的面积因各国情况不同而异，美国将位于街区中间宽 1 英尺（1 英尺 = 0.3048 m）、深 100 英尺的细长形地块作为标准宗地；日本则将宽 3.63 m、深 16.36 m 的长方形土地作为标准宗地。不同路线价区段的标准宗地价格应能够反映区位差异，互相均衡。

三、评估区段路线价

路线价是设定在路线价区段上的标准地价的具有代表性的评价单位地价。路线价的确定主要基于两种方法：第一是先在同一路线价区段内选择若干标准宗地，使用市场比较法、收益法等估价方法分别求取它们的单位地价，再求取这些标准宗地单位地价的众数或中位数、简单算术平均数、加权算术平均数，即该路线价区段的路线价；第二是使用路线价系数法或评分方式，将形成土地价格的各种因素分为多个项目分别评分，然后合计，换算为附设于路线价上的点数。

第一种方法是各国通用的方法，即根据所选定的标准宗地形状、大小评估标准宗地价格，并根据标准宗地价格水平及街道状况、公共设施的接近情况、土地利用状况等划分地价区段，附设路线价。使用市场比较法、收益法等估价方法求取的标准宗地价格应用于评价区域买卖实例宗地时，应进行地价影响因素分析，若待估宗地条件与标准宗地条件不同，则应对不同条件部分进行因素修正，以求得标准宗地的正常买卖价格。

在计量单位表示方式上，美国以绝对货币额表示，即美元，该表示方式较为常规和直观，易于理解和接受，但往往难以反映货币价值变动对价格的影响。日本以点数表示，该表示方式易于求取地价上涨率，便于估算估价额前后的差额，也可避免币值波动对价格的影响，但需通过换算才能表示待估土地的金额，如 1 点 = 1.2 元，则 500 点 = 600 元。

四、编制深度修正系数表

土地使用价值与道路的联系紧密，深度指数修正表是反映随宗地临街深度的变化、地价变化相对程度的表格。深度指数又称深度百分率，是随临街深度的差异而表现的地价变化的相对程度。根据路线价对临街深度不同的宗地进行路线修正，才能够求得各宗地的合理价格。

（一）深度指数修正的原理

如图7-1，现假设有一临街宽度 X m，深度 Y m 的矩形宗地，平均价格为 A 元/米²，则此矩形宗地的价格为 $X \times Y \times A$ 元。

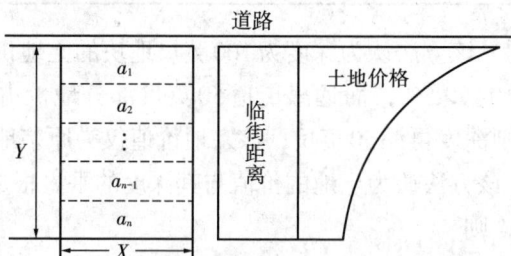

图7-1 深度指数修正示意图

沿平行于道路的方向，将深度以1 m为单位加以区分为若干矩形地块，从临街方向起，按顺序赋予 a_1，a_2，a_3，…，a_n 等土地价格的含义，越接近道路的地块利用价值越高。如图 7-1 所示，a_1 大于 a_2，a_2 大于 a_3，a_{n-1} 大于 a_n，且地价变化量随土地临街深度的增加而减少，并逐渐接近于零。深度指数修正表揭示了宗地价值随其临街深度递减的规律。

（二）深度修正的方法介绍

目前已存在多种可供参考的深度指数计算方法，包括"四三二一"法则、霍夫曼法则、苏慕斯法则、哈柏法则等。

① "四三二一"法则。该方法将标准深度为100英尺（30.48 m）的临街地四等分，每一等分为25英尺（7.62 m）。随地块与道路间距离的增加，每一等分土地的价值占路线价的比例分别为40%，30%，20%和10%。若临街地深度超过100英尺，则需使用"九八七六"法则进行补充，即超过100英尺的第一个25英尺内的土地价值为路线价的9%、第二个25英尺内的土地价值为路线价的8%，第三个25英尺内的土地价值为路线价的7%，第四个25英尺内的土地价值为路线价的6%。

② 霍夫曼法则。该方法认为深度为100英尺的标准宗地，将标准深度四等分的情况下，随地块与道路间距离的增加，每一等分土地的价值占全部地价的比例分别为37.5%，29.5%，20.7%和12.3%。尼尔（Neil）对霍夫曼法则进行了修正与补充，进而创设了霍夫曼-尼尔法则（表7-1）。

表7-1　霍夫曼-尼尔法则深度指数修正值

深度/英尺	5	10	15	20	25	30	40	50	60
指数/%	17	26	33	39	44	49	58	67	74
深度/英尺	5	10	15	20	25	30	40	50	60
指数/%	17	26	33	39	44	49	58	67	74

③ 苏慕斯法则。该方法认为深度为100英尺地块的土地价值，临街50英尺部分地价占总地价的72.5%，而远离街道50英尺部分地价占总地价的27.5%。若超过100英尺，则深度再深50英尺，该宗地价值仅为原宗地总地价的15%。

④ 哈柏法则。该方法认为土地的价值与其深度的平方根成正比，即当标准深度为100英尺时，则

$$深度指数 = 10 \times \sqrt{深度} \times 100\% \tag{7-4}$$

（三）深度指数修正表的编制

1. 深度指数修正表编制原理（图7-1）

（1）单独深度百分率：$\alpha_1 > \alpha_2 > \alpha_3 > \cdots > \alpha_n$

（2）平均深度百分率：$\alpha_1 > \dfrac{\alpha_1 + \alpha_2}{2} > \dfrac{\alpha_1 + \alpha_2 + \alpha_3}{3} > \cdots > \dfrac{\alpha_1 + \alpha_2 + \alpha_3 + \cdots + \alpha_n}{n}$

（3）累计深度百分率：$\alpha_1 < \alpha_1 + \alpha_2 < \alpha_1 + \alpha_2 + \alpha_3 < \cdots < \alpha_1 + \alpha_2 + \alpha_3 + \cdots + \alpha_n$

2. 深度指数修正表编制步骤

① 确定标准深度。标准深度和里地线（标准深度的连线）的确定可以临界宗地的平均进深为准，也可以临街宗地进深的众数为准。

② 确定级距。深度指数表中的级数和级距应根据比较实例调查中地价变化的规律性来确定。

③ 确定单独深度百分率。

④ 选用平均深度百分率或累计深度百分率编制深度指数修正表。

3. "四三二一"法则深度指数修正表的编制

"四三二一"法则中规定，标准深度为100英尺，级距为25英尺，单独深度百分率为40%，30%，20%，10%，9%，8%，7%，6%，如图7-2所示。

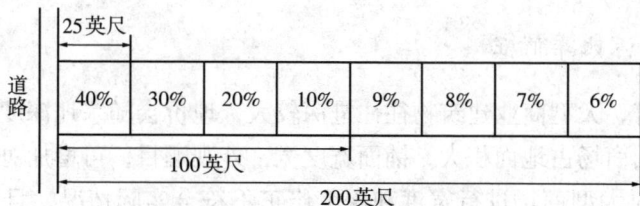

图7-2 "四三二一"法则原理示意图

其中，单独深度百分率——40% > 30% > 20% > … > 7% > 6%

平均深度百分率——40% > 35% > 30% > 25% > … > 17.7% > 16.25%

累计深度百分率——40% < 70% < 90% < 100% < … < 124% < 130%

将平均深度百分率中标准深度（100英尺）对应的百分率由25%转化为100%，为保持各深度下平均深度百分率相对关系不变，故将上述不等式各项乘以4，可得：

平均深度百分率：160% > 140% > 120% > 100% > … > 70.8% > 65.0%

综上，"四三二一"法则对应的深度指数修正表如表7-2所示。

表7-2 "四三二一"法则深度指数修正表

深度/英尺	25	50	75	100	125	150	175	200
单独深度百分率	40	30	20	10	9	8	7	6
平均深度百分率	160	140	120	100	87.2	78.0	70.8	65.0
累计深度百分率	40	70	90	100	109	117	124	130

此时，平均深度百分率与累计深度百分率的关系为：

$$平均深度百分率 = 累计深度百分率 \times 标准深度/所给深度 \qquad (7-5)$$

五、编制其他修正系数表

在同一路线价区段内，虽临近同一街道，但由于各宗地宽度、形状、面积、位置等存在差异，因此需在深度修正基础上进行其他因素修正。

(一)宽度修正

对于临街土地，特别是临街商业用地而言，其地价高度与临街宽度相关。因临街商店的宽度不一，导致其对顾客的吸引力也有所差异，直接影响商店的营业额，进而影响其地价水平。故在使用路线价法进行估价时，应进行宽度修正。宽度修正的方法为收集在同一路线价区段内临街深度相同的样本，根据不同宽度情况反映在土地价格上的变化情况，确定不同宽度条件下的修正系数。

(二) 宽深比率修正

一般而言，大型商业建筑物往往进深较大，地价会随宗地深度的增加而降低。此外，因商场占地面积大，铺面宽度宽，外观醒目，可增加对顾客的吸引力。故单独对大型商场进行宽度和深度修正不符合实际情况，且操作难度较大。基于此，在对大型商场进行估价时，基于商场的宽度与深度的比率，即宽深比率系数变化反映在土地价格上的变化情况，确定不同宽深比率下的修正系数。

(三) 容积率修正

路线价仅表示一定容积率水平下的土地价值。一般而言，地价会随容积率的增加而升高。故在同一路线价区段内，可通过抽查不同容积率水平下的平均地价确定容积率修正系数。

(四) 出让、转让年期修正

土地出让指国家将一定年期内的土地使用权让与土地使用者的行为，土地转让指土地使用者将土地使用权再转移的行为。可通过以下公式计算宗地出让、转入的年期修正系数。

$$P = \frac{a}{r}\left[1 - \frac{1}{(1+r)^n}\right] \tag{7-6}$$

式中，P——地价；

　　　a——土地年净收益；

　　　r——还原率；

　　　n——出让、出租或转让、转租年期。

(五) 朝向修正

对于住宅用地而言，地块的朝向能够对其销售价格产生一定影响。此外，住宅售价中扣除建设成本等必要项目后剩余的地价也因朝向不同而有所差异。故需对地块进行朝向修正。

(六) 地价分配率修正

地价分配率指将土地单价（或平面地价）分摊到各楼层的比率。一般情况下，地价分配先随楼层数的增加而降低，趋于某一临界值后，地价分配又随楼层数的增加而增加。因此，为评估需要，应制定统一的地价分配率以反映不同楼层的楼面地价在宗地总价值中的占比。

六、计算宗地价格

根据确定的路线价、深度指数表和其他修正系数表，即可根据路线价法的相关公式计算待估宗地的地价水平。

第三节 路线价法的应用

一、不同深度地块价格评估

【例7-1】现有临界宗地A，B，C，D，E，F（图7-3），深度分别为25，50，75，100，125，150英尺，宽度分别为10，10，20，20，30，30英尺。路线价为1000元/英尺。设标准深度为100英尺，请尝试使用"四三二一"法则，计算各宗地价格。

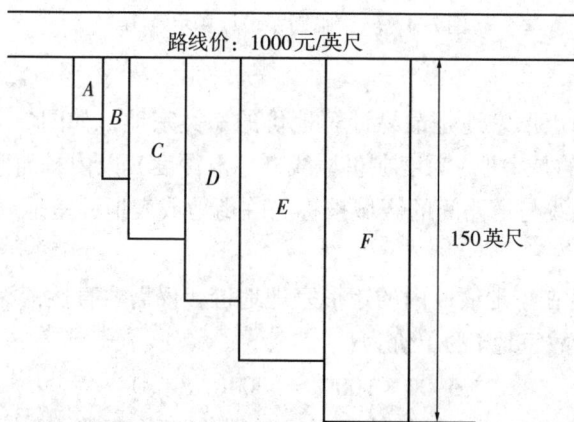

图7-3 "四三二一"法则应用案例

【解】对各地块进行深度修正。

A地块宗地价格：$1000 \times 0.4 \times 10 = 4000$（元）

B地块宗地价格：$1000 \times 0.7 \times 10 = 7000$（元）

C地块宗地价格：$1000 \times 0.9 \times 20 = 18000$（元）

D地块宗地价格：$1000 \times 1.0 \times 20 = 20000$（元）

E地块宗地价格：$1000 \times (1.0 + 0.09) \times 30 = 32700$（元）

F地块宗地价格：$1000 \times (1.0 + 0.09 + 0.08) \times 30 = 35100$（元）

二、不同形状地块价格评估

评估以下估价案例时，使用表7-3的指数值进行深度系数修正。

表7-3 台湾地区法则深度指数

临街深度/m	<4	4~<8	8~<12	12~<16	16~<18	≥18
深度指数/%	130	125	120	110	100	40

（一）一面临街宗地评估

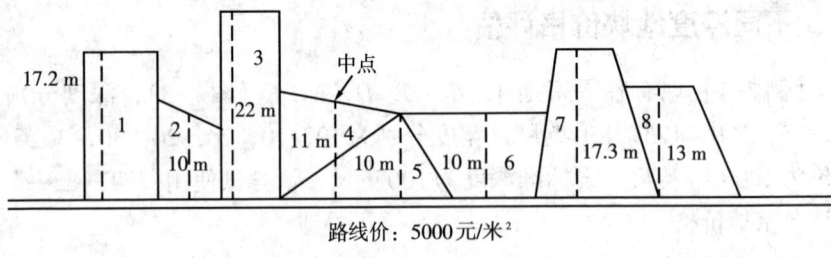

图7-4 一面临街宗地计算示意图

1. 矩形宗地

一面临街的矩形宗地是最易计算地价的一类宗地，如图7-4中宗地1和宗地3。二者不同的是宗地1深度在里地线（标准深度）以内，而宗地3深度在里地线以外。里地线与道路间的区域被称为临街地或表地，里地线以外区域被称为里地。

① 估算深度在里地线以内的矩形宗地地价，仅需要直接依深度指数表进行深度修正即可，故宗地1的单价为：

$$5000 \times 100\% = 5000(元/米^2)$$

② 估算深度在里地线以外的矩形宗地地价，表地部分单价按标准宗地计算，里地部分单价按路线价的40%计算，故宗地3的单价为：

$$5000 \times 100\% \times 18/22 + 5000 \times 40\% \times 4/22 \approx 4455(元/米^2)$$

2. 平行四边形宗地

平行四边形宗地可近似看作矩形地，如图7-4中宗地8，宗地深度为平行四边形的高13 m，故宗地8的单价为：

$$5000 \times 110\% = 5500(元/米^2)$$

3. 梯形宗地

一面临街的梯形宗地共两种：一种为平行边与街道平行的梯形，如图7-4中宗地6和宗地7；另一种为平行边与街道垂直的梯形，如图7-4中宗地2。

① 估算平行边与街道平行的梯形宗地地价，可将梯形的高作为其深度进行深度修正后，再根据临街边的长短情况进行加价或减价修正。长边临街者（图7-4中宗地7）加价，短边临街者（图7-4中宗地8）减价，一般情况下加价或减价的修正幅度不超过原价的20%，设加价和减价修正幅度为原价的10%。则宗地6的单价为：

$$5000 \times 120\% \times (1 - 10\%) = 5400(元/米^2)$$

宗地7的单价为：

$$5000 \times 100\% \times (1 + 10\%) = 5500(元/米^2)$$

② 估算平行边与街道垂直的梯形宗地地价，可将梯形的中位线作为深度进行深度修正。宗地2的中位线深度为10 m，故宗地2的单价为：

$$5000 \times 120\% = 6000(元/米^2)$$

4. 三角形宗地

一面临街的三角形宗地可分为两种：一种为底边临街的正三角形，如图7-4中宗地5；另一种为顶点临街的逆三角形，如图7-4中宗地4。

① 估算正三角形宗地的价格，近似于与其临街宽度和面积相等的矩形地，因此可将三角形顶点至街道距离的1/2作为临街深度，按矩形宗地价格进行计算。宗地5的高度为9 m，临街深度为其高度的1/2(4.5 m)，故宗地5的单价为：

$$5000 \times 125\% = 6250(元/米^2)$$

② 估算逆三角形宗地的价格，以该三角形底边中点与街道垂直距离的1/2为起始深度，底边中点为讫深度，按袋地地价的计算方法计算。

5. 不规则宗地

对于上述宗地外的不规则宗地，可使用以下三种处理方法。

① 若宗地可借助辅助线划分为规则宗地，则可将其分割为数个规则宗地，而后分别求取规则宗地的地价后再相加，得到不规则宗地的地价。

② 对于深度和宽度大致均匀的不规则宗地，则承认其临街宽度，并以其"面积/临街宽度"作为其临街深度，按规则矩形宗地估算其地价。

③ 对于深度和宽度不够均匀的不规则宗地，可按其近似的规则宗地估算其地价。

但对不规则宗地进行估价，应审慎确定是否需根据其不规则程度进行加价或减价修正。

（二）两面临街宗地评估

两面临街地为前后两面都临街的宗地，如图7-5中的宗地9。

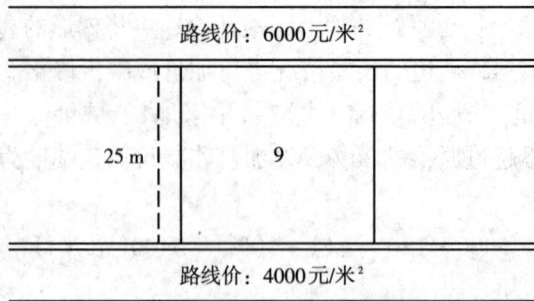

图7-5　两面临街宗地计算示意图

计算该类宗地的地价需要考虑不同路线价街道对宗地地价的影响程度，即根据各街道的路线价占两街道路线价总和的比例，确定两街道影响深度的分界线，然后分别求取其地价并加总。故两街道对宗地9的影响深度为：

$$高价街影响深度 = \frac{高价街路线价}{高价街路线价 + 低价街路线价} \times 总深度$$

$$= \frac{6000}{6000 + 4000} \times 25 = 15(m)$$

低价街影响深度 = 总深度 − 高价街影响深度 = 25 − 15 = 10(m)

故宗地9的单价为：

$$6000 \times 100\% \times 15/25 + 4000 \times 120\% \times 10/25 = 5520(元/米^2)$$

（三）街角地评估

街角地指同时受到两条相交街道影响的宗地。基准地价的计算应先按影响宗地的两条街道中路线价高的街道（正街）计算地价，再加因另一路线价低的街道（旁街）影响产生的地价增加值。设标准深度为18 m，旁街对街角地的影响深度以4.5 m为一级距，依表7-4规定进行加成。

表7-4　路角地加成值　　　　　　　　　　　　　　　　　　　　元/米²

范围地区	正旁街路线价		
省 辖 市	均未达20000	均为20000以上	均为40000以上
县 辖 市	均未达15000	均为15000以上	均为30000以上
乡 镇	均未达10000	均为10000以上	均为20000以上
加计旁街路线价	不超过一成	二成、一成	三成、二成、一成

如图7-6所示，A，B，C三块宗地为街角地，临街深度分别为13 m，22 m，8 m，临街宽度均为4.5 m。其中，临街深度未达里地线（18 m）的区域，按表7-4进行指数修正。

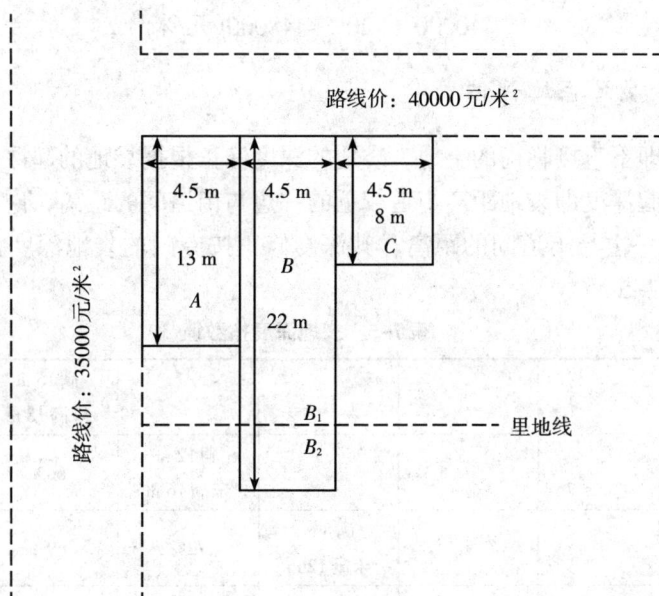

图7-6 街角地计算示意图

1. 宗地A单价计算过程

正街路线价为42000元/米²，宗地A临街深度为13 m，由表7-3可知，临街深度指数为110，旁街临街深度为4.5 m，加计二成。故宗地A单价为：

$$40000 \times 110\% + 35000 \times 20\% = 51000(元/米²)$$

2. 宗地B单价计算过程

由里地线将宗地B划分为B_1和B_2两部分。

B_1部分正街临街深度指数为100，旁街临街深度为9 m，为第二级距，加价一成。故B_1部分单价为：

$$40000 \times 110\% + 35000 \times 10\% = 47500(元/米²)$$

B_2部分里地单价为路线价的40%。故B_2部分单价为：

$$40000 \times 40\% = 16000(元/米²)$$

宗地B总价为：

$$47500 \times 18 \times 4.5 + 16000 \times 4 \times 4.5 = 4135500(元)$$

故宗地B单价为：

$$\frac{4135500}{22 \times 4.5} = 41773(元/米²)$$

3. 宗地C单价计算过程

宗地C正街深度指数为120，旁街的临街深度大于两个4.5 m，故不加成旁街路线价。故宗地C单价为：

$$40000 \times 120\% = 48000(元/米^2)$$

（四）袋地宗地评估

袋地即不直接临街的土地。袋地的深度修正根据袋地的起深度和讫深度共同确定，起深度即袋地距离街道较近的一边与街道间的距离，讫深度即距离街道较远的一边与街道间的距离。其深度修正按专门的袋地深度指数表进行计算，见表7-5。

表7-5 袋地深度指数值

				满16 m 未满18 m	60%
			满12 m 未满16 m	66%	63%
		满8 m 未满12 m	72%	69%	66%
	满4 m 未满8 m	75%	74%	71%	68%
未满4 m	78%	77%	75%	73%	70%
深度起/m 深度讫/m	未满4 m	满4 m 未满8 m	满8 m 未满12 m	满12 m 未满16 m	满16 m 未满18 m

1. 矩形袋地

矩形袋地可分为讫深度在里地线之内（图7-7中宗地13）和讫深度在里地线之外（图7-7中宗地19）。

① 宗地13的起深度为6 m，讫深度为14 m，故宗地13的单价为：

$$5000 \times 71\% = 3550(元/米^2)$$

② 计算宗地19的单价应以里地线为界，分别计算袋地和里地两部分，并将两部分地价求和。袋地部分面积占总面积的3/4，起深度为12 m，讫深度为18 m；里地部分面积占总面积的1/4，该部分单价按路线价的40%计算（表7-3）。故宗地19的单价为：

$$5000 \times 63\% \times 3/4 + 5000 \times 40\% \times 1/4 = 2862.5(元/米^2)$$

2. 平行四边形袋地

宗地14的起深度为9 m，讫深度为15 m，故宗地14的单价为：

$$5000 \times 69\% = 3450(元/米^2)$$

3. 梯形袋地

梯形袋地可分为平行边垂直于街道（图7-7中宗地15）和平行边平行于街道（图7-7中宗地16）两种。

① 平行边垂直于街道的梯形袋地的讫深度为腰的中点到街道的距离，宗地14的起深度为6 m，讫深度为13 m。故宗地14的单价为：

$$5000 \times 71\% = 3550(元/米^2)$$

② 宗地15的起深度为5 m，讫深度为10 m，故宗地15的单价为：

$$5000 \times 74\% = 3700(元/米^2)$$

4. 三角形袋地

三角形袋地可分为正三角形袋地（图7-7中宗地17）和逆三角形袋地（图7-7中宗地18）两种。

① 正三角形袋地的起深度为底边至街道的距离，讫深度为（起深度+顶点至底边距离的1/2）。宗地17的起深度为7 m，讫深度为9.5 m，故宗地17的单价为：

$$5000 \times 74\% = 3700(元/米^2)$$

② 逆三角形宗地不论顶点临街与否，均按袋地计算。逆三角形宗地的起深度为三角形顶点与底边中点连线的1/2处，讫深度为三角形底边中点到街道的距离。宗地18的起深度为11 m，讫深度为13 m，故宗地18的单价为：

$$5000 \times 69\% = 3450(元/米^2)$$

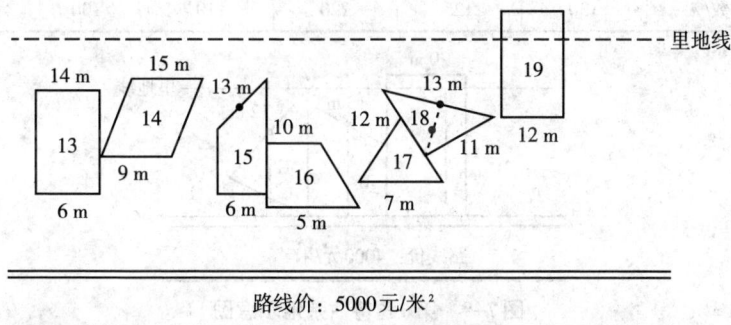

图7-7 袋地计算示意图

【复习思考题】

1. 路线价法的基本概念是什么？

2. 路线价法的理论基础是什么？

3. 路线价法的适用条件和范围是什么？

4. 简述路线价法的估价步骤。

5. 现有临界宗地A，B，C（图7-8），深度分别为20，60，110英尺，宽度分别为10，20，30英尺。路线价为3000元/英尺。设标准深度为100英尺，请尝试使用"四三二一"法则计算各宗地价格。

路线价：3000元/英尺

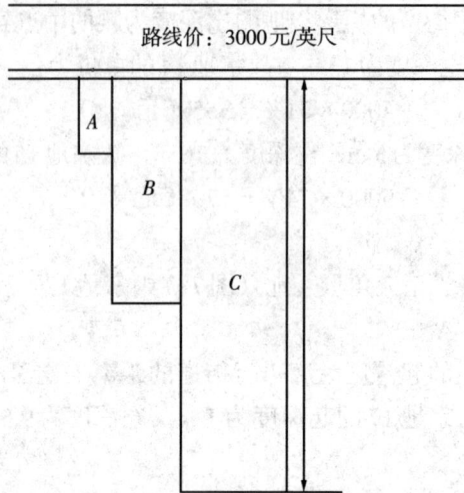

图7-8　第5题待估宗地示意图

6. 试根据表7-6，计算图7-9中三宗地的单价。

表7-6　台湾地区法则深度指数

临街深度/m	< 4	4～<8	8～<12	12～<16	16～<18	≥ 18
深度指数/%	130	125	120	110	100	40

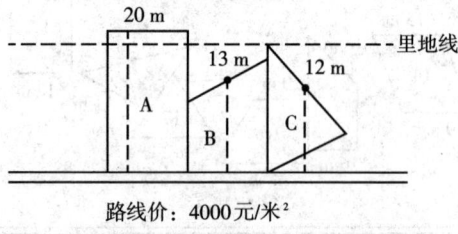

20 m

13 m

12 m

里地线

A

B

C

路线价：4000元/米²

图7-9　第6题待估宗地示意图

第八章　长期趋势法

·············· 第一节　长期趋势法的基本原理 ··············

一、长期趋势法的概念

在不动产估价领域，长期趋势法是一种基于历史数据和统计资料的预测方法。该方法利用时间序列分析和回归分析等工具，对不动产未来价值进行科学的预判和评估。在许多自然和社会现象中，尽管短期数据可能表现出无序性，但长期观察可以揭示出数据的清晰趋势和规律性变化，这些长期趋势对于预测未来具有重要意义。

长期趋势法在不动产估价中的应用要求估价师收集并分析特定不动产或某类不动产的长期价格记录。通过对这些记录的时间序列分析，可以识别出价格随时间变化的轨迹、速度和方向。深入分析这些序列有助于理解不动产价值变动的内在逻辑，并据此进行外推，预测评估基准日或更远未来的不动产价值。

长期趋势法不仅揭示了不动产价值的潜在发展方向，而且为估价提供了量化基础，使得对不动产未来价格的评估更加准确和科学。这种方法通过逻辑外推或模式类比，依据过往变化的轨迹、速度和方向，预测未来某一时段内不动产可能达到的状态，体现了预测科学的根本逻辑。因此，长期趋势法是一种在不动产估价中非常有价值的方法，它结合了历史数据的深度分析和对未来趋势的合理预测，为估价提供了有力的依据。

二、长期趋势法的理论依据

长期趋势法进行估价的理论依据主要是基于房地产价格在长期内会显现出一定的变动规律和发展趋势。涉及的理论和方法主要有以下几种。

①经济学原理。包括供需法则、经济增长理论、通货膨胀理论等。不动产作为一种商品，其价格受市场经济规律支配。长期趋势往往反映了经济基本面

的变化，如人口增长、收入水平提高、利率变动和经济发展阶段等，这些宏观经济因素对不动产市场有深远影响。

②生命周期理论。不动产作为资产有一定的生命周期，从新建到成熟，再到可能的衰落或更新改造。长期趋势分析考虑了不动产在其生命周期各阶段的价值变化规律，以及外部环境变化如何影响这一周期。

③预期理论。市场参与者对未来事件的预期会影响当前的决策和价格形成。长期趋势法在一定程度上基于市场参与者的共同预期，这些预期基于历史数据和对未来的理性判断，影响着不动产价值的波动和走向。

④连续性假设。这种方法假设过去的发展趋势会在未来延续，除非有足够的证据表明存在中断或转折点。这种假设是基于历史会重复自身的统计原则，为预测提供了一个基础框架。

⑤时间序列分析。用于研究随时间变化的数据序列，以识别数据中的模式、趋势、季节性变动和随机波动。在不动产估价中，通过分析历史价格数据的时间序列可以揭示价格变动的长期趋势，如增长、稳定或衰退，为预测未来价值提供依据。

⑥回归分析。用于确定两种或多种变量间的关系，尤其是自变量（如时间、经济指标等）如何影响因变量（如不动产价格）。在长期趋势法中，回归分析可以帮助量化不同因素对不动产价值的影响程度，从而建立预测模型，准确估计未来的价值趋势。

综上所述，不动产估价中的长期趋势法融合了统计学、经济学和行为科学等多个领域的理论，通过对历史数据的深入分析，结合宏观经济环境和市场预期，为不动产未来价值的合理预测提供了坚实的理论支撑。

三、长期趋势法的适用范围和条件

（一）长期趋势法的适用范围

长期趋势法作为一种不动产价值评估策略，依托于对历史时间序列数据的深入分析，以揭示和预测不动产价值的长期变化趋势。这种方法的核心在于整合历史统计资料与现实调研数据，从长期的价格演化中识别出具有持续性和代表性的规律性变化。其基本假设是，不动产市场已形成的长期趋势在没有遭遇重大外部冲击或市场结构变化的情况下，将在未来一段时间内保持稳定性和连续性。

长期趋势法特别适用于那些价格波动不具有显著季节性特征的不动产评估。评估的准确性要求建立在充分的历史价格记录之上，这些记录应全面反映估价对象或其同类不动产在长期市场表现中的变化。评估者需要依赖多年积累的市场价格动态信息，确保所采用的历史数据的真实性和完整性，这是进行准确趋势推演的前提。

特别重要的是，构建一个至少十年的时间跨度的价格变动序列，这不仅增强了趋势分析的有效性和精确度，而且有助于排除偶然性因素和短期市场波动的干扰，使分析结果能更真实地反映市场的内在发展趋势和动力机制。通过这种方法，不动产价值评估不仅严谨而且具有学术性，为预测不动产的未来价值提供了坚实的量化基础。

（二）长期趋势法的适用条件

1. 数据连续性和真实性

长期趋势法在不动产估价中的应用要求拥有一套长期且连续的历史价格数据。这些数据必须是翔实和准确的，并且覆盖足够长的时间跨度。为了确保能够有效地过滤掉短期的市场波动并准确捕捉到长期趋势，通常建议收集的数据至少应涵盖一个完整的经济周期。这样的时间跨度不仅有助于揭示价格的周期性变化，而且能够反映出更深层次的市场动态。数据的真实性是进行长期趋势分析的基石。因此，对收集到的数据进行严格的审核和验证是不可或缺的步骤。这一过程需要识别并排除可能存在的偏差或异常值，确保估价结果的可信度。

2. 价格稳定性

长期趋势法特别适合评估那些价格波动不具有显著季节性或周期性特征的不动产。这种方法适用于那些价值变化主要受到长期经济因素影响的不动产，而不是那些受短期市场波动或季节性需求变化影响的不动产。换句话说，当估价对象的价值变动主要由宏观经济趋势、人口增长、技术进步、政策变化等长期因素所驱动时，长期趋势法能够提供更为准确的价值预测。这种方法的适用性在于其能够识别并利用不动产价值随时间推移而展现出的长期趋势，而不是被短期的市场噪声所干扰。因此，在评估那些长期内价值相对稳定、不易受季节性因素影响的不动产时，长期趋势法能够发挥其优势，做出更加科学和合理的价值评估。

3. 市场透明度与流动性

评估对象所在的市场应具有一定的透明度和流动性，以确保历史成交价格能够公允反映市场价值，且市场行为符合经济理性预期。市场透明度意味着市场信息对所有参与者都是可获取的，有助于减少信息不对称，确保收集到的历史价格数据能够真实地代表市场情况。高流动性的市场意味着价格发现机制的有效性，即市场价格能够迅速反映供求关系的变化，从而为评估提供准确的参考。流动性的保障也有助于减少交易的不确定性，确保评估结果的稳定性和可靠性。

4. 宏观经济环境的稳定性

长期趋势分析在进行不动产价值评估时需要在一个相对稳定的宏观经济环境中进行，以确保分析结果的准确性和可靠性。这种稳定性有助于避免极端经济事件，如金融危机或重大政策变动等，对长期趋势的扭曲影响。这些事件可能会造成市场的短期剧烈波动，从而掩盖或改变不动产价值的真实长期趋势。分析时需考虑宏观经济指标（如GDP增长率、利率水平、通胀率等）对不动产价值的潜在影响，还应考虑其他宏观经济因素，如就业率、消费者信心、人口增长、城市化进程等，这些都可能间接或直接影响不动产价格。

5. 理论与实践的结合

长期趋势法的应用还需结合经济学理论，如供需理论、资本化理论等，以及房地产市场特有的发展规律，对趋势进行合理解释和预测。此外，评估师需具备深厚的理论功底和丰富的实践经验，以科学地判断和调整模型参数，如还原率的设定，确保分析结果的合理性和准确性。

综上所述，不动产估价中长期趋势法的适用条件不仅要求数据的高质量与充分性，还涉及市场特性、宏观经济背景及理论与实践的深度融合，体现了评估工作的高度学术性和严谨性。

四、长期趋势法的特点

长期趋势法具有规律性、因果性和预测性特征。规律性特征可以分为长期趋势向上、长期趋势向下、长期循环变动和长期不规则变动等类型；因果性特征是指不动产价格受社会经济中诸多因素的影响；预测性特征是指预测是基于过去价格的，其结果往往缺乏准确性。

使用长期趋势法大多是对不动产价格进行推测，往往与其他估价方法相结合。例如，可以对假设开发法中预测的未来不动产价格进行预测性估价，为假设开发法提供参考。此外，长期趋势法也可以对多类不动产价格在时间上的变化趋势和未来的发展方向进行比较。

第二节　长期趋势法的估价步骤

一、确定不动产的性质和类型

　　长期趋势法依托于对历史时间序列数据的深入分析，以揭示和预测不动产价值的长期变化趋势，其核心在于结合历史统计数据与当前市场调研资料，从中识别出长期价格演变中具有持续性和代表性的规律。长期趋势法适用对象的基本假设是在没有遭受重大外部冲击或市场结构发生显著变化的前提下，已形成的不动产市场的长期趋势将在未来一段时间内保持稳定和连续。这尤其适用于价格波动不具备明显季节性特征的不动产评估。

二、收集待估不动产或类似不动产的历史数据

　　长期趋势法评估的准确性要求建立在充分的历史价格记录之上，这些记录应全面反映估价对象或其同类不动产在长期市场表现中的变化。评估者需要依赖多年积累的市场价格动态信息确保所采用的历史数据的真实性和完整性，这是进行准确趋势推演的前提。估价师要收集估价对象或类似不动产的历史价格资料，并进行检查、鉴别，以保证其真实、可靠。

三、整理历史数据，判断规律趋势

　　整理待估不动产或类似不动产的历史数据，将其化为统一标准，并按照时间的先后顺序编排成时间序列，剔除异常值和不相关数据。尤为重要的是，收集的数据应尽可能构建一个至少涵盖十年时间跨度的价格变动序列。这不仅能够增强趋势分析的有效性和精确度，而且有助于排除偶然性因素和短期市场波动的影响，使得分析结果能够更加真实反映市场的内在发展趋势和动力机制。

四、绘制待估不动产的长期趋势图，选择趋势分析方法进行测算

　　观察、分析整理的时间序列，使用统计软件或工具（如 Excel、R、Python 等）绘制价格变动图表，找出估价对象的价格随时间变化而出现的变动规律，检查是否存在明显的周期性或季节性波动，最终得出一定的模式或数学模型。根据模式、模型的特征选择适当、具体的长期趋势法，如平均趋势法、平均发展趋势法、移动平均法、加权移动平均法、指数平滑法等，并以此推测、判断估价对象在估价时点的价格。

五、对测算结果进行判断和分析，得出待估不动产的估计价格

考虑不同市场条件下的多种可能情景，如经济增长放缓、政策调整等，结合市场调研、政策环境等因素，对趋势分析方法的测算结果进行综合分析，确保估价结果的合理性。同时要详细记录整个评估过程，包括使用的数据、模型选择理由、预测结果及其解释，以及任何假设和限制条件。

第三节　长期趋势法的主要方法

一、平均趋势法

若不动产价格时间序列的逐期增减量大致相同，则可以用最简便的平均增减量法进行预测。运用其估价的条件是，不动产价格的变动过程是持续上升或下降的，且各期上升或下降的数额大致接近，否则不适宜采用这种方法。

$$P_v = P_1 + nd \tag{8-1}$$

$$d = \frac{(P_2 - P_1) + (P_3 - P_2) + \cdots + (P_{n-1} - P_{n-2})}{n-1} \tag{8-2}$$

式中，　P_v——不动产或类似不动产在时间序列上第 n 期的待估价格；

P_1——待估不动产或类似不动产历史价格数据上，时间序列第一期的价格；

n——待估不动产在时间序列上的趋势数；

d——待估不动产或类似不动产价格在时间序列上变动的单位时间平均值。

【例 8-1】假设要评估一处商用楼房在 2023 年的价格，该商业房地产 2013—2022 年的价格见表 8-1。

表 8-1　待估不动产价格变动情况

年度	2013	2014	2015	2016	2017	2018	2019	2020	2021	2022
价格/(元·米⁻²)	2130	2230	2350	2460	2580	2680	2790	2900	3020	3130

【解】楼房价格呈现逐年上涨趋势，且每年涨幅不大，可使用平均趋势法计算价格。根据每年上涨额可以计算该商用房屋的单位时间变动平均值。注意：如果价格趋势变化幅度较大，就不适合采用此方法。

$$d = \frac{(2230 - 2130) + (2350 - 2230) + \cdots + (3130 - 3020)}{10 - 1} = 111.11$$

$$P_{2023} = P_{2013} + 10 \times d = 2130 + 111.11 \times 10 = 3241.1(\text{元/米}^2)$$

二、平均发展趋势法

平均发展趋势法是一种基于历史数据分析的预测手段，其核心在于通过计算总体发展速度并采用平方根法以求得平均发展速率，进而在中长期预测中担当关键依据。此法尤其适用于展现出持续且近似等比例上升或下降趋势的不动产价格序列，即在预测期间内，各阶段的增长或缩减幅度保持相对一致。然而，当价格波动偏离此规律，出现非线性或不规则变化时，该方法的适用性显著降低。

近期数据对平均发展趋势法很重要，鉴于此，对以往各期发展速度施以不同权重进行加权平均计算能够进一步提升预测值与实际价值的契合度。权重分配的合理性直接关联预测精度，它要求评估者深刻理解不动产价格的动态变化特征及趋势走向，并结合专业判断与实践经验来精心确定。权重的选择并非固定模式，而是应依据具体情境灵活调整，确保评估过程既科学严谨又切合实际，充分反映出不动产市场近期变化对估价的显著影响。

$$P_v = P_1 \times p^n \tag{8-3}$$

$$p = \sqrt[n-1]{\frac{P_3}{P_1} \times \frac{P_3}{P_2} \times \cdots \times \frac{P_n}{P_{n-1}}} = \sqrt[n-1]{\frac{P_n}{P_1}} \tag{8-4}$$

式中，P_v——不动产或类似不动产在时间序列上第 n 期的待估价格；

P_1——待估不动产或类似不动产历史价格数据上，时间序列第一期的价格；

n——时间序列的序数；

p——待估不动产价格的平均发展速度。

【例 8-2】假设要评估一处商用楼房在 2023 年的价格，该商业房地产2018—2022 年的价格见表 8-2。

表8-2 待估不动产价格变动情况

年度	2018	2019	2020	2021	2022
价格/(元·米$^{-2}$)	3000	3510	4085	4760	5557

【解】楼房价格每年的增长幅度 $= \sqrt[4]{5557/3000} \approx 1.17$，使用平均发展趋势

法计算价格。

$$P_{2023} = P_{2018} \times 1.17^5 = 3000 \times 1.17^5 \approx 6577.34(元/米^2)$$

三、移动平均法

根据时间序列进行排列，按照一定的时间跨度将待估不动产的价格进行平均，测算平均值，随着选取的时间段在时间序列上的推移，待估不动产的价格也相应向前推移，逐一测算移动平均值。最后将接近待估不动产估价时间的移动平均值作为待估不动产价格的估值。一般可以将移动平均法划分为简单移动平均法和加权移动平均法，在本小节内将着重介绍简单移动平均法，即使用简单的算数平均数进行测算。

【例8-3】假设要评估一处商用楼房在2020年的价格，该商业房地产2010—2019年的价格见表8-3。

表8-3　待估不动产价格变动情况　　　　　　　　单位：元/米²

年度	价格	每3年移动平均价格	每3年移动平均逐年上涨额
2010年	2130	—	—
2011年	2230	2237	—
2012年	2350	2347	110
2013年	2460	2463	117
2014年	2580	2573	110
2015年	2680	2683	110
2016年	2790	2790	107
2017年	2900	2903	113
2018年	3020	3017	113
2019年	3130	—	—

【解】把2010、2011、2012年3年的价格进行算数平均，得到2237元/米²，以此类推，得到每3年的移动平均价格；再根据每3年的移动平均值算出移动平均值的逐年变化。2020年该不动产的价格计算方法如下。

因最后的移动平均价格为3017元/米²，此价格所对应的时间与2020年相差3年，因此2020年不动产价格为：3017 + 113 × 3 = 3356(元/米²)

四、加权移动平均法

将待估不动产待估价日之前的时间序列上的价格进行加权之后，再通过简单算术移动平均法进行估计，继而测算待估不动产的价格。在实践中，权数往往依靠估价师的经验进行判断，距离估价日越近，权数越大，所有权数的代数和为1。

【例8-4】某宗工厂2020—2024年的价格见表8-4，评估其2025年的价格。

表8-4　待估不动产价格变动情况

年度	价格/（元·米$^{-2}$）	权数			每3年移动平均价格/（元·米$^{-2}$）	每3年移动平均逐年上涨额/（元·米$^{-2}$）
2020年	2004	0.3	—			
2021年	2220	0.3	0.3		2195	
2022年	2320	0.4	0.3	0.2	2322	127
2023年	2400	—	0.4	0.3	2449	127
2024年	2530	—		0.5		

【解】首先，测算2020、2021、2022年3年的加权平均，距离最近的2022年，赋予权数0.4，测算加权价格为2195；以此类推，可测算2021、2022、2023年加权价格为2322，2022、2023、2024年加权价格为2449元/米²。其次，测算每3年移动加权价格的上涨额，均为127元/米²。

则2025年该不动产的价格为：

$$2449 + 127 \times 3 = 2830（元/米^2）$$

五、指数平滑法

以本期的待估不动产价格的实际值和估计值为根据，经过平滑后对下一期的价格进行预测的方法，也称为指数修匀趋势法。

$$\bar{P}_v = aP_n + (1-a)\bar{P}_n \tag{8-5}$$

式中，$\bar{P}_v$——待估不动产估价日的估计价格，也可认为是 $v = n+1$；

P_n——待估不动产当期的实际价格；

$\bar{P}_n$——待估不动产当期的估计价格；

a——平滑指数，取值范围为 $0 \sim 1$，价格稳定时，取0.5，波动较大时，取0.7～0.9；波动较小时，取0.1～0.3。

第四节　长期趋势法的应用

长期趋势法作为一种重要的不动产价值评估工具，专注于对未来价值定位及趋势动向的深度剖析与预测。其应用范畴广泛，具体包括但不限于以下几点。

（一）假设开发法中的前瞻价值评估

在预测开发项目完成后不动产的市场价值时，长期趋势法为评估师提供了必要的趋势导向，确保预测结果贴合市场长期发展规律。

（二）收益还原法中的未来收益预测

通过分析历史收益与市场趋势，该方法帮助准确预测未来净收益流，为基于现金流折现的估值提供稳健的预测基础。

（三）市场比较法中的时间调整

在选取可比实例时，长期趋势法用于调整交易日期，确保不同时间点的交易案例在时间维度上具有一致性，提高了比较分析的准确性。

（四）多对象发展趋势与潜力分析

该方法通过构建长期趋势图表，系统比较和分析两个或多个不动产或类别之间的价值发展趋势与增长潜力，为投资决策提供直观的参考依据。

（五）弥补历史数据不足

在历史价格记录稀缺的情况下，长期趋势分析法能够基于现有数据推导出合理的价值趋势，辅助解决数据缺失问题。

（六）比较分析两宗（或两类）以上不动产价格的发展趋势或潜力

在分析不同不动产价格的长期发展趋势与潜能时，长期趋势线的斜率成为关键指标。趋势线的陡峭程度直接映射出不动产价值增减的强度：趋势线越陡，意味着价格上升或下降的趋势更为强劲；反之，则表明价格变动较为温和。值得注意的是，当前价格水平与价格变动趋势的强度并无必然联系，即高价不动产可能增长缓慢，而低价不动产却可能展现出更迅猛的增长势头，如城乡结合部不动产相比市中心区域往往展现出更高的增值率，体现了市场发展的不平衡性与多样性。

在图8-1中，从1999年至2003年这段时间来看，B不动产的价格高于A不动产的价格；到了2004年，两者的价格水平基本一致；而2004年以后，A不动产的价格会超过B不动产的价格。

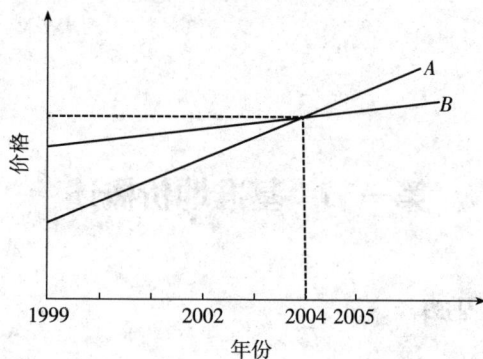

图8-1 两宗（或两类）不动产价格发展趋势比较

【复习思考题】

1. 长期趋势法的概念是什么？

2. 长期趋势法的理论依据是什么？

3. 长期趋势法适用的条件有哪些？

4. 长期趋势法的操作步骤是什么？

5. 主要有哪几种长期趋势法？长期趋势法的计算公式是什么？

第九章　基准地价系数修正法

第一节　基准地价概述

一、基准地价的内涵

（一）基准地价的概念

基准地价是指在宗地估价的基础上，按土地级别、用地类型或区段位置评估确定的平均价格，包括城镇土地基准地价和农用地基准地价。

城镇用地基准地价是指在土地利用总体规划确定的城镇可建设用地范围内，对平均开发利用条件下，不同级别或不同均质地域的建设用地，按照商服、住宅、工业等用途分别评估，并由政府确定的某一估价期日法定最高使用年期土地权利的区域平均价格。

农用地基准地价是指县（市）政府根据需要针对农用地不同级别或不同均质地域，按照不同利用类型，分别评估确定的某估价期日的平均价格。

（二）基准地价的特征

①权威性。基准地价由政府委托有关专家和专业估价机构进行评估，评估结果由市县人民政府审定，定期向社会公布接受监督。

②分用途。同一区域中，不同用地类型和用途的土地有不同的基准地价标准，当前主要分为商业基准地价、住宅基准地价、工业基准地价等用途类型。随着土地制度改革的深入推进，部分地区尝试细化基准地价用途分类，如将商业用地细化为旅游用地、写字楼用地等地类，并相应评估其基准地价。

③平均性。基准地价反映区域土地收益或土地租金、价格的平均水平，是政府按不同区域估测的土地使用权的平均价格。

④期限性。基准地价是有限年期的土地使用权价格。由于土地使用权是具有时间限制的产权，因此基准地价评估设定的最高年期不得超过法定相应用途

的土地最高出让年限。

⑤时效性。基准地价客观反映一定时间和条件下的价格标准，需要随区位条件、国土空间规划、市场状况等因素的变化而及时更新。

⑥全域性。城市内的任何一个区域应有至少一种用途类型的基准地价，即具有全覆盖特征。

(三) 基准地价的作用

①基准地价为政府宏观调控土地市场提供依据。基准地价反映了土地市场中的地价水平及其变化趋势，为政府制定和有效实施地价管理政策提供科学依据，是规范土地市场、加强政府对地价管理和调控的重要手段，有利于促进土地资源的合理配置。

②基准地价为市场主体提供重要信息支撑。政府定期向社会公布地价水平及其变化趋势，打造公正、公开、公平的地产市场，有利于市场各交易主体准确及时了解市场行情，合理调整土地利用结构和方式，促进土地交易行为的规范化和地价正常有序变化，充分保障土地所有者和使用者的利益。

③基准地价为政府征收土地税费提供客观依据。基准地价既可为土地使用税的征收提供主要依据，也可为土地增值税的征收提供计算增值量的基础。按基准地价征收土地税费是土地税制改革的重要方向，也是合理分配土地收益、中央参与土地有偿使用收益分配的依据。

④基准地价是评估宗地地价的重要基础。基准地价系数修正法是我国土地估价中重要的估价方法之一，是根据基准地价和基准地价修正系数等内容选取相应指标对基准地价进行修正，从而评估宗地在估价基准日的价格，基准地价为其提供了重要评估基础和依据。

二、基准地价评估的含义、原则、原理

(一) 基准地价评估的含义

基准地价评估是以土地定级和均质地域划分为基础，以土地价格和土地收益为依据，在对有收益的土地或发生交易的土地进行估价的基础上，按照一定的原则、程序和方法对各级土地或均质地域土地的平均价格进行评估的工作。基准地价评估是为建立基准地价定期公开制度而进行的，涉及社会、经济、规划等多方面的一项系统性工作。

（二）基准地价评估的原则

① 评估时以土地利用现状为主，适当考虑规划。基准地价具有市场导向性，需要客观反映土地收益情况和支付地租、地价能力，因此要以土地实际利用现状为主。考虑到未来成果应用需要，可在按现状评估基准地价的基础上，根据国土空间规划，评估规划实施后区域未来年期的基准地价标准。

② 土地使用价值评定和土地价格测算相结合。在正常条件下，同一市场供需圈内，相同使用价值的土地具有相同的价格水平。当前，我国宗地价格评估多采用收益还原法得到收益价格，与土地使用权直接转移形成的地价有较大差异。因此，充分结合土地使用价值评定和土地价格测算能够在一定程度上减少其他因素对地价的影响，更为客观地评估基准地价。

③ 各类用地分别评估，多种方法综合运用。不同土地利用类型的利用方式和效益存在较大差异，其地价变化规律也具有异质性，因此需要分别评估城乡各类用地的基准地价。同时，应采用多种方法评估地价并相互补充，减少因计算方式、资料来源等因素对评估结果的影响。

④ 因地制宜选择估价技术路线。在评估时，应根据不同地区的实际发展情况和土地市场现状，结合收集到的数据类型，选择相应的基准地价评估的技术路线。如在以工业、商业为主的城市，技术路线宜采用以土地收益资料评估基准地价。

（三）基准地价评估的原理

① 土地收益是基准地价评估的基础。地价是土地预期收益的资本化，市场交易价格是土地收益在土地市场中的直接反映，正确测算土地收益是评估基准地价的基础。

② 土地位置差异产生不同的土地收益是评估基准地价的依据。土地位置是决定土地收益和价格的最主要因素，影响土地直接使用者所能获得的超额利润。超额利润决定土地所有者收取地租的标准，从而影响土地使用者支付地租的能力或土地购买者愿意支付地价购买预期收益的地价标准。

③ 各行业对土地质量的不同要求是形成不同行业、用地基准地价的重要条件。不同类型的社会经济活动对土地质量的要求不同，其用地效益存在较大的差异，所评估的不同行业、用地基准地价存在异质性。

④ 不同用地基准地价具有不同的空间分布规律。根据土地区位理论，同一行业在不同区位上、不同行业在同一区位上所能获得的利用效益具有差异，地租地价水平直接影响不同土地用途的区位。因此，不同用地基准地价具有不同

的变化规律，并呈现出不同的空间格局。

⑤ 土地利用的相对合理性和变化性是基准地价相对稳定和不断演化的前提。基准地价是土地利用效益的体现，随着社会经济的发展、行业聚集效益和土地市场的变化，土地利用结构和格局发生变化，基准地价也将随之变动。

三、城镇用地基准地价评估

（一）准备工作

1. 编制基准地价评估任务书

该任务书包括城镇基本情况、工作领导和组织情况、时间安排、经费预算、预期成果等内容。

2. 制定基准地价调查表和工作表

以《城镇土地估价规程》（GB/T 18508—2014）为基础，结合评估区域实际发展情况进行调整。

3. 准备工作底图

基准地价工作底图应采用能覆盖基准地价评估区域的城镇地籍图、地形图或规划图，其比例尺要求：大城市为1∶10000~1∶50000，中等城市为1∶5000~1∶10000，小城市及以下为1∶1000~1∶5000。

按路线价评估基准地价的区域，局部商服用地的基准地价图可采用更大比例尺图件。

4. 确定评估区域

确定评估区域包括确定基准地价评估的范围和确定城镇土地的级别或均质区域。其中，土地级别是根据影响土地使用价值或价格因素的差异性和一致性划分的；均质地域是在城镇土地使用分区的基础上，按土地利用条件的差异划分的。

（二）资料调查与整理

1. 资料调查与收集

以土地级别或均质地域为单元开展资料调查与收集。选取地价样点时应采用分类不等比抽样，样点应具有代表性且分布均匀，并能同时获得地价或土地利用效益和相对应的土地条件资料。每级样点总数原则上不少于30个，样点总数不足30个的应进行全样点调查。调查内容主要包括以下几项。

① 土地定级成果资料。土地级别图，土地定级工作报告和技术报告等。

② 地租地价资料。土地使用权出让、转让资料，土地使用权、房屋及柜台

出租资料，房屋售价、租金资料等。

③土地利用效益资料。不同行业资金利润率标准、同一行业不同规模的资金利用效益资料、行业经济效益资料等。

④影响地价的因素资料。一般因素资料、区域因素资料、个别因素资料。

⑤图件资料。行政区划、城镇土地利用现状、城镇规划图件、地籍图、宗地图等。

2. 资料整理与归类

调查后，应依据资料清单逐一核实资料是否完整及其真实性，剔除异常数据，并将填写不完整的表格返还至有关调查人员进行补充调查。在此基础上，按图件、表格、文字报告三项，商服、住宅、工业三类，对各类资料进行分类、编号、归类、汇总，并将资料按实际位置标注于工作底图上，建立样本地价数据库和图形属性数据库。

（三）样本地价计算及修正

1. 不同类型样本计算方法

（1）土地使用权出让、转让等样本资料地价计算。

①土地使用权出让、转让资料地价计算。

土地使用权出让、转让资料地价计算公式为：

$$P = \frac{P_{\mathrm{T}}}{S} \qquad (9-1)$$

式中，P——出让（或转让）宗地单位面积地价；

P_{T}——出让（或转让）宗地总地价（含实物地租折价）；

S——出让（或转让）宗地总面积。

②土地使用权出租资料地价计算。

土地使用权出租资料地价计算公式为：

$$P = \frac{R}{S} \cdot \frac{1}{r} \qquad (9-2)$$

式中，P——出租宗地单位面积地价；

R——出租方每年得到的资金或实物现值；

S——出租宗地总面积；

r——土地还原率。

（2）房屋出租资料地价计算。

该类样本主要利用收益还原法测算，计算步骤如下。

①确定房地出租年总收益。通常采用房屋租赁市场中的实际成交租金或出

租柜台年租金总收入，对其交易情况、交易时间、房屋楼层等因素进行修正，作为房地出租的总收益。

② 计算房地出租经营总费用。房地出租经营总费用主要包括经营管理费、维修费、保险费、税金、房屋折旧等内容。其中，管理费通常为年租金的2%~5%；维修费通常按建筑物重置价的1.5%~2%计算；房屋保险费率为0.15%~0.2%；月租金120元以下者，只缴纳12%的房地税，月租金超过120元，还需缴纳5%的营业税，0.35%的城建税，0.05%的教育税，合计17.4%；年折旧费计算公式为：

$$年折旧费 = \frac{房屋重置价 - 残值}{耐用年限} \tag{9-3}$$

③ 计算土地纯收益。

土地纯收益计算公式为：

$$土地纯收益 = 房地纯收益 - 房屋纯收益 \tag{9-4}$$

$$房地纯收益 = 房地出租年总收益 - 房地出租年总费用 \tag{9-5}$$

$$房屋纯收益 = （房屋重置价 - 房屋总折旧）\times 建筑物还原率 \tag{9-6}$$

④ 计算土地价格。

单位面积土地价格计算公式为：

$$单位面积土地价格 = \frac{土地纯收益}{土地还原率 \times 出租房屋占地面积} \tag{9-7}$$

（3）房屋买卖、商品房出售资料地价计算。

① 房屋买卖资料计算样本地价。

房屋买卖资料计算样本地价的计算公式为：

$$P = P_r - P_h - T \tag{9-8}$$

式中，P——单位面积地价；

P_r——单位面积不动产交易价格；

P_h——单位面积房屋现值；

T——单位面积交易税费。

② 商品房样本地价测算。

商品房样本地价计算公式为：

$$P = A - B - C \tag{9-9}$$

式中，P——单位建筑面积土地价格；

A——单位建筑面积售价；

B——单位建筑面积整体开发成本；

C——单位建筑面积合理开发利润。

2. 样本地价修正

依据基准地价内涵，将计算所得样点地价修正到与基准地价内涵一致的价格，修正内容一般包括交易情况修正、估价期日修正、交易年期修正、容积率修正、开发程度修正等。

（1）交易情况修正。交易情况修正是排除交易行为中一些特殊因素造成的价格偏差，将其成交价格修正为正常市场价格。综合考虑各特殊因素对地价的影响程度，确定宗地交易情况指数。计算公式为：

$$P_E = P_0 \cdot \frac{E_P}{E_E} \qquad (9\text{--}10)$$

式中，P_E——交易情况修正后样本地价；

P_0——交易情况修正前样本地价；

E_P——样本交易情况指数；

E_E——正常市场条件下交易情况指数。

（2）估价期日修正。估价期日修正是将不同交易时间的样本地价调整为估价期日的价格，通常用地价指数进行修正。修正公式为：

$$P_E = P_0 \cdot \frac{Q}{Q_0} \qquad (9\text{--}11)$$

式中，P_E——估价期日修正后样本地价；

P_0——估价期日修正前样本地价；

Q——样本估价期日地价指数；

Q_0——该土地用途交易日地价指数。

（3）交易年期修正。基准地价是最高出让年期土地使用权价格，因此需将样本交易年期修正到最高出让年期。

① 有限年期修正到法定最高年期计算公式为：

$$P_m = P_n \cdot \frac{1 - \dfrac{1}{(1+r)^m}}{1 - \dfrac{1}{(1+r)^n}} \qquad (9\text{--}12)$$

式中，P_m——最高出让年限的土地使用权价格；

m——土地使用权出让法定最高年期；

P_n——有限年期出让地价或剩余使用年限转让地价；

n——实际出让年期或剩余使用年期；

r ——土地还原率。

② 无限年期修正到法定最高年期计算公式为：

$$P_m = P \times \left[1 - \frac{1}{(1+r)^m} \right] \qquad (9-13)$$

式中，P ——无限年期土地使用权价格；P_m，r，m 含义同上。

（4）容积率修正。容积率是城市用地中某一地块上建筑总面积与净用地面积的比率，反映土地利用效率的高低。不同的容积率按照土地用途进行抽样调查，得到不同容积率下的单位面积地价，并用修正公式进行价格修正。计算公式为：

$$P_E = P_0 \times \frac{S_P}{S_E} \qquad (9-14)$$

式中，P_E ——容积率修正后样本地价；

P_0 ——容积率修正前样本地价；

S_P ——基准条件界定标准容积率下单位面积的平均地价；

S_E ——该用途土地在某一容积率时单位面积的价格。

（5）开发程度修正。土地开发程度修正是将样本地价统一修正到基准地价设定的土地开发状态下。不同开发程度的土地按照土地用途进行抽样调查，得到不同开发程度下的单位面积地价，并用修正公式进行价格修正。计算公式为：

$$P_E = P_0 \times \frac{D_P}{D_E} \qquad (9-15)$$

式中，P_E ——土地开发程度修正后样本地价；

P_0 ——土地开发程度修正前样本地价；

D_P ——基准条件界定标准土地开发程度下单位面积平均地价；

D_E ——该用途土地在某一土地开发程度时单位面积的价格。

（四）均质地域基准地价评估

1. 样本地价平均值法

样本地价平均值法是在对某一均质区域的样本数据进行总体分布检验并剔除异常值后，以样本数据或样本数据众数组进行统计平均计算得到的样本平均地价。实践中多采用简单算术平均方法，计算公式为：

$$P = \frac{1}{n}\sum_{i=1}^{n}P_i \tag{9-16}$$

式中，P——评估区域内的单位面积地价；

　　P_i——评估区域内各样点的单位面积地价或众数样点的单位面积地价；

　　n——评估区域内地价样点数。

2. 因素比较法

因素比较法一般用于没有交易资料或交易资料较少的均质地域基准地价评估，通过搜寻区位条件相近的均质地域基准地价，利用市场比较法选取因素进行修正，同时结合成熟度（区域实际开发程度）修正得到待估均质区域的基准地价。计算公式为：

$$P = P_i \times \prod_{i=1}^{k}Q \times R \tag{9-17}$$

$$R = \frac{\dfrac{1}{(1+r)^{n-m}}}{(1+r)^m \times \left[1 - \dfrac{1}{(1+r)^n}\right]} \tag{9-18}$$

式中，P——待估均质地域地价；

　　P_i——比较均质地域的样本平均地价；

　　Q——因素修正系数；

　　R——成熟度修正系数；

　　k——因素数量；

　　r——土地还原率；

　　n——比较均质地域某类用地的土地使用年限；

　　m——未成熟年期。

3. 土地质量指数与样本地价回归分析模型

该方法通过回归分析建立土地质量指数与样本地价回归分析模型，应用已建立的模型及确定的参数，以土地质量指数为依据计算基准地价，主要用于采用多因素综合评价法定级的城镇地区。当前常用的模型主要为指数模型，计算公式为：

$$P = A \cdot (1+r)^{aX_n} \tag{9-19}$$

式中，P——评估区域内样本单位面积地价；

　　r——地价级差系数；

　　X_n——第 n 评估区域土地质量指数；

A——回归系数；

a——模型待定系数。

（五）级别基准地价评估

1. 样本地价平均值法评估

对级别范围内的样本或均质地域基准地价进行平均，计算公式为：

$$P_i = \frac{1}{n}\sum_{j=1}^{n} P_j \qquad (9-20)$$

式中，P_i——第i级别用地的基准地价；

$\quad\ P_j$——该级别内第j个修正到基准条件下的样点单位面积地价或均质地

$\qquad$ 域基准地价；

$\quad\ n$——该级别内地价样点数或评估区域数。

2. 土地级别与样本地价回归分析模型评估

该方法多用于采用多因素综合评价法定级的城镇地区，计算方法与土地质量指数与样本地价回归分析模型评估均质地域基准地价相似。计算公式为：

$$P_i = A \times (1+r)^{aX_{in}} \qquad (9-21)$$

式中，P_i——第i级别用地单位面积地价；

$\quad\ r$——地价级差系数；

$\ X_{in}$——第i级别土地质量指数；

$\quad A$——回归系数；

$\quad\ a$——模型待定系数。

3. 土地级别与土地收益回归分析模型评估

（1）样点收益测算。

① 指数模型。

$$Y_n = A \times (1+r)^{X_{in}} \qquad (9-22)$$

或

$$Y_n = A \times (1+r)^{aX_{in}} \qquad (9-23)$$

式中，Y_n——第n级土地上样点每平方米土地的利润值；

$A，a$——待估参数；

$\quad\ r$——利润级差系数；

$\ X_{in}$——第n级土地级别指数或单元土地质量指数。

② 线性模型。

$$Y_n = b_0 + b_1 X_{in} + b_2 X_2 + b_3 X_3 \tag{9-24}$$

式中，Y_n——第 n 级土地上样点每平方米土地的利润值；

$\quad X_{in}$——第 n 级土地级别指数；

$\quad b_0$——样点截距项系数；

b_1，b_2，b_3——土地、资本、劳动力的样点回归系数；

$\quad X_2$——每平方米土地上标准资金占有量；

$\quad X_3$——每平方米土地上标准工资占有量。

③ 生产函数模型。

$$Y_n = A \times (1+r)^{X_{in}} \times X_2^{b_2} \times X_3^{b_3} \tag{9-25}$$

式中，Y_n——第 n 级土地上样点每平方米土地的利润值；

$\quad A$——待估参数；

$\quad r$——利润级差系数；

$\quad X_{in}$——第 n 级土地级别指数或单元土地质量指数；

$\quad X_2$——每平方米土地上标准资金占有量；

$\quad X_3$——每平方米土地上标准工资占有量；

b_2，b_3——资本、劳动力的样点回归系数。

④ 分级回归模型。

$$Y_n = F(X_{in}) + b_2 X_2 + b_3 X_3 + V \tag{9-26}$$

式中，Y_n——第 n 级土地上样点每平方米土地的利润值；

$F(X_{in})$——自变量 X_{in} 的未知函数，表示土地给企业带来的利润；

$\quad X_2$——每平方米土地上标准资金占有量；

$\quad X_3$——每平方米土地上标准工资占有量；

b_2，b_3——资本、劳动力的样点回归系数；

$\quad V$——误差项。

（2）土地收益计算。

将样点数据代入数学模型中，得到各级土地上不同用途的土地收益值。各土地收益计算模型如下：

$$I_{ni} = A(1+r)^{X_{in}} \tag{9-27}$$

$$I_{ni} = Y_{ni} - (b_0 + b_2 X_2 + b_3 X_3) \tag{9-28}$$

$$I_{ni} = \frac{Y_{ni}}{X_2^{b_2} \times X_3^{b_3}} \tag{9-29}$$

$$I_{ni} = Y_{ni} - (b_2 X_2 + b_3 X_3 + V) \tag{9-30}$$

式中，I_{ni}——第 n 级土地上样点单位面积的土地收益；

$\quad\quad Y_{ni}$——第 n 级土地上样点单位面积的利润；

$\quad\quad A$——待估参数；

$\quad\quad X_{in}$——第 n 级土地级别指数；

$\quad\quad r$——利润级差系数；

$\quad\quad b_0$——样点截距项系数；

b_2，b_3——资本、劳动力的样点回归系数；

$\quad\quad X_2$——每平方米土地上标准资金占有量；

$\quad\quad X_3$——每平方米土地上标准工资占有量；

$\quad\quad V$——误差项。

某一级地租的平均值计算公式为：

$$I_n = \frac{\sum_{i=1}^{M} I_{ni}}{M} \tag{9-31}$$

式中，I_n——第 n 级土地上不同行业土地的平均收益；

$\quad\quad M$——第 n 级土地上的样点量。

（3）基准地价计算。

测算各级别、各用途土地的基准地价，计算公式为：

$$P_{1b} = \frac{I_n}{r_1} \times \left[1 - \frac{1}{(1+r_1)^n} \right] \tag{9-32}$$

式中，I_n——第 n 级土地上不同行业土地的平均收益；

$\quad\quad P_{1b}$——某一用途土地在某一土地级上的基准地价；

$\quad\quad r_1$——土地还原率；

$\quad\quad n$——基准地价设定年期。

根据计算结果，确定各级别土地不同用途的基准地价。用该级别土地上不同用途的正常交易地价进行检验。对离散度较大的测算结果，应在级别基准地价基础上，确定不同区域，地段的基准地价。按测算结果，编制各级别各用途土地的基准地价表。

（六）基准地价确定

在确定基准地价时，应以实际数据测算的结果为准，以比较、修正的结果为辅，体现土地和地价管理政策。根据《城镇土地估价规程》（GB/T 18508—2014），确定方法如下。

① 以一种方法测算城镇基准地价的，用该种方法确定的各级别各用途的基准地价为城镇基准地价。

② 以两种以上方法测算城镇分用途基准地价的，应以级别或区域为单位，用不同方法的测算结果，根据当地土地市场状况和地价水平，确定级别或区域中各用途的基准地价。

③ 以分类土地级别为测算区域的基准地价，应分别确定商服、住宅、工业等各类土地相应级别的级别基准地价。

④ 以综合级别为测算区域的基准地价，每一级别中应分别确定商服、住宅、工业用地基准地价。

⑤ 根据土地市场发育情况和应用需求，在确定分用途的级别基准地价的同时，可根据最有效利用原则确定综合基准地价。

（七）编制基准地价修正系数表

基准地价修正系数表是采用替代原理编制的，是反映基准地价、宗地地价及其影响因素之间相关关系的表格体系，是应用基准地价系数修正法评估宗地价格的前提条件。根据《城镇土地估价规程》（GB/T 18508—2014），基准地价修正体系分用途、分区域建立。其中，用途上按商业、住宅、工业三种用地类型分别编制，区域上按土地级别或均质地域分别编制，内容包括修正系数表和因素指标说明表。

1. 基准地价修正因素选择

影响地价的因素主要包括一般因素、区域因素和个别因素三类。其中，一般因素在计算基准地价过程中已被考虑，且该因素的变化往往会影响区域地价的变化，因此在修正因素中一般不予考虑；区域因素是指宗地所在区域的自然条件和社会经济条件等；个别因素是指每一宗地的具体特征，由其自身条件决定。表9-1展示了某地区在评估基准地价时制定的基准地价系数修正因素体系，根据商服、住宅、工业等不同用地类型修正。

表9-1 某地区基准地价系数修正因素体系

用地类型	修正因素	修正因素解释
商服用地	繁华程度	商服区级别，商业店铺总数，与商服中心和高级商务区的距离
	交通条件	宗地与公共交通、道路等城镇交通系统连接的便利程度
	基本设施状况	供排水、供气、供电等配套基础设施完善程度
	人口状况	人口密集程度，商服人流聚集程度
	规划限制	城镇规划对商服区土地用途的限制，区域规划前景情况
	宗地条件	宗地的形状、临街状况、临街深度、利用强度等
	其他因素	—
住宅用地	交通条件	满足购物、工作、生活等需求的出行方便程度
	基本设施状况	供排水、供气、供电、科教文卫等配套基础设施完善程度
	繁华程度	距商服中心、高级商务区和城镇中心的距离，区域商服水平
	人口状况	人口密集程度，居住氛围度水平
	规划限制	城镇规划对土地用途的限制，区域规划前景情况
	宗地条件	宗地的形状、临街状况、临街深度、宗地利用强度
	其他因素	—
工业用地	交通条件	路网密集程度，与货运站、高速路口、轨道交通站的距离
	基本设施状况	区域内市政供水保证率、排水状况、供电保障率
	环境条件	区域内土地自然环境情况，工程地质条件对建筑的影响程度
	产业集聚规模	区域内产业集聚度，周边工业区分布及联系紧密程度
	规划限制	城镇规划对土地用途的限制，区域规划前景情况
	宗地条件	宗地的形状、临街状况、临街深度、宗地利用强度
	其他因素	—

2. 修正系数表和因素指标说明表编制

（1）修正幅度值计算。以级别或区域为单位，调查各级别或区域中正常地价的最高值、最低值与基准地价作相对值比较，得到相对于基准地价的最高和最低修正幅度值，将总修正幅度分配到各影响因素上。在确定上调、下调幅度后，内插修正值，将宗地地价修正幅度划分成五个档次。

上调幅度计算公式为：

$$F_1 = \frac{I_{nh} - I_{1b}}{I_{1b}} \times 100\% \tag{9-33}$$

下调幅度计算公式为：

$$F_2 = \frac{I_{1b} - I_{nl}}{I_{1b}} \times 100\% \qquad (9-34)$$

式中，F_1——基准地价上调最大幅度；

I_{nh}——级别或区域正常地价的最高值；

I_{1b}——基准地价；

F_2——基准地价下调最大幅度；

I_{nl}——级别或区域正常地价的最低值。

（2）各影响因素权重及修正幅度值的确定。各因素权重值的确定通常根据各因素对地价的影响程度，采用特尔斐法、层次分析法等进行计算，在此基础上确定各影响因素的修正幅度值。计算公式为：

$$F_{1i} = F_1 \times W_i \qquad (9-35)$$

$$F_{2i} = F_2 \times W_i \qquad (9-36)$$

式中，F_{1i}——某一因素的上调幅度；

W_i——某一因素对宗地地价的影响权重；

F_{2i}——某一因素的下调幅度。

（3）编制基准地价修正系数表及其指标说明。按优、较优、一般、较劣、劣确定各种地价标准下的因素修正系数，在此基础上量化各影响因素的标准，并通过已有地价样点的检验、校核，编制各级别或区域的基准地价修正系数表。同时，根据各地价影响因素的变化情况，明确定量或定性描述各地价标准下相应影响因素的指标特征，形成指标说明表。

四、农用地基准地价评估

农用地基准地价评估对象为县（市）行政区内现有农用地和宜农未利用地。根据《农用地估价规程》（GB/T 28406—2012），农用地基准地价评估有以下三条技术路线。

①样点地价平均法。在农用地定级基础上，用投入产出样点资料和市场交易样点资料评估并确定基准地价。

②定级指数模型法。在农用地定级基础上，根据定级指数、农用地市场交易资料和投入产出资料建立地价测算模型，评估并确定基准地价。

③基准地块评估法。通过设置基准地块，并评估基准地块价格，根据基准地块价格评估并确定基准地价。

（一）样点地价平均法

样点地价平均法是在农用地定级基础上调查农用地投入产出样点资料和市场交易样点资料，并计算样点地价，以各样点地价的平均值评估并确定农用地基准地价。具体评估步骤如下。

1. 资料调查

（1）资料调查内容。

① 农用地定级成果资料。包括农用地级别图、农用地定级工作报告和技术报告、其他能用于农用地估价的定级成果及资料。

② 农用地承包、转包、出租、拍卖、联营入股等交易资料。

③ 社会经济及土地利用资料。包括当地农村经济发展状况资料、农业和社会经济发展统计资料、土地利用总体规划资料、基本农田保护区资料等。

④ 其他资料。如农用地历史地价资料、农业开发和农业生产的政策资料等。

（2）资料调查的要求。

① 以农用地级别为单位进行，按农用地级别或行政区域进行归类整理。

② 调查、收集资料中选择的样点地块要按实地位置标注到估价工作底图上，并建立样点资料数据库。

③ 农用地承包、转包、出租、拍卖、抵押、联营入股等交易资料和农用地收益资料中的价格指标均以元为单位，面积指标均以平方米（m^2）为单位，指标数值准确到小数点后一位。

④ 样点调查要符合数理统计要求。

2. 确定土地利用类型

根据土地利用现状分区，同时考虑土地利用总体规划的土地利用分区及土地用途管制的土地利用类型要求，确定各级别的主要用地类型。

3. 投入产出样点和市场交易资料调查

农用地投入产出样点资料调查采用抽样调查方式。市场交易样点资料调查，在市场资料充足的情况下，采用抽样调查；在市场资料不足的情况下，采用全面调查。

（1）样点调查的要求。

① 样点单位可以是一定面积的地块，也可以是某一农户种植的相同用地类型的地块，地块面积要适中。

② 样点抽样采用分类抽样调查，即按用地类型分别进行抽样调查。

③ 样点应具有代表性且分布均匀，样点数据可调查最近的连续三年的

资料。

④样点单位总数、调查样点单位总数、各类样点单位数及调查样点单位数计算公式为：

$$\frac{E_{ni}}{E_n} = \frac{E_{Ni}}{E_N}$$
(9-37)

式中，E_{ni}——第 i 类用地抽取的样点单位数；

E_n——各类用地抽取的样点单位总数；

E_{Ni}——第 i 类用地的样点单位数；

E_N——各类用地的样点单位总数。

（2）样点资料的整理。

①样点资料补充完善或剔除。对所有调查的样点资料均要逐表审查，对于主要数据不全或不准确的，需进行补充调查，完善内容；将缺少主要项目、填报数据不符合要求和数据明显偏离正常情况而又不容易补充的样点进行剔除。

②样点资料归类。将初步审查合格的样点资料分别按农用地级别、土地用途、用地效益等进行归类，当样点数量少于规定要求时需要进行样点补充调查。

4. 投入产出资料和市场交易资料分析计算

投入产出样点资料主要采用收益还原法进行计算。市场交易样点资料需根据其类型进行计算，买卖样点可直接对其交易价格进行修正，租赁样点可采用收益还原法进行计算。

5. 样点地价的修正及处理

样点地价的修正是把样点地价修正成为基准地价内涵条件下的正常地价，主要包括年期修正、期日修正及其他修正等。样点地价处理是指绘制样点地价图及进行样点数据检验等。

（1）年期修正。不同年期的样点地价资料要修正到基准地价的无限年期，计算公式为：

$$P_m = \frac{P_{m_i}}{1 - \dfrac{1}{(1+r_d)^{m_i}}}$$
(9-38)

式中，P_m——修正后的土地价格；

m_i——样点地价的实际年期；

P_{mi}——样点地价；

r_d——土地还原率。

（2）期日修正。期日修正是将不同交易时间的样本地价调整为估价期日的价格，修正过程中可区别不同土地用途，计算地价的变化幅度。在已建立地价指数系统的地区，可利用地价指数进行修正。计算公式为：

$$P_{ls} = P_{ji} \times \frac{P_{is}}{P_{ij}} \tag{9-39}$$

式中，P_{ls}——修正为基准地价评估期日的宗地价格；

　　　P_{ji}——第 j 期、第 i 类宗地的实际成交地价；

　　　P_{is}——第 i 类用地基准地价估价期日土地交易平均价（或地价指数）；

　　　P_{ij}——第 i 类用地第 j 期土地交易平均价（或地价指数）。

（3）其他修正。

① 交易情况修正。把交易情况不正常的样点地价修正到正常条件下的交易地价。

② 农用地开发程度修正。在不同农田基本设施配套程度下的样点地价可修正到基准地价评估所设定的农田基本设施配套程度下的地价。基准地价评估中的农田基本设施配套程度可按各级农田基本设施配套现状程度的平均水平设定。

③ 权利修正。指对承包、转包、出租、拍卖、抵押、联营入股等不同权利状况的修正。

（4）样点数据检验。

① 在同一土地级别中，同一交易方式计算的样点地价要通过样点同一性检验。当同一级别中样点数量不能满足总体检验的需要时，需对级别进行差别判别归类，按类进行样点总体同一性检验。

② 在同一土地级别中，不同交易方式计算的样点地价要通过样点总体同一性检验。

③ 用 t 检验法或均值–方差法对样点进行异常值剔除。当检验后的数据不能满足需要时，可增加抽样数据，按以上方式重新进行数据检验。

（5）样点地价分布图绘制。所调查和计算出的样点地价要在工作底图上绘制样点地价分布图，绘制要求包括以下几点。

① 按不同用途分别绘制样点资料分布图。

② 土地级别界线要反映在图上。

③ 直接在图上表示样点地价，当样点地价资料多时，采用分级图例表示地价点标准。

④ 样点资料要有编码，编码要反映不同用地类型、样点类型和样点序号等。

（6）数据整理。将经过修正及样点数据处理以后的样点，按土地级别、用地类型和交易方式顺序进行整理，并填入相应的表格。

6. 计算级别基准地价

以级别为单位，按不同用途采用样点地价的简单算术平均值、加权算术平均值、中位数、众数等作为该级别的基准地价。

（二）定级指数模型法

定级指数模型评估基准地价是在农用地定级基础上，根据定级单元定级指数、市场交易地价资料和投入产出资料建立定级指数与地价关系模型，并利用该模型评估级别基准地价。具体评估步骤如下。

1. 资料调查

同样点地价平均法相关要求。

2. 确定土地利用类型

同样点地价平均法相关要求。

3. 样点地价的调查、计算与修正

同样点地价平均法相关要求。

4. 测算有样点地价定级单元的平均地价

对于有样点地价的定级单元，如果单元内样点数量有3个及以上且样点条件能代表定级单元的一般条件，那么可采用平均法计算定级单元的平均地价；若样点数量为3个以下，或虽样点数量为3个及以上，但样点不具有代表性，则采用比较法修正并计算定级单元地价，计算方法按照市场比较法的要求进行。

5. 选择确定有样点地价定级单元的指数

根据定级单元的指数图和表格，将有样点地价的定级单元及其指数选择出来，作为建立模型的基本数据。

6. 建立定级指数与定级单元地价关系模型

（1）基本模型。

① 线性模型：

$$Y = aX + b \tag{9-40}$$

② 对数模型：

$$Y = a \times \ln x + b \tag{9-41}$$

③ 乘幂模型：

$$Y = aX^b \tag{9-42}$$

④ 指数模型：

$$Y = ae^{bx} \tag{9-43}$$

⑤ 多项式模型：

$$Y = \sum_{i=0}^{n} a_i X^i \qquad\qquad (9-44)$$

式中，　　Y——评估单元地价；

　　　　　X——评估单元定级指数；

a，b，c，a_i——常数；

　　　　　e——自然对数的底。

（2）模型的确定。

①绘制评估单元地价与评估单元定级指数的二维散点图来初步确定选择线性回归模型还是非线性回归模型。

②若二维散点图能够反映二者的线性关系，则选择线性回归模型，并对模型进行经济、统计和计量检验，按检验结果确定模型。

③若二维散点图样点数据的分布不呈线性时，则可引入非线性回归模型。在选择非线性回归模型时，要对各模型的判定系数R^2的大小和二维散点图本身进行比较，直至确定最佳模型。

（3）线性回归模型的检验

①描述性统计结果，包括变量Y与X的均值、标准差、样点数。

②相关分析结果，包括相关系数R、判定系数R^2、调整判定系数$\overline{R^2}$、单项显著性检验P值、回归系数95%的置信区间。

③对全部观察单位进行回归诊断的结果。

④残差统计结果。

⑤残差的直方图，判断标准化残差是否服从正态分布。

⑥观察值的累加概率图。

（4）因素系数估计值的经济意义检验。一般从符号和值域两个方面检验。符号检验主要是根据模型中变量设计所要达到的条件进行检验；值域检验是根据现实经济条件加以具体限定。

7. 计算各级别基准地价

利用上述建立的定级指数与单元地价关系模型计算所有定级单元地价，并利用定级单元地价采用简单算术平均值、加权算术平均值、中位数、众数等作为级别基准地价。

（三）基准地块评估法

基准地块评估法是根据农用地土地质量条件划分农用地均质地域，在均质地域内选定若干地块作为基准地块，依据农用地市场交易资料和投入产出资料评估基准地块价格，再将同一均质地域内基准地块的平均地价作为该均质地域的基准地价。具体评估步骤如下。

1. 资料调查

资料调查内容包括：

（1）农用地自然条件资料：包括气候条件、地貌、土壤条件、水文状况、农田基本建设等资料；

（2）农用地社会经济资料：包括人均耕地、农产品市场供求、土地利用规划、交通条件等资料；

（3）农用地承包、转包、出租、拍卖、抵押等市场交易资料；

（4）其他资料：如农用地历史地价资料等。

资料调查的要求同样点地价平均法相关要求。

2. 划分均质地域

（1）确定农用地地价影响因素。根据《农用地估价规程》（GB/T 28406—2012），影响农用地价格的因素主要包括自然因素、社会经济因素和特殊因素，具体见表9-2。在具体评估过程中，应根据评估区域的具体条件，选择相应的影响因素。

表9-2　农用地价格影响因素表

		日照条件
自然因素	气候条件	≥10 ℃有效积温
		无霜期
		降雨量
		降雨均衡度
		湿度
		灾害性天气
	地貌	地形坡度
		坡向
		海拔
		侵蚀切割
	土壤条件	表层土壤质地
		有效土层厚度
		有机质含量
		酸碱度
		障碍层深度
		盐渍化程度

表9-2（续）

自然因素	水文状况	地表水状况
		地下水状况
社会经济因素	农田基本设施状况	灌溉条件
		防洪排涝条件
		供电条件
		地块形状
		田块大小
	社会经济发展条件	人均收入水平
		人均土地指标
		单位土地投入劳动量
		单位土地投入资本量
		农产品市场供求
		农机应用方便度
	土地使用制度	土地政策
		土地利用规划
	交通条件	道路类型
		交通通达度
		路网密度
		对外交通便利度
特殊因素	特殊的气候条件	灾害性天气
		特殊的小气候条件
	特殊的土壤条件	被污染的土壤
		有特异性质的土壤
	特殊的环境条件	居民点的影响
		工程建设的影响
	环境污染状况	环境污染状况

（2）确定影响因素权重。确定影响因素权重可采用特尔斐法、层次分析法、因素成对比较法等方法。

（3）划分均质地域单元。均质地域单元的划分满足下列条件。

①同一单元内用地类型、耕作制度的一致性。

②同一单元内的土地质量的一致性。

（4）测算各单元各影响因素分值。计算各单元各影响因素分值可采用特尔斐法或因素分值定量测算法。

① 特尔斐法。选择当地的农业、土地利用专家及有关专业人士作为专家，设计打分表，由专家进行打分。

② 因素分值定量测算法。按照评分估价法中的因素分值计算方法进行测算。

（5）各单元影响因素综合分值计算。计算出各单元各影响因素的分值后，计算各单元影响因素综合分值，计算公式为：

$$F_j = \sum_{i=1}^{n} W_i \times f_{ij} \qquad (9\text{-}45)$$

式中，F_j——j单元综合分值；

W_i——i因素权重；

n——因素个数；

f_{ij}——单元i因素分值。

（6）划分基准地价均质地域。按上述得到单元影响因素综合分值后，采用总分数轴确定法、总分频率曲线法等划分均质地域。

3. 选定基准地块

在各均质地域内，根据土壤、日照、灌溉、排水、面积、形状及耕作制度等方面条件，选择具有普遍性的一定数量的宗地作为基准地块。在具体选择过程中主要考虑下列条件。

① 日照时间、田面的干湿、保水、排水、旱地的坡度等自然条件一般的。

② 耕作距离、距市场的远近、交通条件等一般的。

③ 面积、形状、土壤条件一般的。

④ 在标准耕作制度下，土地利用程度、单产水平等一般的。

⑤ 灾害条件一般的。

在均质地域内，每类农用地基准地块数量不少于3块。

4. 评估基准地块价格

利用市场交易资料，按照市场比较法要求评估基准地块价格。具体评估过程按市场比较法的有关规定执行。若基准地块在近三年内发生过市场交易行为，则可直接通过对其进行交易方式、交易期日等修正，求取其在正常市场条件下的土地价格；利用基准地块本身的投入产出资料，采用收益还原法求取基准地块的价格；利用农用地开发资料，采用成本逼近法评估基准地块价格；基准地块要采用两种以上方法进行价格评估。

5. 核定基准地块价格水平

对各均质地域基准地块价格加以比较检查，并做必要的调整。

6. 计算均质地域基准地价

按照调整后均质地域内各基准地块地价，采用简单算术平均法或加权算术平均法求取各均质地域的平均地价，并作为该均质地域基准地价。

（四）基准地价的确定

将所采用的技术路线计算出的基准地价结果与实际情况进行比较、验证后，进行适当调整，确定各级别（均质地域）不同类型农用地基准地价。

五、基准地价成果应用与更新

（一）基准地价成果应用

1. 在土地市场管理中的应用

基准地价及其成果更新，一方面有利于促进地价公开透明，使交易双方掌握充分的信息，为土地出让、转让等提供成交依据，减少人为因素的影响，促进土地市场的健康发展和土地合理利用。另一方面，基准地价能够反映土地利用过程中所能产生的各类经济效益，并以价格的形式呈现区域土地质量情况，为政府运用价格手段宏观调控土地市场、强化土地政策参与宏观调控等方面提供信息依据。

2. 在宗地价格评估中的应用

基准地价系数修正法评估宗地价格具有快速简捷的特征，是当前地价评估工作中的一项重要的估价方法。该方法尤其适用于短时间内需要评估大范围的较大面积的土地价格，以及划拨土地使用权转让补交出让金价格评估。划拨土地使用权是指土地使用者通过除出让土地使用权以外的各种方式依法无偿取得的国有土地使用权。《中华人民共和国城镇国有土地使用权出让和转让暂行条例》规定，"签订土地使用权出让合同，向当地市、县人民政府补交土地使用权出让金或者以转让、出租、抵押所获收益抵交土地使用权出让金"。因此，划拨土地使用权转让补交出让金应按照市场原则加以评估确定，基准地价为其提供了科学依据。

3. 在国土空间规划中的应用

基准地价及其更新成果是国土空间规划的重要依据。由于土地资源具有稀缺性，在进行土地利用与分配时，应充分考虑土地价格与土地用途的关系，按土地状况、价格状况、组织功能等方面，将优质土地优先提供给经济效益较高的部门。同时，根据基准地价更新成果，对于区域内利用效率较低的土地进行合理调控、规划与改造，实现土地利用的优化组合和土地资源的合理配置。

（二）基准地价的更新

1. 城镇用地基准地价更新

城镇用地基准地价更新是在土地定级或均质区域划分的基础上，利用市场交易、土地收益或地价指数等相关资料全面或局部调整基准地价的过程。为了使土地估价结果符合客观实际，保持基准地价成果的现势性，在土地市场或影响土地价格的各种因素发生变化后，应对地价进行重新评估，更新基准地价。基准地价更新工作的具体要求如下。

① 基准地价更新周期视市场情况而定，更新频率不得低于每3年一次，每隔6年应进行一次全面更新。

② 全面更新应在收集最新地价影响因素资料的基础上，重新划分土地级别或均质区域；局部更新可利用符合要求的地价指数完成。

③ 成果更新应充分利用原有资料，保持新老资料的连续性。成果更新后，原基准地价成果作为历史资料存档保存。

在进行城镇用地基准地价更新时，若进行基准地价的全面更新，技术路线同上述城镇基准地价评估方法；若进行基准地价的局部更新，技术路线包括以下几点。

① 以土地条件变化分析为基础，以市场交易资料为依据，更新基准地价。

② 以土地条件变化分析为基础，以地价指数为依据，更新基准地价。

③ 以土地条件变化分析为基础，以土地收益为依据，以市场交易资料或地价指数为参考，更新基准地价。

2. 农用地基准地价更新

当评估的农用地基准地价经过一段时期的使用，地价水平与实际市场状况有较大差别，或实际的农用地条件发生了较大变化等，为保证基准地价现势性，需要对以前的基准地价进行修正。更新周期根据农用地市场变化情况或影响农用地价格因素变化情况确定，一般为3~6年。技术路线如下。

① 以农用地定级为基础，采用投入产出资料和市场交易地价资料，用样点地价平均法更新基准地价。

② 以农用地定级为基础，调整定级指数与地价关系模型，利用调整后的模型更新基准地价。

③ 利用设定的基准地块资料更新基准地价。

农用地基准地价更新的技术路线和方法与基准地价评估的技术路线和方法相似，在基准地价更新过程中一般采用与基准地价评估一致的技术路线，以减少更新工作量。

第二节　基准地价系数修正法的基本原理

一、基准地价系数修正法的概念

基准地价系数修正法是中国土地估价中重要的估价方法之一，是利用基准地价和基准地价修正系数等评估成果，按照替代原理，将待估宗地的区域条件和个别条件等与其所处区域的平均条件相比较，对照修正系数表选取相应的修正系数对基准地价进行修正，从而求取待估宗地在估价基准日价格的一种估价方法。该方法评估土地价格的准确性取决于基准地价和各因素修正的准确程度。由于估价对象与区域平均水平的宗地相比较时，各影响因素条件较难明确，因此该方法在土地估价中一般不作为主要的评估方法。

二、基准地价系数修正法的理论依据

基准地价系数修正法的理论依据是替代原理，与市场比较法的基本原理类同。在正常的市场条件下，具有相似条件和使用价值的土地，在交易双方具有同等市场信息的基础上应当具有相似的价格。基准地价是某级别或均质区域内相同用途的土地使用权平均价格，在该级别或均质区域内该用地的其他宗地的价格围绕基准地价上下波动。基准地价所对应的土地条件是土地级别或均质区域内该类用途土地的一般条件。因此，将待估宗地的区域条件和个别条件等与其所处区域的平均条件相比较，对照因素修正系数表选取适宜的修正系数，对基准地价进行修正，即可得到估价对象宗地的价格。

三、基准地价系数修正法的适用范围和条件

基准地价系数修正法适用于政府已公布基准地价，具有完备的基准地价修正体系的区域，对于城镇土地还应涉及国有土地资产处置或土地资产抵押。尤其适用于在短时间内评估较大范围内的大量土地价格的情形。评估时所采用的基准地价应具有现势性，其中对于城镇土地，待估宗地的估价期日距基准地价的期日一般不超过3年。

四、基准地价系数修正法的基本公式

1. 城镇用地基准地价系数修正法基本公式

$$P = P_{1b} \times \left(1 \pm \sum_{i=1}^{n} K_i\right) \times K_j + D \tag{9-46}$$

式中，P——待估宗地价格；

P_{1b}——某用途、某级别（均质区域）的基准地价；

$\sum\limits_{i=1}^{n} K_i$——宗地地价修正系数；

K_j——估价期日、容积率、土地使用年期等其他修正系数；

D——土地开发程度修正值。

2. 农用地基准地价系数修正法基本公式

$$P = P_0 \times \left(1 \pm \sum_{i=0}^{n} K \right) \times K_t \times K_y \qquad (9\text{--}47)$$

式中，P——待估农用地价格；

P_0——基准地价；

$\sum\limits_{i=0}^{n} K$——宗地地价影响因素修正系数和；

K_t——交易期日修正系数；

K_y——年期修正系数。

五、基准地价系数修正法的特点

1. 间接性

基准地价系数修正法应用的基准地价参数在前期估算时实际上已经对样本地价进行了一次数据修正。在此基础上，该方法从期日、容积率、区域、个别因素等方面对基准地价再次进行修正，最终得到待估土地价格。因此，基准地价系数修正法本质上包括两次修正过程，得到的价格难以直接反映当前市场条件下的土地价格，是一种间接性的估价方法，且容易造成误差积累，影响估价结果的准确性。

2. 经验性

制定基准地价系数修正表是应用基准地价系数修正法估价的关键一步。由于系数修正表的编制是建立在大量交易样点的数理统计和比较分析基础上，受市场现状、政策导向等因素变化影响，在交易资料有限的情况下，因素选取和标准制定更多地依赖估价师的过往经验和专业知识。因此，基准地价系数修正法具有较强的主观性和经验性，修正体系难以真正全面客观，进而影响估价结果科学性。

3. 特定性

基准地价系数修正法具有较强的应用限制性，只适用于当地政府已公布基准地价且可获得基准地价修正体系，同时基准地价的评估基准日距估价对象评估基准日在3年以内。

第三节 基准地价系数修正法的估价步骤

一、收集整理当地土地定级估价成果资料

定级估价成果资料是利用基准地价系数修正法估价的前提和基础，需要收集的资料主要包括：土地级别表、土地级别图、样点地价分布图、基准地价表、基准地价图、基准地价修正系数表及相应的因素条件说明表等。

二、确定待估宗地所处地段的基准地价

根据待估宗地的区位条件、用途、所处土地级别确定其对应的基准地价、相应的基准地价系数修正表及因素条件说明表、该级别土地平均开发程度、基准地价内涵及构成、宗地地价修正基准和需要调查的影响因素项目等内容。

三、调查宗地地价影响因素的指标条件

根据与待估宗地所处级别和用途对应的基准地价修正系数表和相应的因素条件说明表，确定估价所需调查的影响因素，并明确待估地价的内涵和相应的土地开发程度。

四、区域因素和个别因素修正

根据调查结果，确定待估宗地的地价影响因素指标数据，并查对相应的基准地价影响因素说明表，确定因素指标对应的优劣程度。在此基础上，按照优劣程度再次查对基准地价修正系数表，得到该因素的修正系数。将所有影响因素进行处理，得到待估宗地影响因素的总修正系数。计算公式为：

$$K = \sum_{i=1}^{n} K_i \tag{9-48}$$

式中，K——待估宗地所有地价影响因素总修正值；

K_i——待估宗地第i个地价影响因素的修正值；

n——修正因素个数。

五、土地使用年期修正

基准地价是各用途土地最高出让年期土地使用权价格，需要对待估宗地进行年期修正。计算公式为：

$$K_y = \frac{1 - \dfrac{1}{(1+r)^m}}{1 - \dfrac{1}{(1+r)^n}} \tag{9-49}$$

式中，K_y——土地使用年期修正系数；

    m——待估宗地用途的土地使用权出让法定最高年期；

    n——待估宗地土地剩余使用年期；

    r——土地还原率。

六、期日修正

期日修正是将基准地价在其估价时点的值修正为待估宗地在估价时点的低价，通常用地价指数进行修正，修正方法与市场比较法中的交易日期调整的方法相同。修正公式为：

$$K_T = \frac{Q}{Q_0} \tag{9-50}$$

式中，K_T——期日修正系数；

    Q——待估宗地估价期日的地价指数；

    Q_0——基准地价评估期日的地价指数。

七、容积率修正

基准地价反映该用途土地在该级别或均质地域内的平均容积率，与待估宗地的容积率往往有所差异，需要用修正公式进行容积率修正。计算公式为：

$$K_c = \frac{K_i}{K_j} \tag{9-51}$$

式中，K_c——容积率修正系数；

    K_i——待估宗地土地容积率对应的地价水平指数；

    K_j——待估宗地土地所在级别或均质地域内的平均容积率对应的地价水平指数。

八、计算待估宗地价格

基于各修正系数，对待估宗地土地对应的基准地价进行修正，得到待估宗地土地价格。计算公式为：

$$P_i = P \times \left(1 + \sum_{i=1}^{n} K_i\right) \times K_y \times K_T \times K_c \qquad (9-52)$$

式中，P_i——待估宗地价格；

　　P——待估宗地对应的基准地价；

　　K_i——待估宗地第 i 个地价影响因素的修正值；

　　K_y——土地使用年期修正系数；

　　K_T——期日修系数；

　　K_c——容积率修正系数。

第四节　基准地价系数修正法的应用

一、用基准地价系数修正法评估工业用地价格

【例9-1】某公司在M市拥有一块工业用地，拟在2016年5月1日通过土地使用权抵押贷款，试根据下面的资料估算该宗地于贷款日期的单位价格和总价格。

土地情况为：该土地通过征用后出让获得，当时征用时包括代征的 500 m² 的绿化用地在内总面积共计 5500 m²。土地出让手续于 2011 年 5 月 1 日办理，当时获得的使用年期为 50 年，允许的建筑面积为 6000 m²。红线外基础设施条件为"五通"，红线内基础设施条件为"五通一平"。由于市政建设需要，该地块红线内有宽 2 m、长 60 m 的区域埋有地下高压电缆。在土地出让时以该区域长度为基准（不考虑宽度），按照 500 元/米的价格在出让价中扣减（该扣减数额是当地同类问题补偿标准，近几年未进行调整）。

其他有关资料：

① 以 2013 年 5 月 1 日为基期，该市工业用地价格在 2013 年 5 月 1 日至 2016 年 5 月 1 日期间，平均每月上涨 0.5%。

② 该市 2015 年 5 月 1 日公布并执行国有土地基准地价的更新成果。基准地价的估价期日为 2015 年 1 月 1 日；基准地价为各类用途在法定最高出让年期各级别土地平均容积率和平均开发程度下的土地使用权区域平均价格。

③ 根据基准地价更新成果，得知该宗地位于五级工业地价区，基准地价水平为 500 元/米²，土地开发程度设定为红线外"五通"、红线内"场地平整"；红线内每增加一通，土地开发费平均增加 10 元/米²。

④ 根据基准地价因素条件说明表和优劣度表，计算得到该宗地价格影响因素总修正幅度为 5%。

⑤ 该市五级工业用地的平均容积率为 1.0，对应的地价水平指数为 100。根据容积率修正系数表，平均容积率修正系数为 1.0，容积率每增高或降低 0.1，均向上修正 2 个百分点。

⑥ 土地还原率为 5.5%。

⑦ 基准地价系数修正法公式为：

待估宗地地价 = 宗地对应的基准地价 × (1 + 影响因素修正幅度) × 年期修正系数 × 期日修正系数 × 容积率修正系数 + 土地开发程度修正额。

【解】根据题意，估价对象处于基准地价覆盖区域，且有较完整的基准地价系数修正体系，适宜选用基准地价系数修正法评估。计算过程如下：

（1）确定宗地所在土地级别及基准地价水平。

该宗地处于五级工业地价区，基准地价水平为 500 元/米²。

（2）确定宗地影响因素修正系数。

根据本题所提供的资料，得知该宗地价格影响因素总修正幅度为 5%。

（3）确定年期修正系数。

评估基准日为 2016 年 5 月 1 日，该宗地于 2011 年 5 月 1 日办理土地出让手续，出让年期为 50 年，于估价期日的土地剩余使用年期为 45 年，工业用地法定出让年期为 50 年，土地还原率为 5.5%，则使用年期修正系数为：

$$年期修正系数 = \frac{1 - \dfrac{1}{(1 + 5.5\%)^{45}}}{1 - \dfrac{1}{(1 + 5.5\%)^{50}}} \approx 0.9773$$

（4）确定期日修正系数。

该市工业用地价格在 2013 年 5 月 1 日至 2016 年 5 月 1 日期间，平均每月上涨 0.5%。基准地价的估价期日为 2015 年 1 月 1 日，宗地估价期日为 2016 年 5 月 1 日，则期日修正系数为：

$$期日修正系数 = (1 + 0.5\%)^{16} = 1.0831$$

（5）确定容积率修正系数。

根据所提供的资料，五级工业用地的平均容积率为 1.0，对应的容积率修正系数为 1，以此为基准容积率每增高或降低 0.1，均向上修正 2%。则容积率修正系数为：

$$待估宗地容积率 = \frac{建筑面积}{土地面积} = \frac{6000}{5000} = 1.2$$

$$容积率修正系数 = 1 + \frac{1.2 - 1.0}{0.1} \times 2\% = 1.04$$

（6）土地开发程度修正。

该宗土地开发程度为红线外"五通"，红线内"五通一平"，与基准地价内涵不一致，需进行宗地开发程度修正。则开发程度修正额为：

$$开发程度修正额 = 10 \times 5 = 50(元/米^2)$$

（7）计算宗地价格。

待估宗地单位价格 = 宗地对应的基准价格 × （1 + 影响因素修正幅度）× 年期修正系数 × 期日修正系数 × 容积率修正系数 + 开发程度修正额 = 500 × （1 + 5%）× 0.9773 × 1.0831 × 1.04 + 50 ≈ 627.95（元/米²）

$$宗地总价 = 627.95 \times (5500 - 500)/10000 ≈ 313.98(万元)$$

（8）地下电缆减价修正

$$地下电缆减价 = 500 \times 60 = 3(万元)$$

综上，宗地价格 = 313.98 - 3 = 310.98（万元）

二、用基准地价系数修正法评估农用地价格

【例9-2】××省××市一农户将其承包地转让他人耕种，聘请某估价机构对其进行评估。该地块为二级水田，面积为200米²，承包期为30年，从2013年12月31日计起，估价期日为2017年12月31日。根据市场调查结果，2017年6月30日当地二级水田基准地价为18.76元/米²，且2017年12月31日与该基准地价水平基本一致。农用地资本化率为4.05%。请采用基准地价系数修正法评估农用地价格。

【解】估价过程如下：

（1）收集估价对象所在地的基准地价及相应的宗地价格修正系数体系。

估价对象为××市二级水田，其基准地价为18.76元/米²，制作相应的宗地价格修正系数表及说明表。

（2）确定估价对象宗地价格影响因素的修正系数。

通过评估人员实地勘察，得到估价对象宗地价格各影响因素的条件，并与宗地价格修正系数说明表进行比较，从而得到估价对象宗地价格影响因素的修正系数及总修正系数表，具体见表9-3。

表9-3 估价对象宗地价格影响因素的条件及修正系数

影响因素	估价对象宗地条件	优劣程度	修正系数
抗旱能力	50 d	劣	−0.206
坡度	0～1°	较优	0.080
坡向	平地	优	0.085
高程	95 m	一般	0
地貌	平原	一般	0
土壤质地	中壤	一般	0
耕层厚度	15 cm	劣	−0.104
有机质与全氮	有机质含量1.1%	劣	−0.104
全磷	全磷含量0.04%	一般	0
全钾	全钾含量0.6%	优	0.075
耕作制度	三熟	较优	0.075
农地连片程度	50亩	劣	−0.130
交通条件	道路平坦,农田在村边	一般	0
区位条件	村庄与邻近乡镇政府距离2.4 km	一般	0
土地利用集约度	每亩年投入成本1150元	一般	0
排水条件	排水沟良好	较优	0.080
土壤障碍层	粗砂细石层	一般	0
总修正系数			−0.149

（3）采用基准地价系数修正法求取估价对象宗地的价格。

估价对象在基准地价评估时点的地价为：

$$18.76 \times (1 - 0.149) \approx 15.96 (元/米^2)$$

由于该市农用地基准地价设定的是30年期的土地使用权价格，估价对象剩余年期为26年，因此需作年期修正。根据市场调查结果，农用地资本化率为4.05%，则年期修正系数为：

$$年期修正系数 = \frac{1 - \dfrac{1}{(1 + 4.05\%)^{26}}}{1 - \dfrac{1}{(1 + 4.05\%)^{30}}} \approx 0.9249$$

该市农用地基准价格评估时点为2017年12月31日。根据市场调查结果，2017年12月31日与2017年6月30日相比，地价水平基本一致，所以不必进行估价期日修正。

因此，采用基准地价系数修正法评估所得到的结果为：
$$15.96 \times 0.9249 \approx 14.76(元/米^2)$$

【复习思考题】

1. 什么是基准地价？基准地价的特点和作用有哪些？
2. 什么是基准地价评估？评估原理和原则是什么？
3. 城镇用地和农用地的基准地价评估分别包括哪些方法？
4. 基准地价系数修正法的原理和适用范围是什么？
5. 基准地价系数修正法的估价步骤是什么？

第十章　建筑物估价方法

第一节　建筑物估价概述

一、建筑物估价概念

建筑物是人工构建的实体，由建筑材料、建筑构配件和建筑设备（如给排水、卫生、照明、通信等）组成，它们共同构成为人类生产、生活或其他活动提供场所的设施。建筑物通常分为两大类：房屋和构筑物。房屋具备基础、墙体、屋顶、门窗、柱子等结构，能够为人们提供遮蔽，满足居住、工作、学习、娱乐、储藏等需求。而构筑物则是指除房屋外的其他建筑物，它们通常不具备门、窗、屋顶等，人们也不直接在其内部进行生产和生活活动。建筑物的基本功能是满足人类的生产和生活需求，随着社会的发展，建筑物也逐渐承载了艺术、文化、审美等附加功能。

建筑物的价格指的是不包含土地成本的纯建筑物价格，主要由建筑工程费用、设备及工程安装费用、其他相关费用以及合理的利润组成。

建筑物估价是指估价人员在遵循有关估价原则的前提下，根据估价目的选用适当的估价方法，对待估建筑物价格的影响因素进行分析和判断，评估出待估建筑物在某一日期的市场价格的过程。

二、建筑物估价分类

建筑物依据不同的分类方法划分为不同类型。

根据用途不同，建筑物划分为生产性建筑和非生产性建筑。生产性建筑包括工业建筑和农业建筑。工业建筑是为工业生产服务的各类建筑，如生产车间、仓储用房等；农业建筑是为农业生产或加工服务的各类建筑，如农用仓库、灌溉机房等。非生产性建筑也称为民用建筑，划分为居住建筑和公共建筑。居住建筑是供人们生活起居使用的建筑物，包括普通住宅、公寓、别墅、宿舍等；公共建筑是供人们进行各种社会活动的建筑物，包括生活服务性建筑、文教建筑、商业建筑、医疗建筑、体育建筑、通信广播建筑、交通建筑、文娱建筑、园林建筑和纪念性建筑等。

根据建筑物的建筑结构不同，通常依据主要承重结构所用材料不同，建筑物划分为五类。第一类为钢结构，承重的主要结构全部采用钢材建造，包括悬索结构；第二类为钢筋混凝土结构，全部或承重部分为钢筋混凝土建造，包括框架大板与框架轻板结构等；第三类为砖混结构，部分结构为钢筋混凝土，主要承重结构为砖墙；第四类为砖木结构，承重的主要结构采用砖石、木材建造；第五类为其他结构，凡不属于上述结构的建筑物都归入此类，如竹结构、石结构、砖拱结构、窑洞、木板房、土草房等。

三、建筑物估价的影响因素

(一) 建筑物重置价

建筑物重置价是指在当前市场条件下，重建一个具有相同效用的建筑物所需的成本。如果现存建筑物的价格高于其重置价，潜在购买者可能会选择重建而非购买。重置价是评估建筑物价格的基本因素，其影响因素如下。

① 建筑结构，主要指建筑物的构造方式和稳定性等。

② 建筑材料，包括使用的建筑材料的质量和成本。

③ 建筑物的类型，如住宅、商业、工业等。

④ 建筑物的外观设计和风格。

⑤ 内部安装的设备，如给排水、照明、通信等，内部装修和装饰的质量和水平等。

⑥ 建筑物的总使用面积。

⑦ 当前市场上建筑材料和劳动力的价格等。

(二) 环境因素

环境因素对建筑物的价值有显著影响，主要包括：建筑物的建成时间，年代久远的建筑物可能具有历史价值；建筑物朝向，如不同朝向可能影响采光和通风条件；建筑物的用途；建筑物的楼层等。

(三) 其他因素

除了上述因素外，还有一些其他因素可能影响建筑物的价格，如建筑物的设计是否合理，是否满足现代使用需求，建筑物周边的土地使用情况、坐落位置、区位条件等。

在估价过程中，估价人员需要综合考虑这些因素，通过专业的分析和判断评估出建筑物在特定时间点的市场价格。这一过程需要专业知识和对市场的深入了解，以确保估价的准确性和公正性。

四、建筑物估价的特点

作为一类估价对象，建筑物估价有其特殊性，概括为以下特点。

（一）房地分估

尽管土地和建筑物是两个概念，但是实际上建筑物无法脱离土地而存在。而从估价的角度，经常要分开评估建筑物与其所占土地的价值，以便准确合理地评估建筑物价值和土地价值，避免出现由用地性质不合理，以及占地面积不合理造成土地价值估价失实和建筑物估价失真等情况。

（二）建筑物产权受土地使用权年限的制约

由于我国城镇土地使用权是有限年期，且有关法律法规规定非住宅用地土地使用权期满土地使用权及其地上建筑物、其附着物所有权由国家无偿取得，因此需要注意建筑物的耐用年限与土地使用年限是否吻合，并且非住宅用地只能以土地使用权剩余年限为准来评估建筑物的价值。

（三）建筑物价格的递减性和地区性

建筑物建成之后，随着时间的推移，折旧增加，使用价值减小，建筑物的价格将越来越低。建筑物自建成之日起，随着时间的流逝，会经历自然折旧和功能性折旧，这导致其使用价值逐渐减小。这种递减性趋势意味着除非有特别的维护或升级，否则建筑物的价格通常会随着时间的推移而降低。

建筑物的价值受到其所在地区的强烈影响。不同地区的经济条件、建筑材料成本、劳动力价格、供求关系以及文化背景等因素都会导致相同类型和质量的建筑物在不同地区表现出不同的价格。例如，城市中心的建筑物可能因为土地稀缺和高需求而具有更高的价值，而偏远地区的建筑物则可能因为较低的需求和运输成本而价值较低。

五、建筑物估价的基本原理

市场流动性是指在特定时间内，资产能够以合理的价格迅速买卖而不影响市场价格的能力。在建筑物估价中，市场流动性是一个关键因素，它决定估价方法的选择和估价的准确性。根据市场流动性，可将建筑物分为具备市场流动性的建筑物和不具备市场流动性的建筑物。

对于具备市场流动性的建筑物，其估价的基本原理是以重置成本为基础，采用重置价折旧法、对照法、建筑物残余法、比较法等，评估建筑物的市场价格。

对于不具备市场流动性的建筑物，如博物馆、图书馆等，其估价的基本原理是运用重置价格扣除折旧的方法，评估建筑物的价格。

第二节　建筑物估价的主要方法

一、重置价格折旧法

重置价格折旧法是成本估价法具体应用中的一种评估方法，适合对独立旧建筑物估价。此方法也常用于制定城市拆迁补偿过程中的房屋拆迁补偿标准。

（一）基本思路

重置价格折旧法评估建筑物的价格是按照现在的建筑经营管理水平及建筑材料价格重新建造与评估对象一样的全新建筑物所需的现实资金，再按照建筑物的耐用年限和已使用年限，估算已使用的价值，两者相减得到建筑物在估价时点的价格。因此，利用重置价格折旧法评估建筑物价格的基本公式为：

$$建筑物价格 = 建筑物重置价格 - 已使用年限的折旧额 \tag{10-1}$$

或

$$建筑物价格 = 建筑物重置价格 \times 建筑物成新度 \tag{10-2}$$

（二）建筑物重置价格或重建价格的确定

1. 建筑物重置价格或重建价格的概念

建筑物的重置价格或重建价格是假设在估价时点建筑物存在的土地是空地，除建筑物以外的状况维持不变，取得全新建筑物所必需的支出和应得的利润。需要注意，重置价格或重建价格是估价基准日的价格，是客观的价格，是全新状况下的价格。

重置价格和重建价格有一定差别。重置价格是指采用估价时点的建筑材料、建筑构配件、设备和建筑技术、工艺等建造全新建筑物所必需的支出和应得的利润，重建价格是采用与估价对象建筑物相同的建筑材料、建筑构配件、设备和建筑技术、工艺等建造全新建筑物所必需的支出和应得的利润。

从理论上讲，似乎采用重建价格评估建筑物价格更为合理，但是，实际中原建筑的建筑材料、施工方法、设计标准等很难完全找到并复制，对重建价格的估算造成困难。一般情况下，重建价格只适用于具有特殊保护价值的建筑物估价，其他情况均采用重置价格。另外，在难以实现旧有建筑物重现建造时，也往往采用重置成本。由于技术进步，采用新材料、新技术、新设备往往降低成本，重置价格通常比重建价格低。

2. 建筑物重置价格或重建价格的求取

建筑物的重置价格可以采用市场比较法或成本法求取，也可以通过政府或者政府授权部门公布的房屋重置价格、房地产市场价格扣除其中可能包含的土地价格来求取。求取建筑重置价格的具体方法包括单位比较法、分部分项法、工料测量法和指数调整法。

（1）单位比较法。单位比较法是将估价对象建筑物视为整体，选取某种与该建筑物造价密切相关的计量单位为比较单位，调查了解估价时点类似建筑物的单位造价并对其做适当的修正，求取建筑物重置价格的方法。它本质上是市场比较法，常用、简便、迅速但较为粗略。单位比较法主要有单位面积法和单位体积法。

① 单位面积法。根据当地近期建成的类似建筑物的单位面积造价，对其做适当的修正，然后乘以估价对象建筑物的面积来估算建筑物的重置价格。这种方法主要适用于造价与面积关系较大的房屋，如住宅、办公楼等。

② 单位体积法。单位体积法与单位面积法相似，是根据当地近期建成的类似建筑物的单位体积造价对其做适当的修正，然后乘以估价对象建筑物的体积来估算建筑物的重置价格。这种方法主要适用于造价与体积关系较大的建筑物，如储油罐、地下油库等。

（2）分部分项法。分部分项法是将估价对象建筑物分解为相互独立的构件或分部分项工程，然后测算各个独立构件或分部分项工程的数量，接着调查了解各个独立构件或分部分项工程的单位价格或成本，最后将各个独立构件或分部分项工程的数量乘以相应的单位价格或成本后相加，求取建筑物重置价格的方法。需要注意：应结合各个构件或分部分项工程的特点使用计量单位（面积、体积、长度、容量）；既不能漏项也不能重复计算。采用分部分项法测算建筑物重置价格的一个简化例子见表10-1。

表10-1　分部分项法的构成

项目	数量/米³	单位成本/(元·米⁻³)	金额/元
基础工程	150	300	45000
墙体工程	160	400	64000
楼地面工程	150	300	45000
屋面工程	150	300	45000
给排水工程			35000
供暖工程			15000
电气工程			20000
直接费合计			269000
承包商间接费、利润和税费			19000
工程承发包价格			288000
开发商管理费、利息和税费			50000
建筑物重置价格			626000

（3）工料测量法。工料测量法是先将估价对象建筑物分解还原为建筑材料、建筑构配件和建筑设备，然后测算重新建造该建筑物所需要的建筑材料、建筑构配件、建筑设备的种类、数量和人工时数，接着调查了解估价时点相应建筑材料、建筑构配件、建筑设备的单价和人工费标准，最后将各种建筑材料、建筑构配件、建筑设备的数量和人工时数乘以相应的单价和人工费标准后相加，求取建筑物重置价格的方法。工料测量法详细、准确，但是比较费时、费力，并且需要其他专家（如建筑师、造价工程师）的参与。该方法主要用于具有历史价值的建筑物重置价格的求取。采用工料测量法测算建筑物重置价格的一个简化例子见表10-2。

表10-2　工料测量法的构成

项目	数量	单位成本	成本/元
现场准备			3000
水泥			6500
沙石			5000
砖块			12000
木材			7000
瓦面			3000
铁钉			200

表10-2（续）

项目	数量	单位成本	成本/元
人工			15000
税费			1000
其他			5000
重置价格			57700

（4）指数调整法。指数调整法是利用有关价格指数或变动率将估价对象建筑物的原始价值调整到估价时点的价值来求取建筑物重置价格的方法。这种方法主要用于检验其他方法的测算结果。将原始价值调整到估价时点的价值的具体方法，与市场比较法中交易日期调整的方法相同。

（三）建筑物折旧额和成新率的确定

1. 建筑物折旧的概念

估价上的建筑物折旧是指由各种因素造成的建筑物价值损失，其数额为建筑物估价时点的市场价值与重置价格的差额，是市场价值的真实减损，是减价调整。

2. 建筑物折旧的影响因素

建筑物折旧的影响因素可以分为物理折旧、功能折旧、经济折旧三大类。

（1）物理折旧。物质折旧指由建筑物实体的老化、损坏等造成的建筑物价值损失。其主要包括自然腐化、正常使用磨损、意外损伤、人为损害。自然腐化指随着时间的推移由风吹、日晒、雨淋等自然力作用引起的建筑物腐朽、生锈、风化、基础沉降等，一般无论是否使用都会产生，与建筑物的实际经过年数正相关。正常使用磨损指人工使用建筑物引起的破损、磨灭造成的建筑物价值损失，与建筑物的使用性质、使用强度、使用年数正相关。意外损伤指突发性的地震、水灾、风灾等自然灾害造成的建筑物价值损失，不与使用状态相关，通常不易预测。人为损害指人为的失火、碰撞等意外造成的建筑物价值损失，或不适时采取预防、养护、修理措施造成的建筑物价值损失。

在估价过程中，分析物理折旧时重点考虑该折旧部分是否能被修复。对于可修复的折旧，则可采用修复所需要的费用作为计算折旧的依据；对于不可修复的折旧，通常只有依靠估价人员观察和判断来确定折旧额。

（2）功能折旧。功能折旧指建筑物在功能上的缺乏、落后、过剩、不合适造成的建筑物价值损失。功能折旧可能的原因是建筑设计的缺陷、建筑技术的进步、工艺的变更、规范和标准的改变、建筑材料的更新换代、消费观念的改变等。对于住宅来说，功能折旧包括住宅的结构类型、功能布局、层高、面积、装修状况等；对于工业建筑物来说，功能折旧还包括跨度、层高、对生产工艺的满足程度等。如果技术要求变化而工艺不变，可能导致功能折旧。在房地合估时，建筑物的用途与土地的最佳利用不一致而产生的价值损耗也属于建筑物的功能折旧。功能折旧通常不论建筑物的新旧程度如何，只要其使用功能不能满足要求，使其经济价值和使用价值降低，就产生功能折旧。

（3）经济折旧。经济折旧指建筑物本身以外的各种不利因素造成的建筑物价值损失。经济折旧可能的原因是经济因素（如市场供给过量或需求不足）、区位因素（如环境改变，包括自然环境恶化、环境污染、交通拥挤、城市规划改变等），也可能是其他因素（如政府政策变化等）。经济折旧有的是暂时性的，如经济不景气时期房地产价值下降；有的是永久性的，如高级居住区附近兴建了一座工厂导致该房地产价值下降。

这三类折旧的影响并不是相互独立的，物理折旧会引起功能折旧，功能折旧又会反映到经济折旧上，三者存在一定的因果关系。然而，由于这些折旧难以区分，在实际评估工作中通常统一考虑来计算损耗额。但是对于有一定重要性、价值较高的建筑物，应尽可能分类计算。此外，还要注意建筑物是连同土地一起评估（即房地合一进行评估），还是房地分估合一，测算时要注意区分各因素对建筑物和土地价值的不同影响。

3. 计算折旧的注意事项

（1）估价上的折旧和会计上的折旧的区别。估价上的折旧侧重价值的减损，利用重置价格进行计算，重置价格会随着估价时点变化而变化；会计上的折旧侧重原始取得价值的摊销与收回，利用资产原值进行计算，资产原值不会随着估价时点变化而变化。估价上的重置价格与折旧总额的差被视为资产的实际价值，必须与资产的市场价值一致；会计上资产的原始价值与累计折旧额的差被称为资产的账面价值，无需与资产的市场价值一致。

（2）建筑物的自然耐用年限和经济耐用年限的区别。建筑物耐用年限有自然耐用年限（又称自然寿命）与经济耐用年限（又称经济寿命）之分。自然寿命指建筑物从建成起到不堪使用时的年数。经济寿命指建筑物从建成之日起到预期产生的收益大于运营费用的持续期。因为有些建筑物虽然能正常使用，但是由于技术进步、消费观念变更等因素，继续使用可能变得不经济，所以建筑物的经济寿命短于自然寿命。估价中所采用的耐用年限应为建筑物的经济耐用年限。在实际求取建筑物的折旧时，因为建筑物的主体与附属设备（与建筑物不可分割的各种附属设备，如水、暖、电、卫、通风、电梯等）耐用年限不同，折旧率也不同，应该分别考虑。在实际操作上，通常将建筑物的折旧率分为综合折旧率、分类折旧率和个别折旧率三种。

（3）土地使用年限对建筑物经济耐用年限的影响。求取建筑物折旧时应注意土地使用年限对建筑物经济耐用年限的影响。在实际估价中，建筑物经济耐用年限和土地使用年限可能不一致。当建筑物的经济耐用年限小于土地使用年限时，应按照建筑物的经济耐用年限计算建筑物折旧。当建筑物的经济耐用年限大于土地使用年限时，应按照建筑物的实际经过年数加上土地使用权的剩余年限计算建筑物的折旧。这样处理是基于《中华人民共和国城市房地产管理法》第二十二条规定的"土地使用权出让合同约定的使用年限届满，土地使用者未申请续期或者虽申请续期但依照前款规定未获批准的，土地使用权由国家无偿收回"和《中华人民共和国城镇国有土地使用权出让和转让暂行条例》第四十条规定的"土地使用权期满，土地使用权及地上建筑物、其他附着物所有权由国家无偿取得"，而未考虑未来土地使用权期满后是否可以续期，可以续期的土地使用权人是否去办理续期，以及目前对地上建筑物、其他附着物由国家无偿取得存在不同意见等复杂情况。

（4）实际经过年数和有效经过年数的区别。建筑物的经过年数分为实际经过年数和有效经过年数。建筑物的实际经过年数是指从建筑物竣工之日开始到估价时点为止的经过年数。建筑物的有效经过年数是指估价时点的建筑物状况和效用所显示的经过年数。当建筑物的维护保养正常时，有效经过年数和实际经过年数相当；当建筑物的维护保养更好或经过更新改造时，有效经过年数短于实际经过年数；当建筑物的维修保养比正常维修养护差时，有效经过年数长于实际经过年数。评估中经过年数为有效经过年数，有效经过年数由实际经过年数调整得到。建筑物的有效经过年数是从估价时点向过去计算的时间，剩余经济寿命是从估价时点开始到建筑物经济寿命结束为止的时间，两者之和等于建筑物的经济寿命。

4. 确定建筑物折旧的方法

确定建筑物折旧的方法主要有成新折扣法、定额法、定率法、市场提取法、分解法、偿还基金法等。

（1）成新折扣法。成新折扣法又称新旧程度折旧法，主要适用于初步估价，或者适用于同时需要对大量建筑物进行估价的场合，尤其是大范围的建筑物摸底调查。主要做法是对照待估建筑物与同类建筑物的建成年代、新旧程度或完损程度等，确定待估建筑物的成新率。然后将建筑物的重置价格乘以成新率求取建筑物的现值。计算公式为：

$$P = C \times q \qquad (10\text{--}3)$$

式中，P——建筑物的现值；

C——建筑物的重置价格；

q——建筑物的成新率，%。

观察法是确定建筑物成新率的方法之一。观察法又称打分法，通过具有专业知识和经验的工程技术人员对建筑物实体各主要部位进行观察打分，判断待估建筑物成新率。一般依据评估对象的实际情况，对照不同结构建筑物成新率的评分标准，在现场勘察时划分为结构、装修和设备三个部分，再区分不同部位分别打分，然后按下列公式计算成新率：

$$r = S_s \times r_s + S_f \times r_f + S_e \times r_e \qquad (10\text{-}4)$$

式中，r——成新率；

S_s——结构部分合计得分；

r_s——结构部分的评分修正系数；

S_f——装修部分合计得分；

r_f——装修部分的评分修正系数；

S_e——设备部分合计得分；

r_e——设备部分的评分修正系数。

采用观察法对某建筑物的结构、装修、设备三个部分完损程度打分见表10-3。

表10-3　建筑物各部分完损程度及系数

项目	构件	建筑物现状	修正系数	标准分	评估分	合计
结构部分	地基基础	承载力强	0.80	25	25	92
	承重构件	牢固		25	25	
	非承重墙	节点较严实		15	14	
	屋面	保温隔热层较好		20	16	
	楼地面	局部磨损		15	12	
装修部分	门、窗	玻璃五金齐全	0.15	25	24	92
	外装修	良好		30	28	
	内装修	良好		30	28	
	顶棚	良好		15	12	
设备部分	水、卫	上下水管道较好	0.05	40	35	88
	电、照	用电线路较好		30	27	
	暖气	良好		30	26	

（2）定额法。定额法又称直线法、平均年限折旧法，是最简单最普遍的一种折旧方法。主要做法是假设建筑物在其耐用年限内每年的折旧额相等，计算出折旧总额，再除以耐用年限，求得每年的折旧额。计算公式为：

$$D_i = D = \frac{C - S}{N} = \frac{C(1 - R)}{N} \qquad (10\text{-}5)$$

式中，D_i——第 i 年的折旧额，直线法中每年的折旧额 D_i 是一个常数 D；

C——建筑物的重置价格；

S——建筑物的净残值，是建筑物残值减去清理费用后的余额，建筑物残值是预计建筑物达到耐用年限拆除后的旧料价值，清理费用是拆除建筑物和搬运废弃物所发生的费用；

N——建筑物的耐用年限；

R——建筑物的净残值率，简称残值率，是建筑物的净残值与其重置价格的比率。

有效经过年数为 t 年的建筑物折旧总额的计算公式为：

$$E_t = D \times t = (C - S)\frac{t}{N} = C(1 - R)\frac{t}{N} \qquad (10\text{-}6)$$

式中，E_t——建筑物的折旧总额。

采用定额法折旧的建筑物现值的计算公式为：

$$P = C - E_t = C - (C - S)\frac{t}{N} = C\left[1 - (1 - R)\frac{t}{N}\right] \qquad (10\text{-}7)$$

式中，P——建筑物的现值。

（3）定率法。定率法又称余额递减法。主要做法是将经过折旧的不动产残余价格乘以一定比率，计算每年的折旧额。依据定率法计算，取得资产的第一年折旧额最大，之后渐减，这是一种实行提早折旧的方法。计算公式为：

$$D_N = d \times C(1 - d)^{N-1} \qquad (10\text{-}8)$$

式中，D_N——第 N 年的折旧额；

d——折旧率；

C——建筑物的重置价格。

$$d = 1 - \sqrt[N]{S/C} \qquad (10\text{-}9)$$

式中，d——折旧率；

S——建筑物的净残值；

C——建筑物的重置价格。

耐用年限为 N 年的建筑物在第 n 年的折旧累计额的计算公式为：

$$D_n = C\left[1 - (1-d)^n\right] \qquad (10\text{--}10)$$

式中， D_n ——建筑物的折旧总额。

采用定率法折旧的建筑物现值的计算公式为：

$$P = C \times (1-d)^n \qquad (10\text{--}11)$$

式中， P ——建筑物的现值。

（4）市场提取法。市场提取法是利用与估价对象建筑物具有类似折旧程度的可比实例来求取估价对象建筑物折旧的方法。在假设建筑物残值率为零的情况下，该方法求取建筑物折旧的步骤如下。

① 大量收集交易实例。

② 从交易实例中选取三个以上与估价对象建筑物具有类似折旧程度的可比实例。

③ 对可比实例成交价格进行交易情况、市场情况等有关换算、修正和调整。

④ 求取可比实例在其成交日期的土地价值，将可比实例的成交价格减去该土地价值得出建筑物的折旧后价值。

⑤ 求取可比实例在其成交日期的建筑物重置价格，将该建筑物重置价格减去建筑物折旧后价值得出建筑物折旧。

⑥ 将可比实例的建筑物折旧除以建筑物重置价格转换为折旧率。若可比实例的经过年数与估价对象的经过年数相近，求出的各可比实例折旧率的范围较窄，则可将可比实例折旧率调整为适合估价对象的折旧率。若各可比实例的经过年数、区位、维修养护程度等之间有差异，求出的各可比实例折旧率的范围较宽，则应将每个可比实例的折旧率除以其经过年数，转换为年折旧率，然后将年折旧率的范围调整为适合估价对象的年折旧率。

⑦ 将估价对象建筑物的重置价格乘以折旧率，或者乘以年折旧率再乘以其经过年数，便可求出估价对象建筑物折旧。

（5）分解法。分解法是求取建筑物折旧最详细、最复杂的一种方法。主要做法是将导致建筑物贬值的特征或条件归入物质折旧、功能折旧、经济折旧，考虑各类贬值中的可修复和不可修复项目，分别分析和测定各种类型的折旧，加总求取建筑物折旧。运用分解法求取建筑物折旧的步骤如下。

① 物质折旧的求取。第一，将物质折旧项目分为可修复项目和不可修复项目两类。修复是指恢复到新的或相当于新的状况，有的是修理，有的是更换。

预计修复所必需的费用小于或等于修复所能带来的建筑物价值增加额的，是可修复的，即修复所必需的费用小于或等于修复后的建筑物价值减去修复前的建筑物价值。反之，是不可修复的。

第二，对于可修复项目，估算采用最优修复方案使其恢复到新的或相当于新的状况下所必需的费用作为折旧额。

第三，对于不可修复项目，根据估价时点的剩余使用寿命是否短于整体建筑物的剩余经济寿命，将其分为短寿命项目和长寿命项目两类。短寿命项目是剩余使用寿命短于整体建筑物剩余经济寿命的部件、设备、设施等，它们在建筑物剩余经济寿命期间迟早需要更换，甚至可能更换多次。长寿命项目是剩余使用寿命等于或长于整体建筑物剩余经济寿命的部件、设备、设施等，它们在建筑物剩余经济寿命期间是不需要更换的。在实际中，短寿命项目与长寿命项目的划分一般是在其寿命是否短于建筑物经济寿命的基础上作出的，例如，基础、墙体、屋顶、门窗、管网、电梯、空调、卫生设备、装饰装修等的寿命是不同的。

第四，短寿命项目分别根据各自的重置价格（通常为市场价格、运输费、安装费等之和）、寿命、经过年数或剩余使用寿命，采用年限法计算折旧额。

第五，长寿命项目是合在一起根据建筑物重置价格减去可修复项目的修复费用和各短寿命项目的重置价格后的余额、建筑物的经济寿命、有效经过年数或剩余经济寿命，采用年限法计算折旧额。

第六，将可修复项目的修复费用、短寿命项目的折旧额、长寿命项目的折旧额相加，即为物质折旧额。

②功能折旧的求取。将功能折旧分为功能缺乏、功能落后和功能过剩引起的三类，并进一步分为可修复的和不可修复的。

对于可修复的功能缺乏引起的折旧，在使用缺乏该功能的重置成本下，其折旧的计算过程为：首先，估算在估价对象建筑物上增加该功能所必需的费用；其次，估算该功能如果在建筑物建造时就具有所必需的费用；最后，将在估价对象建筑物上增加该功能所必需的费用减去该功能如果在建筑物建造时就具有所必需的费用，即增加该功能所超额的费用，作为折旧额。

若使用具有该功能的重置成本，则减去在估价对象建筑物上增加该功能所必需的费用，便得到扣除该功能缺乏引起的折旧后的重置成本。

对于不可修复的功能缺乏引起的折旧，其折旧的计算过程为：首先，采用租金损失资本化法求取缺乏该功能导致的未来每年损失租金的现值之和；其次，估算该功能如果在建筑物建造时就具有所必需的费用；最后，将未来每年损失租金的现值之和减去该功能如果在建筑物建造时就具有所必需的费用，作为折旧额。

对于可修复的功能落后引起的折旧，以空调系统落后为例，其折旧额为该功能落后空调系统的重置价格，减去该功能落后空调系统已经折旧，加上拆除该功能落后空调系统所必需的费用，减去该功能落后空调系统可回收的残值，加上安装新的功能先进空调系统所必需的费用，减去该新的功能先进空调系统如果在建筑物建造时就安装所必需的费用。

与可修复的功能缺乏引起的折旧额相比，可修复的功能落后引起的折旧额加上了功能落后空调系统尚未折旧的价值，减去了功能落后空调系统拆除后的净残值（拆除后可回收的残值减去拆除费用），即多了落后功能的服务期未满而提前报废的损失。

对于不可修复的功能落后引起的折旧，仍以空调系统落后为例，其折旧额是在上述可修复的功能落后引起的折旧额计算中，将安装新的功能先进空调系统所必需的费用，替换为采用租金损失资本化法求取的功能落后空调系统导致的未来每年损失租金的现值之和。

功能过剩一般是不可修复的。功能过剩引起的折旧首先应包括功能过剩所造成的无效成本。该无效成本可以通过使用重置成本而自动得到消除，但若使用重建成本则不能消除。其次，无论是使用重置成本还是使用重建成本，功能过剩引起的折旧还应包括功能过剩所造成的超额持有成本。超额持有成本可以采用超额运营费用资本化法（即功能过剩导致的未来每年超额运营费用的现值之和）来求取。这样，使用重置成本的计算公式为：

扣除功能过剩引起的折旧后的成本 = 重置成本 - 超额持有成本 （10-12）

使用重建成本的计算公式为：

扣除功能过剩引起的折旧后的成本 = 重建成本 - （无效成本 + 超额持有成本）

（10-13）

功能缺乏引起的折旧额、功能落后引起的折旧额、功能过剩引起的折旧额相加，即为功能折旧额。

③经济折旧的求取。经济折旧在估价时点通常是不可修复的，首先应分清它是暂时性的还是永久性的，然后可以根据租金损失的期限不同，采用租金损失资本化法求取未来每年所损失租金的现值之和作为折旧额。

（6）偿还基金法。偿还基金法又名偿债基金法，指待估建筑物已满耐用年限时，包括折旧累计额和对折旧累计额的复利计算的利息额，按耐用年限计算偿还的方法。

假定每年公积金为 A。第一年的公积金 A 在耐用年限 N 的本金和利息合计

为 $A(1+i)^{N-1}$，i 为公积金利率，则 A 的计算公式为：

$$A = \frac{(C-S) \times i}{(1+i)^N - 1} = \frac{C(1-R) \times i}{(1+i)^N - 1} \tag{10-14}$$

经过 n 年时的折旧累计额 D 为：

$$D = n \times A = \frac{n(C-S) \times i}{(1+i)^N - 1} = \frac{n \times C \times (1-R) \times i}{(1+i)^N - 1} \tag{10-15}$$

则经过 n 年时的现值 P 为：

$$P = C - D = C \times \left[1 - \frac{n(1-R) \times i}{(1+i)^N - 1} \right] \tag{10-16}$$

如剩余耐用年数（将来保全年数）是 n'，则现值的计算公式为：

$$P = C - D = C \times \left[1 - \frac{n \times (1-R) \times i}{(1+i)^N - 1} \right] = C \times \left[1 - \frac{n \times (1-R) \times i}{(1+i)^{n+n'-1} - 1} \right] \tag{10-17}$$

（四）建筑物价格的确定

将建筑物的重置价格、已使用年限的折旧额、建筑物成新度代入重置价格折旧法的基本公式，计算建筑物的价格，基本公式为式（10-1）和式（10-2），计算得出的建筑物价格仍需要综合考虑其他影响价格的因素，进行修正后得出最终的建筑物价格。

二、对照法

对照法也称标准法，主要方法是对照待估建筑物的客观条件与标准房价的要求条件，找出与待估建筑物条件基本相同等级的标准房价。应用对照法评估建筑物的主要步骤如下。

（一）确定待估房屋结构等级

认真查勘分析并详细记载待估房屋的结构、装修、设备，不属于不动产范围的不应作为评估标的物，也就不能作为评定房屋等级的条件因素。把查勘得到的标的物特征与房屋等级划分标准细目相对照。如果评估标的与对照标的条件基本吻合，就可以确定对照标的结构等级就是评估房屋的结构等级。

（二）对照标准确定基础房价

首先需要制定出一个城市的标准房价。标准房价的制定一般依据调查和计算得出房屋建筑成本，主要步骤如下。

第一，从城市各类房屋中选取样板房，每个等级样板房应在10个以上，样板房的容量越大越接近这类房屋的实际平均价格。

第二，对样板房造价进行调查测算。对于近期竣工新建类型的房屋的测算数据，可通过调查的方式取得。对于建造年代久远，近年来又没新建的旧式房屋，可采用做预算的方法计算出房屋的重置价格。

第三，对样板房造价进行时间修正。由于选定的样板房建造时间不同，施工用料的价格也不同，都直接影响计算出来的平均造价的准确程度。所以在平均之前应对每个样板房的造价按照确定的评估时日的建筑材料正常市场价格进行修正，使测算的样板房具备可比性。与时间有关的修正主要包括材料费价格指数、人工费指数、机械使用费价格指数、其他费用价格指数等。

第四，把选定的同一等级的样板房的现值加权平均，作为这个等级房屋的标准房价。然后，根据标准房价测定标准，把确定的评估标的结构等级与标准房价的结构等级相对照，从中查出相应的标准价格，作为评估标准的基础房价。

(三) 调整基础房价

由于标准房价是按幢、新房测算且排除了环境影响，但实际上同一等级房屋存在新旧程度、楼层、朝向、周围环境的差异，这些差异不同程度地影响着房屋的使用效能和价值量。因此必须对查出的标准房价进行不同程度的修正，使其更接近评估标的物的实际价格。

第一，房屋新旧程度的修正。此项就是计算房屋的折旧，可采用重置价格折旧法中提供的几种计算方法。

第二，房屋坐落、朝向、采光对评估价格影响的修正。评估房屋的坐落、朝向、采光情况是不同的，其使用效能和价值有大有小，对应的房屋价格有所区别。使用效能大的，对应的价格应该高一些；使用效能小的，对应的价格应该低一些。这就需要在评估和应用标准房价时，对标准房价进行朝向、采光影响程度的修正，计算出房屋朝向、采光的差价。

$$D = P_s \times d \tag{10-18}$$

$$F = P_s \times f \tag{10-19}$$

第三，楼层对评估价格影响的修正。楼房分层评估时，还要考虑各楼层使用功能的差异对价格的影响。

第四，房屋共用部位对评估价格影响的修正。

第五，时间修正。如果标准房价颁布的时间与评估时日间距较长，且在这段时间内建造房屋的各种费用有较大的变动，应对采用的标准房价进行时间修正。

(四) 确定房屋评估价格

房屋评估价格的计算公式为：

$$P = \left[(P_s \times r_p \pm D \pm F) \times r \right] \times S \tag{10-20}$$

或

$$P = \left[(P_s \times r_p \times d \times f) \times r \right] \times S \tag{10-21}$$

式中，P——房屋评估价格；

$\quad P_s$——标准房价；

$\quad r_p$——共用部位修正系数；

$\quad D$——朝向差价；

$\quad F$——楼层差价；

$\quad r$——成新率；

$\quad S$——评估总建筑面积；

$\quad d$——朝向修正系数；

$\quad f$——楼层修正系数。

三、建筑物残余法

建筑物残余法属于收益还原法的一种，是将建筑物与其所占土地合并计算收益，用收益还原法以外的方法求出建筑物所占用的土地价格，从全部纯收益中扣除归属于土地的纯收益，得到归属于建筑物的纯收益，再用建筑物的还原利率还原，得到建筑物的收益价格。它尤其适用于其他方法难以判断土地或建筑物的价格的情况。计算公式为：

$$a = a_1 + a_2 = p_1 r_1 + p_2 (r_2 + d) \tag{10-22}$$

$$a_1 = a - a_2 = a - p_1 r_1 \tag{10-23}$$

$$P_2 = \frac{a_2}{r_2 + d} = \frac{a - p_1 r}{r_2 + d} \tag{10-24}$$

式中，a——建筑物及土地发生的全部纯收益；

$\quad a_1$——归属于土地的纯收益；

a_2——归属于建筑物的纯收益；

p_1——土地价格；

p_2——建筑物价格；

r_1——土地的还原利率；

r_2——建筑物的还原利率；

d——建筑物的折旧率。

运用建筑物残余法评估建筑物价格，要求被评估对象可以获得正常收益，即只有有客观收益的房地产才能运用建筑物残余估价法。另外，运用建筑物残余估价法还要求建筑物的用途、使用强度以及使用状况等与土地的最佳使用不能严重背离甚至出现冲突。

四、市场比较法

市场比较法又称交易实例比较法、市场房价比较法，是将估价对象建筑物与在较近时期内已发生了交易的类似建筑物加以比较，从已发生了交易的类似建筑物的已知价格修正得出估价对象建筑物的价格的一种估价方法。所谓类似建筑物是指在用途、建筑结构、所处地区等方面与估价对象建筑物相同或相似的建筑物。

运用比较法进行建筑物价格评估同市场比较法评估土地价格的原理基本一致，只是比较的因素、项目不同。进行建筑物的比较评估与土地估价一样需要进行交易情况和交易日期修正，此外，还要进行房屋状况修正。其中，房屋状况修正包括区位状况、权益情况、实物情况三方面。区位状况修正包括繁华程度、交通便捷度、环境、配套设施、临路状况等因素；房屋权益状况修正包括房屋剩余使用年期及规划限制条件（如容积率）等因素，房屋实物状况修正包括新旧程度、建筑规模、建筑结构、设备、装饰装修、平面布置、工程质量等因素。计算公式为：

$$建筑物价格 = 交易实例价格 \times 交易情况修正系数 \times$$
$$交易日期修正系数 \times 房屋修正系数 \qquad (10-25)$$

第三节　建筑物估价方法的应用

一、采用重置价格折旧法评估建筑物价格

【例10-1】某建筑物为钢筋混凝土结构，经济寿命为60年，有效经过年数为10年。经调查测算，现在重新建造全新状态的该建筑物的建造成本为1500

万元（建设期为2年，假定第一年投入建造成本的60%，第二年投入40%，均为均匀投入），管理费用为建造成本的3%，年利息率为6%，销售税费为50万元，开发利润为150万元。又知该建筑的墙、地面等损坏的修复费用为20万元，装修的重置价格为250万元，平均寿命为6年，已使用3年；设备的重置价格为100万元，平均寿命为10年，已使用4年。假定残值率均为零，计算该建筑物的价格。

【解】（1）计算建筑物重置成本。

建造成本 = 1500万元

管理费用 = $1500 \times 3\% = 45$（万元）

投资利息 = $(1500 + 45) \times 60\% \times [(1 + 6\%)^{1.5} - 1] + (1500 + 45) \times 40\% \times [(1 + 6\%)^{0.5} - 1] \approx 102.94$（万元）

销售税费 = 50万元

开发利润 = 150万元

建筑物重置成本 = $1500 + 45 + 102.94 + 50 + 150 = 1847.94$（万元）

（2）计算建筑物折旧额。

墙壁、地面等损坏的折旧费 = 20万元

装修部分的折旧费 = $250 \times 3 \div 6 = 125$（万元）

设备折旧费 = $100 \times 4 \div 10 = 40$（万元）

长寿命项目折旧费 = $(1847.94 - 20 - 250 - 100) \times 10 \div 60 \approx 246.32$（万元）

建筑物折旧总额 = $20 + 125 + 40 + 246.32 = 431.32$（万元）

（3）计算建筑物现值。

建筑物现值 = $1847.94 - 431.32 = 1416.62$（万元）

二、采用对照法评估建筑物价格

【例10-2】某待估房屋建筑物位于城市中心繁华地段，为钢筋混凝土结构，建筑面积为100 m²，建造于10年前。现需采用对照法对该房屋进行评估，已知该城市已制定了标准房价，且该房屋属于二级结构等级。根据标准房价表，二级结构等级的新房标准房价为3000元/米²，同时考虑房屋的新旧程度、楼层、朝向等因素，需要进行相应的调整。

【解】确定待估房屋建筑物结构等级：根据房屋实际情况和评估人员的判断，确定该房屋属于二级结构等级。

对照标准查房价：从标准房价表中查找二级结构等级的新房标准房价，得到3000元/米²。

以下对基础房价进行调整。

房屋新旧程度的修正：考虑房屋已使用10年，耐用年限为40年，因此房屋的新旧程度调整系数为(40 - 10)/40 = 0.75。

楼层调整：该房屋位于中间楼层，对房价影响较小，楼层调整系数可取1。

朝向调整：该房屋朝向良好，对房价有正面影响，朝向调整系数可取1.05。

该房屋不涉及共用部分和时间的修正。

综合调整系数：综合上述因素，得到综合调整系数为0.75 × 1 × 1.05 = 0.7875。

计算评估价格：（评估价格 = 标准房价 × 建筑面积 × 综合调整系数）= 3000 × 100 × 0.7875 = 236250(元)。

三、采用建筑物残余法评估建筑物价格

【例10-3】某公司通过参加拍卖竞得面积为3000 m^2 的土地使用权，性质为商业。并在其上建造了一座酒楼，建筑面积为9000 m^2，建筑容积率为3。该公司委托估价机构对酒楼本身进行收益价格评估，评估日期为2024年3月12日。据估价人员核实，此不动产在评估期日尚可使用30年，当地同类同档次物业每月的营业额为60万元，每月管理费和税费总计为30万元；经市场比较法求得，同交易圈内使用年期30年，容积率在3～4的土地使用权价格为6000元/米^2，土地还原率为7%，建筑物还原率为9%。

请评估该宗土地在2017年3月12日现状基础设施条件下的房屋单价。

【解】

不动产纯收益 = 年总营业额 - 年总支出额 = (60 - 30) × 12 = 360(万元)

土地总价格 = 6000 × 3000 = 1800(万元)

土地年纯收益 = 1800 × 7%/[1 - 1/(1 + 7%)^{30}] ≈ 145.06(万元)

房屋年纯收益 = 360 - 145.06 = 214.94(万元)

房屋价格 = 214.94/9% × [1 - 1/(1 + 9%)^{30}] ≈ 2208.22(万元)

房屋单价 = 2208.22 × 10000 ÷ 9000 ≈ 2453.58(元/米^2)

四、采用市场比较法评估建筑物价格

【例10-4】为评估某写字楼2024年5月1日的市场价值，在该写字楼附近选取了三个与其相似的写字楼的交易实例为可比实例，成交价格和成交日期见表10-4，并对估价对象和可比实例在交易情况、市场状况、资产状况等方面的差异进行了分项目的详细比较，根据比较结果得出了可比实例价格修正和调整表，见表10-4。

表10-4　可比实例价格修正和调整表

	可比实例1	可比实例2	可比实例3
成交价格	人民币8000元/米²	1300美元/米²	人民币8800元/米²
成交日期	2024年1月1日	2024年3月1日	2024年4月1日
交易情况	2%	3%	–3%
房屋状况	–8%	–5%	6%

在表10-4的交易情况中，正（负）值表示可比实例成交价格高（低）于其正常价格的幅度；房屋状况中，正（负）值表示可比实例状况优（劣）于估价对象状况导致的价格差异幅度。人民币汇率中间价（在此为假设数，现实估价中应为实际数），2024年3月1日为1美元等于人民币6.5706元，2024年5月1日为1美元等于人民币6.4990元。该类写字楼以人民币为基准的市场价格在2024年1月1日至2024年3月1日平均每月比上月上涨1%，2024年3月1日至2024年5月1日平均每月比上月下降0.5%。

请利用上述资料测算该写字楼2024年5月1日的市场价值。

【解】该写字楼2024年5月1日的市场价值测算如下：

可比实例1价值 = $8000 \times 1/(1+2\%) \times (1+1\%)^2 \times (1-0.5\%)^2 \times 1/(1-8\%)$
　　　　　　 ≈ 8609.76（元/米²）

可比实例2价值 = $1300 \times 6.5706 \times 1/(1+3\%) \times (1-0.5\%)^2 \times 1/(1-5\%)$
　　　　　　 ≈ 8642.39（元/米²）

可比实例1价值 = $8800 \times 1/(1-3\%) \times (1-0.5\%) \times 1/(1+6\%)$
　　　　　　 ≈ 8515.85（元/米²）

采用简单算术平均法由上述三个比较价值得出该写字楼2024年5月1日的市场价值为：

估价对象的市场价值（单价） = $(8609.76 + 8642.39 + 8515.85) \div 3$
　　　　　　　　　 $= 8589.33$（元/米²）

【复习思考题】

1. 什么是建筑物？什么是建筑物估价？建筑物如何分类？
2. 影响建筑物价格的因素主要有哪些？建筑物估价有何特点？
3. 建筑物估价的方法主要有哪几种？适用条件是什么？
4. 重置成本和重建成本的区别是什么？
5. 重置价格求取方法有哪些？
6. 建筑物折旧的影响因素有哪些？计算方法有哪些？

7. 重置价格折旧法的评估思路和步骤是什么？

8. 对照法和市场比较法有何异同？

9. 运用对照法求取建筑物价格时为什么需要对标准房价进行修正？需要做哪些修正？

10. 建筑物残余法的评估思路和步骤是什么？

11. 比较法的评估思路和步骤是什么？

下篇
不动产估价：实务与案例

第十一章 不动产估价程序与报告

·········· 第一节　不动产估价程序 ··········

　　不动产估价是一个专业且复杂的过程，不动产估价程序即进行不动产估价的基本步骤和环节。遵守不动产估价程序能够保证估价过程的准确性、公正性和一致性。遵循不动产估价程序可以确保估价师系统地考虑所有相关因素对估价过程和结果的影响，如市场状况，不动产的物理特性、位置、用途等，从而得出更准确的估价结果。标准化的不动产估价程序能够使估价过程更加透明，所有相关方都能清楚地了解估价的依据和方法，提高估价结果的可信度。

　　在许多国家和地区，不动产估价必须遵守特定的法律、法规和行业标准。遵循这些规定是合法进行估价的前提，有助于减少因估价不准确或不公正而产生的争议。估价师有责任确保其工作符合专业标准，遵守估价程序是履行这一责任的表现，也是维护专业声誉的重要方式。尤其在跨国交易中，遵循国际认可的估价程序可以确保估价结果的兼容性和可比性，这对于国际投资者和金融机构尤为重要。估价程序具体包括估价业务受理、明确估价基本事项、拟定估价作业方案、收集估价所需资料、实地勘察估价对象、选定估价方法、确定估计结果、撰写估价报告、审核估价报告、交付估价报告、估价资料归档。

一、估价业务受理

　　获取估价业务是开展不动产估价的前提，不动产估价业务的受理方式有主动获取和被动接受两种。

　　主动获取不动产估价业务需要估价机构和专业人员积极走出办公室，通过提升专业技术水平、提供优质服务、进行宣传推广、建立良好的人脉关系等方式吸引客户。尤其在估价机构比较多、业务竞争比较激烈的情况下，主动获取估价业务是估价机构主要的业务来源。估价机构需善于洞察市场新机遇并及时转化为实际估价需求。同时，估价机构应与上下游专业服务机构建立合作，形成服务链，相互推介业务，积极参与行业组织活动，利用行业资源获取更多业务机会。在整个过程中，应避免不正当竞争手段，确保业务获取的合法性和专业性。

被动接受不动产估价业务意味着估价机构和专业人员处于等待状态，依靠自身的专业能力、声誉和市场地位吸引客户主动上门寻求估价服务。这种方式适用于已经建立良好市场口碑和专业品牌的估价机构，它们通过过往的优质服务和专业表现建立了客户的信任和品牌的权威性。在这种模式下，估价机构可能不需要进行大量的市场营销活动，而是通过维护现有客户关系和通过客户推荐获得新的业务机会。然而，这种被动方式可能不适合所有估价机构，特别是在竞争激烈的市场中，主动争取业务可能更为重要。

二、明确估价基本事项

在进行不动产估价之前，需要明确估价的基本事项，这包括但不限于估价目的、估价对象、估价时点以及估价的预期用途。这些基本事项是整个估价过程的基础，对后续的估价方法选择和估价结果的准确性具有决定性影响。

1. 明确估价目的

估价目的是指估价结果的期望用途，可能是买卖、租赁、抵押、保险、征税、投资决策等。不同的估价目的可能需要采用不同的估价方法和参数。例如，若估价目的是为买卖交易提供价格参考，可能会侧重市场比较法以确定市场价值；若估价目的是为租赁提供依据，则可能采用收益法来预测未来的收益并评估价值；若涉及抵押，则评估可能更注重保守估计以确保贷款安全性；保险估价则可能考虑房屋的重置成本或市场价值以确定保险额度；征税估价通常依据法定标准确定课税价值；而投资决策估价可能需要综合考虑多种方法，以全面评估资产的潜在价值和风险。

2. 确定估价对象

估价对象是指需要评估其价值的具体不动产，是估价过程的核心，如土地、建筑物、在建工程等。对估价对象的全面了解至关重要，不仅包括了解估价对象的物理特性，如位置、面积、结构、状况和使用状况，还涉及估价对象的法律状态，诸如所有权归属、土地使用权、规划许可、限制条件等。此外，估价对象的经济特性（如市场供需状况、区域发展趋势、潜在的经济利益和开发潜力）也是评估其价值时不可或缺的考量因素。

3. 明确估价时点

估价时点是不动产估价中的一个关键概念，它定义了评估价值所对应的具体时间节点，通常以年月日的形式明确指出。这个时间点的选择对估价结果有显著的直接影响，因为不动产市场是动态变化的，其价值会随着市场条件、经济因素、地理位置、供需关系以及相关政策等的变化而发生波动。因此，估价时点的确定对于确保评估结果的准确性和时效性至关重要。在实际操作中，估价时点可以是过去、现在或未来的任何时间，具体取决于估价委托人的需求和评估目的。例如，如果评估目的是交易、抵押或保险，那么估价时点可能会被设定为合同签订日或保险生效日。在某些情况下，如果委托人对估价时点的选择不明确，估价人员可以基于评估报告的用途帮助委托人确定合适的时间点。

4. 明确预期用途

预期用途是指估价结果将如何被使用，不同的预期用途可能要求估价师采用不同的专业标准和法规要求，以确保估价结果的适用性和合法性，直接影响估价报告的编写和估价方法的选择。例如，如果估价结果用于税务目的，可能需要遵循特定的评估标准和程序；用于贷款抵押的估价可能需要更加谨慎，以确保贷款决策的安全；而用于出售的估价则可能更侧重于市场吸引力和销售策略。此外，预期用途还可能影响估价报告的有效期，因为某些用途可能要求估价结果在特定时间内保持有效。

三、拟定估价作业方案

在本阶段，需根据估价目的、估价对象等估价基本事项对估价项目进行初步分析，以拟定估价作业方案，具体如下。

1. 初步选择估价方法

选择合适的估价方法对不动产进行评估是一项专业工作，需要根据估价目的和不动产的特性来决定。常见的估价方法包括市场比较法、收益法、成本法等。市场比较法适用于有活跃交易市场的不动产，通过比较类似不动产的交易价格来估算价值；收益法适用于能带来收益的不动产，通过预测未来收益并折现来确定价值；成本法则考虑重新建造或购买同样不动产所需的成本，并考虑折旧和市场条件来估算价值。选择评估方法时，还需考虑评估对象的物理特性、权益状况、区位状况等，并在评估报告中明确说明所采用的方法和理由。

2. 拟定需要收集的估价资料

估价所需资料是进行不动产估价的基石，它们包括但不限于不动产的产权证明、土地使用权证、建筑物的建筑许可证、规划许可证等法律文件，这些文件确保了估价的合法性和准确性。此外，市场交易数据、同类不动产的估价报告等市场信息对于评估市场价值同样至关重要。估价人员还需要收集有关区域的经济发展水平、基础设施建设、公共设施配套等区域因素，以及估价对象的具体坐落、四至、面积、产权等详细信息。

3. 明确估价师队伍构成

完成不动产估价工作不仅需要专业的估价人员，还涉及详尽的进度安排和明确的任务分工。每个估价师擅长的业务领域不同，每个估价项目对结果精度的要求也不同，估价业务越复杂需要的团队成员专业分工越细致，因此估价团队应具备多元化的技能组合，确保从不同角度对不动产价值进行全面评估。进度安排应明确每个阶段的起止时间、关键时间节点、任务优先级和人员责任分配，以确保估价工作的有序进行。此外，有效的沟通机制和风险管理计划也是不可或缺的，以应对可能出现的任何不确定性和变动。

四、收集估价所需资料

1. 资料收集的渠道

委托人提供的相关资料是估价的起点，包括不动产权属证明、土地使用权证等法律文件，这些文件为估价提供了法律依据和权属信息。

估价人员通过实地查勘，收集不动产的物理状况、周边环境等第一手资料，这些直观信息对评估物业条件至关重要。

政府有关部门的资料同样不可或缺，如规划条件、土地利用规划等，它们为估价提供了宏观政策背景。

通过询问有关当事人、咨询公司，估价人员能够获取市场信息和专业意见，这些信息有助于了解市场动态和专业趋势。

查阅各种媒体发布的不动产信息资料，如房地产市场报告、新闻报道等，为估价提供了行业概览和市场分析。

2. 资料的分类与整理

收集到的资料需要进行分类和整理，以便于后续的分析和使用。资料通常分为以下几类。

①不动产权属及法律文件等是确保不动产权利和使用合规性的基础，包括不动产权属证明、土地使用权证、规划许可证等。

②不动产物理特性资料涵盖不动产的面积、结构、使用年限等物理属性。

③不动产市场资料包括同类不动产的交易价格、租赁价格、市场供需状况等。

④不动产所处区域经济社会发展资料涉及地区的经济发展水平、行业发展趋势等宏观经济因素等，还包括不动产所在地的自然环境、交通状况、公共服务设施等。

3. 资料的审核与评估

对收集到的估价资料进行审核和评估是确保估价准确性的关键步骤。这一过程需要细致地关注资料的多个维度，以验证其可靠性和有效性。真实性的核实是基础，必须确保所依赖的估价信息没有伪造或篡改的迹象。时效性也至关重要，因为过时的数据无法反映当前不动产市场的真实状况，因此需要检查资料的日期，优先使用最新的市场数据。估价资料应当是完整的，包括但不限于法律文件、物理特性、市场状况和经济环境等，以避免因信息缺失而导致的估价结果出现偏差。要保证收集到的资料与估价对象是相关的，甚至是直接相关，以保障估价过程的针对性和精确度。

五、现场勘察估价对象

现场勘察是不动产估价中不可或缺的一环，它要求估价人员亲自前往估价对象所在地，进行细致的观察和记录。这一过程不仅涉及对估价对象的位置、周边环境、建筑结构和使用状况的深入了解，而且包括对影响房地产价值的所有因素的全面考察。勘察结果将直接影响估价方法的选择和估价结果的准确性。在勘察过程中，估价人员需携带必要的工具，如实记录所观察到的每一处细节，并对收集到的数据进行核实和整理。此外，现场勘察还应包括与委托方的沟通、影像资料的收集、草图的绘制以及问卷调查等，确保勘察记录的全面性和准确性，为后续的估价工作打下坚实基础。

六、选定估价方法

不动产估价方法的选择是估价的关键步骤，它直接影响估价结果的准确性和合理性。根据估价对象的特点、市场条件以及可获得的数据，选择合适的估价方法。

如根据《城镇土地估价规程》（GB/T 18508—2014），在进行城镇土地估价时，应遵循以下估价方法选择的规定：市场比较法适用于地产市场发达、有充足可比实例的地区。收益还原法适用于有现实收益或潜在收益的土地估价。剩余法适用于具有投资开发或再开发潜力的土地估价。成本逼近法适用于新开发土地或土地市场欠发育、交易实例少的地区的土地价格评估。基准地价系数修正法适用于政府已公布基准地价且具有完备的基准地价修正体系的区域。

在选择估价方法时，应根据土地的具体情况和市场条件选择最适宜的方法进行评估。同时，应考虑土地的用途、位置、开发程度、市场状况等因素，以及该方法所需数据、资料的可获取性，确保估价结果的准确性和合理性。

七、确定估价结果

1. 综合分析与评估

在完成所有估价步骤后，估价师需对收集的数据和信息进行综合分析，评估不动产的客观合理价格。此过程包括对市场比较法、成本法和收益法等估价方法得出的结果进行比较和校验，包括但不限于对市场趋势的分析、估价方法的适用性评估以及与类似不动产的比较。此步骤的目的是确保估价结果与市场实际相符，避免过高或过低的估价。

2. 估价结果的调整

在估价过程中，估价师对初步估价结果进行校验后，可能需要根据市场的最新动态、政策变化或其他可能影响不动产价值的关键因素进行适当调整。这些调整不仅确保估价结果的时效性和准确性，也反映估价师对市场变化的敏感性和专业判断能力。调整过程必须严格遵循专业标准，详细记录每一步的调整理由和方法，以增强估价报告的透明度和可信度。在估价报告中，估价师应清楚地说明调整的原因、依据和结果，使客户和相关利益方能够全面理解估价结果的来源和合理性。

3. 估价结果的确定

在不动产估价实践中，通常会运用多种估价方法来获取不同的估价结果，以期得到一个全面且可靠的价值判断。为了确定这些结果在最终估价中的权重，估价师需综合考量多种因素，包括方法的适用性、数据的可靠性、市场的实际状况、专家的经验和专业判断、不同方法结果的一致性，以及法律和行业标准的要求。此外，还需评估每种方法可能带来的风险和不确定性，以确保最终估价结果的准确性和合理性。

在实际操作中，估价师可能会采用简单平均法对所有方法的估价结果给予相同权重，或者通过加权平均法根据各方法的适用性和数据质量等因素分配不同的权重。专家咨询法和统计分析法也是确定权重的常用方法，前者依赖行业专家的意见，后者则利用数学模型和历史数据来估算各方法结果的权重。无论采用哪种方法，估价师都应在估价报告中详细阐述权重分配的逻辑和依据，以增强估价结果的透明度和可信度。

八、撰写估价报告

估价报告是估价过程的最终产物，它详细记录了估价的全过程和结果。报告应包括估价目的、估价对象描述、估价时点、估价方法、估价过程、估价结果及其依据等关键信息。报告需经过内部审核，确保内容的准确性和完整性。

估价报告的具体格式与实践估价案例请见本书后续章节，此处不再赘述。

九、审核估价报告

对估价报告进行内部审核是确保估价过程的合理性和结果准确性的重要环节。这一过程涉及对估价方法的适用性、数据来源的可靠性、计算过程的准确性、结果的合理性以及报告内容的完整性进行全面检查。审核团队将对报告的每一部分进行细致的评估，包括格式、语法、专业术语的使用，以及是否符合相关法律法规和行业标准。在审核过程中，如果发现任何问题或不一致之处，审核团队将提出具体的反馈和建议。估价师将根据这些建议对估价结果进行必要的调整，以解决潜在的问题，确保估价结果的客观性和公正性。

十、交付估价报告

估价人员完成估价报告后，应在约定时间内将估价报告交付给委托人。在交付估价报告时，可就估价结果向委托方进行沟通和解释，确保委托方对估价过程和结果有充分的理解。在此过程中，估价师应准备好回答委托方可能提出的问题，并提供必要的补充信息或进一步的分析。至此完成估价服务。

十一、估价资料归档

完成并向委托人出具估价报告后，估价机构应及时对涉及该估价项目的必要资料进行整合并保存，即估价资料归档。一般包括估价项目来源和接洽情况记录、与委托人签订的估价委托合同、估价报告（包括附件）和实地查勘记录、估价过程中的不同意见和估价包括定稿之前的重大调整或者修改意见记录、估价报告审核记录、估价人员和估价机构认为有必要保存的其他估价资料等。对估价报告资料的保存时间一般要求10年以上。归档的估价报告应便于未来的查询和审计，同时保护涉及的隐私和商业秘密。

第二节　不动产估价报告

一、不动产估价报告的形式

根据《城镇土地估价规程》（GB/T 18508—2014）的要求，土地估价报告的形式包括"土地估价报告"和"土地估价技术报告"，其主要格式有两种。

①文字式。文字式估价报告是一种传统的不动产估价报告形式，它主要以

文字描述为主，辅以图表和数字，详细阐述估价对象的特点、估价过程和估价结果等。

②表格式。表格式估价报告是一种以表格为主，辅以简要文字说明的不动产估价报告形式。这种报告格式通常用于估价目的明确、估价对象标准化程度较高，或者需要快速传达估价结果的情况。表格式估价报告通过清晰的表格布局，使得信息一目了然，便于读者理解和比较。格式、内容比较固定，不能随意更改。"土地估价报告"可以采用文字式或表格式，"土地估价技术报告"只能采用文字式。

二、不动产估价报告的格式

"土地估价报告"一般由封面、正文（摘要、估价对象界定、土地估价结果及其使用、附件）构成。

"土地估价技术报告"一般由封面、正文（总述、估价对象描述及地价影响因素分析、土地估价过程、附件）构成。

具体内容、格式要求等请见《城镇土地估价规程》（GB/T 18508—2014）中的"土地估价报告及技术报告（评估工作底稿）规范格式"。

第十二章　国有土地使用权出让价格评估案例

A县B地块国有土地使用权出让价格评估

土地估价报告

项　目　名　称：A县B地块国有土地使用权出让价格评估

受托估价单位：××房地产土地评估有限责任公司

土地估价报告编号：××〔2022〕估字第××××号

电子备案编号：2110722BA××××

提交估价报告日期：2022年9月14日

估价报告备案日期：2022年9月14日

土地估价报告

第一部分　摘　要

一、估价项目名称

A 县 B 地块国有土地使用权出让价格评估

二、委托估价方

委托单位：A 县自然资源局

三、估价目的

A 县自然资源局拟出让 A 县 B 地块国有建设用地使用权，本估价机构依据委托方提供《A 县 B 地块规划条件》《A 县 B 地块用地范围图》等资料及《城镇土地估价规程》（GB/T 18508—2014）进行评估，为有关部门集体决策确定该土地使用权的出让底价提供参考依据。

四、估价期日

2022 年 9 月 5 日

五、估价日期

2022 年 9 月 5 日至 2022 年 9 月 14 日

六、地价定义

估价对象为位于 A 县 C 村的一宗国有建设用地使用权，根据估价目的及估价依据，结合委托方提供的《A 县 B 地块规划条件》《A 县 B 地块用地范围图》等资料及现场勘察情况，确定在估价期日的地价定义如下。

（一）土地用途设定

估价对象为待出让的国有建设用地使用权，根据《A 县 B 地块规划条件》确定估价对象规划用地性质为工业用地。根据估价人员现场勘察，估价对象现为空地。结合本次评估目的，遵循合法性原则，本次评估中土地用途以规划用地性质为准。根据《土地利用现状分类》（GB/T 21010—2017），并参照《自然资源部办公厅关于印发〈国土空间调查、规划、用途管制用地用海分类指南（试行）〉的通知》（自然资办发〔2020〕51号），估价对象规划用地性质对应的土地分类为工业用地。故本次评估中设定估价对象土地用途为工业用地。

（二）土地开发程度设定

经估价人员现场勘察，估价对象实际开发程度为宗地红线外"五通"（通供水、通排水、通电、通路、通信）和宗地红线内场地平整。根据此次评估目的，设定土地开发程度为宗地红线外"五通"（通供水、通排水、通电、通路、通信）和宗地内场地平整。

（三）土地利用条件设定

经估价人员现场勘察，估价对象于估价期日的利用现状为空地。根据委托方提供的《A县B地块规划条件》及《A县B地块用地范围图》确定，估价对象规划用地面积为6481 m²，规划容积率不小于0.7，规划建筑系数不小于30%，绿地率为不大于20%。根据此次评估目的，本次按规划利用条件进行评估，设定用地面积为6481 m²，容积率为0.7。

（四）土地使用权年限设定

估价对象为拟出让的国有建设用地使用权，根据评估目的及《中华人民共和国城镇国有土地使用权出让和转让暂行条例》中法定最高出让年限的规定，工业用地按法定出让最高年限50年设定。

（五）土地使用权性质设定

估价对象为待出让国有建设用地使用权，根据规划设计条件，结合本次估价目的，本次估价设定土地使用权类型为国有出让土地使用权。

（六）土地使用权价格类型设定

根据评估目的，本次评估价格为公开市场条件下的国有建设用地使用权出让价格。

综上，本次评估价格是指在规划利用条件下，满足上述土地用途、开发程度、容积率、使用年期、使用权性质等各项评估设定条件，于估价期日的公开市场条件下的国有建设用地使用权出让价格。

七、估价结果

（一）估价结果

宗地面积：6481 m^2；

单位面积地价：200元/米^2；

总地价：129.62万元；

大写金额：壹佰贰拾玖万陆仟贰佰元整。（货币种类：人民币）

［详见土地估价结果一览表（表12-1）］

（二）出让底价决策建议及理由

估价对象位于A县C村，属于《全国工业用地出让最低价标准》十三等工业用地，对应全国工业用地出让最低价标准为96元/米^2。经测算，待估宗地单位面积地价为200元/米^2，高于估价对象对应级别的全国工业用地出让最低价标准。因委托估价方未提供土地成本资料，故建议评估价格与成本比较后确定出让底价。若土地成本低于评估价格，则建议出让底价为200元/米^2。

八、土地估价师签字

估价师	证书编号	签字
×××	×××	
×××	×××	

九、土地估价机构

法定代表人（签字）

××房地产土地评估有限责任公司（公章）

2022年9月14日

表12-1　土地估价结果一览表

估价机构：××房地产土地评估有限责任公司　　　　　估价报告编号：××[2022]估字第××××号

估价期日：2022年9月5日　　　　　估价目的：出让底价评估　　　　　估价期日的土地使用权性质：国有

估价期日的土地使用者	宗地编号	宗地名称	土地使用证编号	宗地位置	估价期目的土地用途			容积率			估价期日实际土地开发程度	估价设定的土地开发程度	土地使用权年限	评估面积/m²	单位面积地价/(元·米⁻²)	总地价/万元	备注
					规划	实际	设定	规划	实际	设定							
—	2022-6	A县B地块	—	A县C村	工业用地	—	工业用地	≥0.7	—	0.7	宗地外"五通"（通供水、通排水、通电、通路、通信），宗地内场地平整	宗地外"五通"（通供水、通排水、通电、通路、通信），宗地内场地平整	50年	6481	200	129.62	—

1. 上述土地估价结果的限定条件

①土地权利限制。估价对象为政府待出让国有建设用地使用权。

②基础设施条件。在估价期日，估价对象实际土地开发程度为宗地外"五通"（通供水、通排水、通电、通路、通信），宗地内场地平整。

③规划限制条件。根据委托方提供的《A县B地块规划条件》及《A县B地块用地范围图》记载：估价对象位于A县C村，用地面积为6481 m²，规划建筑系数不小于0.7，容积率不小于0.7，绿地率不大于20%，绿化率不小于30%，其他详见《A县B地块规划条件》及《A县B地块用地范围图》。

④影响土地价格的其他限定条件。在估价期日，估价对象设定用途为工业用地，使用年限设定为50年。

2. 其他需要特殊说明的事项

(1) 有关资料来源及未经实地确认或无法实地确认的资料和估价事项。土地利用状况等资料由委托方提供，土地区位条件、地产交易市场资料等评估相关资料由估价人员实地调查而得。

（2）对估价结果和估价工作中可能产生影响的变化事项以及采取的相应措施。

本报告估价结果是在满足地价定义条件下的使用权价格，若估价期日、土地利用方式、土地面积、土地开发状况、土地处置方式等影响地价的因素发生变化，该评估价格应作相应调整。

（3）估价对象的特殊性，估价中未考虑的因素及采取的特殊处理。估价对象为待出让国有建设用地使用权，没有特殊性，不作特殊处理。

（4）其他需要特殊说明的问题。

①本评估结果仅作为A县自然资源局拟出让A县B地块国有建设用地使用权，为有关部门集体决策确定该土地使用权的出让底价提供参考依据的目的。

②委托方对所提供资料的准确性负责，估价机构对所收集资料的真实性、准确性负责。

③任何单位和个人未经估价机构书面同意，不得以任何形式发表、肢解本报告。

×× 房地产土地评估有限责任公司（公章）

2022年9月14日

第二部分 估价对象界定

一、委托估价方

委托单位：A县自然资源局

单位地址：A县政务服务中心

联 系 人：×××

联系电话：×××

二、估价对象

估价对象为位于A县C村的一宗待出让的国有建设用地使用权。根据委托方提供的《A县B地块规划条件》及《A县B地块用地范围图》记载：估价对象位于A县C村，用地面积为6481 m²，规划用途为工业用地，规划容积率不小于0.7，规划建筑系数不小于30%，绿地率不大于20%，土地使用年期为50年，其他详见《A县B地块规划条件》及《A县B地块用地范围图》。

三、估价对象概况

（一）土地登记状况

1. 权属性质

国家所有。

2. 权源及权属变更情况

估价对象为A县人民政府通过征收A县C村集体旱地转为建设用地，作为A县实施县级规划建设用地［详见《辽宁省人民政府土地批件》（辽政地〔2021〕785号）］。

3. 地理位置

A县C村。

4. 土地用途

根据《A县B地块规划条件》设定估价对象土地用途为工业用地。

5. 四至

东至耕地；南至外环路；西至D塑料制品有限公司；北至耕地。

6. 面积

拟出让土地面积6481 m²。

7. 土地级别

估价对象位于 A 县 C 村，为 A 县三级工业用地。

因估价对象为待出让国有建设用地，故尚未正式进行土地登记，故无土地登记证书号、不动产权证书编号、登记时间、地籍图号、宗地号等相关登记状况。

（二）土地权利状况

1. 土地所有权

估价对象所有权人为国家。

2. 土地使用权

估价对象为待出让国有建设用地使用权，尚未确定土地使用权人。

3. 他项权利

估价对象为待出让国有建设用地使用权，无抵押权、租赁权、地役权等他项权利设定。

（三）土地利用状况

经估价人员现场勘察，估价对象于估价期日现状利用为空地。根据委托方于 2022 年 8 月 29 日批准的《A 县 B 地块规划条件》及《A 县 B 地块用地范围图》确定土地规划利用条件。估价对象位于 A 县 C 村，用地面积为 6481 m²，规划用途为工业用地，规划容积率不小于 0.7，规划建筑系数不小于 30%，绿地率为不大于 20%，其他详见《A 县 B 地块规划条件》及《A 县 B 地块用地范围图》。

四、影响地价的因素说明

（一）一般因素

1. 城市资源状况

（1）地理位置。待估宗地位于沈阳市辖区内。沈阳市位于中国东北地区南部，辽宁省的中部。东与铁岭市、抚顺市相邻，西与阜新市、锦州市、鞍山市接壤，南与辽阳市、本溪市毗邻，北与内蒙古自治区接壤。地理位置在东经 122 度 25 分 9 秒～123 度 48 分 24 秒，北纬 41 度 11 分 51 秒～41 度 12 分 13 秒。

（2）土地及自然环境。沈阳市总土地面积 1.3 万 km²，地区以平原为主，地势平坦，平均海拔 50 m 左右，山地丘陵集中在东北、东南部，属辽东丘陵的延伸部分，西部是辽河、浑河冲积平原，地势由东向西南缓缓倾斜。全市最高海拔为447.2 m，在A县境内。最低海拔为5.3 m，在辽中县于家房镇。

沈阳市地区属于北温带季风影响的半湿润大陆性气候，一年四季分明，平均气温8.6 ℃。

（3）城市人口。根据第七次全国人口普查结果，沈阳市常住人口为9070093人。沈阳市现有55个少数民族931781人，占全市总人口的10.27%。其中，人口排名前五位的是满族569951人，占少数民族总数61.17%；蒙古族135265人，占14.52%；朝鲜族88676人，占9.52%；回族63354人，占6.8%；锡伯族53448人，占5.74%。

（4）行政区划。沈阳市辖10个区（和平区、沈河区、皇姑区、大东区、铁西区、于洪区、浑南区、沈北新区、苏家屯区、辽中区）和2个县（法库县、康平县），代管新民市，下设181个乡级行政区，即112个街道、53个镇、16个乡。

2. 不动产制度与不动产市场状况

（1）土地制度。沈阳市已经建立了完善的土地收购、储备、交易管理制度，土地已经实行招、拍、挂、协等方式供应，房地产业在全市经济中占有重要的位置。

沈阳市施行集中供地制度，已建立完善的基准地价体系和标定地价体系。

（2）住房制度。2022年4月，沈阳市房产局、国家税务总局沈阳市税务局发布《关于调整个人住房转让增值税免征年限的通知》，将个人住房转让增值税免征年限按国家规定执行，由5年调整为2年。非沈阳市户籍居民家庭在沈阳市限购区域内购买新建商品住房的，执行沈阳市户籍居民家庭购房政策。在沈阳市行政区域内已拥有2套住房的，在旧房出让过程中，可在沈阳市限购区域内再购买1套新建商品住房。对于有60岁及以上成员的居民家庭，在沈阳市行政区域内已拥有2套住房的，可在沈阳市限购区域内再购买1套新建商品住房。对于生育二孩、三孩未满18周岁的居民家庭，在沈阳市行政区域内已拥有2套住房的，可在沈阳市限购区域内再购买1套新建商品住房。将居民家庭购买第二套住房贷款最低首付比例由50%调整为40%，具体由银行机构按照市场化、法制化原则与客户平等协商确定。

（3）地价政策。沈阳市重点发展的工业项目可优先供地，土地出让底价可按不低于对应《全国工业用地出让最低价标准》的70%执行。

实施灵活出让款缴纳方式，在首期缴纳比例不低于50%的条件下，可在1年内分期缴纳。鼓励提高工业投资强度，对符合规划、在存量工业用地范围内新建、重建、扩建项目，提高容积率、增加建筑面积部分不增收土地价款。

3. 产业政策

沈阳市人民政府办公室印发《沈阳市促进数字经济产业发展若干政策》，提出推进数字产业化发展、加快产业数字化转型、促进数据资源开发、加强新型数字基础设施建设、支持数字经济应用场景开放、营造数字经济产业发展环境等方面的多条举措。

建立科技型中小企业、高新技术企业、雏鹰企业、瞪羚企业、独角兽企业培育体系，对首次备案的科技型中小企业、首次认定的高新技术企业、首次认定的省级瞪羚企业和独角兽企业给予最高50万元补助。对以"带土移植"方式引进"项目+团队"在沈创办创新型企业的，给予最高1000万元启动资金。对大学科技园、产业园区内建设的科技企业孵化器、加速器给予最高100万元补助。

沈阳市人民政府办公室印发《沈阳市促进大数据产业发展若干政策措施（试行）》，市政府各类产业专项资金要向大数据产业倾斜，重点支持国家和省级大数据产业相关园区建设，各地区各类产业专项资金也要向大数据产业倾斜，配套支持本区域内的大数据产业发展。各地区和市有关部门在编制土地利用总体规划时，要统筹考虑大数据产业园区建设用地需要，在安排土地利用年度计划时，要优先安排产业园区建设和重点项目用地指标。凡符合产业园区规划，且满足地区产业要求的用地项目，要尽快履行土地出让程序。

为确保中小企业和个体工商户等市场主体平稳健康发展，新出台的《沈阳市支持中小企业和个体工商户稳增长若干政策措施》，重点在七个方面予以20条政策支持，进一步实施减税降费，继续实施国家针对小规模纳税人、小型微利企业和个体工商户的免税减税，以及企业研发费用加计扣除等惠企政策。

4. 城市规划与发展目标

综合考虑重大技术和重点产业发展趋势，紧盯国家发展战略和政策，结合沈阳市现有基础和未来潜力，选择未来生产、未来交通、未来健康三大主导产业和未来信息技术、未来材料两大赋能产业，形成"3+2"未来产业体系结构，选定智能机器人、生命科学、工业互联网、储能材料等17个未来产业重点发展方向。

①未来生产。把握全球制造业数字化、网络化、智能化发展趋势，依托沈阳扎实的装备制造业发展基础，布局智能机器人、增材制造、智能制造系统集成3个产业重点领域，形成一批标志性的拳头产品和服务，将沈阳市打造成全球智能制造关键技术装备和系统解决方案的供给中心。

②未来交通。紧盯未来人类出行模式将彻底变革的颠覆性趋势，全面构建

陆地、空中智能交通新格局，选取智能网联汽车、通用航空、智慧交通3个产业重点领域，促进未来交通产业集聚发展，加快示范运营和推广应用示范，将沈阳市打造成引领东北地区乃至全国的未来交通产业发展高地。

③未来健康。以支撑健康中国建设为目标，围绕重大疾病防治、人口老龄化等影响国计民生的重大问题，依托沈阳市优势研发资源，瞄准生命科学、生物技术、智能医疗3个产业重点领域，突破一批关键技术和产品，加快新型医疗和健康服务模式的推广应用，将沈阳市建设成为全国领先的未来健康产业研发和服务中心。

④未来信息技术。为构筑引领科技创新、驱动经济社会转型发展的核心力量，选取人工智能、工业互联网、区块链3个产业重点领域，深化前沿基础理论研究，着力突破关键核心技术，积极培育新业态新模式，持续深化与相关产业的融合发展，全力支撑沈阳市现代产业体系建设。

⑤未来材料。紧紧围绕国民经济和社会发展重大需求，深挖沈阳市未来材料创新资源，围绕储能材料、航空材料、半导体材料、纳米材料、防腐材料5个产业重点领域，深化产学研用协作，加快科技成果转移转化，集聚一批国内领先的未来材料企业，将沈阳市打造成为我国重要的未来材料产业基地。

5. 城市社会经济发展状况

（1）城市经济布局。沈阳市下辖和平、沈河、大东、皇姑、铁西、苏家屯、浑南、沈北、于洪、辽中10个市辖区和康平、法库2个县，代管新民1个县级市。"十四五"时期，沈阳市构建"北美南秀、东山西水、一核九点、一带五轴"的全域空间结构。

沈阳市现有沈阳经济技术开发区、沈阳高新技术产业开发区、沈阳辉山经济技术开发区3个国家级开发区，新民经济开发区、法库经济开发区、康平经济开发区、近海经济区4个省级开发区。

"十四五"期间，沈阳市聚焦"5＋3＋7＋5"20个产业链，包括汽车及零部件、石化通用装备等"老字号"，冶金建材、石油化工、农产品深加工"原字号"，新能源汽车、航空、机器人、生物医药等"新字号"，积极发展网络安全、5G基础设施、新一代人工智能等新一代信息技术，打造数字沈阳。

（2）发展水平。2021年，沈阳市地区生产总值（GDP）7249.7亿元，比上年增长7.0%。其中，第一产业增加值326.3亿元，增长4.2%；第二产业增加值2570.3亿元，增长7.8%；第三产业增加值4353.0亿元，增长6.7%。三次产业结构为4.5∶35.5∶60.0。全市人均地区生产总值79706元，比上年增长5.9%。

2022年上半年，沈阳市地区生产总值达到了3460.9亿元，对比去年同期增长了157.3亿元，名义增速4.76%。

（3）综合实力。沈阳市产业基础雄厚，创造过新中国工业史上数百项第一。国民经济行业的41个工业大类中沈阳市有37个，206个工业中类中沈阳市有137个，666个工业小类中沈阳市有307个。沈阳市是全国产业转型升级示范区，位居数字化转型百强城市第15位，汽车及零部件、机械装备形成千亿级产业集群，机器人、航空、IC装备、生物医药、新材料等新兴产业占规模以上工业比例达到25%，近年来特高压变压器、跨音速风洞主压缩机等一大批"大国重器"在沈问世，"沈阳制造"为嫦娥、天宫、载人深潜等国家工程作出重要贡献。

（4）社会储蓄与投资。2021年固定资产投资比上年增长4.1%。其中，建设项目投资增长12.6%，房地产开发投资下降1.1%。

2022年1—8月份，沈阳市固定资产投资同比增长7.5%，比1—7月份提高0.7%。其中，8月当月增长11.5%，比7月提高2.1%。从三次产业看，第一产业下降29.7%，第二产业增长54.4%，第三产业下降0.2%。从投资构成看，建筑安装工程投资增长8.7%，设备工器具购置投资增长59.6%，其他费用投资下降10.5%。

（5）物价变动。2021年，沈阳市城市居民消费价格比上年上涨1.3%，涨幅比上年收窄1.0%。其中，食品上涨0.1%，服务上涨0.7%，工业品上涨2.4%，消费品上涨1.6%。

2022年1—8月，沈阳市居民消费价格比上年同期上涨1.7%，涨幅比去年同期提高0.4%。

（二）区域因素

1. 区域概况

（1）区域位置。

待估宗地位于A县辖区内。A县，位于辽宁省北部，长白山山脉与阴山山脉余脉交会处，辽河右岸。南与B县相交，北与C县接壤，东与D县毗邻，西与E县相接，南北距离60 km，东西距离80 km。

（2）人口。根据第七次人口普查数据，截至2020年11月1日零时，A县总人口为53万人，有汉族、满族、回族、蒙古族、朝鲜族、锡伯族等13个民族。

（3）级别。A县为沈阳市下属县级行政区。

（4）经济发展。2021年，A县地区生产总值207.86亿元，同比增长5.9%；规上工业总产值139.82亿元，同比增长8.27%；一般公共预算收入13.26亿元，同比增长8.53%；社会消费品零售总额67.4亿元，同比增长11%。

（5）区域优势。A县锚定打造"东北地区一二三产业融合发展示范县、辽宁省生态宜居和绿色产业发展先行县、绿色能源发展的示范县"的"两示范、两先行"目标,以特色产业为引领,在产业融合发展示范、绿色能源发展示范、生态宜居先行、绿色产业发展先行4个方面实现新突破。

2. 交通条件

（1）公共交通状况。A县共有5条公交线路,分别为1路、2路、3路、4路、5路,基本覆盖城区范围,有出租汽车公司4家,出租车保有量621辆。

（2）对外交通状况。A县境内有沈康高速公路、长深高速公路、辽中环线高速公路、101国道、203国道,沈环公路、新梨公路、昌法公路、彰桓公路穿过。

共有国省级干线公路6条175.711 km;县级10条160.657 km,乡村级公路1399.52 km,公路网络密度每百平方千米75.84 km。

估价对象位于A县C村,距电商产业园公交车站约0.5 km,距沈康高速公路出入口约5 km,周围通有外环路,位置及交通条件较优。

3. 基础设施状况

区域基础配套设施较齐全,达到"五通"（通供水、通排水、通电、通路、通信）,其保证率均较好。

① 通供水。市政管网,供水保证率达95%以上。

② 通排水。市政管网,排水保证率达95%以上。

③ 通电。市政电网,供电保证率达95%以上。

④ 道路。主要道路有外环路,道路通达度较优。

⑤ 通信。市政线路,通畅保证率达95%以上。

4. 环境条件

（1）自然环境。该区域内噪声和大气污染程度一般,自然环境条件一般。

（2）人文环境。估价对象所在人文环境一般。

5. 产业集聚状况

估价对象位于A县C村,周围有E物流集团、F饲料公司等企业,产业集聚度一般。

6. 规划限制

周围土地利用多为工业用地,该地区无特殊规划限制。

（三）个别因素

宗地位置：A县C村;

宗地面积：6481m²;

土地用途：工业用地;

设定容积率：0.7；

宽度：约105 m；

临街状况：临外环路；

深度：约60 m；

宗地形状：直角梯形，较规则；

地势条件：地势平坦；

地质条件：地质条件较好，地基承载力较强；

宗地内开发程度：宗地内场地平整；

规划利用条件：根据委托方提供的《A县B地块规划条件》及《A县B地块用地范围图》记载，估价对象位于A县C村，用地面积为6481 m²，规划容积率不小于0.7，规划建筑系数不小于30%，绿地率不大于20%。

第三部分　土地估价结果及其使用

一、估价依据

（一）有关法律、法规、行政规章和政策

1. 国家有关部门颁布的法律、法规、行政规章

①《中华人民共和国民法典》（第十三届全国人民代表大会第三次会议表决通过，自2021年1月1日起施行）。

②《中华人民共和国土地管理法》（第十三届全国人民代表大会常务委员会第十二次会议第三次修正，自2020年1月1日起施行）。

③《中华人民共和国城市房地产管理法》（第十三届全国人民代表大会常务委员会第十二次会议第三次修正，自2020年1月1日起施行）。

④《中华人民共和国资产评估法》（第十二届全国人民代表大会常务委员会第二十一次会议通过，自2016年12月1日起施行）。

⑤《中华人民共和国城镇国有土地使用权出让和转让暂行条例》（国务院令第55号发布，自1990年5月19日起施行）。

⑥《招标拍卖挂牌出让国有建设用地使用权规定》（国土资源部令第39号，2007年9月21日国土资源部第3次部务会议修订，自2007年11月1日起施行）。

⑦《节约集约利用土地规定》（国土资源部令第61号，2014年3月27日国土资源部第1次部务会议通过，自2014年9月1日起施行）。

⑧《国务院关于加强国有土地资产管理的通知》（国发〔2001〕15号）。

⑨《国务院关于深化改革严格土地管理的决定》（国发〔2004〕28号）。

⑩《国有建设用地使用权出让地价评估技术规范》。

⑪《自然资源部办公厅关于印发〈国土空间调查、规划、用途管制用地用海分类指南（试行）〉的通知》（自然资办发〔2020〕51号）。

2. 地方政府及有关部门颁布的法规、通知及文件

①《关于公布实施辽宁省协议出让国有土地使用权最低价标准的通知》（辽国土资规〔2017〕6号）。

②《辽宁省人民政府办公厅关于调整耕地开垦费征收标准和使用政策的通知》（辽政办〔2020〕15号）。

③《辽宁省人民代表大会常务委员会关于批准辽宁省耕地占用税适用税额的决定的决议》（2019年7月30日辽宁省第十三届人民代表大会常务委员会第十二次会议通过）。

④《沈阳市人民政府关于公布实施沈阳市征地区片综合地价的通知》（沈政发〔2020〕20号）。

⑤《A县城镇土地级别基准地价出让金标准的通知》（A政办发〔2018〕××号）。

（二）采用的技术标准

①《城镇土地估价规程》（GB/T 18508—2014）。

②《城镇土地分等定级规程》（GB/T 18507—2014）。

③《土地利用现状分类》（GB/T 21010—2017）。

（三）委托方提供的有关资料

①《辽宁省人民政府土地批件》（辽政地〔2021〕785号）。

②《A县B地块规划条件》。

③《A县B地块用地范围图》。

（四）受托估价方掌握的有关资料和估价人员实地勘察、调查所获取的资料

①区域内同类用途土地市场交易资料。

②估价对象的区域因素、个别因素等资料。

③评估人员实地踏勘和调查收集的有关估价对象权属、基础设施、宗地条件等方面的资料。

④实地拍摄的有关估价对象土地利用状况的照片。

⑤其他资料。

二、土地估价

（一）估价原则

本次估价过程中遵循的主要原则有以下几点。

1. 替代原则

地价遵循替代规律。某宗土地价格受其相同使用的宗地即同类型具有替代可能的宗地价格牵制，有相同使用价值、有替代可能性的宗地之间会相互影响和竞争，其价格相互牵制而趋于一致。

2. 供需原则

在完全的市场竞争中，一般商品的价格取决于供需的平衡，需大于供，价格就会提高，否则价格就会降低。由于土地与一般商品相比，具有独特的人文和自然条件，因此供需均衡法则对土地没有其相对其他商品同样的约束力，从而使土地形成了自己的供需规律，主要表现在土地的价格容易形成垄断，所以地价形成于不完全竞争的市场。

3. 协调原则

土地总是处于一定的自然和社会环境之中，必须与周围环境相协调，因为土地能适应周围环境，该土地能最大限度地发挥收益或效用，所以要分析土地是否与所处环境协调。因此，在土地估价时，一定要认真分析土地与周围环境的关系，判断其是否协调，这直接关系到该地块的收益量和价格。

4. 预期收益原则

土地的价格受预期收益形成因素的变动所左右。所以，土地投资者是预测该土地将来所能带来的收益或效用进行投资的。

5. 最有效利用原则

由于土地具有用途的多样性，不同的利用方式能为权利人带来不同的收益，且土地权利人都期望从其所占用的土地上获得更多的收益，并以能满足这一目的为确定土地利用方式的依据，所以地价是以该宗地的效用能最有效发挥为前提的，此次评估宗地为工业用地，在评估中就应充分考虑用地的特性，按照最有效的利用方式进行评估，得到一个客观、公正、公平、科学、合法的土地价格。

6. 合法原则

土地使用权价格评估必须以估价对象的合法利用为前提。由于我国土地所有制特性决定，土地流转过程是土地使用权的流转，土地使用权的取得、使用年限、利用方式、利用规划等方面有严格控制，所以在进行土地使用权价格评估时，必须确保估价对象来源合法、利用合法。同时，土地估价要遵循相关法律法规的规定。

7. 变动原则

一般商品的价格是伴随着构成价格的因素的变化而发生变动的。土地价格也有同样情形，它是各种地价形成因素相互作用的结果，而这些价格形成因素经常处于变动之中，所以土地价格是在这些因素相互作用及其组合的变动过程中形成的。因此，在土地估价时，必须分析该土地的效用、稀缺性、个别性及有效需求以及使这些因素发生变动的一般因素、区域因素及个别因素。由于这些因素都在变动之中，因此应把握各因素之间的因果关系及变动规律，以便根据目前的地价水平预测未来的土地价格。

8. 价值主导原则

土地综合质量优劣是对土地价格产生影响的主要因素。

9. 审慎原则

在评估中确定相关参数和结果时，应分析并充分考虑土地市场运行状况、有关行业发展状况以及存在的风险。

10. 公开市场原则

评估结果在公平、公正、公开的土地市场上可实现。

11. 多种评估方法相结合的原则

随着土地估价业的发展，国际上有几种通用的估价方法，如收益还原法、剩余法、市场比较法等，充分考虑用地的类型和所掌握的资料，选择最适宜的估价方法进行评估，力求得到客观、公正、科学、合法的土地价格。

总之，在评估过程中，要按照国家、地方有关规定，恪守客观、公正、科学、合法的原则进行土地价格评估，做到评估过程合理，评估方法科学，评估结果准确，严格保守评估秘密。

(二) 估价方法

1. 选用的估价方法

依据《城镇土地估价规程》（GB/T 18508—2014）及《国有建设用地使用权出让地价评估技术规范》的规定，土地的评估方法有市场比较法、收益还原法、剩余法、成本逼近法、基准地价系数修正法。出让地价评估至少采用两种方法，包括市场比较法、收益还原法、剩余法三种方法之一，以及成本逼近法或基准地价系数修正法两种方法之一。本次估价根据待估宗地的特点及评估项目实际情况（宗地用途、评估目的、地产市场等），依据上述规定，决定采用市场比较法和成本逼近法进行估价。采用这两种方法评估的原因有两个：一是估价对象所处区域的相同供需圈内同类型宗地的交易实例较多，所以可以采用市场比较法进行估价。二是该区域土地取得费用、土地开发成本、利息、利润等费用较易确定，可以此来确定土地价格。故可采用成本逼近法进行估价。

2. 未选用估价方法的理由

（1）收益还原法。估价对象为待建工业用地，没有现实收益，且经估价人员调查，估价对象所在区域独立的工业用地出租案例极少，难以收集到区域内类似土地总收益与成本费用资料，无法采用收益还原法进行评估，因此不采用收益还原法评估。

（2）基准地价系数修正法。A县城镇基准地价估价期日为2018年1月1日，本次评估估价基准日为2022年9月5日，距离估价期日已超过3年，故本次估价未选用基准地价系数修正法。

（3）剩余法。估价对象地上规划建筑物为工业用房，且工业用房具有特殊性，同类型的工业用房交易案例较少，难以测算出不动产的正常交易价格，因此不采用剩余法评估。

3. 选用的估价方法与公式

市场比较法是在求取待估土地的价格时，根据替代原则，将待估宗地与近期同一供需圈内的类似土地实例加以比较对照，并依据后者已知的价格，参照该土地的交易情况、期日、个别因素、区域因素等差别，修正得出待估宗地在评估期日价格的一种方法。

其基本公式为：

$$P = P_B \times A \times B \times C \times D \times E$$

式中，P ——待估宗地价格；

$\qquad P_B$ ——比较实例价格；

$\qquad A$ ——待估宗地交易情况指数/比较实例宗地交易情况指数；

$\qquad B$ ——待估宗地估价期日地价指数/比较实例宗地交易期日地价指数；

$\qquad C$ ——待估宗地区域因素条件指数/比较实例宗地区域因素条件指数；

$\qquad D$ ——待估宗地个别因素条件指数/比较实例宗地个别因素条件指数；

$\qquad E$ ——待估宗地年期修正指数/比较实例宗地年期修正指数。

成本逼近法是以土地取得费和土地开发费为基础，再加上土地取得、开发过程中所发生的利润和利息以及土地纯收益，然后进行必要的个别因素修正和年期修正而评估出土地价格。

其基本公式为：

$$P = E_a + E_d + T + R_1 + R_2 + R_3$$

式中，P——待估宗地价格；

E_a——土地取得费；

E_d——土地开发费；

T——税费；

R_1——利息；

R_2——利润；

R_3——土地增值。

（三）估价结果

1. 各种估价方法的估价结果

（1）成本逼近法。成本逼近法的估价结果：203元/米^2。

（2）市场比较法。市场比较法的估价结果：197元/米^2。

成本逼近法从成本构成方面反映出估价对象的地价水平，市场比较法从土地市场交易情况反映出待估宗地的地价水平，本次采用的两种评估方法及评估过程均客观合理。

2. 估价结果

待估宗地采用了两种评估方法评估，两种评估方法的评估结果均符合市场实际情况且相差不大，故以两种方法的算术平均值作为待估宗地的最终估价结果。

宗地面积：6481 m^2；

单位面积地价 = （203 + 197）÷ 2 ≈ 200（元/米^2）；

总地价 = 200 × 6481 ÷ 10000 = 129.62（万元）

大写金额：壹佰贰拾玖万陆仟贰佰元整。（货币种类：人民币）

[详见土地估价结果一览表（表12-1）]

3. 出让底价决策建议及理由

估价对象位于A县C村，属于《全国工业用地出让最低价标准》十三等工业用地，对应全国工业用地出让最低价标准为96元/米^2。经测算，待估宗地单位面积地价为200元/米^2，高于估价对象对应级别的全国工业用地出让最低价标准。因委托估价方未提供土地成本资料，故建议评估价格与成本比较后确定出让底价。若土地成本低于评估价格，则建议出让底价为200元/米^2。

三、估价结果和估价报告的使用

（一）估价的前提条件和假设条件

① 本估价报告以委托方提供的资料真实性为前提，若资料失实或有隐匿，则本公司不承担责任。

② 本估价报告提供的估价结果为估价对象宗地外"五通"及宗地内场地平整，并符合委托方提供规划条件下的土地价格。

③ 在估价期日地产市场为公正、公开、公平的均衡市场。

④ 任何有关估价对象的运作方式、程序符合国家、地方的有关法律法规。

（二）估价结果和估价报告的使用

① 本次估价依据的主要法律法规为《中华人民共和国民法典》《中华人民共和国土地管理法》《中华人民共和国城市房地产管理法》，本估价报告和估价结果的作用依照该法律法规的有关规定发生法律效力。

② 报告和估价结果仅限于为A县自然资源局拟出让A县B地块国有建设用地使用权，为有关部门集体决策确定该土地使用权的出让底价提供参考依据的目的，不得用于其他目的。估价报告仅供委托方和送交土地管理部门审查用，土地估价技术报告不提供给委托方。

③ 本估价报告和估价结果自报告提交日起一年内有效。

④ 本估价报告和估价结果的使用权归委托方所有，本估价机构对估价结果有解释权。

⑤ 本报告必须完整使用，对仅使用报告中的部分内容导致的有关损失，本估价机构不承担责任。本报告的估价结果为本报告设定的评估目的服务，当用于其他目的时，本报告评估结果无效。对违规使用土地估价报告和估价结果导致的有关损失，本估价机构不承担责任。

（三）需要特殊说明的事项

（1）有关资料的来源及未经实地确认或无法实地确认的资料和估价事项。土地利用状况等资料由委托方提供，土地区位条件、地产交易市场资料等评估相关资料由估价人员实地调查而得。

（2）对估价结果和估价工作可能产生影响的变化事项以及采取的相应措施。本报告估价结果是在满足地价定义条件下的使用权价格，若估价期日、土地利用方式、土地开发状况、土地面积、土地处置方式等影响地价的因素发生变化，该评估价格应作相应调整。

（3）估价对象的特殊性、估价中未考虑的因素及采取的特殊处理。估价对象为待出让国有建设用地使用权，没有特殊性，不作特殊处理。

（4）其他需要特殊说明的问题。

①本评估结果仅作为 A 县自然资源局拟出让 A 县 B 地块国有建设用地使用权，为有关部门集体决策确定该土地使用权的出让底价提供参考依据。

②委托方对所提供资料的准确性负责，估价机构对所收集资料的真实性、准确性负责。

③任何单位和个人未经估价机构书面同意，不得以任何形式发表、肢解本报告。

第四部分　附　件

（附件应包括土地使用证复印件或土地产权证明材料，房屋产权证复印件或证明材料，地籍图、宗地图、建筑平面图等图件，估价对象照片，有关背景材料和估价机构资质证书复印件等。）

A县B地块国有土地使用权出让价格评估

土地估价技术报告（评估工作底稿）

项　目　名　称：A县B地块国有土地使用权出让价格评估

受托估价单位：××房地产土地评估有限责任公司

土地估价报告编号：××〔2022〕估字第××××号

土地估价技术报告
（评估工作底稿）编号：××〔2022〕估字第××××号

电子备案编号：2110722BA××××

提交估价报告日期：2022年9月14日

估价报告备案日期：2022年9月14日

　关键词：法库县

　　　　　　出让

××房地产土地评估有限责任公司

2022年

土地估价技术报告

第一部分　总　述

一、估价项目名称

A县B地块国有土地使用权出让价格评估

二、委托估价方

委托单位：A县自然资源局

单位地址：A县政务服务中心

联　系　人：×××

联系电话：×××

三、受托估价方

单位名称：××房地产土地评估有限责任公司

单位地址：沈阳市浑南新区

信用等级：一级

法人代表：×××

信用证书编号：LN202121××××

有效期限：2022年12月31日

联系电话：×××

四、估价目的

A县自然资源局拟出让A县B地块国有建设用地使用权，本估价机构依据委托方提供《A县B地块规划条件》、《A县B地块用地范围图》、《地块成本联系单》等资料及《城镇土地估价规程》（GB/T 18508—2014）进行评估，为有关部门集体决策确定该土地使用权的出让底价提供参考依据。

五、估价依据

（一）有关法律、法规、行政规章和政策

1. 国家有关部门颁布的法律、法规、行政规章

①《中华人民共和国民法典》（第十三届全国人民代表大会第三次会议表决通过，自2021年1月1日起施行）。

②《中华人民共和国土地管理法》（第十三届全国人民代表大会常务委员会第十二次会议第三次修正，自2020年1月1日起施行）。

③《中华人民共和国城市房地产管理法》（第十三届全国人民代表大会常务委员会第十二次会议第三次修正，自2020年1月1日起施行）。

④《中华人民共和国资产评估法》（第十二届全国人民代表大会常务委员会第二十一次会议通过，自2016年12月1日起施行）。

⑤《中华人民共和国城镇国有土地使用权出让和转让暂行条例》（国务院令第55号发布，自1990年5月19日起施行）。

⑥《招标拍卖挂牌出让国有建设用地使用权规定》（国土资源部令第39号，2007年9月21日国土资源部第3次部务会议修订，自2007年11月1日起施行）。

⑦《节约集约利用土地规定》（国土资源部令第61号，2014年3月27日国土资源部第1次部务会议通过，自2014年9月1日起施行）。

⑧《国务院关于加强国有土地资产管理的通知》（国发〔2001〕15号）。

⑨《国务院关于深化改革严格土地管理的决定》（国发〔2004〕28号）。

⑩《国有建设用地使用权出让地价评估技术规范》。

⑪《自然资源部办公厅关于印发〈国土空间调查、规划、用途管制用地用海分类指南（试行）〉的通知》（自然资办发〔2020〕51号）。

2. 地方政府及有关部门颁布的法规、通知及文件

①《关于公布实施辽宁省协议出让国有土地使用权最低价标准的通知》（辽国土资规〔2017〕6号）。

②《辽宁省人民政府办公厅关于调整耕地开垦费征收标准和使用政策的通知》（辽政办〔2020〕15号）。

③《辽宁省人民代表大会常务委员会关于批准辽宁省耕地占用税适用税额的决定的决议》（2019年7月30日辽宁省第十三届人民代表大会常务委员会第十二次会议通过）。

④《沈阳市人民政府关于公布实施沈阳市征地区片综合地价的通知》（沈

政发〔2020〕20号）。

⑤《A县城镇土地级别基准地价出让金标准的通知》（A政办发〔2018〕×
×号）。

（二）有关技术标准

①《城镇土地估价规程》（GB/T 18508—2014）。

②《城镇土地分等定级规程》（GB/T 18507—2014）。

③《土地利用现状分类》（GB/T 21010—2017）。

（三）委托方提供的有关资料

①《辽宁省人民政府土地批件》（辽政地〔2021〕785号）。

②《A县B地块规划条件》。

③《A县B地块用地范围图》。

**（四）受托估价方掌握的有关资料和估价人员实地勘察、调查所获
取的资料**

①区域内同类用途土地市场交易资料。

②估价对象的区域因素、个别因素等资料。

③评估人员实地踏勘和调查收集的有关估价对象权属、基础设施、宗地条
件等方面的资料。

④实地拍摄的有关估价对象土地利用状况的照片。

⑤其他资料。

六、估价期日

2022年9月5日。

七、估价日期

2022年9月5日至2022年9月14日。

八、地价定义

估价对象为位于A县C村的一宗国有建设用地使用权，根据估价目的及
估价依据，结合委托方提供的《A县B地块规划条件》《A县B地块用地范围
图》等资料及现场勘查情况，确定在估价期日的地价定义如下。

（一）土地用途设定

估价对象为待出让的国有建设用地使用权，根据《A县B地块规划条件》确定估价对象规划用地性质为工业用地。根据估价人员现场勘察，估价对象现为空地。结合本次评估目的，遵循合法性原则，本次评估中土地用途以规划用地性质为准。根据《土地利用现状分类》（GB/T 21010—2017），并参照《自然资源部办公厅关于印发〈国土空间调查、规划、用途管制用地用海分类指南（试行）〉的通知》（自然资办发〔2020〕51号），估价对象规划用地性质对应的土地分类为工业用地。故本次评估中设定估价对象土地用途为工业用地。

（二）土地开发程度设定

经估价人员现场勘察，估价对象实际开发程度为宗地红线外"五通"（通供水、通排水、通电、通路、通信）和宗地红线内场地平整。根据此次评估目的，设定土地开发程度为宗地红线外"五通"和宗地红线内场地平整。

（三）土地利用条件设定

经估价人员现场勘察，估价对象于估价期日的利用现状为空地。根据委托方提供的《A县B地块规划条件》及《A县B地块用地范围图》确定，估价对象规划用地面积为6481 m^2，规划容积率不小于0.7，规划建筑系数不小于30%，绿地率不大于20%。根据此次评估目的，本次按规划利用条件进行评估，设定用地面积为6481 m^2，容积率为0.7。

（四）土地使用权年限设定

估价对象为拟出让的国有建设用地使用权，根据评估目的及《中华人民共和国城镇国有土地使用权出让和转让暂行条例》中法定最高出让年限的规定，工业用地按法定出让最高年限50年设定。

（五）土地使用权价格类型设定

根据评估目的，本次评估价格为公开市场条件下的国有建设用地使用权出让价格。

综上，本次评估价格是指在规划利用条件下，满足上述土地用途、开发程度、容积率、使用年期、使用权性质等各项评估设定条件，于估价期日2022年9月5日的公开市场条件下的国有建设用地使用权出让价格。

九、估价结果

(一) 估价结果

宗地面积: 6481 m^2;

单位面积地价: 200元/米^2;

总地价: 129.62万元;

大写金额: 壹佰贰拾玖万陆仟贰佰元整。(货币种类: 人民币)

(二) 出让底价决策建议及理由

估价对象位于A县C村, 属于《全国工业用地出让最低价标准》十三等工业用地, 对应全国工业用地出让最低价标准为96元/米^2。经测算待估宗地单位面积地价为200元/米^2, 高于估价对象对应级别的全国工业用地出让最低价标准。因委托估价方未提供土地成本资料, 故建议评估价格与成本比较后确定出让底价。若土地成本低于评估价格, 则建议出让底价为200元/米^2。

十、需要特殊说明的事项

(1) 有关资料的来源及未经实地确认或无法实地确认的资料和估价事项。土地利用状况等资料由委托方提供, 土地区位条件、地产交易市场资料等评估相关资料由估价人员实地调查而得。

(2) 对估价结果和估价工作可能产生影响的变化事项以及采取的相应措施。本报告估价结果是在满足地价定义条件下的使用权价格, 若估价期日、土地利用方式、土地开发状况、土地面积、土地处置方式等影响地价的因素发生变化, 该评估价格应作相应调整。

(3) 估价对象的特殊性、估价中未考虑的因素及采取的特殊处理。估价对象为待出让国有建设用地使用权, 没有特殊性, 不作特殊处理。

(4) 其他需要特殊说明的问题。

① 本评估结果仅作为A县自然资源局拟出让A县B地块国有建设用地使用权, 为有关部门集体决策确定该土地使用权的出让底价提供参考依据。

② 委托方对所提供资料的准确性负责, 估价机构对所收集资料的真实性、准确性负责。

③ 任何单位和个人未经估价机构书面同意, 不得以任何形式发表、肢解本报告。

④ 本估价报告和估价结果自报告提交日起一年内有效。

十一、土地估价师签字

估价师　　　　　　证书编号　　　　　　签字

×××　　　　　　×××　　　　　　_____

×××　　　　　　×××　　　　　　_____

十二、土地估价机构

法定代表人（签字）

××房地产土地评估有限责任公司（公章）

2022年9月14日

第二部分　估价对象描述及地价影响因素分析

一、估价对象描述

（一）土地登记状况

1. 权属性质

国家所有。

2. 权源及权属变更情况

估价对象为A县人民政府通过征收A县C村集体旱地转为建设用地，作为A县实施县级规划建设用地（详见《辽宁省人民政府土地批件》（辽政地〔2021〕785号）。

3. 地理位置

A县C村。

4. 土地用途

根据《A县B地块规划条件》设定估价对象土地用途为工业用地。

5. 四至

东至耕地；南至外环路；西至D塑料制品有限公司；北至耕地。

6. 面积

拟出让土地面积为6481 m²。

7. 土地级别

估价对象位于A县C村，为A县三级工业用地。

因估价对象为待出让国有建设用地，故尚未正式进行土地登记，故无土地登记证书号、不动产权证书编号、登记时间、地籍图号、宗地号等相关登记状况。

（二）土地权利状况

1. 土地所有权

估价对象所有权人为国家。

2. 土地使用权

估价对象为待出让国有建设用地使用权，尚未确定土地使用权人。

3. 他项权利

估价对象为待出让国有建设用地使用权，无抵押权、租赁权、地役权等他项权利设定。

（三）土地利用状况

经估价人员现场勘察，估价对象于估价期日现状利用为空地。根据委托方于2022年8月29日批准的《A县B地块规划条件》及《A县B地块用地范围图》确定土地规划利用条件。估价对象位于A县C村，用地面积为6481 m²，规划用途为工业用地，规划容积率不小于0.7，规划建筑系数不小于30%，绿地率不大于20%，其他详见《A县B地块规划条件》及《A县B地块用地范围图》。

二、地价影响因素分析

（一）一般因素

1. 城市资源状况

（1）地理位置。待估宗地位于沈阳市辖区内。沈阳市位于中国东北地区南部，辽宁省的中部。东与铁岭市、抚顺市相邻，西与阜新市、锦州市、鞍山市接壤，南与辽阳市、本溪市毗邻，北与内蒙古自治区接壤。地理位置在东经122度25分9秒～123度48分24秒，北纬41度11分51秒～41度12分13秒。

（2）土地及自然环境。沈阳市总土地面积1.3万 km²，地区以平原为主，地势平坦，平均海拔50 m左右，山地丘陵集中在东北、东南部，属辽东丘陵的延伸部分，西部是辽河、浑河冲积平原，地势由东向西南缓缓倾斜。全市最高海拔为447.2 m，在A县境内。最低海拔为5.3 m，在辽中县于家房镇。

沈阳市地区属于北温带季风影响的半湿润大陆性气候，一年四季分明，平均气温8.6 ℃。

（3）城市人口。根据第七次全国人口普查结果，沈阳市常住人口为9070093人。沈阳市现有55个少数民族931781人，占全市总人口的10.27%。其中，人口排名前五位的是满族569951人，占少数民族总数61.17%；蒙古族135265人，占14.52%；朝鲜族88676人，占9.52%；回族63354人，占6.8%；锡伯族53448人，占5.74%。

（4）行政区划。沈阳市辖10个区（和平区、沈河区、皇姑区、大东区、铁西区、于洪区、浑南区、沈北新区、苏家屯区、辽中区）和2个县（法库县、康平县），代管新民市，下设181个乡级行政区，即112个街道、53个镇、16个乡。

2. 不动产制度与不动产市场状况

（1）土地制度。沈阳市已经建立了完善的土地收购、储备、交易管理制度，土地已经实行招、拍、挂、协等方式供应，房地产业在全市经济中占有重要的位置。

沈阳市施行集中供地制度，已建立完善的基准地价体系和标定地价体系。

（2）住房制度。2022年4月，沈阳市房产局、国家税务总局沈阳市税务局发布《关于调整个人住房转让增值税免征年限的通知》，将个人住房转让增值税免征年限按国家规定执行，由5年调整为2年。非沈阳市户籍居民家庭在沈阳市限购区域内购买新建商品住房的，执行沈阳市户籍居民家庭购房政策。在沈阳市行政区域内已拥有2套住房的，在旧房出让过程中，可在沈阳市限购区域内再购买1套新建商品住房。对于有60岁及以上成员的居民家庭，在沈阳市行政区域内已拥有2套住房的，可在沈阳市限购区域内再购买1套新建商品住房。对于生育二孩、三孩未满18周岁的居民家庭，在沈阳市行政区域内已拥有2套住房的，可在沈阳市限购区域内再购买1套新建商品住房。将居民家庭购买第二套住房贷款最低首付比例由50%调整为40%，具体由银行机构按照市场化、法制化原则与客户平等协商确定。

（3）地价政策。沈阳市重点发展的工业项目可优先供地，土地出让底价可按不低于对应《全国工业用地出让最低价标准》的70%执行。

实施灵活出让款缴纳方式，在首期缴纳比例不低于50%的条件下，可在1年内分期缴纳。鼓励提高工业投资强度，对符合规划、在存量工业用地范围内新建、重建、扩建项目，提高容积率、增加建筑面积部分不增收土地价款。

3. 产业政策

沈阳市人民政府办公室印发《沈阳市促进数字经济产业发展若干政策》，提出推进数字产业化发展、加快产业数字化转型、促进数据资源开发、加强新型数字基础设施建设、支持数字经济应用场景开放、营造数字经济产业发展环境等方面的多条举措。

建立科技型中小企业、高新技术企业、雏鹰企业、瞪羚企业、独角兽企业培育体系，对首次备案的科技型中小企业、首次认定的高新技术企业、首次认定的省级瞪羚企业和独角兽企业给予最高50万元补助。对以"带土移植"方式引进"项目+团队"在沈创办创新型企业的，给予最高1000万元启动资金。对大学科技园、产业园区内建设的科技企业孵化器、加速器给予最高100万元补助。

沈阳市人民政府办公室印发《沈阳市促进大数据产业发展若干政策措施（试行）》，市政府各类产业专项资金要向大数据产业倾斜，重点支持国家和省级大数据产业相关园区建设，各地区各类产业专项资金也要向大数据产业倾斜，配套支持本区域内的大数据产业发展。各地区和市有关部门在编制土地利用总体规划时，要统筹考虑大数据产业园区建设用地需要，在安排土地利用年度计划时，要优先安排产业园区建设和重点项目用地指标。凡符合产业园区规划，且满足地区产业要求的用地项目，要尽快履行土地出让程序。

为确保中小企业和个体工商户等市场主体平稳健康发展，新出台的《沈阳市支持中小企业和个体工商户稳增长若干政策措施》，重点在七个方面予以20条政策支持，进一步实施减税降费，继续实施国家针对小规模纳税人、小型微利企业和个体工商户的免税减税，以及企业研发费用加计扣除等惠企政策。

4. 城市规划与发展目标

综合考虑重大技术和重点产业发展趋势，紧盯国家发展战略和政策，结合沈阳市现有基础和未来潜力，选择未来生产、未来交通、未来健康三大主导产业和未来信息技术、未来材料两大赋能产业，形成"3+2"未来产业体系结构，选定智能机器人、生命科学、工业互联网、储能材料等17个未来产业重点发展方向。

①未来生产。把握全球制造业数字化、网络化、智能化发展趋势，依托沈阳扎实的装备制造业发展基础，布局智能机器人、增材制造、智能制造系统集成3个产业重点领域，形成一批标志性的拳头产品和服务，将沈阳市打造成全球智能制造关键技术装备和系统解决方案的供给中心。

②未来交通。紧盯未来人类出行模式将彻底变革的颠覆性趋势，全面构建陆地、空中智能交通新格局，选取智能网联汽车、通用航空、智慧交通3个产业重点领域，促进未来交通产业集聚发展，加快示范运营和推广应用示范，将沈阳市打造成引领东北地区乃至全国的未来交通产业发展高地。

③未来健康。以支撑健康中国建设为目标，围绕重大疾病防治、人口老龄化等影响国计民生的重大问题，依托沈阳市优势研发资源，瞄准生命科学、生

物技术、智能医疗3个产业重点领域，突破一批关键技术和产品，加快新型医疗和健康服务模式的推广应用，将沈阳市建设成为全国领先的未来健康产业研发和服务中心。

④未来信息技术。为构筑引领科技创新、驱动经济社会转型发展的核心力量，选取人工智能、工业互联网、区块链3个产业重点领域，深化前沿基础理论研究，着力突破关键核心技术，积极培育新业态新模式，持续深化与相关产业的融合发展，全力支撑沈阳市现代产业体系建设。

⑤未来材料。紧紧围绕国民经济和社会发展重大需求，深挖沈阳市未来材料创新资源，围绕储能材料、航空材料、半导体材料、纳米材料、防腐材料5个产业重点领域，深化产学研用协作，加快科技成果转移转化，集聚一批国内领先的未来材料企业，将沈阳市打造成为我国重要的未来材料产业基地。

5. 城市社会经济发展状况

（1）城市经济布局。

沈阳市下辖和平、沈河、大东、皇姑、铁西、苏家屯、浑南、沈北、于洪、辽中10个市辖区和康平、法库2个县，代管新民1个县级市。"十四五"时期，沈阳市构建"北美南秀、东山西水、一核九点、一带五轴"的全域空间结构。

沈阳市现有沈阳经济技术开发区、沈阳高新技术产业开发区、沈阳辉山经济技术开发区3个国家级开发区，新民经济开发区、法库经济开发区、康平经济开发区、近海经济区4个省级开发区。

"十四五"期间，沈阳市聚焦"5＋3＋7＋5"20个产业链，包括汽车及零部件、石化通用装备等"老字号"，冶金建材、石油化工、农产品深加工"原字号"，新能源汽车、航空、机器人、生物医药等"新字号"，积极发展网络安全、5G基础设施、新一代人工智能等新一代信息技术，打造数字沈阳。

（2）发展水平。2021年，沈阳市地区生产总值（GDP）7249.7亿元，比上年增长7.0%。其中，第一产业增加值326.3亿元，增长4.2%；第二产业增加值2570.3亿元，增长7.8%；第三产业增加值4353.0亿元，增长6.7%。三次产业结构为4.5∶35.5∶60.0。全市人均地区生产总值79706元，比上年增长5.9%。

2022年上半年，沈阳市地区生产总值达到了3460.9亿元，对比去年同期增长了157.3亿元，名义增速4.76%。

（3）综合实力。沈阳市产业基础雄厚，创造过新中国工业史上数百项第一。国民经济行业的41个工业大类中沈阳市有37个，206个工业中类中沈阳市有137个，666个工业小类中沈阳市有307个。沈阳市是全国产业转型升级示范区，位居数字化转型百强城市第15位，汽车及零部件、机械装备形成千亿级产业集群，机器人、航空、IC装备、生物医药、新材料等新兴产业占规模以上工业比例达到25%，近年来特高压变压器、跨音速风洞主压缩机等一大批"大国重器"在沈问世，"沈阳制造"为嫦娥、天宫、载人深潜等国家工程作出重要贡献。

（4）社会储蓄与投资中。2021年固定资产投资比上年增长4.1%。其中，建设项目投资增长12.6%，房地产开发投资下降1.1%。

2022年1—8月份，沈阳市固定资产投资同比增长7.5%，比1—7月份提高0.7%。其中，8月当月增长11.5%，比7月提高2.1%。从三次产业看，第一产业下降29.7%，第二产业增长54.4%，第三产业下降0.2%。从投资构成看，建筑安装工程投资增长8.7%，设备工器具购置投资增长59.6%，其他费用投资下降10.5%。

（5）物价变动。2021年，沈阳市城市居民消费价格比上年上涨1.3%，涨幅比上年收窄1.0%。其中，食品上涨0.1%，服务上涨0.7%，工业品上涨2.4%，消费品上涨1.6%。

2022年1—8月，沈阳市居民消费价格比上年同期上涨1.7%，涨幅比去年同期提高0.4%。

影响分析：沈阳市城市资源状况较好，地理位置优越，自然资源丰富。不动产制度完善，不动产市场运行状况良好。产业政策有益于促进产业发展。社会经济发展状况良好。近年来发展较好，随着区域内招商力度的增大，未来对土地的需求会越来越多，对地价无不利影响。

（二）区域因素

1. 区域概况

（1）区域位置。待估宗地位于A县辖区内。A县，位于辽宁省北部，长白山山脉与阴山山脉余脉交会处，辽河右岸。南与B县相交，北与B县接壤，东与B县毗邻，西与B县相接，南北距离60 km，东西距离80 km。

（2）人口。根据第七次人口普查数据，截至2020年11月1日零时，A县总人口为53万人，有汉族、满族、回族、蒙古族、朝鲜族、锡伯族等13个民族。

（3）级别。A县为沈阳市下属县级行政区。

（4）经济发展。2021年，A县地区生产总值207.86亿元，同比增长5.9%；规上工业总产值139.82亿元，同比增长8.27%；一般公共预算收入13.26亿元，同比增长8.53%；社会消费品零售总额67.4亿元，同比增长11%。

（5）区域优势。A县锚定打造"东北地区一二三产业融合发展示范县、辽宁省生态宜居和绿色产业发展先行县、绿色能源发展的示范县"的"两示范、两先行"目标，以特色产业为引领，在产业融合发展示范、绿色能源发展示范、生态宜居先行、绿色产业发展先行4个方面实现新突破。

2. 交通条件

（1）公共交通状况。A县共有5条公交线路，分别为1路、2路、3路、4路、5路，基本覆盖城区范围，有出租汽车公司4家，出租车保有量621辆。

（2）对外交通状况。A县境内有沈康高速公路、长深高速公路、辽中环线高速公路、101国道、203国道，沈环公路、新梨公路、昌法公路、彰桓公路穿过。

共有国省级干线公路6条175.711 km；县级10条160.657 km，乡村级公路1399.52 km，公路网络密度每百平方千米75.84 km。

估价对象位于A县C村，距电商产业园公交车站约0.5 km，距沈康高速公路出入口约5 km，周围通有外环路，位置及交通条件较优。

3. 基础设施状况

区域基础配套设施较齐全，达到"五通"（通供水、通排水、通电、通路、通信），其保证率均较好。

①通供水。市政管网，供水保证率达95%以上。

②通排水。市政管网，排水保证率达95%以上。

③通电。市政电网，供电保证率达95%以上。

④通路。主要道路有外环路，道路通达度较优。

⑤通信。市政线路，通畅保证率达95%以上。

4. 环境条件

（1）自然环境。该区域内噪声和大气污染程度一般，自然环境条件一般。

（2）人文环境。估价对象所在人文环境一般。

5. 产业集聚状况

估价对象位于A县C村，周围有E物流集团、F饲料公司等企业，产业集聚度一般。

6. 规划限制

周围土地利用多为工业用地，该地区无特殊规划限制。

（三）个别因素

宗地位置：A县C村；

宗地面积：6481 m²；

土地用途：工业用地；

设定容积率：0.7；

宽度：约105 m；

临街状况：临外环路；

深度：约60 m；

宗地形状：直角梯形，较规则；

地势条件：地势平坦；

地质条件：地质条件较好，地基承载力较强；

宗地内开发程度：宗地内场地平整；

规划利用条件：根据委托方提供的《A县B地块规划条件》及《A县B地块用地范围图》记载：估价对象位于A县C村，用地面积为6481 m²，规划容积率不小于0.7，规划建筑系数不小于30%，绿地率不大于20%。

影响分析：该宗地的个别因素与区域平均水平相似，对地价影响不大。

从总体上看，地区社会经济保持持续、稳定、健康的良好发展态势，土地市场随之稳健发展，地价水平平稳。区域条件较好，相关配套设施完善。宗地个别条件亦对地价无不利影响。

第三部分　土地估价

一、估价原则

本次估价过程中遵循的主要原则有以下几点。

1. 替代原则

地价遵循替代规律。某宗土地价格受其相同使用的宗地即同类型具有替代可能的宗地价格牵制，有相同使用价值、有替代可能性的宗地之间会相互影响和竞争，其价格相互牵制而趋于一致。

2. 供需原则

在完全的市场竞争中，一般商品的价格取决于供需的平衡，需大于供，价格就会提高，否则价格就会降低。由于土地与一般商品相比，具有独特的人文和自然条件，因此供需均衡法则对土地没有其相对其他商品同样的约束力，从而使土地形成了自己的供需规律，主要表现在土地的价格容易形成垄断，所以地价形成于不完全竞争的市场。

3. 协调原则

土地总是处于一定的自然和社会环境之中，必须与周围环境相协调，因为土地能适应周围环境，该土地能最大限度地发挥收益或效用，所以要分析土地是否与所处环境协调。因此，在土地估价时，一定要认真分析土地与周围环境的关系，判断其是否协调，这直接关系到该地块的收益量和价格。

4. 预期收益原则

土地的价格受预期收益形成因素的变动所左右。所以，土地投资者是通过预测该土地将来所能带来的收益或效用进行投资的。

5. 最有效利用原则

由于土地具有用途的多样性，不同的利用方式能为权利人带来的收益不同，且土地权利人都期望从其所占用的土地上获得更多的收益，并以能满足这一目的为确定土地利用方式的依据，所以地价是以该宗地的效用能最有效发挥为前提的，此次评估宗地为工业用地，在评估中就应充分考虑用地的特性，按照最有效的利用方式进行评估，得到一个客观、公正、公平、科学、合法的土地价格。

6. 合法原则

土地使用权价格评估必须以估价对象的合法利用为前提。由于我国土地所有制特性决定，土地流转过程是土地使用权的流转，土地使用权的取得、使用年限、利用方式、利用规划等方面有严格控制，所以在进行土地使用权价格评估时，必须确保估价对象来源合法、利用合法。同时，土地估价要遵循相关法律法规的规定。

7. 变动原则

一般商品的价格是伴随着构成价格的因素的变化而发生变动的。土地价格也有同样情形，它是各种地价形成因素相互作用的结果，而这些价格形成因素经常处于变动之中，所以土地价格是在这些因素相互作用及其组合的变动过程中形成的。因此，在土地估价时，必须分析该土地的效用、稀缺性、个别性和有效需求以及使这些因素发生变动的一般因素、区域因素及个别因素。由于这些因素都在变动之中，因此应把握各因素之间的因果关系及变动规律，以便根据目前的地价水平预测未来的土地价格。

8. 价值主导原则

土地综合质量优劣是对土地价格产生影响的主要因素。

9. 审慎原则

在评估中确定相关参数和结果时，应分析并充分考虑土地市场运行状况、有关行业发展状况以及存在的风险。

10. 公开市场原则

评估结果在公平、公正、公开的土地市场上可实现。

11. 多种评估方法相结合的原则

随着土地估价业的发展，国际上有几种通用的估价方法，如收益还原法、剩余法、市场比较法等。充分考虑用地的类型和所掌握的资料，选择最适宜的估价方法进行评估，力求得到客观、公正、科学、合法的土地价格。

总之，在评估过程中，要按照国家、地方有关规定，恪守客观、公正、科学、合法的原则进行土地价格评估，做到评估过程合理，评估方法科学，评估结果准确，严格保守评估秘密。

二、估价方法与估价过程

（一）估价方法

1. 选用的估价方法

依据《城镇土地估价规程》（GB/T 18508—2014）及《国有建设用地使用权出让地价评估技术规范》的规定，土地的评估方法有市场比较法、收益还原法、剩余法、成本逼近法、基准地价系数修正法。出让地价评估至少采用两种方法，包括市场比较法、收益还原法、剩余法三种方法之一，以及成本逼近法或基准地价系数修正法两种方法之一。本次估价根据待估宗地的特点及评估项目实际情况（宗地用途、评估目的、地产市场等），依据上述规定，决定采用市场比较法和成本逼近法进行估价。采用这两种方法评估的原因有两个：一是估价对象所处区域的相同供需圈内同类型宗地的交易实例较多，所以可以采用市场比较法进行估价。二是该区域土地取得费用、土地开发成本、利息、利润等费用较易确定，可以此来确定土地价格，故可采用成本逼近法进行估价。

2. 未选用估价方法的理由

（1）收益还原法。估价对象为待建工业用地，没有现实收益，且经估价人员调查，估价对象所在区域独立的工业用地出租案例极少，难以收集到区域内类似土地总收益与成本费用资料，无法采用收益还原法进行评估，因此不采用收益还原法评估。

（2）基准地价系数修正法。A县城镇基准地价估价期日为2018年1月1日，本次评估估价基准日为2022年9月5日，距离估价期日已超过3年，故本次估价未选用基准地价系数修正法。

（3）剩余法。估价对象地上规划建筑物为工业用房，且工业用房具有特殊性，同类型的工业用房交易案例较少，难以测算出不动产的正常交易价格，因此不采用剩余法评估。

(二) 估价过程

1. 运用成本逼近法进行评估

成本逼近法是以土地取得费和土地开发费为基础，再加上土地取得、开发过程中所发生的利润和利息以及土地纯收益，然后进行必要的个别因素修正和年期修正而评估出土地价格。

其基本公式为：

$$P = E_a + E_d + T + R_1 + R_2 + R_3$$

式中，P——待估宗地价格；

E_a——土地取得费；

E_d——土地开发费；

T——税费；

R_1——利息；

R_2——利润；

R_3——土地增值。

估价对象位于 A 县 C 村，按照《中华人民共和国土地管理法》的规定，结合辽宁省、沈阳市及 A 县颁布的各项文件，根据成本逼近法评估的步骤，其各项费用如下。

(1) 土地取得费及有关税费。土地取得费及有关税费主要包括征地费（含土地补偿费、安置补助费用及地上物补偿等）、耕地占用税、耕地开垦费等税费。

① 土地补偿费及安置补助费。估价对象区域多为征收农用地而来的国有建设用地。根据 2020 年 9 月 10 日沈阳市人民政府公布的《沈阳市人民政府关于公布实施沈阳市征地区片综合地价的通知》（沈政发〔2020〕20 号），估价对象位于 A 县区片 Ⅰ，征地区片综合地价为 4 万元/亩，故土地补偿费及安置补助费确定为 4 万元/亩，即 60 元/米^2。

A 县征地区片综合地价表见表 12-2。

表 12-2　A 县征地区片综合地价表

区片	地价/(万元·亩$^{-1}$)	乡镇街道办事处名称
Ⅰ	4	略
Ⅱ	3.2	略

② 青苗补偿费。青苗补偿费是指被征用的土地有正在生长的农作物，应给

予被征者农作物补偿的费用。根据对委估宗地周边区域农用地年产值调查，农用地年产值约为1500元/亩，则青苗补偿费为2.25元/米²。

③耕地占用税。估价对象位于A县，根据《辽宁省人民代表大会常务委员会关于批准辽宁省耕地占用税适用税额的决定的决议》（2019年7月30日辽宁省第十三届人民代表大会常务委员会第十二次会议通过）规定，耕地占用税标准为20元/米²。

④耕地开垦费。估价对象所在区域历年来征地均为一般耕地，地类以旱田为主，土地利用等以十五等为主，根据《辽宁省人民政府办公厅关于调整耕地开垦费征收标准和使用政策的通知》（辽政办〔2020〕15号）规定，确定耕地开垦费为10元/米²。

$$土地取得费及有关税费 = 土地补偿费及安置补助费 + 青苗补偿费 +$$
$$耕地占用税 + 耕地开垦费$$
$$= 60 + 2.25 + 20 + 10$$
$$= 92.25（元/米²）$$

（2）土地开发费。土地开发费是指对土地开发所进行的土地投入中属于土地资本的部分，一般是指土地开发部门完成基本的土地开发工程所投入的资金。由于设施档次、保证度不同，即使同一开发程度的土地开发费也不相同。根据对A县成片开发项目土地开发费的分析测算，经查阅相关资料并咨询相关工程人员，A县基础设施配套费用在宗地开发程度达到宗地外"五通"及宗地红线内场地平整的土地开发费为75元/米²。具体开发费用情况见表12-3。

表12-3 估价对象土地开发费一览表　　　　　　　　单位：元/米²

	通路	通电	通讯	通供水	通排水	场地平整	合计
A县	20	15	5	15	15	5	75

经对估价对象所在区域配套实施进行调查可知，现基本已经达到"五通"，宗地红线内场地平整。该区域为A县吉祥街道，区域整体规划并进行配套建设，具有规模效应，配套成本可以满足基础设施配套设施建设水平，符合估价对象所在区域的客观的重置开发费用。

（3）利息。根据待估宗地设定的开发程度，确定土地开发周期为1年，投资利息率按估价期日1年期LPR利率3.65%计算，其中土地取得费及有关税费在征地时一次投入，开发费用在开发期内均匀投入，故：

$$利息 = 土地取得费及有关税费 \times 贷款利率 \times 开发周期 + 土地开发费 \times$$
$$贷款利率 \times 开发周期 \times 0.5$$
$$= 92.25 \times 3.65\% \times 1 + 75 \times 3.65\% \times 1 \times 0.5$$
$$\approx 4.74（元/米²）$$

（4）利润。经调查 A 县土地开发的投资回报情况，考虑到 A 县社会经济增长率等因素，估价对象所处位置作为城市周边开发区的实际土地开发利润率一般为 6% ~ 10%。该利润率区间是估价师在对成片开发区土地整理利润调查的基础上得到的，是比较客观的利润区间。本次评估取土地开发的投资回报率为 8%，则投资利润为：

$$利润 = （土地取得费及相关税费 + 土地开发费）× 投资回报率$$
$$= （92.25 + 75）× 8\%$$
$$= 13.38 （元/米^2）$$

（5）土地增值。土地增值依据土地所在区域内，因用途等土地使用条件改变或进行土地开发而产生的价值增加额或比率测算。

通过调查分析，该区域近期成交的工业用地土地增值收益率详见表 12-4。

表 12-4 该区域近期成交的工业用地土地增值收益率

序号	成交时间	地块名称	土地面积/米²	成交单价/（元·米⁻²）	土地增值收益/（元·米⁻²）	土地增值收益占成本价格比例/%
1	2021年9月27日	A县×××地块	23281.00	200	40	25
2	2021年9月27日	A县×××地块	41967.00	177	27	18
3	2021年9月27日	A县×××地块	59907.00	177	27	18

将上述土地增值收益率简单算术平均后，确定估价对象土地增值收益率为成本价格的 20%。

$$土地增值 = （土地取得费及相关税费 + 土地开发费 + 利息 + 利润）× 20\%$$
$$= （92.25 + 75 + 4.74 + 13.38）× 20\%$$
$$≈ 37.07 （元/米^2）$$

（6）个别因素修正系数。根据估价对象所在区域的土地条件和利用特点选取宗地面积、宽度、临街状况、深度、宗地形状、地势条件和地质条件作为个别因素修正影响因素，并将各因素划分为五种指标，各种指标对应的影响因素情况详见表 12-5。

表 12-5 个别因素修正指标说明表

因素名称	优	较优	一般	较劣	劣
宗地面积	宗地大小非常适合土地利用类型	宗地大小较适合其土地利用类型	宗地大小对土地利用不造成影响	宗地大小相对土地利用类型偏大或偏小	宗地大小不适合土地利用类型

表12-5（续）

因素名称	优	较优	一般	较劣	劣
宽度	宽度大小非常适合土地利用类型	宽度大小较适合其土地利用类型	宽度大小对土地利用不造成影响	宽度大小相对土地利用类型偏大或偏小	宽度大小不适合土地利用类型
临街状况	临混合型主干道	临交通型主干道	临次干道	临支路	临其他道路
深度	深度大小非常适合土地利用类型	深度大小较适合其土地利用类型	深度大小对土地利用不造成影响	深度大小相对土地利用类型偏大或偏小	深度大小不适合土地利用类型
宗地形状	宗地形状规则、可实现充分利用，有利于设计和实施建筑方案	宗地形状较规则、对土地利用及设计和实施建筑方案较有利	宗地形状对土地利用及设计和实施建筑方案无不利影响	宗地形状不规则，对土地利用及设计和实施建筑方案有一定影响	宗地形状不规则，不利于土地利用及设计和实施建筑方案
地势条件	宗地地势平坦，有利于设计和实施建筑方案	宗地地势较平坦、对土地利用及设计和实施建筑方案较有利	宗地形状对土地利用及设计和实施建筑方案无不利影响	宗地地势较不平坦，对土地利用及设计和实施建筑方案有一定影响	宗地地势不平坦，不利于土地利用及设计和实施建筑方案
地质条件	宗地地质条件完全能够满足各类型厂房建设和生产要求	宗地地质条件可满足多数厂房建设和生产要求	宗地地质条件可以满足普通厂房建设和生产要求	宗地地质条件较差，只能满足简易厂房建设和生产要求	宗地地质条件明显不利于工业厂房建设和生产要求

设定该区域内各因素的平均水平所对应指标的修正系数为0，确定各因素的修正系数见表12-6。

表12-6　个别因素修正系数说明表　　　　　　　　　　单位：%

因素名称	优	较优	一般	较劣	劣
宗地面积	6	3	0	-3	-6
宽度	6	3	0	-3	-6
临街状况	6	3	0	-3	-6
深度	6	3	0	-3	-6
宗地形状	6	3	0	-3	-6
地势条件	6	3	0	-3	-6
地质条件	6	3	0	-3	-6

各因素对应指标和修正系数见表12-7。

表12-7　个别因素修正系数表　　　　　　　　　单位：%

因素名称	因素指标	优劣程度	修正系数
宗地面积	宗地大小相对土地利用类型偏大或偏小	较劣	-3
宽度	宽度大小对土地利用不造成影响	一般	0
临街状况	临交通型主干道	较优	3
深度	深度大小对土地利用不造成影响	一般	0
宗地形状	宗地形状对土地利用及设计和实施建筑方案无不利影响	一般	0
地势条件	宗地形状对土地利用及设计和实施建筑方案无不利影响	一般	0
地质条件	宗地地质条件可以满足普通厂房建设和生产要求	一般	0
合计	—	—	0

按照估价对象各因素条件，对照个别因素修正指标说明表认定各因素条件的优劣，再参照宗地地价各因素修正系数表确定各因素对应的修正系数，最后确定个别因素修正系数为0。

（7）土地使用权年期修正系数。根据《城镇土地估价规程》（GB/T 18508—2014），确定土地还原率的方法有土地纯收益与价格比率法、安全利率加风险调整值法、投资风险与投资收益率综合排序插入法。经评估人员分析认为，根据已收集的资料及当地市场状况，本次评估采用安全利率加风险调整值法确定土地还原利率较为合理，更具有可操作性。因此，本次评估采用安全利率加风险调整值法确定土地还原利率。

①安全利率的确定。考虑政府宏观货币政策，以最近一年内的一年期国债平均收益率作为无风险收益率（安全利率）。根据一年期国债收益率变化情况，最近一年内的一年期国债平均收益率为2.12%，见表12-8。

表12-8　一年期国债收益率

日期	一年期国债收益率/%	日期	一年期国债收益率/%
2022-09-05	1.7247	2021-10-14	2.3424
2022-09-02	1.7261	2021-10-13	2.3461
2022-09-01	1.7419	2021-10-12	2.3583
2022-08-31	1.7461	2021-10-11	2.3504

表 12-8（续）

日期	一年期国债收益率/%	日期	一年期国债收益率/%
2022-08-30	1.7502	2021-10-09	2.3446
2022-08-29	1.8001	2021-10-08	2.3383
2022-08-26	1.8097	2021-09-30	2.3242
2022-08-25	1.7852	2021-09-29	2.3569
2022-08-24	1.7646	2021-09-28	2.3501
2022-08-23	1.7585	2021-09-27	2.3423
2022-08-22	1.7302	2021-09-26	2.3390
2022-08-19	1.7179	2021-09-24	2.3375
2022-08-18	1.7110	2021-09-23	2.3304
2022-08-17	1.7214	2021-09-22	2.3251
2022-08-16	1.7010	2021-09-18	2.3348
2022-08-15	1.7467	2021-09-17	2.3369
2022-08-12	1.8533	2021-09-16	2.3483
2022-08-11	1.8709	2021-09-15	2.3346
2022-08-10	1.8330	2021-09-14	2.3491
2022-08-09	1.8248	2021-09-13	2.2967
2022-08-08	1.7716	2021-09-10	2.2861
2022-08-05	1.7496	2021-09-09	2.2826
2022-08-04	1.7281	2021-09-08	2.2801
2022-08-03	1.7655	2021-09-07	2.2742
⋮	⋮	2021-09-06	2.2674

② 风险调整值的确定。

A. 确定风险因素。根据测算地区的经济发展和土地市场情况，在调查的基础上，总结各种类型风险可能对不同土地市场的影响程度。如政策风险、经济风险、社会风险，在每种类型风险下，设置本地区各类用地投资中风险性可能较突出的风险因素，汇总成表，见表 12-9。

表 12-9　风险因素影响程度表

风险类型	风险因素	工业用地
政策风险	产业政策调整风险	0.3
	土地制度改革风险	0.25
	住房政策调整风险	0
经济风险	通货膨胀风险	0.2
	财务风险	0.3
	当地经济变动风险	0.2
社会风险	城市规划风险	0.1
合计	—	1.35

指标取值说明：风险程度分为重大（0.8）、较重大（0.4）、影响一般（0.2）、影响较小（0.1）、基本无影响（0）。

B. 确定各风险因素风险调整值。考虑到安全利率是在基本无风险下投资者的收益，以这一指标作为基数，计算出风险调整值，如下：

$$风险因素风险调整值 = 安全利率 \times 风险因素影响程度$$
$$= 2.12\% \times 1.35 \approx 2.86\%$$

C. 确定土地还原利率。

$$土地还原利率 = 安全利率 + 风险调整值$$
$$= 2.12\% + 2.86\% \approx 5\%$$

因本次估价对象剩余使用年限为50年，故需进行年期修正。

$$年期修正系数 = 1 - 1/(1 + r)^m$$

式中，r ——土地还原利率；

m ——该宗地剩余的土地使用权年限。

$$年期修正系数 = 1 - 1/(1 + 5\%)^{50} = 0.9128$$

（8）成本逼近法的最终估价结果见表12-10。

表 12-10　成本逼近法评估过程一览表

宗地名称	土地取得费及相关税费	土地开发费	投资利息	投资利润	土地增值	设定年限	年期修正系数	个别因素修正系数	宗地单位地价/(元·米⁻²)
A县B地块	92.25	75	4.74	13.38	37.07	50	0.9128	0	203

$$地价 = (92.25 + 75 + 4.74 + 13.38 + 37.07) \times 0.9128 \times (1 + 0)$$
$$= 203（元/米^2）$$

（9）方法应用分析。在成本逼近法中，根据估价对象所在区域土地取得方式测算其土地取得成本，符合土地管理法的规定及本地实际情况；土地开发成本是在调查沈阳市产业集聚区开发成本资料的基础上进行分析测算，并结合估价对象所在区域的实际开发程度而确定的；利润率是通过对大规模成片开发区域的土地开发利润并结合当前行业状况而确定的。根据以上分析，我们认为成本逼近法测算的土地价格能够反映估价对象所在区域的土地成本价格，其计算结果可以采用。

2. 运用市场比较法进行评估

（1）基本原理。市场比较法是在求取待估土地的价格时，根据替代原则，将待估宗地与近期内同一供需圈内的类似土地实例加以比较对照，并依据后者已知的价格，参照该土地的交易情况、期日、个别因素、区域因素等差别，修正得出待估宗地在评估期日价格的一种方法。

其基本公式为：

$$P = P_B \times A \times B \times C \times D \times E$$

式中，P——待估宗地价格；

P_B——比较实例价格；

A——待估宗地交易情况指数/比较实例宗地交易情况指数；

B——待估宗地估价期日地价指数/比较实例宗地交易期日地价指数；

C——待估宗地区域因素条件指数/比较实例宗地区域因素条件指数；

D——待估宗地个别因素条件指数/比较实例宗地个别因素条件指数；

E——待估宗地年期修正指数/比较实例宗地年期修正指数。

（2）比较案例选取。我们通过数据库查询、咨询成交地块等方式调查取得三宗土地交易实例，情况见表12-11。

表12-11　土地交易实例一览表

序号	宗地编号	交易案例名称	交易时间	土地用途	用地面积/米²	容积率	单位地价/(元·米⁻²)
1	2021-19	A县×××地块	2021年9月27日	工业用地	23281.00	0.7	200
2	2021-18	A县×××地块	2021年9月27日	工业用地	41967.00	0.7	177
3	2021-17	A县×××地块	2021年9月27日	工业用地	59907.00	0.7	177

根据宗地用途、交易时间、供需圈、临近区域等因素，选取了三宗与估价对象距离较近，情况相似的土地作为比较案例，具体情况如下：

比较案例12.1：

交易时间为2021年9月27日；

宗地位于A县某村；

土地使用者为某建材有限公司；

土地用途为工业用地；

宗地面积为23281.00 m^2；

土地利用情况为工业用地，容积率为0.7；

开发程度为宗地所在区域基础设施达到"五通一平"；

使用年限为工业50年；

交易方式为挂牌出让；

交易情况为正常交易；

交易价格为200元/米^2；

价格内涵与待估宗地相同；

比较案例12.1距A县客运站约4.8 km，距沈康高速出入口约8.8 km，交通较便利，规划容积率为0.7，土地形状较规则，地质条件一般，地形地势条件一般，临次干道。

比较案例12.2：

交易时间为2021年9月27日；

宗地位于A县某村；

土地使用者为某陶瓷制品有限公司；

土地用途为工业用地；

宗地面积为41967.00 m^2；

土地利用情况为工业用地，容积率为0.7；

开发程度为宗地所在区域基础设施达到"五通一平"；

使用年限为工业50年；

交易方式为挂牌出让；

交易情况为正常交易；

交易价格为177元/米^2；

价格内涵与待估宗地相同；

比较案例12.2距A县客运站约7.2 km，距沈康高速出入口约11.6 km，交通较便利，规划容积率为0.7，土地形状不规则，地质条件一般，地形地势条件一般，临次干道。

比较案例12.3：

交易时间为2021年9月27日；

宗地位于A县某村；

土地使用者为某金属材料加工有限公司；

土地用途为工业用地；

宗地面积为 59907.00 m²；

土地利用情况为工业用地，容积率为 0.7；

开发程度为宗地所在区域基础设施达到"五通一平"；

使用年限为工业 50 年；

交易方式为挂牌出让；

交易情况为正常交易；

交易价格为 177 元/米²；

价格内涵与待估宗地相同；

比较案例 12.3 距 A 县客运站约 7.7 km，距沈康高速出入口约 11.5 km，交通较便利，规划容积率为 0.7，土地形状较规则，地质条件一般，地形地势条件一般，临次干道。

确定比较案例后需要建立价格可比基础，上述选用的比较案例的付款方式、币种、货币单位、面积内涵、面积单位等情况见表 12-12。

表 12-12　价格可比基础

比较案例	付款方式	币种	货币单位	面积内涵	面积单位
12.1	限期全额缴纳	人民币	元	供地面积	m²
12.2	限期全额缴纳	人民币	元	供地面积	m²
12.3	限期全额缴纳	人民币	元	供地面积	m²

三个比较案例与估价对象设定的价格基础一致，故不需要进行修正。

（3）比较因素选择。根据待估宗地的宗地条件，影响待估宗地价格的主要因素有以下几点。

① 交易期日。根据地价指数确定交易期日修正系数。

② 交易情况。分为正常交易、关联方间交易、快速变现及特殊交易方式等。

③ 交易方式。排除不同交易方式所造成的比较实例的价格偏差，将其成交价格修正为相同交易方式下的价格。

④ 土地用途。将各比较实例在不同土地用途下的价格调整为待估宗下的价格，消除因土地用途不同对价格带来的影响。

⑤ 土地使用年期。指待估宗地和比较案例的土地使用年期。

⑥ 区域因素。主要指交通条件（距客运站距离、距高速公路入口距离、路网状况）、产业聚集状况、基础设施完备程度、环境状况等。

⑦ 个别因素。主要包括临路状况、宗地面积、宗地形状、地质条件、地形

不动产估价：方法与案例

地势、规划限制等。

（4）因素条件说明。通过调查，选择与待估宗地用途相同或相近、在同一供需圈的比较案例，各比较案例的具体情况可见表12-13。

表12-13　因素条件说明

影响因素	待估宗地	比较案例12.1	比较案例12.2	比较案例12.3
比较案例单价/(元·米⁻²)	—	200	177	177
交易时间	2022年9月5日	2021年9月27日	2021年9月27日	2021年9月27日
交易情况	正常	正常	正常	正常
交易方式	出让	出让	出让	出让
剩余土地使用年限/年	50	50	50	50
土地用途	工业	工业	工业	工业
基础设施完备程度	宗地外"五通"	宗地外"五通"	宗地外"五通"	宗地外"五通"
产业聚集状况	一般	一般	一般	一般
距客运站距离	约5.5 km	约4.8 km	约7.2 km	约7.7 km
距高速公路出入口距离	距沈康高速出口6.5 km	距沈康高速出口8.8 km	距沈康高速出口11.6 km	距沈康高速出口11.5 km
路网状况	路网密度一般	路网密度一般	路网密度一般	路网密度一般
环境状况	一般	一般	一般	一般
临路状况	临交通型主干道	临次干道	临次干道	临次干道
宗地面积/m²	6481.00	23281.00	41967.00	59907.00
宗地形状	土地形状较规则，对土地利用无影响	土地形状较规则，对土地利用无影响	土地形状不规则，对土地利用有影响	土地形状较规则，对土地利用无影响
地质条件	地质条件一般，能基本满足建设要求	地质条件一般，能基本满足建设要求	地地质条件一般，能基本满足建设要求	地质条件一般，能基本满足建设要求
地形地势	地形较平整，地势较平坦，能满足建设要求	地形较平整，地势较平坦，能满足建设要求	地形较平整，地势较平坦，能满足建设要求	地形较平整，地势较平坦，能满足建设要求
规划限制	无规划限制	无规划限制	无规划限制	无规划限制

（5）比较因素修正说明。根据待估宗地与比较实例各种因素具体情况，编制比较因素条件指数表。比较因素指数确定如下。

①交易期日。根据待估宗地所在区域的地价变化情况，确定比较案例和待估宗地在不同时间的地价指数。

$$P_E = P_0 \times Q/Q_0$$

式中，P_E——估价期日修正后比较实例价格；

　　　P_0——估价期日修正前比较实例价格；

　　　Q——待估宗地估价期日地价指数；

　　　Q_0——比较实例交易日地价指数。

待估宗地的估价期日为2022年9月5日，比较案例12.1至12.3的交易日期为2021年9月27日。从各比较案例的交易日期至待估宗地的估价期日，待估宗地所在区域的工业用地地价水平基本无变化，确定各比较案例的期日修正指数均为100。

②交易情况。分为正常交易、关联方间交易、快速变现等。当待估宗地条件与比较案例条件一致时，不需进行修正；当条件不一致时，需进行修正。

$$P_E = P_0 \times E_P/E_E$$

式中，P_E——交易情况修正后比较实例价格；

　　　P_0——交易情况修正前比较实例价格；

　　　E_P——待估宗地交易情况指数；

　　　E_E——比较实例交易情况指数。

本次评估待估宗地和比较案例均为出让宗地，是公开市场条件下的土地使用权价格，因此待估宗地及各比较案例价格内涵相同，因此待估宗地及各比较案例的交易情况指数均为100。

③交易方式。以待估宗地的条件为标准，当待估宗地条件与比较案例条件一致时，无须进行修正；当条件不一致时，需进行修正。

本次估价结果土地使用权出让价格内涵是在估价期日公开市场条件下出让国有土地使用权价格，比较案例交易方式均为挂牌出让，均为公开市场下的交易方式，故不需要对交易方式进行修正，因此待估宗地及各比较案例交易方式指数均为100。

④用途修正。以待估宗地的条件为标准，当待估宗地条件与比较案例条件一致时，无须进行修正；当条件不一致时，需进行修正。

待估宗地的设定用途为工业用地，比较案例12.1至12.3的用途均为工业用地，因此待估宗地及各比较案例土地用途指数均为100。

⑤土地使用年期修正。

$$P_t = P_0 \times \left[1 - 1/(1+r)^m\right] / \left[1 - 1/(1+r)^n\right]$$

式中，P_t——年期修正后宗地价格；

P_0——年期修正前比较实例价格；

r——土地还原率；

n——比较实例的使用年期；

m——待估宗地的使用年期。

待估宗地剩余出让年限设定为工业用地50年，比较案例均为工业用地50年，故此处无须进行修正，因此待估宗地及各比较案例使用年限修正指数均为100。

⑥区域及个别因素修正.

A. 区域因素。

a. 基础设施完备程度。以待估宗地区域的基础设施完备程度为标准，确定其指数为100。若比较案例优于此标准，则比较案例的指数高于100；若比较案例劣于此标准，则比较案例的指数低于100。待估宗地外开发程度为"五通"，比较案例的宗地外开发程度均为"五通"，因此不需要对各比较案例进行开发程度修正，确定各比较案例的宗地外开发程度指数为100。

b. 产业聚集状况。以待估宗地区域的产业聚集状况为标准，确定其指数为100。若比较案例优于此标准，则比较案例的指数高于100；若比较案例劣于此标准，则比较案例的指数低于100。待估宗地的产业聚集状况一般，比较案例的产业聚集状况均一般，因此不需要对各比较案例进行产业聚集状况修正，确定各比较案例的产业聚集状况指数均为100。

c. 距客运站距离。以待估宗地的距客运站距离为标准，确定其指数为100。若比较案例优于此标准，则比较案例的指数高于100；若比较案例劣于此标准，则比较案例的指数低于100。将待估宗地与比较案例距客运站距离进行比较，待估宗地与比较案例距客运站距离相差1 km，修正1%，因此各比较案例距客运站距离指数均分别为100，98，98。

d. 距高速公路出入口距离。以待估宗地距高速公路出入口距离为标准，确定其指数为100。若比较案例优于此标准，则比较案例的指数高于100；若比较案例劣于此标准，则比较案例的指数低于100。将待估宗地与比较案例距高速公路出入口距离进行比较，待估宗地与比较案例距高速公路出入口距离相差1 km，修正1%，因此各比较案例距客运站距离指数均分别为98，95，95。

e. 路网状况。以待估宗地的路网状况为标准，确定其指数为100。若比较案例优于此标准，则比较案例的指数高于100；若比较案例劣于此标准，则比较案例的指数低于100。将宗地路网状况按"优、较优、一般、较劣和劣"划分为五个级别：路网密集，周围有多条主干道经过，紧邻进出主干道；路网较密集，周围有主干道经过，临近主干道；路网稠密度一般，周围有主干道经过，能通过次干道进出主干道行驶距离小于500 m；路网较稀疏，周围有次干道经过，能通过次干道进入主干道行驶距离为500~1000 m；路网稀疏，周围无主干道经过，能通过次干道进入主干道行驶距离大于1000 m。每上升或下降一个级别，指数上升或下降3%。待估宗地与比较案例周边路网密度均一般，因此待估宗地及各比较案例路网状况指数均为100。

f. 环境状况。以待估宗地区域的环境状况为标准，确定其指数为100。若比较案例优于此标准，则比较案例的指数高于100；若比较案例劣于此标准，则比较案例的指数低于100。待估宗地环境状况一般，比较案例的环境状况均一般，因此不需要对各比较案例进行环境状况修正，确定环境状况修正系数指数为100。

B. 个别因素。

a. 临路状况。以待估宗地的临路状况为标准，确定其指数为100。若比较案例优于此标准，则比较案例的指数高于100；若比较案例劣于此标准，则比较案例的指数低于100。将宗地临路状况按优、较优、一般、较劣和劣划分为五个级别：临主要混合型主道路、临主要交通型主道路、临次干道、临支路、临巷道。每上升或下降一个级别，指数上升或下降2%。待估宗地为临主要混合型主干道，比较案例均为临次干道，因此各比较案例临路状况指数均为98。

b. 宗地面积。以待估宗地的宗地面积为标准，确定其指数为100。若比较案例优于此标准，则比较案例的指数高于100；若比较案例劣于此标准，则比较案例的指数低于100。将宗地面积状况按优、较优、一般、较劣和劣划分为五个级别：宗地大小非常适合土地利用类型、宗地大小较适合土地利用类型、宗地大小对土地利用类型不造成影响、宗地大小相对土地利用类型偏大或偏小、宗地大小不适合土地利用类型。每上升或下降一个级别，指数上升或下降1%。待估宗地宗地大小相对土地利用类型偏小，比较案例均为宗地大小对土地利用类型不造成影响，因此各比较案例宗地面积指数均为101。

c. 宗地形状。以待估宗地的宗地形状为标准，确定其指数为100。若比较案例优于此标准，则比较案例的指数高于100；若比较案例劣于此标准，则比较案例的指数低于100。将宗地形状按优、较优、一般、较劣和劣划分为五个级别：土地利用充分；形状规则，土地利用较充分；形状较规则，土地利用充分；形状不规则，土地利用一般；形状不规则，土地利用不充分。每上升或下降一个级别，指数上升或下降1%。待估宗地与比较案例12.1和12.3宗地形状均为较规则，比较案例12.2宗地形状不规则，因此比较案例12.1和12.3宗地形状指数均为100，比较案例12.2宗地形状指数均为99。

d. 地质条件。将宗地地质条件按优、较优、一般、较劣和劣划分为五个级别：地质条件优，能很好满足建设要求；地质条件较优，能较好满足建设要求；地质条件一般，能基本满足建设要求；地质条件较差，不能全部能满足建设要求；地质条件差，不能满足建设要求。每上升或下降一个级别，指数上升或下降2%。

待估宗地与比较案例的地质条件均一般，均能基本满足建设要求，因此不需要对各比较案例进行地质条件修正，确定地质条件修正系数指数为100。

e. 地形地势。将宗地地形地势按优、较优、一般、较劣和劣划分为五个级别：地形平整，地势平坦，能满足建设要求；地形较平整，地势较平坦，能满足建设要求；地形平整度一般，地势平坦度一般，能基本满足建设要求；地形平整度较差，地势平坦度较差，不能全部能满足建设要求；地形不平整，地势不平坦，不能满足建设要求。每上升或下降一个级别，指数上升或下降2%。

待估宗地与比较案例的地形均较平整，地势均较平坦，均能满足建设要求，因此不需要对各比较案例进行地质条件修正，确定地质条件修正系数指数为100。

f. 规划限制。以待估宗地区域的规划限制为标准，确定其指数为100。若比较案例优于此标准，则比较案例的指数高于100；若比较案例劣于此标准，则比较案例的指数低于100。

待估宗地无规划限制，比较案例也均无规划限制，因此不需要对各比较案例进行开发程度修正，确定规划限制修正系数指数均为100，见表12-14。

表12-14　比较因素条件指数表

影响因素	待估宗地	比较案例12.1	比较案例12.2	比较案例12.3
比较案例单价/(元·米$^{-2}$)	—	200	177	177
交易期日	100	100	100	100
交易情况	100	100	100	100
交易方式	100	100	100	100
土地用途	100	100	100	100
年期修正	100	100	100	100
基础设施完备程度	100	100	100	100
产业聚集状况	100	100	100	100
距客运站距离	100	100	98	98
距高速公路入口距离	100	98	95	95
路网状况	100	100	100	100

表12-14　（续）

影响因素	待估宗地	比较案例12.1	比较案例12.2	比较案例12.3
环境状况	100	100	100	100
临路状况	100	98	98	98
宗地面积	100	101	101	101
宗地形状	100	100	99	100
地质条件	100	100	100	100
地形地势	100	100	100	100
规划限制	100	100	100	100

（6）实例修正后的地价计算见表12-15。

表12-15　比较因素修正系数表

影响因素	比较案例12.1	比较案例12.2	比较案例12.3
比较案例/单价/(元·米$^{-2}$)	200	177	177
交易期日	100/100	100/100	100/100
交易情况	100/100	100/100	100/100
交易方式	100/100	100/100	100/100
土地用途	100/100	100/100	100/100
年期修正	100/100	100/100	100/100
基础设施完备程度	100/100	100/100	100/100
产业聚集状况	100/100	100/100	100/100
距客运站距离	100/100	100/98	100/98
距高速公路入口距离	100/98	100/95	100/95
路网状况	100/100	100/100	100/100
环境状况	100/100	100/100	100/100
临路状况	100/98	100/98	100/98
宗地面积	100/101	100/101	100/101
宗地形状	100/100	100/99	100/100
地质条件	100/100	100/100	100/100
地形地势	100/100	100/100	100/100
规划限制	100/100	100/100	100/100
比准价格/(元·米$^{-2}$)	206	194	192
评估单价/(元·米$^{-2}$)		197	

根据以上修正得出的三个比较案例的比准价格较接近且符合估价期日估价对象用途土地的价格水平，故取三个比较案例的比准价格的算术平均值作为本次市场比较法评估测算结果：

$$宗地价格 = (206 + 194 + 192) \div 3$$

$$\approx 197（元/米^2）$$

（7）方法应用分析。市场比较法中所采用的比较实例价格为实际发生并已为人接受的价格，并且比较实例与估价对象位于同一区域且距离相近，土地利用相似，宗地条件相近，具有较强的替代性。比较过程中在确定修正系数时，我们综合全面分析估价对象宏观、微观区位条件及其与比较实例的差异，选择对地价有影响的重要因素，并对各因素进行量化，使其结果尽可能逼近客观事实，从地价平衡角度看，采用该方法得出的价格可以采用。

三、地价的确定

（一）地价确定的方法

待估宗地采用了两种评估方法评估，两种评估方法的评估结果均符合市场实际情况且相差不大，故以两种方法的算术平均值作为待估宗地的最终估价结果。

（二）估价结果

宗地面积：6481 m²；

单位面积地价 = 203 × 0.5 + 197 × 0.5 = 200（元/米²）；

总地价 = 200 × 6481 ÷ 10000 = 129.62（万元）

大写金额：壹佰贰拾玖万陆仟贰佰元整。

第四部分　附　件

（附件应包括土地使用证复印件或土地产权证明材料，房屋产权证复印件或证明材料，地籍图、宗地图、建筑平面图等图件，估价对象照片，有关背景材料和估价机构资质证书复印件等。）

第十三章　国有建设用地使用权 出让底价评估案例

B区C地块国有建设用地使用权出让底价评估

土地估价报告

项　目　名　称：B区C地块国有建设用地使用权出让底价评估

受 托 估 价 单 位：××房地产土地评估有限责任公司

土地估价报告编号：××〔2023〕估字第×××号

电 子 备 案 编 号：2110722BA××××

提交估价报告日期：2023年8月1日

估价报告备案日期：2023年8月1日

土地估价报告

第一部分　摘　要

一、估价项目名称

B区C地块国有建设用地使用权出让底价评估

二、委托估价方

委托单位：B区人民政府

三、估价目的

B区人民政府拟出让B区C地块国有建设用地土地使用权，本估价机构依据委托方提供资料及《城镇土地估价规程》（GB/T 18508—2014）进行评估，为出让方通过集体决策确定土地使用权出让底价提供价格参考。

四、估价期日

根据《国土资源部办公厅关于印发〈国有建设用地使用权出让地价评估技术规范〉的通知》（国土资厅发〔2018〕4号），经与委托估价方协商一致，本次以2023年7月31日作为估价期日。

五、估价日期

2023年7月31日至2023年8月1日。

六、地价定义

估价对象为位于B区D街西、规划E路北的一宗待出让国有建设用地使用权，根据估价目的及估价依据，结合委托方提供的资料及现场勘察情况，确定在估价期日时的地价定义。

（一）土地用途设定

估价对象为待出让的国有建设用地使用权，根据B区自然资源局出具的地块规划条件，拟出让土地用途为工业用地，对照《土地利用现状分类》（GB/T 21010—2017）及《国土空间调查、规划、用途管制用地用海分类指南（试行)》规定，土地评估设定用途为工业用地。

（二）土地开发程度设定

估价对象实际开发程度为宗地红线外"五通"和宗地红线内场地平整。根据此次评估目的，设定土地开发程度为宗地红线外"五通"和宗地内场地平整。

（三）土地利用条件设定

估价期日时，宗地内场地平整，根据该项目评估目的，本次按规划利用状况评估。根据B区自然资源局出具的《地块规划条件》，待估宗地用地面积为46512 m²，容积率不小于1.0，建筑密度不小于35%，绿地率不大于15%，建筑高度不大于30 m，因此本次评估设定容积率为1.0。

（四）土地使用权年限设定

估价对象为拟待出让的国有建设用地，根据《中华人民共和国城镇国有土地使用权出让和转让暂行条例》，按工业用地法定最高使用年限设定土地使用年限为50年。

（五）土地使用权性质设定

估价对象为待出让国有建设用地使用权，根据规划设计条件，结合本次估价目的，本次估价设定土地使用权类型为国有出让土地使用权。

（六）土地使用权价格类型设定

根据评估目的，本次评估价格为规划利用条件及最有效利用方式下的国有出让土地使用权公开市场价格。

综上，本次评估价格是指在规划利用条件及最有效利用方式下，满足上述土地用途、开发程度、容积率、使用年期、使用权性质等各项评估设定条件，于估价期日2023年7月31日的正常市场条件下的国有出让建设用地使用权公开市场价格。

七、估价结果

（一）估价结果

宗地面积：46512 m²；

单位面积地价：489 元/米²；

总地价：2274.44 万元；

大写金额：贰仟贰佰柒拾肆万肆仟肆佰元整。（币种：人民币）

[详见土地估价结果一览表（表13-1）]

（二）出让底价决策建议及理由

依据《国土资源部关于发布实施〈全国工业用地出让最低价标准〉的通知》（国土资发〔2006〕307号），该标准是"市、县人民政府出让工业用地，确定土地使用权出让价格时必须执行的最低控制标准。"待估宗地位于B区，属于该《标准》四等工业用地，对应全国工业用地出让最低价标准为480元/米²。根据委托估价方提供的地块成本联系单得知，待估宗地土地取得成本为392元/米²。

经测算，待估宗地单位面积地价为489元/米²，高于待估宗地对应级别的全国工业用地出让最低价标准及土地取得成本，故建议出让底价为489元/米²。

八、土地估价师签字

估价师	证书编号	签字
×××	×××	——————
×××	×××	——————

九、土地估价机构

法定代表人（签字）

××房地产土地评估有限责任公司（公章）

2023年8月1日

估价机构：×× 房地产土地评估有限责任公司　估价报告编号：××〔2023〕估字第××××号　估价期日：2023年7月31日　估价期日的土地使用权性质：国有待出让

估价目的：为委托方通过集体决策决定土地使用权出让底价提供价格参考

表13-1　土地估价结果一览表

估价期日的土地使用者	宗地编号	宗地名称	土地使用证编号	宗地位置	估价期日的土地用途			容积率			估价期日实际土地开发程度	估价设定的土地开发程度	剩余土地使用权年限	评估面积/m²	单位面积地面价/(元·米⁻²)	总地价/万元	备注
					规划	实际	设定	规划	实际	设定							
—	—	C地块	—	B区D街西、规划E路北	工业用地	—	工业用地	不小于1.0	—	1.0	宗地外"五通"（通供水、通排水、通电、通路、通信），宗地内场地平整	宗地外"五通"（通供水、通排水、通电、通路、通信），宗地内场地平整	50年	46512	489	2274.44	—

1. 上述土地估价结果的限定条件。

① 土地权利限制：估价对象为政府待出让的国有建设用地使用权，在估价期日无抵押、担保等他项权利限制。

② 基础设施配套条件：在估价期日，估价对象设定开发程度为宗地外"五通"（供水、排水、通电、通路、通信）和宗地内场地平整。

③ 规划限制条件：根据委托估价方提供的资料记载，估价对象用地面积为46512 m²，容积率不小于1.0，建筑密度不小于35%，绿地率不大于15%，建筑高度不大于30 m。

④ 影响土地价格的其他限制条件。在估价期日，估价对象设定用途为工业用地，土地使用年限设定为工业50年。

2. 其他需要说明的事项

(1) 有关资料来源及未经实地实勘确认或无法实地调查的资料由委托方提供。土地利用状况等资料由委托方提供，土地区位条件、地产交易市场资料等评估相关资料由估价人员实地调查而得。

(2) 对估价结果和估价工作可能产生影响的变化事项以及采取的相应措施。本报告估价结果是在满足地价定义条件下的使用权价格，若估价期日、土地开发状况、土地利用方式、土地处置方式等影响地价的因素发生变化，该评估价格应作相应调整。

（3）估价对象的特殊性、估价中未考虑的因素及采取的特殊处理、没有特殊性、未作特殊处理。

（4）其他需要特殊说明的问题。

① 评估结果仅供 B 区 C 地块国有建设用地土地使用权，本估价机构依据委托方提供资料及《城镇土地估价规程》（GB/T 18508—2014）进行评估，为出让方案决策土地使用权出让底价提供价格参考。

② 委托方对所提供资料的准确性负责，估价机构对所收集资料的真实性、准确性负责。

③ 任何单位和个人未经估价机构书面同意，不得以任何形式发表、肢解本报告。

④ 本估价报告和估价结果自报告出具日起一年内有效。

B 区 C 地块拟出让 B 区 C 地块国有建设用地使用权出让底价提供价格参考。

×× 房地产土地评估有限责任公司（公章）

2023 年 8 月 1 日

第二部分　估价对象界定

一、委托估价方

委托单位：B区人民政府

单位地址：B区政务服务中心

联系人：×××

联系电话：×××

二、估价对象

估价对象为位于B区D街西、规划E路北的一宗待出让国有建设用地使用权，根据B区自然资源局出具的《地块规划条件》，规划用途为工业用地，用地面积为46512 m²，规划容积率为1.0，土地使用年限设定为法定最高使用年期50年。

三、估价对象概况

（一）土地登记状况

1. 权属性质

估价对象为待出让国有建设用地。

2. 权源及权属变更情况

估价对象经征收集体土地后转变为国有建设用地，B区人民政府拟出让该宗地土地使用权。

3. 地理位置

B区D街西、规划E路北。

4. 土地用途

根据B区自然资源局出具的《地块规划条件》，规划用途为工业用地。

5. 四至

东至D街；南至E路；西至22 m规划路；北至30 m规划路。

6. 面积

拟出让土地面积为46512 m²。

7. 土地级别

估价对象为沈阳市五级工业用地。

待估宗地为待出让国有建设用地，尚未进行土地登记，故无土地登记证书号、不动产权证书编号、登记时间、地籍图号、宗地号。

(二) 土地权利状况

1. 土地所有权

待估宗地所有权人为国家。

2. 土地使用权

待估宗地尚未出让，无土地使用权人。

3. 他项权利

根据委托人提供的地块规划条件，估价对象于估价期日无抵押权、担保权、地役权、租赁权、地上地下权及相邻关系权利设定。

(三) 土地利用状况

在估价期日，待估宗地的利用现状为空地，根据B区自然资源局出具的《地块规划条件》，规划用途为工业用地，用地面积为46512 m²，容积率不小于1.0，建筑密度不小于35%，绿地率不大于15%，建筑高度不大于30 m。

四、影响地价的因素说明

(一) 一般因素

1. 城市资源状况

(1) 地理位置。待估宗地位于沈阳市辖区内。沈阳市位于中国东北地区南部，辽宁省的中部。东与铁岭市、抚顺市相邻，西与阜新市、锦州市、鞍山市接壤，南与辽阳市、本溪市毗邻，北与内蒙古自治区接壤。地理位置在东经122度25分9秒~123度48分24秒，北纬41度11分51秒~41度12分13秒。

(2) 土地及自然环境。沈阳市以平原为主，地势平坦，平均海拔50 m左右，山地丘陵集中在东北、东南部，属辽东丘陵的延伸部分，西部是辽河、浑河冲积平原，地势由东向西南缓缓倾斜。沈阳市地区属温带半湿润大陆性气候，全年气温在-29~36 ℃，平均气温8.6 ℃。受季风影响，降水集中，温差较大，四季分明。

(3) 行政区划。沈阳市是辽宁省省会及最大城市，中国东北地区区域中心城市，副省级城市，国家新型工业化综合配套改革试验区和沈阳经济区核心城市。全市辖10个市辖区 (和平区、沈河区、皇姑区、大东区、铁西区、于洪区、浑南区、沈北新区、苏家屯区、辽中区)，2个县 (法库县、康平县)，代管新民市。总面积1.3万km²，市区面积3495 km²，建成区面积近800 km²。

2. 不动产制度与不动产市场状况

（1）住房制度。沈阳市政府近年来以国务院和省政府关于进一步深化城镇住房制度改革加快住房建设的政策为依据，以住房分配体制改革为重点，逐步建立适应社会主义市场经济体制要求和我市市情的住房新制度；建立和完善以经济适用住房为主的多层次的住房供应体系；稳步推进住房商品化、社会化进程，发展住房金融，培育、规范和发展住房交易市场，促使住宅业成为新的经济增长点，不断满足我市居民日益增长的住房需求。

（2）土地制度。近几年，沈阳市土地使用制度不断深化，土地有偿使用逐步规范，土地以无偿使用为主转变为有偿出让为主体的土地管理制度改革。沈阳市政府为了加强土地市场的培育，充分发挥土地市场的调节和增值功能，自2001年以来陆续出台了《沈阳市国有土地使用权招标、拍卖暂行办法》《沈阳市土地储备办法》《关于对城市规划区内经营性用地实行统一市场供应和交易的通知》等，在土地资产管理工作中运用法治手段，制定了一整套技术规范，把全市的土地流转纳入市场轨道。

（3）不动产市场状况。2023年1—6月，沈阳市房地产开发投资完成346.2亿元，同比下降26.0%。其中，住宅投资281.3亿元，下降28.6%；商业营业用房投资29.9亿元，下降22.3%；办公楼投资10.4亿元，增长1.6%。

施工面积5898.4万m²，下降12.0%。其中，住宅施工面积4059.5万m²，下降13.5%；商业营业用房施工面积728.3万m²，下降6.9%；办公楼施工面积234.2万m²，下降8.0%。新开工面积164.4万m²，下降49.2%。其中，住宅新开工面积128.4万m²，下降42.4%；商业营业用房新开工面积13.8万m²，下降33.8%；办公楼新开工面积5.0万m²，下降73.3%。

到位资金396.7亿元，下降11.4%。其中，国内贷款55.6亿元，增长28.2%；自筹资金115.9亿元，下降36.8%；定金及预收款148.3亿元，下降5.5%；个人按揭贷款68.7亿元，增长19.6%。

商品房销售面积296.9万m²，下降17.1%。其中，住宅销售面积269.1万m²，下降20.5%；商业营业用房销售面积13.6万m²，增长18.9%；办公楼销售面积1.1万m²，下降40.2%。

3. 土地市场状况

沈阳市自然资源局发布了《沈阳市2023年国有建设用地供应计划》，2023年度沈阳市国有建设用地供应总量控制在1971.4公顷以内，全市住宅用地计划供应145.7公顷。

对比"沈阳市2022年国有建设用地计划供应表"发现，2023年沈阳住宅计划用地缩减幅度十分明显，2022年全市住宅用地计划供应量为483.9公顷，2023年则缩减了一半以上。住宅供地大幅缩减，与土地市场持续低迷有一定关系。

2022年，沈阳市商品房住宅供应建筑面积为254万㎡，实际成交仅有149万㎡。楼面价从5466元/米²降至4355元/米²，接近2019年水平。

土地拍卖流拍率较高，也是供地缩减的重要因素。2022年，沈阳市全年原计划有3~4轮土地拍卖，最终只完成了2轮，第一轮流拍率20%，第二轮流拍率23%，仅成交了14宗住宅土地，其中有8宗土地由国资背景的沈阳地铁接盘。两轮集中供地共成交76.7万㎡，2021年集中供地成交面积为338.82万㎡，2022年交易量仅为上一年的25%。

另外，房企拿地"欲望"仍不高。从2022年房企成交数据量可以看出，几乎所有房企的成交面积和成交金额相较2021年均出现大幅下滑。不少房企仍然没有摆脱资金短缺困境。

沈阳市自然资源局发布的《沈阳市2023年度住宅用地供应计划》强调，在住宅用地供应布局上，充分考虑城市建成区、城市新区人口结构情况、居民住宅需求以及房地产市场走势等因素，确定计划供应的住宅用地规模，达到均衡合理布局，确保职住平衡。

4. 城市规划与发展目标

以"2035年与全国、全省同步基本实现社会主义现代化，实现新时代全面振兴全方位振兴，成为在国家战略布局中具有重要地位的中心城市"为远景目标；以"'十四五'时期推动全面振兴全方位振兴取得新突破，努力建设国家中心城市"为近期目标，力求打造一个有活力、有品位、有颜值、有温度的现代化都市。

2023年，沈阳市经济社会发展主要预期目标：地区生产总值增长6%以上；一般公共预算收入增长6%；固定资产投资增长10%以上；社会消费品零售总额增长8%；规模以上工业增加值增长7%；城镇和农村居民人均可支配收入增长与经济增长基本同步；全社会研发经费投入增长10%；单位地区生产总值能耗下降3.2%，主要污染物排放总量进一步下降。

5. 城市社会经济发展状况

2023年上半年，沈阳市实现地区生产总值3725.8亿元，按可比价格计算，同比增长6.6%。比一季度提高0.7%，比全国高1.1%，比辽宁省高1.0%。其中，第一产业增加值125.4亿元，增长4.0%；第二产业增加值1343.4亿元，增长10.9%；第三产业增加值2257.1亿元，增长4.7%。

2023年上半年，沈阳市农林牧渔业总产值同比增长3.8%。其中，种植业产值增长 3.8%，蔬菜及食用菌产量增长 4.2%；畜牧业产值增长 4.0%；渔业产值增长 3.7%，水产品产量增长 4.0%；林业产值增长 3.2%；农林牧渔服务业产值增长 0.8%。

2023 年上半年，沈阳市规模以上工业增加值同比增长 10.5%。其中，制造业增加值增长 12.2%。从重点行业看，汽车制造业增加值增长 21.6%，高于沈阳市规模以上工业增加值增速 11.1%；通用设备制造业增加值增长 4.2%，专用设备制造业增加值增长 12.0%，橡胶和塑料制品业增加值增长 17.0%。从经济类型看，国有企业增加值增长 0.7%，民营企业增加值增长 5.3%，外商及港澳台商投资企业增加值增长 15.5%。从产品产量看，汽车产量增长 27.3%，其中新能源汽车产量增长 60.7%；光缆产量增长 31.7%，变压器产量增长 37.1%，工业仪表产量增长 77.8%。

（二）区域因素

1. 区域概况

B 区辖区面积 61.1 km²，下辖街道 10 个、社区 115 个、行政村 10 个，户籍人口 78.8 万人、常住人口 62 万人，长期居住满族、朝鲜族、回族、蒙古族、锡伯族等 46 个少数民族。2021 年，B 区入围中国幸福百强区，人民生活幸福度位列东北第一。2022 年，B 区综合竞争力首次进入全国百强主城区 50 强，排名东北首位；B 区入选 2022 全国幸福百强区，排名全国第 57 位、东北城区首位；B 区入选 2022 中国社会治理百强县（市、区），排名全国第 57 位，系东北唯一获评地区。2023 年，B 区再次入选赛迪创新百强区，蝉联东北第一。

2. 交通条件

B 区东与 C 区毗连，南与 D 区接壤，西与 E 区为邻，北与 F 区相连。城市交通网络四通八达，拥有火车站和客运站，贯通地铁线路，距离机场仅有 30 分钟车程，距辽宁营口港 200 km。

估价对象距火车站约 17 km，距高速收费站约 4 km，附近有 145 路等公交线路的站点，交通条件一般。

3. 基础设施条件

该地区基础配套设施齐全，达到"五通"，其保证率均较高。

①通供水。区域内供水主要采用城市市政供水管道，一次供水系统，保障率达 95% 以上。

②通排水。区域内排水主要采用城市市政排水管道，保障率达 95% 以上。

③通路。周围主要道路有 D 街，道路通达度好。

④通电。区域内供电主要采用城市市政供电系统，保障率达 95% 以上；

⑤通信。区域内通信与市政通信网相连，通畅保证率达95%以上。

4. 环境条件

（1）自然环境。待估宗地周围多为工业用地，自然环境一般。

（2）人文环境。估价对象所在区域人口综合素质较高，人文环境较好。

5. 产业聚集度

估价对象位于B区D街西、规划E路北，周围有某科技有限公司、某电气有限公司等工业企业零星分布，产业聚集程度较差。

6. 规划限制

估价对象位于B区D街西、规划E路北，该地区无特殊规划限制，待估宗地可以正常使用。

（三）个别因素

宗地位置：B区D街西、规划E路北；

宗地面积：46512 m²；

土地用途：工业用地；

设定容积率：1.0；

宗地形状：宗地形状规则，对土地利用及设计和实施建筑方案无影响；

临街状况：四面临街，临D街、E路等道路；

临街宽度：约230 m；

深度：约200 m；

地质条件：地质条件较好，对工程建设无不利影响；

地势：地块内高差小，地势基本无起伏；

地形：位于平原地区，地形平坦；

宗地内开发程度：宗地内场地平整；

规划利用条件：根据委托估价方提供的资料记载，估价对象用地面积为46512 m²，容积率不小于1.0，建筑密度不小于35%，绿地率不大于15%，建筑高度不大于30 m。

第三部分　土地估价结果及其使用

一、估价依据

（一）有关法律、法规、行政规章和政策

1. 国家有关部门颁布的法律、法规、行政规章

① 《中华人民共和国民法典》（第十三届全国人民代表大会第三次会议表决通过，自 2021 年 1 月 1 日起施行）。

② 《中华人民共和国土地管理法》（第十三届全国人民代表大会常务委员会第十二次会议第三次修正，自 2020 年 1 月 1 日起施行）。

③ 《中华人民共和国城市房地产管理法》（第十三届全国人民代表大会常务委员会第十二次会议第三次修正，自 2020 年 1 月 1 日起施行）。

④ 《中华人民共和国资产评估法》（第十二届全国人民代表大会常务委员会第二十一次会议通过，自 2016 年 12 月 1 日起施行）。

⑤ 《中华人民共和国城镇国有土地使用权出让和转让暂行条例》（国务院令第 55 号发布，自 1990 年 5 月 19 日起施行）。

⑥ 《招标拍卖挂牌出让国有建设用地使用权规定》（国土资源部令第 39 号，2007 年 9 月 21 日国土资源部第 3 次部务会议修订，自 2007 年 11 月 1 日起施行）。

⑦ 《节约集约利用土地规定》（国土资源部令第 61 号，2014 年 3 月 27 日国土资源部第 1 次部务会议通过，自 2014 年 9 月 1 日起施行）。

⑧ 《国务院关于加强国有土地资产管理的通知》（国发〔2001〕15 号）。

⑨ 《国务院关于深化改革严格土地管理的决定》（国发〔2004〕28 号）。

⑩ 《国有建设用地使用权出让地价评估技术规范》。

⑪ 《自然资源部办公厅关于印发〈国土空间调查、规划、用途管制用地用海分类指南（试行）〉的通知》（自然资办发〔2020〕51 号）。

2. 地方有关部门颁布的有关法规、通知及文件

① 《关于公布实施辽宁省协议出让国有土地使用权最低价标准的通知》（辽国土资规〔2017〕6 号）。

② 《辽宁省实施〈中华人民共和国土地管理法〉办法》（2021 年 11 月 26 日辽宁省第十三届人民代表大会常务委员会第三十次会议通过）。

③ 《B 区国有土地级别基准地价文件》（B 政办发〔2021〕××号）。

（二）采用的技术标准

①《城镇土地估价规程》（GB/T 18508—2014）；

②《城镇土地分等定级规程》（GB/T 18507—2014）；

③《土地利用现状分类》（GB/T 21010—2017）；

④《自然资源价格评估通则》（TD/T 1061—2021）。

（三）委托方提供的有关资料

①评估委托函。

②用地规划条件。

（四）受托估价方掌握的有关资料和估价人员实地勘查、调查所获取资料等

①区域内同类用途土地市场交易资料。

②估价对象的区域因素、个别因素等资料。

③评估人员实地踏勘和调查收集的有关估价对象权属、基础设施、宗地条件等方面的资料。

④实地拍摄的有关估价对象土地利用状况的照片。

⑤其他资料。

二、土地估价

（一）估价原则

本次估价过程中遵循的主要原则有以下几点。

1. 替代原则

地价遵循替代规律。某宗土地价格受其相同使用的宗地即同类型具有替代可能的宗地价格牵制，有相同使用价值、有替代可能性的宗地之间会相互影响和竞争，其价格相互牵制而趋于一致。

2. 供需原则

在完全的市场竞争中，一般商品的价格取决于供需的平衡，需大于供，价格就会提高，否则价格就会降低。由于土地与一般商品相比，具有独特的人文和自然条件，因此供需均衡法则对土地没有其相对其他商品同样的约束力，从而使土地形成了自己的供需规律，主要表现在土地的价格容易形成垄断，所以地价形成于不完全竞争的市场。

3. 协调原则

土地总是处于一定的自然和社会环境之中，必须与周围环境相协调，因为土地能适应周围环境，该土地能最大限度地发挥收益或效用，所以要分析土地是否与所处环境协调。因此，在土地估价时，一定要认真分析土地与周围环境的关系，判断其是否协调，这直接关系到该地块的收益量和价格。

4. 预期收益原则

土地的价格受预期收益形成因素的变动所左右。所以，土地投资者是预测该土地将来所能带来的收益或效用进行投资的。

5. 最有效利用原则

由于土地具有用途的多样性，不同的利用方式能为权利人带来不同的收益，且土地权利人都期望从其所占用的土地上获得更多的收益，并以能满足这一目的为确定土地利用方式的依据，所以地价是以该宗地的效用能最有效发挥为前提的，此次评估宗地为工业用地，在评估中就应充分考虑用地的特性，按照最有效的利用方式进行评估，得到一个客观、公正、公平、科学、合法的土地价格。

6. 合法原则

土地使用权价格评估必须以估价对象的合法利用为前提。由于我国土地所有制特性决定，土地流转过程是土地使用权的流转，土地使用权的取得、使用年限、利用方式、利用规划等方面有严格控制，所以在进行土地使用权价格评估时，必须确保估价对象来源合法、利用合法。同时，土地估价要遵循相关法律法规的规定。

7. 变动原则

一般商品的价格是伴随着构成价格的因素的变化而发生变动的。土地价格也有同样情形，它是各种地价形成因素相互作用的结果，而这些价格形成因素经常处于变动之中，所以土地价格是在这些因素相互作用及其组合的变动过程中形成的。因此，在土地估价时，必须分析该土地的效用、稀缺性、个别性及有效需求以及使这些因素发生变动的一般因素、区域因素及个别因素。由于这些因素都在变动之中，因此应把握各因素之间的因果关系及变动规律，以便根据目前的地价水平预测未来的土地价格。

8. 价值主导原则

土地综合质量优劣是对土地价格产生影响的主要因素。

9. 审慎原则

在评估中确定相关参数和结果时，应分析并充分考虑土地市场运行状况、有关行业发展状况以及存在的风险。

10. 公开市场原则

评估结果在公平、公正、公开的土地市场上可实现。

11. 多种评估方法相结合的原则

随着土地估价业的发展，国际上有几种通用的估价方法，如收益还原法、剩余法、市场比较法等，充分考虑用地的类型和所掌握的资料，选择最适宜的估价方法进行评估，力求得到客观、公正、科学、合法的土地价格。

总之，在评估过程中，要按照国家、地方有关规定，恪守客观、公正、科学、合法的原则进行土地价格评估，做到评估过程合理，评估方法科学，评估结果准确，严格保守评估秘密。

（二）估价方法

1. 选用的估价方法

土地估价主要技术方法有市场比较法、收益还原法、剩余法、成本逼近法、公示地价系数修正法（基准地价系数修正法、路线价法、标定地价系数修正法）等。依据《城镇土地估价规程》（GB/T 18508—2014）及《国土资源部办公厅关于印发〈国有建设用地使用权出让地价评估技术规范〉的通知》（国土资厅发〔2018〕4号）的规定，出让地价评估应至少采用两种评估方法，包括市场比较法、收益还原法、剩余法之一，以及成本逼近法或公示地价系数修正法。

根据评估项目实际情况（宗地用途、评估目的、地产市场等），本次估价决定采用市场比较法和基准地价系数修正法进行估价。采用这两种方法评估的原因有两个：一是同一供需圈内土地市场近期交易案例较多，能够体现该区域土地市场价格，所以可以采用市场比较法进行估价；二是待估宗地属于B区土地分等定级范围，基准地价修正体系较完善，可以采用基准地价系数修正法进行估价。

2. 未选用估价方法的理由

（1）收益还原法。该区域内类似土地租赁案例较少，难以在附近收集到类似租金案例，也难以收集到区域内类似土地总收益与成本费用资料，无法采用收益还原法进行评估，因此不采用收益还原法评估。

（2）剩余法。估价对象为工业用地，地上拟建工业用房，难以测算出不动产的正常交易价格，因此不采用剩余法评估。

（3）成本逼近法。估价对象为工业用地，区域内同类用地的增值收益难以测算，因此不采用成本逼近法评估。

3. 选用的估价方法与公式

市场比较法是在求取待估土地的价格时，根据替代原则，将待估宗地与近期内同一供需圈内的类似土地实例加以比较对照，并依据后者已知的价格，参照该土地的交易情况、期日、个别因素、区域因素等差别，修正得出待估宗地在评估期日价格的一种方法。

其基本公式为：

$$P = P_B \times A \times B \times C \times D \times E$$

式中，P——待估宗地价格；

　　　P_B——比较实例价格；

　　　A——待估宗地交易情况指数除以比较实例宗地交易情况指数；

　　　B——待估宗地估价期日地价指数/比较实例宗地交易期日地价指数；

　　　C——待估宗地区域因素条件指数/比较实例宗地区域因素条件指数；

　　　D——待估宗地个别因素条件指数/比较实例宗地个别因素条件指数；

　　　E——待估宗地年期修正指数/比较实例宗地年期修正指数。

基准地价代表的是不同土地级别内土地的平均地价水平，区域内的宗地由于各宗地区位条件的差异使得宗地的地价存在差异，因此可以利用基准地价系数修正法求得宗地的价格。

其基本公式为：

$$P = P_{1b} \times \left(1 \pm \sum k_i\right) \times k_j + D$$

式中，P——宗地价格；

　　　P_{1b}——某一用途、某级别（均质区域）的基准地价；

　　　$\sum k_i$——宗地地价修正系数；

　　　K_j——估价期日、容积率、土地使用年期等其他修正系数；

　　　D——土地开发程度修正值。

（三）估价结果

1. 各种估价方法的估价结果

（1）市场比较法。市场比较法的估价结果：481元/米^2。

（2）基准地价系数修正法。基准地价系数修正法的估价结果：497元/米^2。

2. 估价结果

经估价师结合估价对象实际状况综合分析，采用市场比较法和基准地价系数修正法对待估宗地进行评估，两种评估方法估价结果差距较小，故选取两种方法测算结果的算数平均值作为估价对象土地使用权价格最终评估结果。

宗地面积：46512 m^2；

单位面积地价：489元/米^2；

总地价：2274.44万元；

大写金额：贰仟贰佰柒拾肆万肆仟肆佰元整。（币种：人民币）

[详见土地估价结果一览表（表13-1）]

3. 出让底价决策建议及理由

（1）出让底价决策依据。依据《国土资源部关于发布实施〈全国工业用地出让最低价标准〉的通知》（国土资发〔2006〕307号），"市、县人民政府出让工业用地，确定土地使用权出让价格时必须执行的最低控制标准"。依据《国土资源部关于调整部分地区土地等别的通知》（国土资发〔2008〕308号），"2009年1月1日起，《工业项目建设用地控制指标》和《全国工业用地出让最低价标准》统一按调整后的土地等别执行"。待估宗地位于B区，属于四等工业用地，对应全国工业用地出让最低价标准为480元/米²。

（2）对比结果，提出出让底价决策建议及理由。经测算，待估宗地单位面积地价为489元/米²，高于待估宗地对应级别的全国工业用地出让最低价标准。根据委托估价方提供的地块成本联系单得知，待估宗地土地取得成本为392元/米²，估价结果高于待估宗地对应级别的全国工业用地出让最低价标准及土地取得成本，故建议出让底价为489元/米²。

三、估价结果和估价报告的使用

（一）估价的前提条件和假设条件

1. 前提条件

① 本估价报告以委托方提供的资料真实性为前提，若资料失实或有隐匿，本公司不承担责任。

② 在估价期日时的地产市场为客观、公正、公开、公平的均衡市场。

③ 本次评估价格是指在规划利用条件及最有效利用方式下，满足地价定义设定的土地用途、开发程度、容积率、使用年期、使用权性质等各项评估设定条件，于估价期日2023年7月31日的正常市场条件下的国有出让建设用地使用权公开市场价格。

④ 待估宗地能持续利用，能满足设定使用年限内生产、经营的正常进行，保证用地单位的持续发展。

⑤ 任何有关待估宗地的运作方式、程序符合国家、地方的有关法律、法规。

2. 假设条件

① 土地设定用途设定为工业用地。

②土地开发程度设定为宗地红线外"五通"（通供水、通排水、通电、通路、通信）和宗地内场地平整。

③土地利用现状设定容积率为1.0。

④土地使用权年限设定为50年。

⑤土地使用权性质设定为国有出让土地使用权。

⑥土地使用权价格类型设定为规划利用条件及最有效利用方式下的国有出让土地使用权公开市场价格。

（二）估价结果和估价报告的使用

①本次估价依据的主要法律法规为《中华人民共和国民法典》《中华人民共和国土地管理法》《中华人民共和国城市房地产管理法》，本估价报告和估价结果的作用依照该法律法规的有关规定发生法律效力。

②报告和估价结果仅限于B区人民政府拟出让B区C地块国有建设用地土地使用权，本估价机构依据委托方提供资料及《城镇土地估价规程》（GB/T 18508—2014）进行评估，为出让方通过集体决策确定土地使用权出让底价提供价格参考的目的，不得用于其他目的。估价报告仅供委托方和送交土地管理部门审查用，土地估价技术报告不提供给委托方。

③本估价报告和估价结果自报告出具日起一年内有效。

④本估价报告和估价结果的使用权归委托方所有，本估价机构对估价结果有解释权。

⑤本报告必须完整使用，对仅使用报告中的部分内容导致的有关损失，本估价机构不承担责任。本报告的估价结果为本报告设定的评估目的服务，当用于其他目的时，本报告评估结果无效。对违规使用土地估价报告和估价结果导致的有关损失，本估价机构不承担责任。

（三）需要特殊说明的事项

（1）有关资料的来源及未经实地确认或无法实地确认的资料和估价事项。土地利用状况等资料由委托方提供，土地区位条件、地产交易市场资料等评估相关资料由估价人员实地调查而得。

（2）对估价结果和估价工作可能产生影响的变化事项以及采取的相应措施。本报告估价结果是在满足地价定义条件下的使用权价格，若估价期日、土地利用方式、土地开发状况、土地面积、土地处置方式等影响地价的因素发生变化，该评估价格应作相应调整。

（3）估价对象的特殊性、估价中未考虑的因素及采取的特殊处理。估价对象为待出让国有建设用地使用权，没有特殊性，未作特殊处理。

（4）其他需要特殊说明的问题。

① 评估结果仅供B区人民政府拟出让B区C地块国有建设用地土地使用权，本估价机构依据委托方提供资料及《城镇土地估价规程》（GB/T 18508—2014）进行评估，为出让方通过集体决策确定土地使用权出让底价提供价格参考。

② 委托方对所提供资料的准确性负责，估价机构对所收集资料的真实性、准确性负责。

③ 任何单位和个人未经估价机构书面同意，不得以任何形式发表、肢解本报告。

第四部分 附 件

（附件应包括土地使用证复印件或土地产权证明材料，房屋产权证复印件或证明材料，地籍图、宗地图、建筑平面图等图件，估价对象照片，有关背景材料和估价机构资质证书复印件等。）

B区C地块国有建设用地使用权出让底价评估

土地估价技术报告（评估工作底稿）

项　目　名　称：　B区C地块国有建设用地使用权出让底价评估

受 托 估 价 单 位：　××房地产土地评估有限责任公司

土地估价报告编号：　××〔2023〕估字第××××号

土地估价技术报告
（评估工作底稿）编号：　××〔2023〕估技字第××××号

电 子 备 案 编 号：　2110722BA××××

提交估价报告日期：　2023年8月1日

估价报告备案日期：　2023年8月1日

关键词：沈阳市
出让

××房地产土地评估有限责任公司

2023年

土地估价技术报告

第一部分　总　述

一、估价项目名称

B区C地块国有建设用地使用权出让底价评估

二、委托估价方

委托单位：B区人民政府

单位地址：B区行政服务中心

联系人：×××

联系电话：×××

三、受托估价方

单位名称：××房地产土地评估有限责任公司

单位地址：沈阳市浑南新区

信用等级：一级

法人代表：×××

信用证书编号：LN202221×××

有效限期：至2023年12月31日止

联系电话：×××

四、估价目的

B区人民政府拟出让B区C地块国有建设用地土地使用权，本估价机构依据委托方提供资料及《城镇土地估价规程》（GB/T 18508—2014）进行评估，为出让方通过集体决策确定土地使用权出让底价提供价格参考。

五、估价依据

（一）有关法律、法规、行政规章和政策

1. 国家有关部门颁布的法律、法规、行政规章

①《中华人民共和国民法典》（第十三届全国人民代表大会第三次会议表

决通过，自2021年1月1日起施行）。

②《中华人民共和国土地管理法》（第十三届全国人民代表大会常务委员会第十二次会议第三次修正，自2020年1月1日起施行）。

③《中华人民共和国城市房地产管理法》（第十三届全国人民代表大会常务委员会第十二次会议第三次修正，自2020年1月1日起施行）。

④《中华人民共和国资产评估法》（第十二届全国人民代表大会常务委员会第二十一次会议通过，自2016年12月1日起施行）。

⑤《中华人民共和国城镇国有土地使用权出让和转让暂行条例》（国务院令第55号发布，自1990年5月19日起施行）。

⑥《招标拍卖挂牌出让国有建设用地使用权规定》（国土资源部令第39号，2007年9月21日国土资源部第3次部务会议修订，自2007年11月1日起施行）。

⑦《节约集约利用土地规定》（国土资源部令第61号，2014年3月31日国土资源部第1次部务会议通过，自2014年9月1日起施行）。

⑧《国务院关于加强国有土地资产管理的通知》（国发〔2001〕15号）。

⑨《国务院关于深化改革严格土地管理的决定》（国发〔2004〕28号）。

⑩《国有建设用地使用权出让地价评估技术规范》。

⑪《自然资源部办公厅关于印发〈国土空间调查、规划、用途管制用地用海分类指南（试行）〉的通知》（自然资办发〔2020〕51号）。

2. 地方有关部门颁布的有关法规通知及文件

①《关于公布实施辽宁省协议出让国有土地使用权最低价标准的通知》（辽国土资规〔2017〕6号）。

②《辽宁省实施〈中华人民共和国土地管理法〉办法》（2021年11月26日辽宁省第十三届人民代表大会常务委员会第三十次会议通过）。

③《B区国有土地级别基准地价文件》（B政办发〔2021〕××号）。

（二）采用的技术标准

①《城镇土地估价规程》（GB/T 18508—2014）；

②《城镇土地分等定级规程》（GB/T 18507—2014）；

③《土地利用现状分类》（GB/T 21010—2017）；

④《自然资源价格评估通则》（TD/T 1061—2021）。

（三）委托方提供的有关资料

①评估委托函。

② 用地规划条件。

（四）受托估价方掌握的有关资料和估价人员实地勘查、调查所获取资料等

① 区域内同类用途土地市场交易资料。

② 估价对象的区域因素、个别因素等资料。

③ 评估人员实地踏勘和调查收集的有关估价对象权属、基础设施、宗地条件等方面的资料。

④ 实地拍摄的有关估价对象土地利用状况的照片。

⑤ 其他资料。

六、估价期日

根据《国土资源部办公厅关于印发〈国有建设用地使用权出让地价评估技术规范〉的通知》（国土资厅发〔2018〕4号），经与委托估价方协商一致，本次以2023年7月31日作为估价期日。

七、估价日期

2023年7月31日至2023年8月1日。

八、地价定义

估价对象为位于B区D街西、规划E路北的一宗待出让国有建设用地使用权，根据估价目的及估价依据，结合委托方提供的资料及现场勘察情况，确定在估价期日时的地价定义。

（一）土地设定用途

估价对象为待出让的国有建设用地使用权，根据B区自然资源局出具的《地块规划条件》，拟出让土地用途为工业用地，对照《土地利用现状分类》（GB/T 21010—2017）及《国土空间调查、规划、用途管制用地用海分类指南（试行）》规定，土地评估设定用途为工业用地。

（二）土地开发程度设定

估价对象实际开发程度为宗地红线外"五通"和宗地红线内场地平整。根据此次评估目的，设定土地开发程度为宗地红线外"五通"和宗地内场地平整。

(三) 土地利用条件设定

估价期日时，宗地内场地平整，根据该项目评估目的，本次按规划利用状况评估。根据 B 区自然资源局出具的《地块规划条件》，待估宗地用地面积为 46512 m²，容积率不小于 1.0，建筑密度不小于 35%，绿地率不大于 15%，建筑高度不大于 30 m，因此本次评估设定容积率为 1.0。

(四) 土地使用权年限设定

估价对象为拟待出让的国有建设用地，根据《中华人民共和国城镇国有土地使用权出让和转让暂行条例》，按工业用地法定最高使用年限设定土地使用年限为 50 年。

(五) 土地使用权性质设定

估价对象为待出让国有建设用地使用权，根据规划设计条件，结合本次估价目的，本次估价设定土地使用权类型为国有出让土地使用权。

(六) 土地使用权价格类型设定

根据评估目的，本次评估价格为规划利用条件及最有效利用方式下的国有出让土地使用权公开市场价格。

综上，本次评估价格是指在规划利用条件及最有效利用方式下，满足上述土地用途、开发程度、容积率、使用年期、使用权性质等各项评估设定条件，于估价期日 2023 年 7 月 31 日的正常市场条件下的国有出让建设用地使用权公开市场价格。

九、估价结果

(一) 估价结果

宗地面积：46512 m²；

单位面积地价：489 元/米²；

总地价：2274.44 万元；

大写金额：贰仟贰佰柒拾肆万肆仟肆佰元整。（币种：人民币）

[详见土地估价结果一览表（表 13-1）]

（二） 出让底价决策建议及理由

依据《国土资源部关于发布实施〈全国工业用地出让最低价标准〉的通知》（国土资发〔2006〕307号），"市、县人民政府出让工业用地，确定土地使用权出让价格时必须执行的最低控制标准"。待估宗地位于B区，属于四等工业用地，对应全国工业用地出让最低价标准为480元/米²。根据委托估价方提供的地块成本联系单得知，待估宗地土地取得成本为392元/米²。

经测算，待估宗地单位面积地价为489元/米²，高于待估宗地对应级别的全国工业用地出让最低价标准及土地取得成本，故建议出让底价为489元/米²。

十、需要特殊说明的事项

（1）有关资料的来源及未经实地确认或无法实地确认的资料和估价事项。土地利用状况等资料由委托方提供，土地区位条件、地产交易市场资料等评估相关资料由估价人员实地调查而得。

（2）对估价结果和估价工作可能产生影响的变化事项以及采取的相应措施。本报告估价结果是在满足地价定义条件下的使用权价格，若估价期日、土地利用方式、土地开发状况、土地面积、土地处置方式等影响地价的因素发生变化，则该评估价格应作相应调整。

（3）估价对象的特殊性、估价中未考虑的因素及采取的特殊处理。

估价对象为待出让国有建设用地使用权，没有特殊性，未作特殊处理。

（4）其他需要特殊说明的问题。

① 评估结果仅供B区人民政府拟出让B区C地块国有建设用地土地使用权，本估价机构依据委托方提供资料及《城镇土地估价规程》（GB/T 18508—2014）进行评估，为出让方通过集体决策确定土地使用权出让底价提供价格参考。

② 委托方对所提供资料的准确性负责，估价机构对所收集资料的真实性、准确性负责。

③ 任何单位和个人未经估价机构书面同意，不得以任何形式发表、肢解本报告。

④ 本估价报告和估价结果自报告出具日起一年内有效。

十一、土地估价师签字

估价师	证书编号	签字
×××	×××	_____
×××	×××	_____

十二、土地估价机构

法定代表人（签字）

××房地产土地评估有限责任公司（公章）

2023年8月1日

第二部分　估价对象描述及地价影响因素分析

一、估价对象描述

（一）土地登记状况

1. 权属性质

估价对象为待出让国有建设用地。

2. 权源及权属变更情况

估价对象经征收集体土地后转变为国有建设用地，B区人民政府拟出让该宗地土地使用权。

3. 地理位置

B区D街西、规划E路北。

4. 土地用途

根据B区自然资源局出具的《地块规划条件》，规划用途为工业用地。

5. 四至

东至D街；南至E路；西至22 m规划路；北至30 m规划路。

6. 面积

拟出让土地面积为46512 m²。

7. 土地级别

估价对象为沈阳市五级工业用地。

待估宗地为待出让国有建设用地，尚未进行土地登记，故无土地登记证书号、不动产权证书编号、登记时间、地籍图号、宗地号。

（二）土地权利状况

1. 土地所有权

待估宗地所有权人为国家。

2. 土地使用权

待估宗地尚未出让，无土地使用权人。

3. 他项权利

根据委托人提供的地块规划条件，估价对象于估价期日无抵押权、担保权、地役权、租赁权、地上地下权及相邻关系权利设定。

（三）土地利用状况

在估价期日，待估宗地的利用现状为空地，根据B区自然资源局出具的《地块规划条件》，规划用途为工业用地，用地面积为46512 m²，容积率不小于1.0，建筑密度不小于35%，绿地率不大于15%，建筑高度不大于30 m。

二、地价影响因素分析

（一）一般因素

1. 城市资源状况

（1）地理位置。待估宗地位于沈阳市辖区内。沈阳市位于中国东北地区南部，辽宁省的中部。东与铁岭市、抚顺市相邻，西与阜新市、锦州市、鞍山市接壤，南与辽阳市、本溪市毗邻，北与内蒙古自治区接壤。地理位置在东经122度25分9秒～123度48分24秒，北纬41度11分51秒～41度12分13秒。

（2）土地及自然环境。沈阳地区以平原为主，地势平坦，平均海拔50 m左右，山地丘陵集中在东北、东南部，属辽东丘陵的延伸部分，西部是辽河、浑河冲积平原，地势由东向西南缓缓倾斜。沈阳市地区属温带半湿润大陆性气候，全年气温在-29～36 ℃，平均气温8.6 ℃。受季风影响，降水集中，温差较大，四季分明。

（3）行政区划。沈阳市是辽宁省省会及最大城市，中国东北地区区域中心城市，副省级城市，国家新型工业化综合配套改革试验区和沈阳经济区核心城市。沈阳市辖10个市辖区（和平区、沈河区、皇姑区、大东区、铁西区、于洪区、浑南区、沈北新区、苏家屯区、辽中区），2个县（法库县、康平县），代管新民市。总面积1.3万 km²，市区面积3495 km²，建成区面积近800 km²。

2. 不动产制度与不动产市场状况

（1）住房制度。沈阳市政府近年来以国务院和省政府关于进一步深化城镇住房制度改革加快住房建设的政策为依据，以住房分配体制改革为重点，逐步建立适应社会主义市场经济体制要求和我市市情的住房新制度；建立和完善以经济适用住房为主的多层次的住房供应体系；稳步推进住房商品化、社会化进程，发展住房金融，培育、规范和发展住房交易市场，促使住宅业成为新的经济增长点，不断满足我市居民日益增长的住房需求。

（2）土地制度。近几年，沈阳市土地使用制度不断深化，土地有偿使用逐步规范，土地以无偿使用为主转变为有偿出让为主体的土地管理制度改革。沈阳市政府为了加强土地市场的培育，充分发挥土地市场的调节和增值功能，自2001年以来陆续出台了《沈阳市国有土地使用权招标、拍卖暂行办法》《沈阳市土地储备办法》《关于对城市规划区内经营性用地实行统一市场供应和交易的通知》等，在土地资产管理工作中运用法治手段，制定了一整套技术规范，把全市的土地流转纳入市场轨道。

（3）不动产市场状况。2023年1—6月，沈阳市房地产开发投资完成346.2亿元，同比下降26.0%。其中，住宅投资281.3亿元，下降28.6%；商业营业用房投资29.9亿元，下降22.3%；办公楼投资10.4亿元，增长1.6%。

施工面积5898.4万 m²，下降12.0%。其中，住宅施工面积4059.5万 m²，下降13.5%；商业营业用房施工面积728.3万 m²，下降6.9%；办公楼施工面积234.2万 m²，下降8.0%。新开工面积164.4万 m²，下降49.2%。其中，住宅新开工面积128.4万 m²，下降42.4%；商业营业用房新开工面积13.8万 m²，下降33.8%；办公楼新开工面积5.0万 m²，下降73.3%。

到位资金396.7亿元，下降11.4%。其中，国内贷款55.6亿元，增长28.2%；自筹资金115.9亿元，下降36.8%；定金及预收款148.3亿元，下降5.5%；个人按揭贷款68.7亿元，增长19.6%。

商品房销售面积296.9万 m²，下降17.1%。其中，住宅销售面积269.1万 m²，下降20.5%；商业营业用房销售面积13.6万 m²，增长18.9%；办公楼销售面积1.1万 m²，下降40.2%。

3. 土地市场状况

沈阳市自然资源局发布了《沈阳市2023年国有建设用地供应计划》，2023年度沈阳市国有建设用地供应总量控制在1971.4公顷以内，全市住宅用地计划供应145.7公顷。

对比"沈阳市2022年国有建设用地计划供应表"发现，2023年沈阳住宅计划用地缩减幅度十分明显，2022年，全市住宅用地计划供应量为483.9公顷，2023年则缩减了一半以上。住宅供地大幅缩减，与土地市场持续低迷有一定关系。

2022年，沈阳市商品房住宅供应建筑面积为254万 m²，实际成交仅有149万 m²。楼面价从5466元/米²降至4355元/米²，接近2019年水平。

土地拍卖流拍率较高也是供地缩减的重要因素。2022年,沈阳市全年原计划有 3~4 轮土地拍卖，最终只完成了 2 轮，第一轮流拍率 20%，第二轮流拍率 23%，仅成交了 14 宗住宅土地，其中有 8 宗土地由国资背景的沈阳地铁接盘。两轮集中供地共成交 76.7 万 m²，2021 年集中供地成交面积为 338.82 万 m²，2022 年交易量仅为上一年的 25%。

另外，房企拿地"欲望"仍不高。从 2022 年房企成交数据量可以看出，几乎所有房企的成交面积和成交金额相较 2021 年均出现大幅下滑。不少房企仍然没有摆脱资金短缺困境。

在沈阳市自然资源局发布的《沈阳市 2023 年度住宅用地供应计划》中，强调在住宅用地供应布局上，充分考虑了城市建成区、城市新区人口结构情况、居民住宅需求以及房地产市场走势等因素，确定计划供应的住宅用地规模，达到均衡合理布局，确保职住平衡。

4. 城市规划与发展目标

以"2035 年与全国、全省同步基本实现社会主义现代化，实现新时代全面，振兴全方位振兴，成为在国家战略布局中具有重要地位的中心城市"为远景目标；以"'十四五'时期推动全面振兴全方位振兴取得新突破，努力建设国家中心城市"为近期目标，力求打造一个有活力、有品位、有颜值、有温度的现代化都市。

2023 年，沈阳市经济社会发展主要预期目标：地区生产总值增长 6% 以上；一般公共预算收入增长 6%；固定资产投资增长 10% 以上；社会消费品零售总额增长 8%；规模以上工业增加值增长 7%；城镇和农村居民人均可支配收入增长与经济增长基本同步；全社会研发经费投入增长 10%；单位地区生产总值能耗下降 3.2%，主要污染物排放总量进一步下降。

5. 城市社会经济发展状况

2023 年上半年，沈阳市实现地区生产总值 3725.8 亿元，按可比价格计算，同比增长 6.6%。比一季度提高 0.7%，比全国高 1.1%，比辽宁省高 1.0%。其中，第一产业增加值 125.4 亿元，增长 4.0%；第二产业增加值 1343.4 亿元，增长 10.9%；第三产业增加值 2257.1 亿元，增长 4.7%。

2023 年上半年，沈阳市农林牧渔业总产值同比增长 3.8%。其中，种植业产值增长 3.8%，蔬菜及食用菌产量增长 4.2%；畜牧业产值增长 4.0%；渔业产值增长 3.7%，水产品产量增长 4.0%；林业产值增长 3.2%；农林牧渔服务业产值增长 0.8%。

2023 年上半年，沈阳市规模以上工业增加值同比增长 10.5%。其中，制造业增加值增长 12.2%。从重点行业看，汽车制造业增加值增长 21.6%，高于沈阳市规模以上工业增加值增速 11.1%；通用设备制造业增加值增长 4.2%，专用设备制造业增加值增长12.0%，橡胶和塑料制品业增加值增长17.0%。从经济类型看，国有企业增加值增长0.7%，民营企业增加值增长5.3%，外商及港澳台商投资企业增加值增长15.5%。从产品产量看，汽车产量增长27.3%，其中新能源汽车产量增长60.7%；光缆产量增长31.7%，变压器产量增长37.1%，工业仪表产量增长77.8%。

一般因素分析。沈阳市地处中国东北，是东北地区政治、经济、文化和商业贸易中心，人口众多，四季分明，交通便利，生产生活环境较好，不动产市场化及规范化水平较高，经济平稳发展，投资环境较好，整体发展态势较好，对地价水平的稳定与发展有利。

（二）区域因素

1. 区域概况

B区辖区面积61.1 km²，下辖街道10个、社区115个、行政村10个，户籍人口78.8万人、常住人口62万人，长期居住满族、朝鲜族、回族、蒙古族、锡伯族等46个少数民族。2021年，B区入围中国幸福百强区，人民生活幸福度位列东北第一。2022年，B区综合竞争力首次进入全国百强主城区50强，排名东北首位；B区入选2022全国幸福百强区，排名全国第57位、东北城区首位；B区入选2022中国社会治理百强县（市、区），排名全国第57位，系东北唯一获评地区。2023年，B区再次入选赛迪创新百强区，蝉联东北第一。

2. 交通条件

B区东与C区毗连，南与D区接壤，西与E区为邻，北与F区相连。城市交通网络四通八达，拥有火车站和客运站，贯通地铁线路，距离机场仅有30分钟车程，距辽宁营口港200 km。

估价对象距火车站约16 km，距高速收费站约4 km，附近有145路等公交线路的站点，交通条件一般。

3. 基础设施条件

该地区基础配套设施齐全，达到"五通"，其保证率均较高。

①通供水。区域内供水主要采用城市市政供水管道，一次供水系统，保障率达95%以上。

②通排水。区域内排水主要采用城市市政排水管道，保障率达95%以上。

③通电。区域内供电主要采用城市市政供电系统，保障率达95%以上。

④通路。周围主要道路有D街，道路通达度好。

⑤通信。区域内通信与市政通信网相连，通畅保证率达95%以上。

4. 环境条件

（1）自然环境。待估宗地周围多为工业用地，自然环境一般。

（2）人文环境。估价对象所在区域人口综合素质较高，人文环境较好。

5. 产业聚集度

估价对象位于B区D街西、规划E路北，周围有某科技有限公司、某电气有限公司等工业企业零星分布，产业聚集程度较差。

6. 规划限制

估价对象位于B区D街西、规划E路北，该地区无特殊规划限制，待估宗地可以正常使用。

区域因素分析：B区具有便利的交通条件。估价对象所在区域位于B区南部，周边路网状况一般，交通条件一般，基础设施完备，环境条件一般，产业聚集程度较差，该地区无特殊规划限制，待估宗地可以正常使用。

（三）个别因素

宗地位置：B区D街西、规划E路北；

宗地面积：46512 m²；

土地用途：工业用地；

设定容积率：1.0；

宗地形状：宗地形状规则，对土地利用及设计和实施建筑方案无影响；

临街状况：四面临街，临D街、E路等道路；

临街宽度：约230 m；

深度：约200 m；

形状：矩形，形状规则；

地质条件：地质条件较好，对工程建设无不利影响；

地势：地块内高差小，地势基本无起伏；

地形：位于平原地区，地形平坦；

宗地内开发程度：宗地内场地平整；

规划利用条件：根据委托估价方提供的资料记载，估价对象用地面积为46512 m²，容积率不小于1.0，建筑密度不小于35%，绿地率不大于15%，建筑高度不大于30 m。

个别因素分析：待估宗地面积适中，形状规则，临街状况较好，临街深度与宽度适中，地形平坦，地势起伏小，地质条件较好，宗地内场地平整，规划利用条件符合一般工业用地要求，适合建设工业建筑，土地利用条件较好，有利于土地价值的实现。

第三部分 土地估价

一、估价原则

本次估价过程中遵循的主要原则有以下几点。

1. 替代原则

地价遵循替代规律。某宗土地价格受其相同使用的宗地即同类型具有替代可能的宗地价格牵制，有相同使用价值、有替代可能性的宗地之间会相互影响和竞争，其价格相互牵制而趋于一致。

2. 供需原则

在完全的市场竞争中，一般商品的价格取决于供需的平衡，需大于供，价格就会提高，否则价格就会降低。由于土地与一般商品相比，具有独特的人文和自然条件，因此供需均衡法则对土地没有其相对其他商品同样的约束力，从而使土地形成了自己的供需规律，主要表现在土地的价格容易形成垄断，所以地价形成于不完全竞争的市场。

3. 协调原则

土地总是处于一定的自然和社会环境之中，必须与周围环境相协调，因为土地能适应周围环境，该土地能最大限度地发挥收益或效用，所以要分析土地是否与所处环境协调。因此，在土地估价时，一定要认真分析土地与周围环境的关系，判断其是否协调，这直接关系到该地块的收益量和价格。

4. 预期收益原则

土地的价格受预期收益形成因素的变动所左右。所以，土地投资者是预测该土地将来所能带来的收益或效用进行投资的。

5. 最有效利用原则

由于土地具有用途的多样性，不同的利用方式能为权利人带来不同的收益，且土地权利人都期望从其所占用的土地上获得更多的收益，并以能满足这一目的为确定土地利用方式的依据，所以地价是以该宗地的效用能最有效发挥为前提的，此次评估宗地为工业用地，在评估中就应充分考虑用地的特性，按照最有效的利用方式进行评估，得到一个客观、公正、公平、科学、合法的土地价格。

6. 合法原则

土地使用权价格评估必须以估价对象的合法利用为前提。由于我国土地所有制特性决定，土地流转过程是土地使用权的流转，土地使用权的取得、使用年限、利用方式、利用规划等方面有严格控制，所以在进行土地使用权价格评估时，必须确保估价对象来源合法、利用合法。同时，土地估价要遵循相关法律法规的规定。

7. 变动原则

一般商品的价格是伴随着构成价格的因素的变化而发生变动的。土地价格也有同样情形，它是各种地价形成因素相互作用的结果，而这些价格形成因素经常处于变动之中，所以土地价格是在这些因素相互作用及其组合的变动过程中形成的。因此，在土地估价时，必须分析该土地的效用、稀缺性、个别性及有效需求以及使这些因素发生变动的一般因素、区域因素及个别因素。由于这些因素都在变动之中，因此应把握各因素之间的因果关系及变动规律，以便根据目前的地价水平预测未来的土地价格。

8. 价值主导原则

土地综合质量优劣是对土地价格产生影响的主要因素。

9. 审慎原则

在评估中确定相关参数和结果时，应分析并充分考虑土地市场运行状况、有关行业发展状况以及存在的风险。

10. 公开市场原则

评估结果在公平、公正、公开的土地市场上可实现。

11. 多种评估方法相结合的原则

随着土地估价业的发展，国际上有几种通用的估价方法，如收益还原法、剩余法、市场比较法等，充分考虑用地的类型和所掌握的资料，选择最适宜的估价方法进行评估，力求得到客观、公正、科学、合法的土地价格。

总之，在评估过程中，要按照国家、地方有关规定，恪守客观、公正、科学、合法的原则进行土地价格评估，做到评估过程合理，评估方法科学，评估结果准确，严格保守评估秘密。

二、估价方法与估价过程

（一）估价方法

1. 选用的估价方法

土地估价主要技术方法有市场比较法、收益还原法、剩余法、成本逼近法、公示地价系数修正法（基准地价系数修正法、路线价法、标定地价系数修正法）等。依据《城镇土地估价规程》（GB/T 18508—2014）及《国土资源部办公厅关于印发〈国有建设用地使用权出让地价评估技术规范〉的通知》（国土资厅发〔2018〕4号）的规定，出让地价评估，应至少采用两种评估方法，包括市场比较法、收益还原法、剩余法之一，以及成本逼近法或公示地价系数修正法。

根据评估项目实际情况（宗地用途，评估目的，地产市场等），本次估价决定采用市场比较法和基准地价系数修正法进行估价。采用这两种方法评估的原因有两个：一是同一供需圈内土地市场近期交易案例较多，能够体现该区域土地市场价格，所以可以采用市场比较法进行估价。二是待估宗地属于B区土地分等定级范围，基准地价修正体系较完善，可以采用基准地价系数修正法进行估价。

2. 未选用估价方法的理由

（1）收益还原法。该区域内类似土地租赁案例较少，难以在附近收集到类似租金案例，也难以收集到区域内类似土地总收益与成本费用资料，无法采用收益还原法进行评估，因此不采用收益还原法评估。

（2）剩余法。估价对象为工业用地，地上拟建工业用房，难以测算出不动产的正常交易价格，因此不采用剩余法评估。

（3）成本逼近法。估价对象为工业用地，区域内同类用地的增值收益难以测算，因此不采用成本逼近法评估。

（二）评估过程

1. 运用基准地价系数修正法进行评估

（1）基本原理。基准地价代表的是不同土地级别内土地的平均地价水平，区域内的宗地由于各宗地区位条件的差异使得宗地的地价存在差异，因此可以利用基准地价系数修正法求得宗地的价格。

其基本公式为：

$$P = P_{1b} \times \left(1 \pm \sum k_i\right) \times k_j + D$$

式中，P——宗地价格；

P_{1b}——某一用途、某级别（均质区域）的基准地价；

$\sum k_i$——宗地地价修正系数；

K_j——估价期日、容积率、土地使用年期等其他修正系数；

D——土地开发程度修正值。

（2）工业用地评估。

①基准地价内涵及修正体系。

基准地价发布实施时间：2021年×月×日

基准地价发布文件名号：《B区国有土地级别基准地价文件》（B政办发〔2021〕××号）

批准机关：B区人民政府

基准地价具体内涵如下：

开发程度：工业用地为"五通一平"

平均容积率：1.0

地价年限：50年；

土地还原利率：6.1%

基准地价基准日：2021年6月1日

基准地价标准表见表13-2。

表13-2 基准地价标准

土地用途（业态、主要功能）				基准地价标准/(元·米$^{-2}$)						备注
一级类		二级类								
类别编码	类别名称	类别编码	类别名称	一级	二级	三级	四级	五级	六级	
06	工矿仓储用地	0601	工业用地	2186	1827	1289	667	488	313	
		0602	采矿用地	2186	1827	1289	667	488	313	
		0604	仓储用地	2186	1827	1289	667	488	313	
08	公共管理与公共服务用地	0808	体育用地	2186	1827	1289	667	488	313	指独立建设的体育场馆和体育训练基地等用地
	公共管理与公共服务用地	0809	公用设施用地	2186	1827	1289	667	488	313	
		0810	公园与绿地用地	2186	1827	1289	667	488	313	
09	特殊用地	0901	军事设施用地	2186	1827	1289	667	488	313	
		0903	监教场所用地	2186	1827	1289	667	488	313	
10	交通运输用地	1005	交通服务场站用地	2186	1827	1289	667	488	313	

因素修正系数表和条件说明表见表13-3和表13-4。

表13-3　五级工业用地修正系数说明表

因素名称	优	较优	一般	较劣	劣
区域土地利用方向	周边相同用途宗地聚集度很高	周边相同用途宗地聚集度较高	周边相同用途宗地聚集度一般	周边相同用途宗地较少	周边相同用途宗地很少
产业聚集程度	周围工业企业数量多、种类全，集聚度高	周围有一定数量的工业企业，集聚度较高	周围工业企业分布较分散，未形成集聚效应	周围工业企业零星分布	周围无工业企业分布
距货物中转站交通便捷度	毗邻货物中转站，到达便利	与货物中转站距离较近，到达较便利	与货物中转站有一定距离，到达便利度一般	与货物中转站距离较远，到达较不便利	与货物中转站距离远，到达不便利
路网及临路状况	临乡镇以上级公路	临连接乡镇公路的支路；距乡镇以上级公路小于1000 m	临普通村路；距乡镇以上级公路1000~2000 m	临村内小路；距乡镇以上级公路2000~3000 m	不临路；距乡镇以上级公路大于3000 m
环境状况	污染物排放及治理状况良好，距危险设施或污染源远	污染物排放及治理状况较好，距危险设施或污染源较远	污染物排放及治理状况一般，距危险设施或污染源距离适中	污染物排放及治理状况较差，距危险设施或污染源较近	污染物排放及治理状况差，距危险设施或污染源很近
宗地面积	宗地大小非常适合土地利用类型	宗地大小较适合其土地利用类型	宗地大小对土地利用类型不造成影响	宗地大小相对土地利用类型偏大或偏小	宗地大小不适合土地利用类型
宗地形状	宗地形状规则，可实现充分利用，有利于设计和实施建筑方案	宗地形状较规则，对土地利用及设计和实施建筑方案较有利	宗地形状对土地利用及设计和实施建筑方案无不利影响	宗地形状不规则，对土地利用及设计和实施建筑方案有一定影响	宗地形状不规则，不利于土地利用及设计和实施建筑方案
地质水文条件	宗地地质水文条件完全能够满足各类型厂房建设和生产要求	宗地地质水文条件较好，可满足多数厂房建设和生产要求	宗地地质水文条件一般，可以满足普通厂房建设和生产要求	宗地地质水文条件较差，只能满足简易厂房建设和生产要求	宗地地质水文条件明显不利于工业厂房建设和生产要求

表13-4　五级工业用地修正系数表　　　　　　　　　　单位：%

因素名称	优	较优	一般	较劣	劣
区域土地利用方向	1.90	0.95		-0.95	-1.90
产业聚集程度	1.90	0.95		-0.95	-1.90
距货物中转站交通便捷度	2.64	1.32		-1.32	-2.64
路网及临路状况	2.19	1.10		-1.10	-2.19
环境状况	1.90	0.95		-0.95	-1.90
宗地面积	2.44	1.22		-1.22	-2.44
宗地形状	2.78	1.39		-1.39	-2.78
地质水文条件	2.25	1.13		-1.13	-2.25

②确定待估宗地土地级别。待估宗地位于B区D街西、规划E路北，土地用途为工业用地。根据待估宗地的位置以及《B区国有土地级别基准地价文件》（B政办发〔2021〕××号）查对B区土地级别图，确定待估宗地为五级工业用地，年期为50年的工业基准地价为488元/米^2。

③待估宗地地价修正。根据待估宗地的各项因素具体条件，对照宗地地价修正系数表和宗地修正系数说明表，确定待估宗地各因素修正系数和综合修正系数，详见表13-5。

表13-5　地价修正系数表

宗地修正因素	待估宗地具体因素条件的说明	优劣程度	修正系数/%
区域土地利用方向	周边相同用途宗地较少	较劣	-0.95
产业聚集程度	周围工业企业零星分布	劣	-1.9
距货物中转站交通便捷度	距火车站约17 km，与货物中转站距离较远，到达较不便利	较劣	-1.32
路网及临路状况	临乡镇以上公路	优	2.19
环境状况	污染物排放及治理状况一般，距危险设施或污染源距离适中	一般	0
宗地面积	宗地大小非常适合土地利用类型	较优	1.22
宗地形状	宗地形状规则，对土地利用及设计和实施建筑方案有利	较优	1.39
地质水文条件	宗地地质水文条件较好，可满足多厂房建设和生产要求	较优	1.13
综合修正系数	—	—	1.76

根据表13-5确定待估宗地综合修正系数为1.76%。

宗地用途修正：待估宗地拟出让用途为工业用地，根据《B区国有土地级别基准地价文件》（B政办发〔2021〕××号），该宗土地用途不需要进行修正，即宗地用途修正系数为1.0。

土地使用年期修正：待估宗地为待出让工业用地，剩余土地使用年限设定为50年，与基准地价价格定义的工业用地土地使用年期50年一致，故不需进行年期修正。

容积率修正：该宗地实际容积率为1.0，根据《B区国有土地级别基准地价文件》（B政办发〔2021〕**号），工业用地不进行容积率修正。

期日修正：基准地价的估价基准日为2021年6月1日，本次估价基准日为2023年7月31日，因地价监测数据暂停发布，故对基准地价基准日到估价期日内的同一供需圈内出让工业用地的地价水平的统计分析，从而确定地价变化水平。

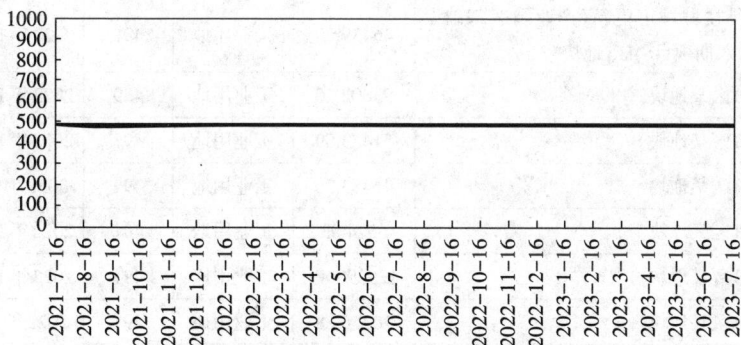

图13-1　工业用地地价变化示意图

根据表13-6数据统计可以看出，基准地价基准日到估价期日期间内B区工业地价变化不大，故不需进行期日修正，期日修正系数为1.0。

宗地基础设施修正：基准地价内涵开发程度为"五通一平"与评估设定开发程度为"五通一平"一致，故不需进行基础设施修正。

④待估宗地地价结果。

$$宗地地价 = P_{1b} \times \left(1 \pm \sum k_i\right) \times k_j + D$$
$$= 488 \times (1 + 1.76\%) \times 1.0 \times 1.0 \times 1.0 \times 1.0 + 0$$
$$\approx 497(元/米^2)$$

表13-6　工业用地出让价格表

序号	位置	面积/m²	用途	单价/元	合同签订时间
2	某产业园	6026.42	工业用地	492	2023年7月20日
3	某产业园	23347.33	工业用地	492	2023年7月19日
4	新能源汽车零部件产业园项目	83352.77	工业用地	492	2023年7月18日
5	数字经济产业园K区-2地块项目	26833.73	工业用地	492	2023年5月25日
6	数字经济产业园B区-2地块项目	12423.55	工业用地	492	2023年5月25日
7	航空产业园二期扩展区项目	30943.86	工业用地	492	2023年3月2日
8	数字经济产业园M区地块项目	100189.27	工业用地	492	2023年2月17日
9	B区某地块	62245.12	工业用地	491	2023年1月12日
10	放疗产业基地项目	33333.34	工业用地	492	2023年1月5日
11	健康医疗设备产业基地项目	81946.08	工业用地	492	2023年1月5日
12	新材料产业园项目	124536.56	工业用地	492	2023年1月5日
13	科技城城市更新(产业园区基础设施)六期项目(M15地块)	46439.90	工业用地	492	2022年12月26日
14	B区某地块	93602.10	工业用地	489	2022年12月26日
15	B区某地块	51483.69	工业用地	491	2022年12月26日
16	B区某地块	46453.25	工业用地	492	2022年12月5日
17	B区某地块	6574.03	工业用地	491	2022年11月22日
18	B区某地块	120298.80	工业用地	491	2022年10月13日
19	B区某地块	10256.88	工业用地	491	2022年5月20日
20	数字经济产业园F区一期项目	55994.92	工业用地	492	2022年5月7日
21	数字经济产业园G区一期项目	62101.48	工业用地	492	2022年4月29日
22	数字经济产业园B区一期项目	11333.39	工业用地	492	2022年4月29日
23	新能源技术产业基地项目	27292.43	工业用地	492	2022年4月29日
24	新能源汽车零部件研发与智能生产基地项目	22533.29	工业用地	492	2022年4月21日
25	数字经济产业园K区一期项目	60174.41	工业用地	492	2022年4月13日
26	某生物股份有限公司生物技术产品研发生产基地项目	114808.91	工业用地	492	2022年3月25日
27	某眼科矫治和防护器具研发与生产建设项目	18000.00	工业用地	492	2022年3月21日
28	某科创园项目	27075.72	工业用地	492	2022年3月21日
29	某有限公司制造装试中心建设项目	128338.53	工业用地	492	2022年3月7日

表13-6（续）

序号	位置	面积/m²	用途	单价/元	合同签订时间
30	某航空动力产业园浑南片区	362368.19	工业用地	492	2022年3月4日
31	某矿泉水生产基地项目	8592.00	工业用地	490	2022年2月9日
32	某门窗生产基地项目	13357.71	工业用地	490	2022年1月30日
33	某速递东北管理区(三期)项目	44079.84	工业用地	488	2022年1月27日
34	B区某地块	55243.77	工业用地	484	2021年8月27日
35	某智慧数据工厂项目	24618.56	工业用地	490	2021年7月16日

2. 运用市场比较法进行评估

（1）基本原理。市场比较法是在求取待估土地的价格时，根据替代原则，将待估宗地与近期内同一供需圈内的类似土地实例加以比较对照，并依据后者已知的价格，参照该土地的交易情况、期日、个别因素、区域因素等差别，修正得出待估宗地在评估期日价格的一种方法。

其基本公式为：

$$P = P_B \times A \times B \times C \times D \times E$$

式中，P——待估宗地价格；

P_B——比较实例价格；

A——待估宗地交易情况指数/比较实例宗地交易情况指数；

B——待估宗地估价期日地价指数/比较实例宗地交易期日地价指数；

C——待估宗地区域因素条件指数/比较实例宗地区域因素条件指数；

D——待估宗地个别因素条件指数/比较实例宗地个别因素条件指数；

E——待估宗地年期修正指数/比较实例宗地年期修正指数。

（2）比较案例选取。我们通过数据库查询、咨询成交地块等方式调查取得三宗土地交易实例，情况见表13-7。

表13-7 土地交易实例一览表

序号	交易案例名称	交易时间	土地用途	用地面积/m²	容积率	单位地价/(元·米⁻²)
1	B区某地块	2023年1月12日	工业用地	62245.12	0.8	491
2	B区某地块	2022年12月26日	工业用地	51483.69	1.0	491
3	B区某地块	2022年3月16日	工业用地	58732.57	1.0	489

根据宗地用途、交易时间、供需圈、临近区域等因素，选取了三宗与估价

对象距离较近，情况相似的土地作为比较案例，具体情况如下：

比较案例 13.1：

交易时间为 2023 年 1 月 12 日；

宗地位于 B 区某地块；

土地使用者为某新材料科技有限公司；

土地用途为工业用地；

宗地面积为 62245.12 m²；

土地利用情况为工业用地，容积率为 0.8；

开发程度为宗地所在区域基础设施达到"五通一平"；

使用年限为工业 50 年；

交易方式为挂牌出让；

交易情况为正常交易；

交易价格为 491 元/米²；

价格内涵与待估宗地相同；

比较案例 13.1 距火车站约 25 km，距高速出入口约 12 km，交通较便利，规划容积率为 0.8，土地形状规则，地质条件较好，地形平坦地势起伏小，临次干道。

比较案例 13.2：

交易时间为 2022 年 12 月 26 日；

宗地位于 B 区某地块；

土地使用者为某置业服务有限公司；

土地用途为工业用地；

宗地面积为 51483.69 m²；

土地利用情况为工业用地，容积率为 1.0；

开发程度为宗地所在区域基础设施达到"五通一平"；

使用年限为工业 50 年；

交易方式为挂牌出让；

交易情况为正常交易；

交易价格为 491 元/米²；

价格内涵与待估宗地相同；

比较案例 13.2 距火车站约 24 km，距高速出入口约 13 km，交通较便利，规划容积率为 1.0，土地形状规则，地质条件较好，地形平坦地势起伏小，临次干道。

比较案例 13.3：

交易时间为2022年3月16日；

宗地位于B区某地块；

土地使用者为某非金属材料加工有限公司；

土地用途为工业用地；

宗地面积为58732.57 m²；

土地利用情况为工业用地，容积率为1.0；

开发程度为宗地所在区域基础设施达到"五通一平"；

使用年限为工业50年；

交易方式为挂牌出让；

交易情况为正常交易；

交易价格为489元/米²；

价格内涵与待估宗地相同；

比较案例13.3距火车站约17 km，距高速出入口约4 km，交通便利程度一般，规划容积率为1.0，土地形状规则，地质条件较好，地形平坦地势起伏小，临支路。

确定比较案例后需要建立价格可比基础，上述选用的比较案例的付款方式、币种、货币单位、面积内涵、面积单位等情况见表13-8。

表13-8　价格可比基础

比较案例	付款方式	币种	货币单位	面积内涵	面积单位
13.1	限期全额缴纳	人民币	元	供地面积	m²
13.2	限期全额缴纳	人民币	元	供地面积	m²
13.3	限期全额缴纳	人民币	元	供地面积	m²

三个比较案例与估价对象设定的价格基础一致，故不需要进行修正。

（3）比较因素选择。根据待估宗地的宗地条件，影响待估宗地价格的主要因素有以下几点。

①交易期日。根据地价指数，确定交易期日修正系数。

②交易情况。根据交易的实际情况分为正常交易、关联方间交易、快速变现及特殊交易方式等。

③交易方式。排除不同交易方式所造成的比较实例的价格偏差，将其成交价格修正为相同交易方式下的价格。

④土地用途。将各比较实例在不同土地用途下的价格调整为待估宗下的价格，消除因土地用途不同对价格带来的影响。

⑤土地使用年期。指待估宗地和比较案例的土地使用年期。

⑥区域因素。主要指交通条件（距客运站距离、距高速公路入口距离、路网状况）、产业聚集状况、基础设施完备程度、环境状况等。

⑦个别因素。主要包括临路状况、宗地面积、宗地形状、地质条件、地形地势、规划限制等。

（4）因素条件说明。通过调查，选择了与待估宗地用途相同或相近、在同一供需圈的比较案例，各比较案例的具体情况可见表13-9。

表13-9　因素条件说明

影响因素	待估宗地	比较案例13.1	比较案例13.2	比较案例13.3
比较案例单价/（元·米⁻²）	—	491	491	489
交易时间	2023年7月31日	2023年1月12日	2022年12月26日	2022年3月16日
交易情况	正常	正常	正常	正常
交易方式	出让	出让	出让	出让
剩余土地使用年限/年	50	50	50	50
土地用途	工业	工业	工业	工业
基础设施完备程度	宗地外"五通"	宗地外"五通"	宗地外"五通"	宗地外"五通"
产业聚集状况	较差	较优	较优	较差
距火车站距离	约17 km	约25 km	约24 km	约17 km
距高速公路出入口距离	约4 km	约12 km	约13 km	约4 km
路网状况	路网密度一般	路网较密集	路网较密集	路网密度一般
环境状况	一般	一般	一般	一般
临路状况	临支路	临次干道	临次干道	临支路
宗地面积/m²	46512.00	62245.12	51483.69	58732.57
宗地形状	土地形状规则，有利于土地利用	土地形状规则，有利于土地利用	土地形状规则，有利于土地利用	土地形状规则，有利于土地利用
地质条件	地质条件较好，能满足建设要求	地质条件较好，能满足建设要求	地质条件较好，能满足建设要求	地质条件较好，能满足建设要求
地形地势	地形较平整，地势较平坦，能满足建设要求	地形较平整，地势较平坦，能满足建设要求	地形较平整，地势较平坦，能满足建设要求	地形较平整，地势较平坦，能满足建设要求
规划限制	无规划限制	无规划限制	无规划限制	无规划限制

（5）比较因素修正说明。根据待估宗地与比较实例各种因素具体情况，编制比较因素条件指数表。比较因素指数确定如下。

① 交易期日。根据待估宗地所在区域的地价变化情况，确定比较案例和待估宗地在不同时间的地价指数。

$$P_E = P_0 \times Q/Q_0$$

式中，P_E——估价期日修正后比较实例价格；

　　P_0——估价期日修正前比较实例价格；

　　Q——待估宗地估价期日地价指数；

　　Q_0——比较实例交易日地价指数。

待估宗地的估价期日为 2023 年 7 月 31 日，比较案例 13.1 的交易日期为 2023 年 1 月 12 日，比较案例 13.2 的交易日期为 2022 年 12 月 26 日，比较案例 13.3 的交易日期为 2022 年 3 月 16 日。根据上部分对地价变化的分析过程，从各比较案例的交易日期至待估宗地的估价期日，待估宗地所在区域的工业用地地价水平基本无变化，确定各比较案例的期日修正指数均为 100。

② 交易情况。根据交易的实际情况分为正常交易、关联方间交易、快速变现等。当待估宗地条件与比较案例条件一致时，不需进行修正；当条件不一致时，需进行修正。

$$P_E = P_0 \times E_P/E_E$$

式中，P_E——交易情况修正后比较实例价格；

　　P_0——交易情况修正前比较实例价格；

　　E_P——待估宗地交易情况指数；

　　E_E——比较实例交易情况指数。

本次评估待估宗地和比较案例均为出让宗地，是公开市场条件下的土地使用权价格，因此待估宗地及各比较案例价格内涵相同，因此待估宗地及各比较案例的交易情况指数均为 100。

③ 交易方式。以待估宗地的条件为标准，当待估宗地条件与比较案例条件一致时，不需进行修正；当条件不一致时，需进行修正。

本次估价结果土地使用权出让价格内涵是在估价期日公开市场条件下出让国有土地使用权价格，比较案例交易方式均为挂牌出让，均为公开市场下的交易方式，故不需要对交易方式进行修正，因此待估宗地及各比较案例交易方式指数均为 100。

④ 用途修正。以待估宗地的条件为标准，当待估宗地条件与比较案例条件一致时，不需进行修正；当条件不一致时，需进行修正。

待估宗地的设定用途为工业用地，比较案例 13.1 至 13.3 的用途均为工业用地，因此待估宗地及各比较案例土地用途指数均为 100。

⑤ 土地使用年期修正。

$$P_t = P_0 \times \left[1 - 1/(1+r)^m\right] / \left[1 - 1/(1+r)^n\right]$$

式中，P_t——年期修正后宗地价格；

P_0——年期修正前比较实例价格；

r——土地还原率；

n——比较实例的使用年期；

m——待估宗地的使用年期。

待估宗地剩余出让年限设定为工业用地50年，比较案例均为工业用地50年，故此处无须进行修正，因此待估宗地及各比较案例使用年限修正指数均为100。

⑥ 区域及个别因素修正。

A. 区域因素。

a. 基础设施完备程度。以待估宗地区域的基础设施完备程度为标准，确定其指数为100，若比较案例优于此标准，则比较案例的指数高于100，若比较案例劣于此标准，则比较案例的指数低于100。待估宗地外开发程度为"五通"，比较案例的宗地外开发程度均为"五通"，因此不需要对各比较案例进行开发程度修正，确定各比较案例的宗地外开发程度指数为100。

b. 产业聚集状况。产业聚集状况分为优、较优、一般、较劣、劣五个级别，以待估宗地区域的产业聚集状况为标准，确定其指数为100，每个级别修正2%。若比较案例优于此标准，则比较案例的指数高于100；若比较案例劣于此标准，则比较案例的指数低于100。待估宗地产业聚集状况较差，比较案例13.1和13.2的产业聚集状况较优，比较案例13.3的产业聚集状况较差，因此需要对各比较案例进行产业聚集状况修正，确定比较案例13.1至13.3的产业聚集状况修正指数分别为104，104，100。

c. 距火车站距离。以待估宗地的距客运站距离为标准，确定其指数为100。若比较案例优于此标准，则比较案例的指数高于100；若比较案例劣于此标准，则比较案例的指数低于100。将待估宗地与比较案例距火车站距离进行比较，待估宗地与比较案例距火车站距离相差5 km，修正1%，因此各比较案例距火车站距离修正指数均分别为98，98，100。

d. 距高速公路出入口距离。以待估宗地的距高速公路出入口距离为标准，确定其指数为100。若比较案例优于此标准，则比较案例的指数高于100；若比较案例劣于此标准，则比较案例的指数低于100。将待估宗地与比较案例距高速公路出入口距离进行比较，待估宗地与比较案例距高速公路出入口距离相差

3 km，修正1%，因此各比较案例高速公路出入口距离修正指数均分别为97，97，100。

e. 路网状况。以待估宗地的路网状况为标准，确定其指数为100。若比较案例优于此标准，则比较案例的指数高于100；若比较案例劣于此标准，则比较案例的指数低于100。将宗地路网状况按"优、较优、一般、较劣和劣"划分为五个级别：路网密集，周围有多条主干道经过，紧邻进出主干道；路网较密集，周围有主干道经过，临近主干道；路网稠密度一般，周围有主干道经过，能通过次干道进出主干道行驶距离小于500 m；路网较稀疏，周围有次干道经过，能通过次干道进入主干道行驶距离为500～1000 m；路网稀疏，周围无主干道经过，能通过次干道进入主干道行驶距离大于1000 m。每上升或下降一个级别，指数上升或下降2%。因此，各比较案例路网状况修正指数均分别为102，102，100。

f. 环境状况。以待估宗地区域的环境状况为标准，确定其指数为100。若比较案例优于此标准，则比较案例的指数高于100；若比较案例劣于此标准，则比较案例的指数低于100。待估宗地环境状况一般，比较案例的环境状况均一般，因此不需要对各比较案例进行环境状况修正，确定环境状况修正指数为100。

B. 个别因素。

a. 临路状况。以待估宗地的临路状况为标准，确定其指数为100。若比较案例优于此标准，则比较案例的指数高于100；若比较案例劣于此标准，则比较案例的指数低于100。将宗地临路状况按"优、较优、一般、较劣和劣"划分为五个级别：临主要混合型主道路、临主要交通型主道路、临次干道、临支路、临巷道。每上升或下降一个级别，指数上升或下降2%。因此各比较案例路网状况修正指数均分别为102，102，100。

b. 宗地面积。以待估宗地的宗地面积为标准，确定其指数为100。若比较案例优于此标准，则比较案例的指数高于100；若比较案例劣于此标准，则比较案例的指数低于100。将宗地面积状况按"优、较优、一般、较劣和劣"划分为五个级别：宗地大小非常适合土地利用类型、宗地大小较适合土地利用类型、宗地大小对土地利用类型不造成影响、宗地大小相对土地利用类型偏大或偏小、宗地大小不适合土地利用类型。每上升或下降一个级别，指数上升或下降1%。待估宗地的宗地大小较适合土地利用类型，比较案例的宗地大小均较适合土地利用类型，因此不需要对各比较案例进行宗地面积修正，确定各比较案例的宗地面积指数均为100。

c. 宗地形状。以待估宗地的宗地形状为标准，确定其指数为100。若比较案例优于此标准，则比较案例的指数高于100；若比较案例劣于此标准，则比较案例的修正指数低于100。将宗地形状按"优、较优、一般、较劣和劣"划分为五个级别：形状规则，土地利用充分；形状规则，土地利用较充分；形状较规则，土地利用充分；形状不规则，土地利用一般，形状不规则，土地利用不充分。每上升或下降一个级别，指数上升或下降1%。待估宗地与比较案例宗地形状均为较规则，因此各比较案例宗地面积修正指数均为100。

　　d. 地质条件。将宗地地质条件按"优、较优、一般、较劣和劣"划分为五个级别：地质条件优，能很好满足建设要求；地质条件较优，能较好满足建设要求；地质条件一般，能基本满足建设要求；地质条件较差，不能全部能满足建设要求；地质条件差，不能满足建设要求。每上升或下降一个级别，指数上升或下降2%。待估宗地与比较案例的地质条件均较优，均能基本满足建设要求，因此不需要对各比较案例进行地质条件修正，确定地质条件修正指数为100。

　　e. 地形地势。将宗地地形地势按"优、较优、一般、较劣和劣"划分为五个级别：地形平整，地势平坦，能满足建设要求；地形较平整，地势较平坦，能满足建设要求；地形平整度一般，地势平坦度一般，能基本满足建设要求；地形平整度较差，地势平坦度较差，不能全部能满足建设要求；地形不平整，地势不平坦，不能满足建设要求。每上升或下降一个级别，指数上升或下降2%。待估宗地与比较案例的地形均较平整，地势均较平坦，均能满足建设要求，因此不需要对各比较案例进行地质条件修正，确定地质条件修正指数为100。

　　f. 规划限制。以待估宗地区域的规划限制为标准，确定其指数为100。若比较案例优于此标准，则比较案例的指数高于100；若比较案例劣于此标准，则比较案例的指数低于100。待估宗地无规划限制，比较案例也均无规划限制，因此不需要对各比较案例进行开发程度修正，确定规划限制修正指数均为100，见表13-10。

表13-10　比较因素条件指数表

影响因素	待估宗地	比较案例13.1	比较案例13.2	比较案例13.3
比较案例单价/(元·米$^{-2}$)	—	491	491	489
交易期日	100	100	100	100
年期修正	100	100	100	100
交易情况	100	100	100	100
交易方式	100	100	100	100

表 13-10（续）

影响因素	待估宗地	比较案例 13.1	比较案例 13.2	比较案例 13.3
土地用途	100	100	100	100
基础设施完备程度	100	100	100	100
产业聚集状况	100	104	104	100
距火车站距离	100	98	98	100
距高速公路入口距离	100	97	97	100
路网状况	100	102	102	100
环境状况	100	100	100	100
临路状况	100	102	102	100
宗地面积	100	100	100	100
宗地形状	100	100	100	100
地质条件	100	100	100	100
地形地势	100	100	100	100
规划限制	100	100	100	100

（6）实例修正后的地价计算（表 13-11）。

表 13-11　比较因素修正系数表

影响因素	比较案例 13.1	比较案例 13.2	比较案例 13.3
比较案例单价/(元·米$^{-2}$)	491	491	489
交易期日	100/100	100/100	100/100
年期修正	100/100	100/100	100/100
交易情况	100/100	100/100	100/100
交易方式	100/100	100/100	100/100
土地用途	100/100	100/100	100/100
基础设施完备程度	100/100	100/100	100/100
产业聚集状况	100/104	100/104	100/100
距火车站距离	100/98	100/98	100/100
距高速公路入口距离	100/97	100/97	100/100
路网状况	100/102	100/102	100/100
环境状况	100/100	100/100	100/100
临路状况	100/102	100/102	100/100
宗地面积	100/100	100/100	100/100

表13-11（续）

影响因素	比较案例13.1	比较案例13.2	比较案例13.3
宗地形状	100/100	100/100	100/100
地质条件	100/100	100/100	100/100
地形地势	100/100	100/100	100/100
规划限制	100/100	100/100	100/100
比准价格/(元·米$^{-2}$)	477	477	489
评估单价/(元·米$^{-2}$)	481		

根据以上修正得出的三个比较案例的比准价格较接近且符合估价期日估价对象用途土地的价格水平，故取三个比较案例的比准价格的算术平均值作为本次市场比较法评估测算结果：

$$宗地价格 = (477 + 477 + 489) \div 3$$
$$= 481(元/米^2)$$

（7）方法应用分析。市场比较法中所采用的比较实例价格为实际发生并已为人接受的价格，并且比较实例与估价对象位于同一区域且距离相近，土地利用相似，宗地条件相近，具有较强的替代性。比较过程中在确定修正系数时，我们综合全面分析估价对象宏观、微观区位条件及其与比较实例的差异，选择对地价有影响的重要因素，并对各因素进行量化，使其结果尽可能逼近客观事实，从地价平衡角度看，采用该方法得出的价格可以采用。

三、地价的确定

(一) 地价确定的方法

我们采用基准地价系数修正法和市场比较法对估价对象进行测算，两者从不同角度反映宗地价格，且评估结果较为接近，故以上述两种评估方法的算术平均数作为待估宗地的最终估价结果。

(二) 估价结果

经过估价人员现场勘察和当地市场分析，按照地价评估的基本原则和估价程序，选择合适的评估方法，评估得到待估宗地在估价设定用途、使用年限及开发程度和规划利用条件下、于估价基准日的土地使用权价格为：

单位面积地价 = (497 + 481) ÷ 2 = 489(元/米²)；

总地价 = 489 × 46512 = 22744400 (元) (百位取整)；

大写金额：贰仟贰佰柒拾肆万肆仟肆佰元整。(币种：人民币)

第四部分　附　件

(附件应包括土地使用证复印件或土地产权证明材料，房屋产权证复印件或证明材料，地籍图、宗地图、建筑平面图等图件，估价对象照片，有关背景材料和估价机构资质证书复印件等。)

第十四章 国有建设用地使用权转让价格评估案例

C区D街以东、E路以北地块国有建设用地使用权市场价格评估

土地估价报告

项 目 名 称：C区D街以东、E路以北地块国有建设用地使用权市场价格评估

受 托 估 价 单 位：××房地产土地评估有限责任公司

土地估价报告编号：××〔2022〕估字第×××号

电 子 备 案 编 号：2110722BA×××

提交估价报告日期：2022年6月29日

估价报告备案日期：2022年6月29日

土地估价报告

第一部分　摘　要

一、估价项目名称

C区D街以东、E路以北地块国有建设用地使用权市场价格评估

二、委托估价方

委托单位：F实业有限公司

三、估价目的

F实业有限公司拟转让位于C区D街以东、E路以北地块国有建设用地使用权，本估价机构依据委托方提供《国有建设用地使用权出让合同》（合同编号：2101122019×××）等资料及《城镇土地估价规程》（GB/T 18508—2014）进行评估，为委托方确定该地块土地使用权的市场价格提供参考依据。

四、估价期日

根据《国土资源部办公厅关于印发〈国有建设用地使用权出让地价评估技术规范〉的通知》（国土资厅发〔2018〕4号），经与委托估价方协商一致，本次以2022年6月15日作为估价期日。

五、估价日期

2022年6月15日。

六、地价定义

估价对象为位于C区D街以东、E路以北的一宗国有建设用地使用权，根据估价目的及估价依据，结合委托方提供的《国有建设用地使用权出让合同》（合同编号：2101122019×××）等资料及现场勘察情况，确定在估价期日的地价定义。

（一）土地用途设定

估价对象为已出让的国有建设用地使用权，根据《国有建设用地使用权出

让合同》（合同编号：2101122019×××）确定估价对象规划用地性质为城镇住宅用地。根据估价人员现场勘察，估价对象现为空地。结合本次评估目的，遵循合法性原则，本次评估中土地用途以规划用途为准。根据《土地利用现状分类》（GB/T 21010—2017），并参照《自然资源部办公厅关于印发〈国土空间调查、规划、用途管制用地用海分类指南（试行）〉的通知》（自然资办发〔2020〕51号），估价对象规划用地性质对应的土地分类为城镇住宅用地。故本次评估中设定估价对象土地用途为城镇住宅用地。

（二）土地开发程度设定

经估价人员现场勘察，估价对象实际开发程度为宗地红线外"七通"（通供水、通排水、通电、通路、通信、通暖、通燃气）和宗地红线内场地平整。根据此次评估目的，设定土地开发程度为宗地红线外"七通"（通供水、通排水、通电、通路、通信、通暖、通燃气）和宗地内场地平整。

（三）土地利用条件设定

经估价人员现场勘察，估价对象于估价期日的利用现状为空地。根据委托方提供的《国有建设用地使用权出让合同》（合同编号：2101122019×××）确定，估价对象规划用地面积为72569 m²，规划容积率不高于1.4，不低于1。根据此次评估目的，本次按规划利用条件进行评估，设定用地面积为72569 m²，容积率为1.4。

（四）土地使用权年限设定

根据委托方提供的《国有建设用地使用权出让合同》（合同编号：2101122019×××）确定待估宗地的国有建设用地使用权出让年限为70年，出让时间自2020年1月30日至2090年1月29日，至估价时点，剩余土地使用权年限为67.62年，故设定待估宗地土地使用权年限为67.62年。

（五）土地使用权性质设定

估价对象为已出让国有建设用地使用权，根据规划设计条件，结合本次估价目的，本次估价设定土地使用权类型为国有出让土地使用权。

（六）土地使用权价格类型设定

根据评估目的，本次评估价格为公开市场条件下的国有出让建设用地使用权市场价格。

综上，本次评估价格是指在规划利用条件下，满足上述土地用途、开发程度、容积率、使用年期、使用权性质等各项评估设定条件，于估价期日2022年6月15日的公开市场条件下的国有出让建设用地使用权市场价格。

七、估价结果

宗地面积：72569 m^2；

单位面积楼面价：2095元/m^2

单位面积地面价：2933元/m^2；

总地价：21284.49万元；

大写金额：贰亿壹仟贰佰捌拾肆万肆仟玖佰元整。（货币种类：人民币）

［详见土地估价结果一览表（表14-1）］

八、土地估价师签字

估价师	证书编号	签字
×××	×××	＿＿＿＿＿＿＿＿＿
×××	×××	＿＿＿＿＿＿＿＿＿

九、土地估价机构

法定代表人（签字）

××房地产土地评估有限责任公司（公章）

2022年6月29日

估价机构：××房地产土地评估有限责任公司　估价报告编号：××〔2022〕估字第××××号　估价期日：2022年6月15日

估价目的：市场价格评估　　估价期日的土地使用权性质：国有

表14-1　土地估价结果一览表

估价期日的土地使用者	宗地编号	宗地名称	土地使用证编号	宗地位置	估价期日的土地用途						估价期日实际土地开发程度	估价设定的土地开发程度	剩余土地使用权年限	评估面积米²	单位面积地价(元·m⁻²)	总地价 万元	备注
					土地用途			容积率									
					规划	实际	设定	规划	实际	设定							
F实业有限公司	C区2019-13-01	D街以东、E路以北以北地块	—	C区D街以东、E路以北	城镇住宅用地	城镇住宅用地	城镇住宅用地	不高于1.4，不低于1	—	不高于1.4，不低于1	宗地外"七通"（通供水、通排水、通电、通路、通信、通暖、通燃气），宗地内场地平整	宗地外"七通"（通供水、通排水、通电、通路、通信、通暖、通燃气），宗地内场地平整	67.62年	72569	2933	21284.49	—

1. 上述土地估价结果的限定条件。

① 土地权利限制。估价对象为已出让国有建设用地使用权，无土地权利限制。

② 基础设施配套条件。在估价期日，估价对象实际土地开发程度为宗地外"七通"（通供水、通排水、通电、通路、通信、通暖、通燃气），宗地内场地平整。

③ 规划限制条件。根据委托方提供的《国有建设用地使用权出让合同》（合同编号：2101122019×××）记载：估价对象位于D街以东、E路以北，用地面积为72569 m²，容积率不高于1.4，不低于1，绿地率不低于35%，建筑限高40 m，建筑密度不高于30%，其他详见《国有建设用地使用权出让合同》（合同编号：2101122019×××）。

④ 影响土地价格的其他限制条件。在估价期日，估价对象设定用途为城镇住宅用地，使用年限设定为67.62年。

2. 其他需要说明的事项

（1）有关资料来源及未经实地确认或无法实地确认的资料和估价事项。土地利用状况等资料由委托方提供，土地区位条件、地产交易市场资料等评估相关资料由估价人员实地调查而得。

（2）对估价结果和估价工作可能产生的变化事项以及采取的相应措施。本报告估价结果是估价对象为已出让国有建设用地使用权的因素为变化，则该评估价格应作相应调整。本报告估价结果是估价对象在满足地价定义条件下的使用权价格，若估价期日、土地利用方式、土地开发状况、土地面积、土地处置方式等影响地价的因素发生变化，则该评估价格应作相应调整。

（3）估价对象的特殊性，估价中未考虑的因素及采取的特殊处理。估价对象为已出让国有建设用地使用权，未作特殊处理。

（4）其他需要特殊说明的问题
① 评估结果仅作为 F 实业有限公司拟转让位于 C 区 D 街以东、E 路以北地块国有建设用地使用权，本估价机构依据委托方提供的《国有建设用地使用权出让合同》（合同编号：21011220 19×××）等资料及《城镇土地估价规程》（GB/T 18508—2014）进行评估，为委托方确定该地块土地使用权的市场价格的市场价格提供参考依据。

② 委托方对所提供资料的准确性负责，估价机构对所收集资料的真实性、准确性负责。

③ 任何单位和个人未经估价机构书面同意，不得以任何形式发表、披露本报告。

××房地产土地评估有限责任公司（公章）

2022 年 6 月 29 日

第二部分　估价对象界定

一、委托估价方

委托单位：F实业有限公司

单位地址：辽宁省C区

联系人：×××

联系电话：×××

二、估价对象

估价对象为位于C区D街以东、E路以北的一宗已出让的国有建设用地使用权。根据委托方提供的《国有建设用地使用权出让合同》（合同编号：2101122019××××）记载：估价对象位于D街以东、E路以北，用地面积为72569 m²，规划用途为城镇住宅用地，容积率不高于1.4，不低于1，绿地率不低于35%，建筑限高40 m，建筑密度不高于30%，剩余土地使用年限为67.62年，其他详见《国有建设用地使用权出让合同》（合同编号：2101122019×××）。

三、估价对象概况

（一）土地登记状况

1. 权属性质

估价对象为国家所有。

2. 权源及权属变更情况

估价对象来源于征收集体土地，政府将集体所有变更为国家所有，F实业有限公司通过政府出让获得土地使用权。

3. 地理位置

D街以东、E路以北。

4. 土地用途

土地用途为城镇住宅用地。

5. 四至

东至G路；南至E路；西至D街；北至用地界限。

6. 面积

土地面积为72569 m²。

7. 土地级别

估价对象位于D街以东、E路以北，为C区住宅二级。因估价对象暂未办理不动产权证书，故尚未正式进行土地登记，无土地登记证书号、不动产权证书编号、登记时间、地籍图号、宗地号等相关登记状况。

（二）土地权利状况

根据委托方与C区管理委员会城乡建设局于2020年×月×日签订的《国有建设用地使用权出让合同》（合同编号：2101122019×××），出让价款为人民币1.9593亿元，批准使用年限70年，已使用年限2.38年，剩余土地使用权年限为67.62年。

1. 土地所有权

估价对象所有权人为国家。

2. 土地使用权

土地使用权人为F实业有限公司。

3. 他项权利

估价对象无抵押权、租赁权、地役权等他项权利设定。

（三）土地利用状况

经估价人员现场勘察，估价对象于估价期日现状利用为空地。根据委托方与辽宁省C区管理委员会城乡建设局于2020年×月×日签订的《国有建设用地使用权出让合同》（合同编号：2101122019×××）确定土地规划利用条件。估价对象位于D街以东、E路以北，用地面积为72569 m²，规划用途为城镇住宅用地，容积率不高于1.4，不低于1，绿地率不低于35%，建筑限高40 m，建筑密度不高于30%，剩余土地使用年限为67.62年，其他详见《国有建设用地使用权出让合同》（合同编号：2101122019×××）。

四、影响地价的因素说明

（一）一般因素

1. 城市资源状况

（1）地理位置。待估宗地位于沈阳市辖区内。沈阳市位于中国东北地区南部，辽宁省的中部。东与铁岭市、抚顺市相邻，西与阜新市、锦州市、鞍山市接壤，南与辽阳市、本溪市毗邻，北与内蒙古自治区接壤。地理位置在东经122度25分9秒～123度48分24秒，北纬41度11分51秒～41度12分13秒。

（2）土地。沈阳市耕地面积为1159.42万亩，中旱地仍是主体，达到890.46万亩，占全部耕地的76.80%；水田面积为223.16万亩，占全部耕地的19.25%；水浇地45.80万亩，占全部耕地的3.95%。沈阳市林地面积为222.44万亩，乔木林地面积为126.23万亩，灌木林地面积为2.13万亩，其他林地面积为94.09万亩。沈阳市园地21.13万亩，其中果园20.11万亩，其他园地1.02万亩。沈阳市有草地15.22万亩，全部为其他草地。

城镇村及工矿用地为285.09万亩，包括城市用地、建制镇用地、村庄用地、采矿用地、风景名胜及特殊用地。沈阳市交通运输用地73.95万亩，包括铁路、轨道交通、公路、农村道路、机场、港口码头、管道运输等用地。沈阳市水域及水利设施用地112.40万亩，包括河流水面、湖泊水面、水库水面、坑塘水面、沟渠、水工建筑用地等。

（3）气候水文。沈阳属于温带半湿润大陆性气候，年平均气温8.6℃。受季风影响，降水集中在夏季，温差较大，四季分明。冬寒时间较长；夏季时间较短，多雨；春秋两季气温变化迅速，持续时间短；春季多风，秋季晴朗。

沈阳市境内主要有辽河、浑河、绕阳河、柳河、蒲河、养息牧河、北沙河、秀水河等大小河流27条，属辽河、浑河两大水系，水资源总量为32.6亿m³，其中地表水11.4亿m³，地下水21.2亿m³。

（4）自然资源。沈阳市地下有煤、石油、天然气、铁矿等矿产资源，有大型煤田2处，探明总储存量18亿吨。此外，还有铝、花岗岩、黏土等矿产资源。

（5）城市人口。2021年，沈阳市常住人口911.8万人。其中，城镇人口774.76万人，占常住人口的比例为84.97%；乡村人口137.04万人，占15.03%，沈阳市户籍人口765.4万人，其中，男性人口375.2万人，女性人口390.2万人。

2. 不动产制度与不动产市场状况

（1）土地制度。沈阳市已经建立了完善的土地收购、储备、交易管理制度，土地已经实行招、拍、挂、协等方式供应，完善管理机制，促进节约集约用地，严格执行产业政策和项目用地控制指标。

（2）住房制度。支持合理住房需求，围绕调整增值税免征年限、优化外地人购房服务、实施"卖旧买新"支持改善型住房需求、提升老年人居住品质、支持多孩家庭购房等方面，沈阳市出台了相关政策措施，进一步减轻民众购房负担，优化服务措施，保障住房刚性需求和改善型需求。

个人住房增值税免征年限由5年调整为2年。为减轻群众购房负担，满足住房需求，按照国家规定，个人住房转让增值税免征年限由5年调整为2年。

优化外地人购房服务。为建设国家中心城市，加快沈阳都市圈建设，方便外地人来沈工作生活，解决住房问题，非沈阳户籍居民家庭在沈阳市限购区域内购买新建商品住房的，执行沈阳户籍居民家庭购房政策，不再提供自购房申请之日起2年内在沈阳连续缴纳6个月及以上个人所得税或社会保险证明。另外，缴存住房公积金外地职工家庭在沈阳购买自住住房的，可按规定在沈阳市申请住房公积金购房贷款。

实施"卖旧买新"，支持改善型住房需求。为支持改善型住房需求，提升居住品质，方便民众购房，对于通过"卖旧买新"购房的居民家庭，在沈阳市行政区域内已拥有2套住房的，在旧房出让过程中，可在沈阳市限购区域内再购买1套新建商品住房。

提升老年人居住品质。为促进养老事业发展，保障老年人权益，推进房屋适老化改造，实现老有所养、老有所乐，让老年人共享改革发展成果，对于有60岁及以上成员的居民家庭，在沈阳市行政区域内已拥有2套住房的，可在沈阳市限购区域内再买1套新建商品住房。

支持多孩家庭购房。为满足多孩家庭住房需求，提升居住品质，促进人口事业健康发展，对于生育二孩、三孩未满18周岁的居民家庭在沈阳市行政区域内已拥有2套住房的，可在沈阳市限购区域内再购买1套新建商品住房。对于生育二孩、三孩未满18周岁的住房公积金缴存职工家庭，使用住房公积金贷款购买自住住房的，贷款限额可放宽到当期最高贷款额度的1.3倍。

（3）地价政策。坚持计划控制引导，统一有序、规范供应。各地应按照年度土地供应计划确定的控制指标，科学合理实施供应，维护政府公信力。认真落实房地产用地调控政策，重点保障城市住宅用地供应，住宅用地供应要向租赁住房建设倾斜，对保障性住房用地实行应保尽保。

突出土地要素保障在经济发展中的支撑地位，充分保障社会民生、重大基础设施项目和重点产业项目用地需求。工矿仓储用地、公共管理与公共服务用地、交通运输用地、水域及水利设施用地、特殊用地均实行指导性计划控制，根据年度用地需求保障供应。

各开发区严格按照功能定位、产业政策和主导发展方向，优先安排工业建设项目用地供应，从严从紧控制开发区内经营性房地产开发用地总量，防止挤占工业项目用地指标。

坚持节约集约用地政策，科学研判建设用地需求，着力保障经济社会发展合理用地需求。鼓励建设项目用地整体设计、合理布局，促进节约集约开发，提倡工业用地通过合理途径提高土地利用率。

对商业、旅游、娱乐、商品住宅等经营性用地和新增工业用地（不含原地内改扩建）以及同一宗地有两个以上意向用地者的，严格按照招标、拍卖或者挂牌方式有偿供地，统一在土地市场公开进行。扩大有偿使用范围，积极探索地下空间和经营性基础设施用地有偿使用。其他符合国家《划拨用地目录》的建设项目用地，报经市政府批准后以划拨方式供地。

3. 产业政策

对沈阳市重点发展的配套工业项目优先供地，采取"先租后让"方式提供标准化厂房和1年内分期缴纳出让款。鼓励提高工业投资强度，对存量工业用地范围内改扩建面积不增收土地价款。

给予落地配套企业固定资产投资补助和税收支持，鼓励全国性、区域性的配套企业和供应商来沈投资。对世界500强企业投资先进制造业和现代服务业项目、到位外资金额超过5000万美元的新项目和超过3000万美元的增资项目予以奖励。

支持高端化升级，对首台（套）重大技术装备及关键部件、首批新材料给予研制应用补助。支持智能化升级，对建成并投入运营的智能工厂和数字化车间给予补助或奖励。支持绿色化升级，对节能技术改造、工业资源综合利用等项目给予固投补助，对获得国家、省绿色制造示范体系的企业给予一次性奖励。支持服务化升级，对认定为国家级、省级服务型制造示范企业、平台（项目）给予一次性奖励。

支持工业企业技术和服务平台建设，对新获批的国家、省、市工业企业技术平台给予资金支持，对市级以上（含市级）的公共服务平台改造升级项目给予40%的一年期投资补助。

对符合沈阳市维护产业安全、构建完善产业链、建设先进制造业集群战略部署的产业配套项目，采取"一事一议"方式给予支持。达到一定规模以上的总装、成套企业，当年主营业务收入和本地采购额均保持增长的予以奖励。对重点头部企业主导或参与配套园区建设，采取专项资金补助或股权投资方式予以支持，配套产业园区积极开展配套企业招商和生产生活生态"三生融合"园区建设的要给予奖励。

4. 城市规划与发展目标

沈阳城市进入高质量发展的重要时期，由大规模增量建设转为存量提质改造和增量结构调整并重，亟待探索渐进式、可持续的有机更新模式，促进城市开发建设方式转型、经济发展方式转变，推进建设方式从规模扩张向品质内涵转型、治理模式从行政管控向多元共治转型、发展动力从投资驱动向绿色智慧范式转型。

至2025年，以物质空间环境改善为主，全面落实省部共建城市更新先导区实施方案；至2030年，以核心竞争要素培育为主，不断提升城市宜业宜居吸引力；至2035年，全面建成高品质生活、高质量发展、高水平治理的现代化经济社会发展体系，率先实现双碳目标，实现从工业文明时代优秀生向生态文明时代模范生的历史转型，成为以历史、红色、工业三大文化为特色，"五型经济"为驱动，文商旅创深度融合发展的大都市圈核心功能区为支撑的城市更新典范。

同时从社会民生、产业经济、人文魅力、绿色生态、韧性智慧五大系统入手，践行"两邻"（"与邻为善、以邻为伴"）理念、更新低效空间、传承文化根脉、留白留璞增绿、完善基础设施五项策略，制定老旧管网、老旧小区、街路更新、老旧厂区、老旧商圈、停缓建项目、闲置楼宇、历史文化名城、工业文化遗存、红色文化、以水润城、以绿荫城、以园美城、海绵城市、智慧城市、精细化管理等多项任务。

5. 城市社会经济发展状况

2021年，沈阳市实现地区生产总值7249.7亿元，按可比价格计算，比上年增长7.0%。其中，第一产业实现增加值326.3亿元，增长4.2%；第二产业实现增加值2570.3亿元，增长7.8%；第三产业实现增加值4353.0亿元，增长6.7%。

2022年1—5月，沈阳市规模以上工业增加值同比下降1.9%，比1—4月收窄4.7%。其中，5月当月增长19.2%，比4月回升31.9%。从大类行业看，沈阳市规模以上工业涉及的37个大类行业中，16个行业增加值实现增长，增长面为43.2%。从重点行业看，电力、热力、燃气及水生产和供应业增长5.1%，通用设备制造业增长7.3%，医药制造业增长29.5%，专用设备制造业增长48.2%。从新动能产业看，规模以上高技术制造业增长23.5%。

2022年1—5月，沈阳市固定资产投资同比增长4.7%，比1—4月提高11.8%。其中，5月当月增长37.2%，比4月提高63.5%。从三次产业看，第一产业下降5.0%，第二产业增长59.3%，第三产业下降4.0%。从投资构成看，建筑安装工程投资增长14.3%，设备工器具购置投资增长91.1%，其他费用投资下降29.9%。从投资主体看，民间投资下降18.5%，国有投资增长63.6%，外商及港澳台地区投资增长47.3%。从重点行业和领域投资看，工业投资增长59.8%，其中制造业投资增长62.2%，汽车制造业投资增长23.7%；基础设施投资增长1.1倍，房地产开发投资下降31.2%，高技术产业投资增长49.5%。

从2022年5月当月运行情况看，随着疫情防控形势的日趋稳定，复商复市有序推进，各项助企政策、促销措施纷纷发力，5个行业全部实现正增长。互联网零售同比增长22.1%，扭转了2月以来的负增长态势；汽车新车零售同比增长10.2%，比4月增速高60.1%；机动车燃油零售同比增长1.6%，比4月高

34.8%；百货零售同比增长0.9%，比4月高71.0%；超市零售同比增长12.7%。

（二）区域因素

1. 区域概况

C区位于中国东北辽宁省沈阳、抚顺两市接壤地带，规划建设同城化共建区。《C区总体规划》日前提交辽宁省政府党组会议讨论并原则通过。按照规划，C区将打造国家级同城化试验区，东北老工业基地改革创新的先导区和示范区，辽宁新一轮振兴发展的增长极。C区规划范围171 km²，其中沈阳片区69 km²，抚顺片区102 km²，将大力发展高端装备制造、电子信息制造、新材料、医药及高性能医疗器械、现代服务业五大核心产业。《C区总体规划》体现了高点定位、创新驱动、绿色低碳、存量提升四个特色，以"全球视野、国际标准、中国特色、辽宁极核"的高度谋划未来发展定位，以规划创新引领新区发展方式转型，以技术创新推动产业转型升级，以体制机制创新构建高效运转的管理体制。根据规划，到2040年，成为老工业基地转型升级的示范区，人口规模达到40万人。

2. 交通条件

C区交通便利，公路、铁路网络四通八达，沈抚大道、沈吉高速、沈通线等八条通道将沈抚两市连为一体。沈吉铁路从沈抚新城通过，设有地铁站，方便大宗货物运输。距沈阳奥体中心18 km，距抚顺中心区南站16 km，距桃仙国际机场25 km，距营口港200 km，距大连港380 km。

委托估价宗地位于C区，东至G路、南至E路、西至D街、北至用地界限，周围通有386路公交车及有轨电车，周围有G路经过，距沈阳绕城高速公路约3.5 km，位置及交通条件一般。

3. 基础设施条件

该地区基础配套设施较齐全，达到"七通"，其保证率均较好。

① 通供水。市政管网，供水保证率达95%以上。

② 通排水。市政管网，排水保证率达95%以上。

③ 通电。市政电网，供电保证率达95%以上。

④ 道路。主要道路有D街，道路通达度一般。

⑤ 通信。市政线路，通畅保证率达95%以上。

⑥ 通暖。市政管网，供暖保证率达95%以上。

⑦ 通燃气。市政管网，供气保证率达95%以上。

4. 环境条件

（1）自然环境。该区域内有湖泊及河流，噪声和大气污染程度低，自然环境条件较优。

（2）人文环境。估价对象位于规划住高档住宅区，所在区域人口综合素质较优，人文环境较优。

5. 商业繁华状况

委托估价宗地位于C区，周围有H小区、I小区等住宅小区，商业条件一般。

6. 规划限制

该地区无特殊规划限制。

（三）个别因素

宗地位置：C区D街以东、E路以北；

宗地面积：72569 m²；

土地用途：城镇住宅用地；

设定容积率：1.4；

宽度：临街宽度350 m；

临街状况：东临G路；南临E路；西临D街；

深度：161 m；

宗地形状：不规则；

地势条件：地势平坦；

地质条件：地质条件较好，地基承载力较强；

宗地内开发程度：宗地内场地平整；

规划利用条件：根据委托方提供的《国有建设用地使用权出让合同》（合同编号：2101122019××××）记载：估价对象位于D街以东、E路以北，用地面积为72569 m²，容积率不高于1.4，不低于1，绿地率不低于35%，建筑限高40 m，建筑密度不高于30%。

第三部分 土地估价结果及其使用

一、估价依据

（一）有关法律、法规、行政规章和政策

1. 国家有关部门颁布的法律、法规、行政规章

①《中华人民共和国民法典》（第十三届全国人民代表大会第三次会议表

决通过，自2021年1月1日起施行）。

②《中华人民共和国土地管理法》（第十三届全国人民代表大会常务委员会第十二次会议第三次修正，自2020年1月1日起施行）。

③《中华人民共和国城市房地产管理法》（第十三届全国人民代表大会常务委员会第十二次会议第三次修正，自2020年1月1日起施行）。

④《中华人民共和国资产评估法》（第十二届全国人民代表大会常务委员会第二十一次会议通过，自2016年12月1日起施行）。

⑤《中华人民共和国城镇国有土地使用权出让和转让暂行条例》（国务院令第55号发布，自1990年5月19日起施行）。

⑥《自然资源部办公厅关于印发〈国土空间调查、规划、用途管制用地用海分类指南（试行）〉的通知》（自然资办发〔2020〕51号）。

2. 地方有关部门颁布的有关通知

《关于印发C区城区土地级别基准地价标准的通知》（C区建字〔2019〕××号）。

（二）采用的技术标准

①《城镇土地估价规程》（GB/T 18508—2014）。

②《城镇土地分等定级规程》（GB/T 18507—2014）。

③《土地利用现状分类》（GB/T 21010—2017）。

（三）委托方提供的有关资料

①《国有建设用地使用权出让合同》（合同编号：2101122019×××）。

②委托方营业执照。

③土地使用权人营业执照。

（四）受托估价方掌握的有关资料和估价人员实地勘察、调查所获取资料等

①区域内同类用途土地市场交易资料。

②估价对象的区域因素、个别因素等资料。

③评估人员实地踏勘和调查收集的有关估价对象权属、基础设施、宗地条件等方面的资料。

④实地拍摄的有关估价对象土地利用状况的照片。

二、土地估价

（一）估价原则

本次估价过程中，遵循的主要原则有以下几点。

1. 替代原则

地价遵循替代规律。某宗土地价格受其相同使用的宗地即同类型具有替代可能的宗地价格牵制，有相同使用价值、有替代可能性的宗地之间会相互影响和竞争，其价格相互牵制而趋于一致。

2. 供需原则

在完全的市场竞争中，一般商品的价格取决于供需的平衡，需大于供，价格就会提高，否则价格就会降低。由于土地与一般商品相比，具有独特的人文和自然条件，因此供需均衡法则对土地没有其相对其他商品同样的约束力，从而使土地形成了自己的供需规律，主要表现在土地的价格容易形成垄断，所以地价形成于不完全竞争的市场。

3. 协调原则

土地总是处于一定的自然和社会环境之中，必须与周围环境相协调，因为土地能适应周围环境，该土地能最大限度地发挥收益或效用，所以要分析土地是否与所处环境协调。因此，在土地估价时，一定要认真分析土地与周围环境的关系，判断其是否协调，这直接关系到该地块的收益量和价格。

4. 预期收益原则

土地的价格受预期收益形成因素的变动所左右。所以，土地投资者是预测该土地将来所能带来的收益或效用进行投资的。

5. 最有效利用原则

由于土地具有用途的多样性，不同的利用方式能为权利人带来不同的收益，且土地权利人都期望从其所占用的土地上获得更多的收益，并以能满足这一目的为确定土地利用方式的依据，所以地价是以该宗地的效用能最有效发挥为前提的，此次评估宗地为城镇住宅用地，在评估中就应充分考虑用地的特性，按照最有效的利用方式进行评估，得到一个客观、公正、公平、科学、合法的土地价格。

6. 合法原则

土地使用权价格评估必须以估价对象的合法利用为前提。由于我国土地所有制特性决定，土地流转过程是土地使用权的流转，土地使用权的取得、使用年限、利用方式、利用规划等方面有严格控制，所以在进行土地使用权价格评估时，必须确保估价对象来源合法、利用合法。同时，土地估价要遵循相关法律法规的规定。

7. 变动原则

一般商品的价格是伴随着构成价格的因素的变化而发生变动的。土地价格也有同样情形，它是各种地价形成因素相互作用的结果，而这些价格形成因素经常处于变动之中，所以土地价格是在这些因素相互作用及其组合的变动过程中形成的。因此，在土地估价时，必须分析该土地的效用、稀缺性、个别性及有效需求以及使这些因素发生变动的一般因素、区域因素及个别因素。由于这些因素都在变动之中，因此应把握各因素之间的因果关系及变动规律，以便根据目前的地价水平预测未来的土地价格。

8. 价值主导原则

土地综合质量优劣是对土地价格产生影响的主要因素。

9. 审慎原则

在评估中确定相关参数和结果时，应分析并充分考虑土地市场运行状况、有关行业发展状况、以及存在的风险。

10. 公开市场原则

评估结果在公平、公正、公开的土地市场上可实现。

11. 多种评估方法相结合的原则

随着土地估价业的发展，国际上有几种通用的估价方法，如收益还原法、剩余法、市场比较法等，充分考虑用地的类型和所掌握的资料，选择最适宜的估价方法进行评估，力求得到客观、公正、科学、合法的土地价格。

总之，在评估过程中，要按照国家、地方有关规定，恪守客观、公正、科学、合法的原则进行土地价格评估，做到评估过程合理，评估方法科学，评估结果准确，严格保守评估秘密。

（二）估价方法

1. 选用的估价方法

依据《城镇土地估价规程》（GB/T 18508—2014）的规定，土地的评估方法有市场比较法、收益还原法、剩余法、成本逼近法、基准地价系数修正法。本次估价根据待估宗地的特点及评估项目实际情况（宗地用途、评估目的、地产市场等），依据上述规定，决定采用市场比较法和剩余法进行估价。采用这两种方法评估的原因有两个：一是估价对象所处区域的相同供需圈内同类型宗地的交易实例较多，所以可以采用市场比较法进行估价。二是该类用地可通过其他方法求得该估价对象房地产总价，扣除建筑物建造成本、专业费用、利息、利润、税费等费用后以价格余额来确定土地价格，故可以采用剩余法进行估价。

2. 未选用估价方法的理由

（1）收益还原法。估价对象为待建城镇住宅用地，没有类似用途土地出租情况，难以收集到区域内类似土地总收益与成本费用资料，无法采用收益还原法进行评估，因此不采用收益还原法评估。

（2）基准地价系数修正法。C区基准地价的基准日是2019年1月1日，距离估价期日已超过3年，故本次估价未选用基准地价系数修正法。

（3）成本逼近法。估价对象为城镇住宅用地，征地成本不易确定，增值收益也难以通过现有资料进行测算，因此不采用成本逼近法评估。

3. 选用的估价方法与公式

市场比较法是在求取待估土地的价格时，根据替代原则，将待估宗地与近期内同一供需圈内的类似土地实例加以比较对照，并依据后者已知的价格，参照该土地的交易情况、期日、个别因素、区域因素等差别，修正得出待估宗地在评估期日价格的一种方法。

其基本公式为：

$$P = P_B \times A \times B \times C \times D \times E$$

式中，P——待估宗地价格；

$\quad P_B$——比较实例价格；

$\quad A$——待估宗地交易情况指数/比较实例宗地交易情况指数；

$\quad B$——待估宗地估价期日地价指数/比较实例宗地交易期日地价指数；

$\quad C$——待估宗地区域因素条件指数/比较实例宗地区域因素条件指数；

$\quad D$——待估宗地个别因素条件指数/比较实例宗地个别因素条件指数；

$\quad E$——待估宗地年期修正指数/比较实例宗地年期修正指数。

剩余法是在测算完成开发后的不动产正常交易价格的基础上，扣除预计的正常开发成本及有关专业费用、利息和税费等，以价格余额来估算待估宗地价格的方法。

其基本公式为：

$$P = A - B - C$$

式中，P——待估宗地价格；

$\quad A$——为不动产总价；

$\quad B$——为开发项目整体的开发成本；

$\quad C$——为客观开发利润。

（三）估价结果

1. 各种估价方法的估价结果

（1）市场比较法。市场比较法的估价结果：人民币2997元/米²。

（2）剩余法。剩余法的估价结果：人民币2869元/米²。

市场比较法从土地市场交易情况反映出待估宗地的地价水平，剩余法从房地产开发的角度反映出估价对象的地价水平，本次采用的两种评估方法及评估过程均客观合理。

2. 估价结果

待估宗地采用了两种评估方法评估，两种评估方法的评估结果均符合市场实际情况且相差不大，故以两种方法的算术平均值作为待估宗地的最终估价结果。

宗地面积：72569 m²；

单位面积地价：（2997 + 2869）÷ 2 = 2933（元/米²）；

总地价：2933 × 72569 ÷ 10000 = 21284.49（万元）；

大写金额：贰亿壹仟贰佰捌拾肆万肆仟玖佰元整。（货币种类：人民币）

[详见土地估价结果一览表（表14-1）]

三、估价结果和估价报告的使用

（一）估价的前提条件和假设条件

① 本估价报告以委托方提供的资料真实性为前提，若资料失实或有隐匿，本公司不承担责任。

② 本估价报告提供的估价结果为估价对象宗地外"七通"及宗地内场地平整，并符合委托方提供规划条件下的土地价格。

③ 在估价期日地产市场为公正、公开、公平的均衡市场。

④ 任何有关估价对象的运作方式、程序符合国家、地方的有关法律、法规。

（二）估价结果和估价报告的使用

① 本次估价依据的主要法律法规为《中华人民共和国民法典》《中华人民共和国土地管理法》《中华人民共和国城市房地产管理法》，本估价报告和估价结果的作用依照该法律法规的有关规定发生法律效力。

② 报告和估价结果仅限于为F实业有限公司拟转让位于C区D街以东、E

路以北地块国有建设用地使用权，本估价机构依据委托方提供《国有建设用地使用权出让合同》（合同编号：2101122019××××）等资料及《城镇土地估价规程》（GB/T 18508—2014）进行评估，为委托方确定该地块土地使用权的市场价格提供参考依据的目的，不得用于其他目的。估价报告仅供委托方和送交土地管理部门审查用，土地估价技术报告不提供给委托方。

③ 本估价报告和估价结果自报告出具日起一年内有效。

④ 本估价报告和估价结果的使用权归委托方所有，本估价机构对估价结果有解释权。

⑤ 本报告必须完整使用，对仅使用报告中的部分内容导致的有关损失，本估价机构不承担责任。本报告的估价结果为本报告设定的评估目的服务，当用于其他目的，本报告评估结果无效。对违规使用土地估价报告和估价结果导致的有关损失，本估价机构不承担责任。

（三）需要特殊说明的事项

（1）有关资料的来源及未经实地确认或无法实地确认的资料和估价事项。土地利用状况等资料由委托方提供，土地区位条件、地产交易市场资料等评估相关资料由估价人员实地调查而得。

（2）对估价结果和估价工作可能产生影响的变化事项以及采取的相应措施。本报告估价结果是在满足地价定义条件下的使用权价格，若估价期日、土地利用方式、土地开发状况、土地面积、土地处置方式等影响地价的因素发生变化，该评估价格应作相应调整。

（3）估价对象的特殊性、估价中未考虑的因素及采取的特殊处理。估价对象为已出让国有建设用地使用权，没有特殊性，不作特殊处理。

（4）其他需要特殊说明的问题。

① 评估结果仅作为F实业有限公司拟转让位于C区D街以东、E路以北地块国有建设用地使用权，本估价机构依据委托方提供《国有建设用地使用权出让合同》（合同编号：2101122019××××）等资料及《城镇土地估价规程》（GB/T 18508—2014）进行评估，为委托方确定该地块土地使用权的市场价格提供参考依据。

② 委托方对所提供资料的准确性负责，估价机构对所收集资料的真实性、准确性负责。

③ 任何单位和个人未经估价机构书面同意，不得以任何形式发表、肢解本报告。

第四部分 附 件

（附件应包括土地使用证复印件或土地产权证明材料，房屋产权证复印件或证明材料，地籍图、宗地图、建筑平面图等图件，估价对象照片，有关背景材料和估价机构资质证书复印件等。）

C区D街以东、E路以北地块
国有建设用地使用权市场价格评估

土地估价技术报告

项 目 名 称：C区D街以东、E路以北地块国有建设用地使用权
市场价格评估

受 托 估 价 单 位：××房地产土地评估有限责任公司

土地估价报告编号：××〔2022〕估字第×××号

土地估价技术报告
(评估工作底稿)编号： ××〔2022〕估字第×××号

电 子 备 案 编 号：2110722BA××××

提交估价报告日期：2022年6月29日

估价报告备案日期：2022年6月29日

关键词：C区
转让

××房地产土地评估有限责任公司

2022年

土地估价技术报告

第一部分 总 述

一、估价项目名称

C区D街以东、E路以北地块国有建设用地使用权出让价格评估

二、委托估价方

委托单位：F实业有限公司

单位地址：辽宁省C区

联 系 人：×××

联系电话：×××

三、受托估价方

单位名称：××房地产土地评估有限责任公司

单位地址：沈阳市浑南新区

信用等级：一级

法人代表：×××

信用证书编号：LN202121×××

有效期限： 2022年12月31日

联系电话：×××

四、估价目的

F实业有限公司拟转让位于C区D街以东、E路以北地块国有建设用地使用权，本估价机构依据委托方提供《国有建设用地使用权出让合同》（合同编号：2101122019×××）等资料及《城镇土地估价规程》（GB/T 18508—2014）进行评估，为委托方确定该地块土地使用权的市场价格提供参考依据。

五、估价依据

（一）有关法律、法规、行政规章和政策

1. 国家有关部门颁布的法律、法规、行政规章

①《中华人民共和国民法典》（第十三届全国人民代表大会第三次会议表决通过，自2021年1月1日起施行）。

②《中华人民共和国土地管理法》（第十三届全国人民代表大会常务委员会第十二次会议第三次修正，自2020年1月1日起施行）。

③《中华人民共和国城市房地产管理法》（第十三届全国人民代表大会常务委员会第十二次会议第三次修正，自2020年1月1日起施行）。

④《中华人民共和国资产评估法》（第十二届全国人民代表大会常务委员会第二十一次会议通过，自2016年12月1日起施行）。

⑤《中华人民共和国城镇国有土地使用权出让和转让暂行条例》（国务院令第55号发布，自1990年5月19日起施行）。

⑥《自然资源部办公厅关于印发〈国土空间调查、规划、用途管制用地用海分类指南（试行）〉的通知》（自然资办发〔2020〕51号）。

2. 地方有关部门颁布的有关通知

《关于印发C区城区土地级别基准地价标准的通知》（C区建字〔2019〕××号）。

（二）采用的技术标准

①《城镇土地估价规程》（GB/T 18508—2014）。

②《城镇土地分等定级规程》（GB/T 18507—2014）。

③《土地利用现状分类》（GB/T 21010—2017）。

（三）委托方提供的有关资料

①《国有建设用地使用权出让合同》（合同编号：2101122019×××）。

②委托方营业执照。

③土地使用权人营业执照。

（四）受托估价方掌握的有关资料和估价人员实地勘察、调查所获取资料等

①区域内同类用途土地市场交易资料。

② 估价对象的区域因素、个别因素等资料。

③ 评估人员实地踏勘和调查收集的有关估价对象权属、基础设施、宗地条件等方面的资料。

④ 实地拍摄的有关估价对象土地利用状况的照片。

六、估价期日

2022年6月15日。

七、估价日期

2022年6月15日至2022年6月29日。

八、地价定义

估价对象为位于C区D街以东、E路以北的一宗国有建设用地使用权，根据估价目的及估价依据，结合委托方提供的《国有建设用地使用权出让合同》（合同编号：2101122019××××）等资料及现场勘查情况，确定在估价期日的地价定义如下：

（一）土地设定用途

估价对象为已出让的国有建设用地使用权，根据《国有建设用地使用权出让合同》（合同编号：2101122019××××）确定估价对象规划用地性质为城镇住宅用地。根据估价人员现场勘察，估价对象现为空地。结合本次评估目的，遵循合法性原则，本次评估中土地用途以规划用途为准。根据《土地利用现状分类》（GB/T 21010—2017），并参照《自然资源部办公厅关于印发〈国土空间调查、规划、用途管制用地用海分类指南（试行）〉的通知》（自然资办发〔2020〕51号），估价对象规划用地性质对应的土地分类为城镇住宅用地。故本次评估中设定估价对象土地用途为城镇住宅用地。

（二）土地开发程度设定

经估价人员现场勘察，估价对象实际开发程度为宗地红线外"七通"和宗地红线内场地平整。根据此次评估目的，设定土地开发程度为宗地红线外"七通"（通供水、通排水、通电、通路、通信、通暖、通燃气）和宗地内场地平整。

（三）土地利用现状

经估价人员现场勘察，估价对象于估价期日的利用现状为空地。根据委托方提供的《国有建设用地使用权出让合同》（合同编号：2101122019×××）确定，估价对象规划用地面积为72569 m^2，规划容积率不高于1.4，不低于1。根据此次评估目的，本次按规划利用条件进行评估，设定用地面积为72569 m^2，容积率为1.4。

（四）土地使用权年限设定

根据委托方提供的《国有建设用地使用权出让合同》（合同编号：2101122019×××）确定待估宗地的国有建设用地使用权出让年限为70年，出让时间自2020年1月30日至2090年1月29日，至估价时点，剩余土地使用权年限为67.62年，故设定待估宗地土地使用权年限为67.62年。

（五）土地使用权性质设定

估价对象为已出让国有建设用地使用权，根据规划设计条件，结合本次估价目的，本次估价设定土地使用权类型为国有出让土地使用权。

（六）土地使用权价格类型设定

根据评估目的，本次评估价格为公开市场条件下的国有出让建设用地使用权市场价格。

综上，本次评估价格是指在规划利用条件及最有效利用方式下，满足上述土地用途、开发程度、容积率、使用年期、使用权性质等各项评估设定条件，于估价期日2022年6月15日的公开市场条件下的国有出让建设用地使用权公开市场价格。

九、估价结果

宗地面积：72569 m^2；

单位面积楼面价：2095元/米^2；

单位面积地面价：2933元/米^2；

总地价：21284.49万元；

大写金额：贰亿壹仟贰佰捌拾肆万肆仟玖佰元整。（货币种类：人民币）

十、需要特殊说明的事项

（1）有关资料的来源及未经实地确认或无法实地确认的资料和估价事项。土地利用状况等资料由委托方提供，土地区位条件、地产交易市场资料等评估相关资料由估价人员实地调查而得。

（2）对估价结果和估价工作可能产生影响的变化事项以及采取的相应措施。本报告估价结果是在满足地价定义条件下的使用权价格，若估价期日、土地利用方式、土地开发状况、土地面积、土地处置方式等影响地价的因素发生变化，该评估价格应作相应调整。

（3）估价对象的特殊性、估价中未考虑的因素及采取的特殊处理。估价对象为已出让国有建设用地使用权，没有特殊性，未作特殊处理。

（4）其他需要特殊说明的问题。

①评估结果仅作为 F 实业有限公司拟转让位于 C 区 D 街以东、E 路以北地块国有建设用地使用权，本估价机构依据委托方提供《国有建设用地使用权出让合同》（合同编号：2101122019×××）等资料及《城镇土地估价规程》（GB/T 18508—2014）进行评估，为委托方确定该地块土地使用权的市场价格提供参考依据。

②委托方对所提供资料的准确性负责，估价机构对所收集资料的真实性、准确性负责。

③任何单位和个人未经估价机构书面同意，不得以任何形式发表、肢解本报告。

④本估价报告和估价结果自报告出具日起一年内有效。

十一、土地估价师签字

估价师	证书编号	签字
×××	×××	
×××	×××	

十二、土地估价机构

法定代表人（签字）

××房地产土地评估有限责任公司（公章）

2022年6月29日

第二部分 估价对象描述及地价影响因素分析

一、估价对象描述

（一）土地登记状况

1. 权属性质

估价对象为国家所有。

2. 权源及权属变更情况

估价对象来源于征收集体土地，政府将集体所有变更为国家所有，F实业有限公司通过政府出让获得土地使用权。

3. 地理位置

D街以东、E路以北。

4. 土地用途

土地用途为城镇住宅用地。

5. 四至

东至G路；南至E路；西至D街；北至用地界限。

6. 面积

土地面积为72569 m^2。

7. 土地级别

估价对象位于D街以东、E路以北，为C区住宅二级。

因估价对象暂未办理不动产权证书，故尚未正式进行土地登记，无土地登记证书号、不动产权证书编号、登记时间、地籍图号、宗地号等相关登记状况。

（二）土地权利状况

根据委托方与辽宁省C区管理委员会城乡建设局于2020年×月×日签订的《国有建设用地使用权出让合同》（合同编号：2101122019××××），出让价款为人民币1.9593亿元，批准使用年限70年，已使用年限2.38年，剩余土地使用权年限为67.62年。

1. 土地所有权

待估宗地所有权人为国家。

2. 土地使用权

土地使用权人为F实业有限公司。

3. 他项权利

估价对象无抵押权、租赁权、地役权等他项权利设定。

（三）土地利用状况

经估价人员现场勘察，估价对象于估价期日现状利用为空地。根据委托方与辽宁省C区管理委员会城乡建设局于2020年×月×日签订的《国有建设用地使用权出让合同》（合同编号：2101122019××××）确定土地规划利用条件。估价对象位于D街以东、E路以北，用地面积为72569 m^2，规划用途为城镇住宅用地，容积率不高于1.4，不低于1，绿地率不低于35%，建筑限高40 m，建筑密度不高于30%，剩余土地使用年限为67.62年，其他详见《国有建设用地使用权出让合同》（合同编号：2101122019×××）。

二、地价影响因素分析

（一）一般因素

1. 城市资源状况

（1）地理位置。待估宗地位于沈阳市辖区内。沈阳市位于中国东北地区南部，辽宁省的中部。东与铁岭市、抚顺市相邻，西与阜新市、锦州市、鞍山市接壤，南与辽阳市、本溪市毗邻，北与内蒙古自治区接壤。地理位置在东经122度25分9秒～123度48分24秒，北纬41度11分51秒～41度12分13秒。

（2）土地。沈阳市耕地面积为1159.42万亩，中旱地仍是主体，达到890.46万亩，占全部耕地的76.80%；水田面积为223.16万亩，占全部耕地的19.25%；水浇地45.80万亩，占全部耕地的3.95%。沈阳市林地面积为222.44万亩，乔木林地面积为126.23万亩，灌木林地面积为2.13万亩，其他林地面积为94.09万亩。沈阳市园地21.13万亩，其中果园20.11万亩，其他园地1.02万亩。沈阳市有草地15.22万亩，全部为其他草地。

城镇村及工矿用地为285.09万亩，包括城市用地、建制镇用地、村庄用地、采矿用地、风景名胜及特殊用地。沈阳市交通运输用地73.95万亩，包括铁路、轨道交通、公路、农村道路、机场、港口码头、管道运输等用地。沈阳市水域及水利设施用地112.40万亩，包括河流水面、湖泊水面、水库水面、坑塘水面、沟渠、水工建筑用地等。

（3）气候水文。沈阳属于温带半湿润大陆性气候，年平均气温8.6℃。受季风影响，降水集中在夏季，温差较大，四季分明。冬寒时间较长；夏季时间较短，多雨；春秋两季气温变化迅速，持续时间短；春季多风，秋季晴朗。

沈阳市境内主要有辽河、浑河、绕阳河、柳河、蒲河、养息牧河、北沙河、秀水河等大小河流27条，属辽河、浑河两大水系，水资源总量为32.6亿m³，其中地表水11.4亿m³，地下水21.2亿m³。

（4）自然资源。沈阳市地下有煤、石油、天然气、铁矿等矿产资源，有大型煤田2处，探明总储存量18亿吨。此外，还有铝、花岗岩、粘土等矿产资源。

（5）城市人口。2021年，沈阳市常住人口911.8万人。其中，城镇人口774.76万人，占常住人口的比例为84.97%；乡村人口137.04万人，占15.03%，沈阳市户籍人口765.4万人。

2. 不动产制度与不动产市场状况

（1）土地制度。沈阳市已经建立了完善的土地收购、储备、交易管理制度，土地已经实行招、拍、挂、协等方式供应，完善管理机制，促进节约集约用地，严格执行产业政策和项目用地控制指标。

（2）住房制度。支持合理住房需求，围绕调整增值税免征年限、优化外地人购房服务、实施"卖旧买新"支持改善型住房需求、提升老年人居住品质、支持多孩家庭购房等方面，沈阳市出台了相关政策措施，进一步减轻民众购房负担，优化服务措施，保障住房刚性需求和改善型需求。

个人住房增值税免征年限由5年调整为2年。为减轻群众购房负担，满足住房需求，按照国家规定，个人住房转让增值税免征年限由5年调整为2年。

优化外地人购房服务。为建设国家中心城市，加快沈阳都市圈建设，方便外地人来沈工作生活，解决住房问题，非沈阳户籍居民家庭在沈阳市限购区域内购买新建商品住房的，执行沈阳户籍居民家庭购房政策，不再提供自购房申请之日起2年内在沈阳连续缴纳6个月及以上个人所得税或社会保险证明。另外，缴存住房公积金外地职工家庭在沈阳购买自住住房的，可按规定在沈阳市申请住房公积金购房贷款。

实施"卖旧买新"，支持改善型住房需求。为支持改善型住房需求，提升居住品质，方便民众购房，对于通过"卖旧买新"购房的居民家庭，在沈阳市行政区域内已拥有2套住房的，在旧房出让过程中，可在沈阳市限购区域内再购买1套新建商品住房。

提升老年人居住品质。为促进养老事业发展，保障老年人权益，推进房屋适老化改造，实现老有所养、老有所乐，让老年人共享改革发展成果，对于有60岁及以上成员的居民家庭，在沈阳市行政区域内已拥有2套住房的，可在沈阳市限购区域内再买1套新建商品住房。

支持多孩家庭购房。为满足多孩家庭住房需求，提升居住品质，促进人口事业健康发展，对于生育二孩、三孩未满18周岁的居民家庭在沈阳市行政区域内已拥有2套住房的，可在沈阳市限购区域内再购买1套新建商品住房。对于生育二孩、三孩未满18周岁的住房公积金缴存职工家庭，使用住房公积金贷款购买自住住房的，贷款限额可放宽到当期最高贷款额度的1.3倍。

（3）地价政策。坚持计划控制引导，统一有序、规范供应。各地应按照年度土地供应计划确定的控制指标，科学合理实施供应，维护政府公信力。认真落实房地产用地调控政策，重点保障城市住宅用地供应，住宅用地供应要向租赁住房建设倾斜，对保障性住房用地实行应保尽保。

突出土地要素保障在经济发展中的支撑地位，充分保障社会民生、重大基础设施项目和重点产业项目用地需求。工矿仓储用地、公共管理与公共服务用地、交通运输用地、水域及水利设施用地、特殊用地均实行指导性计划控制，根据年度用地需求保障供应。

各开发区严格按照功能定位、产业政策和主导发展方向，优先安排工业建设项目用地供应，从严从紧控制开发区内经营性房地产开发用地总量，防止挤占工业项目用地指标。

坚持节约集约用地政策，科学研判建设用地需求，着力保障经济社会发展合理用地需求。鼓励建设项目用地整体设计、合理布局，促进节约集约开发，提倡工业用地通过合理途径提高土地利用率。

对商业、旅游、娱乐、商品住宅等经营性用地和新增工业用地（不含原地内改扩建）以及同一宗地有两个以上意向用地者的，严格按照招标、拍卖或者挂牌方式有偿供地，统一在土地市场公开进行。扩大有偿使用范围，积极探索地下空间和经营性基础设施用地有偿使用。其他符合国家《划拨用地目录》的建设项目用地，报经市政府批准后以划拨方式供地。

3. 产业政策

对沈阳市重点发展的配套工业项目优先供地，采取"先租后让"方式提供标准化厂房和1年内分期缴纳出让款。鼓励提高工业投资强度，对存量工业用地范围内改扩建面积不增收土地价款。

给予落地配套企业固定资产投资补助和税收支持，鼓励全国性、区域性的配套企业和供应商来沈投资。对世界500强企业投资先进制造业和现代服务业项目、到位外资金额超过5000万美元的新项目和超过3000万美元的增资项目予以奖励。

支持高端化升级，对首台（套）重大技术装备及关键部件、首批新材料给予研制应用补助。支持智能化升级，对建成并投入运营的智能工厂和数字化车间给予补助或奖励。支持绿色化升级，对节能技术改造、工业资源综合利用等项目给予固投补助，对获得国家、省绿色制造示范体系的企业给予一次性奖励。支持服务化升级，对认定为国家级、省级服务型制造示范企业、平台（项目）给予一次性奖励。

支持工业企业技术和服务平台建设，对新获批的国家、省、市工业企业技术平台给予资金支持，对市级以上（含市级）的公共服务平台改造升级项目给予40%的一年期投资补助。

对符合沈阳市维护产业安全、构建完善产业链、建设先进制造业集群战略部署的产业配套项目，采取"一事一议"方式给予支持。达到一定规模以上的总装、成套企业，当年主营业务收入和本地采购额均保持增长的予以奖励。对重点头部企业主导或参与配套园区建设，采取专项资金补助或股权投资方式予以支持，配套产业园区积极开展配套企业招商和生产生活生态"三生融合"园区建设的要给予奖励。

4. 城市规划与发展目标

沈阳城市进入高质量发展的重要时期，由大规模增量建设转为存量提质改造和增量结构调整并重，亟待探索渐进式、可持续的有机更新模式，促进城市开发建设方式转型、经济发展方式转变，推进建设方式从规模扩张向品质内涵转型、治理模式从行政管控向多元共治转型、发展动力从投资驱动向绿色智慧范式转型。

至2025年，以物质空间环境改善为主，全面落实省部共建城市更新先导区实施方案；至2030年，以核心竞争要素培育为主，不断提升城市宜业宜居吸引力；至2035年，全面建成高品质生活、高质量发展、高水平治理的现代化经济社会发展体系，率先实现双碳目标，实现从工业文明时代优秀生向生态文明时代模范生的历史转型，成为以历史、红色、工业三大文化为特色，"五型经济"为驱动，文商旅创深度融合发展的大都市圈核心功能区为支撑的城市更新典范。

同时从社会民生、产业经济、人文魅力、绿色生态、韧性智慧五大系统入手，践行"两邻"理念、更新低效空间、传承文化根脉、留白留璞增绿、完善基础设施五项策略，制定老旧管网、老旧小区、街路更新、老旧厂区、老旧商圈、停缓建项目、闲置楼宇、历史文化名城、工业文化遗存、红色文化、以水润城、以绿荫城、以园美城、海绵城市、智慧城市、精细化管理等多项任务。

5. 城市社会经济发展状况

2021年，沈阳市实现地区生产总值7249.7亿元，按可比价格计算，比上年增长 7.0%。其中，第一产业实现增加值 326.3 亿元，增长 4.2%；第二产业实现增加值 2570.3 亿元，增长 7.8%；第三产业实现增加值 4353.0 亿元，增长 6.7%。

2022 年 1—5 月，沈阳市规模以上工业增加值同比下降 1.9%，比 1—4 月收窄 4.7%。其中，5 月当月增长 19.2%，比 4 月回升 31.9%。从大类行业看，全市规模以上工业涉及的 37 个大类行业中，16 个行业增加值实现增长，增长面为 43.2%。从重点行业看，电力、热力、燃气及水生产和供应业增长 5.1%，通用设备制造业增长 7.3%，医药制造业增长 29.5%，专用设备制造业增长 48.2%。从新动能产业看，规模以上高技术制造业增长 23.5%。

2022 年 1—5 月，沈阳市固定资产投资同比增长 4.7%，比 1—4 月提高 11.8%。其中，5 月当月增长 37.2%，比 4 月提高 63.5%。从三次产业看，第一产业下降 5.0%，第二产业增长 59.3%，第三产业下降 4.0%。从投资构成看，建筑安装工程投资增长 14.3%，设备工器具购置投资增长 91.1%，其他费用投资下降 29.9%。从投资主体看，民间投资下降 18.5%，国有投资增长 63.6%，外商及港澳台地区投资增长 47.3%。从重点行业和领域投资看，工业投资增长 59.8%，其中制造业投资增长 62.2%，汽车制造业投资增长 23.7%；基础设施投资增长 1.1 倍，房地产开发投资下降 31.2%，高技术产业投资增长 49.5%。

从 2022 年 5 月当月运行情况看，随着疫情防控形势的日趋稳定，复商复市有序推进，各项助企政策、促销措施纷纷发力，5 个行业全部实现正增长。互联网零售同比增长 22.1%，扭转了 2 月以来的负增长态势；汽车新车零售同比增长 10.2%，比 4 月增速高 60.1%；机动车燃油零售同比增长 1.6%，比 4 月高 34.8%；百货零售同比增长 0.9%，比 4 月高 71.0%；超市零售同比增长 12.7%。

影响分析：沈阳市城市资源状况较好，地理位置优越，自然资源丰富；不动产制度完善，不动产市场运行状况良好；产业政策有益于促进产业发展；社会经济发展状况良好。近年来发展较好，随着区域内招商力度的增大，未来对土地的需求会越来越多，对地价无不利影响。

（二）区域因素

1. 区域概况

C 区位于中国东北辽宁省沈阳、抚顺两市接壤地带，规划建设同城化共建区。《C 区总体规划》日前提交辽宁省政府党组会议讨论并原则通过。按照规划，C 区将打造国家级同城化试验区，东北老工业基地改革创新的先导区和示范区，辽宁新一轮振兴发展的增长极。C 区规划范围 171 km²，其中沈阳片区 69 km²，抚顺片区 102 km²，将大力发展高端装备制造、电子信息制造、新材料、医药及高性能医疗器械、现代服务业五大核心产业。《C 区总体规划》体现了高点定位、创新驱动、绿色低碳、存量提升四个特色，以"全球视野、国际标准、中国特色、辽宁极核"的高度谋划未来发展定位，以规划创新引领新区发展方式转型，以技术创新推动产业转型升级，以体制机制创新构建高效运转的管理体制。根据规划，到2040年，成为老工业基地转型升级的示范区，人口规模达到40万人。

2. 交通条件

C区交通便利，公路、铁路网络四通八达，沈抚大道、沈吉高速、沈通线等八条通道将沈抚两市连为一体。沈吉铁路从沈抚新城通过，设有地铁站，方便大宗货物运输。距沈阳奥体中心18 km，距抚顺中心区南站16 km，距桃仙国际机场25 km，距营口港200 km，距大连港380 km。

委托估价宗地位于C区，东至G路、南至E路、西至D街、北至用地界限，周围通有386路公交车及有轨电车，周围有E路经过，距沈阳绕城高速公路约3.5 km，位置及交通条件一般。

3. 基础设施条件

该地区基础配套设施较齐全，达到"七通"，其保证率均较好。

① 通供水。市政管网，供水保证率达95%以上。

② 通排水。市政管网，排水保证率达95%以上。

③ 通电。市政电网，供电保证率达95%以上。

④ 道路。主要道路有D街，道路通达度一般。

⑤ 通信。市政线路，通畅保证率达95%以上。

⑥ 通暖。市政管网，供暖保证率达95%以上。

⑦ 通燃气。市政管网，供气保证率达95%以上。

4. 环境条件

（1）自然环境。该区域内有湖泊及河流，噪声和大气污染程度低，自然环境条件较优。

（2）人文环境。估价对象位于规划住高档住宅区，所在区域人口综合素质较优，人文环境较优。

5. 商业繁华状况

委托估价宗地位于C区，周围有H小区、I小区等住宅小区，商业条件一般。

6. 规划限制

该地区无特殊规划限制。

影响分析：估价对象所在区域交通条件、基础设施程度、环境质量均可满足住宅项目建设开发，无规划限制。随着相关产业及配套设施的相继完善，未来土地市场需求旺盛，对地价无不利影响。

（三）个别因素

宗地位置：C区D街以东、E路以北；

宗地面积：72569 m²；

土地用途：城镇住宅用地；

设定容积率：1.4；

宽度：临街宽度350 m；

临街状况：东临G路；南临E路；西临D街；

深度：161 m；

宗地形状：不规则；

地势条件：地势平坦；

地质条件：地质条件较好，地基承载力较强；

宗地内开发程度：宗地内场地平整；

规划利用条件：根据委托方提供的《国有建设用地使用权出让合同》（合同编号：2101122019××××）记载：估价对象位于D街以东、E路以北，用地面积为72569 m²，容积率不高于1.4，不低于1，绿地率不低于35%，建筑限高40 m，建筑密度不高于30%。

影响分析：该宗地的个别因素与区域平均水平相似，对地价影响不大。

从总体上看，全市社会经济保持持续、稳定、健康的良好发展态势，土地市场随之稳健发展，地价水平平稳。区域条件较好，位于规划住宅区，相关配套设施逐步完善。宗地个别条件亦对地价无不利影响。

第三部分　土地估价

一、估价原则

本次估价过程中遵循的主要原则有以下几点。

1. 替代原则

地价遵循替代规律。某宗土地价格受其相同使用的宗地即同类型具有替代可能的宗地价格牵制，有相同使用价值、有替代可能性的宗地之间会相互影响和竞争，其价格相互牵制而趋于一致。

2. 供需原则

在完全的市场竞争中，一般商品的价格取决于供需的平衡，需大于供，价格就会提高，否则价格就会降低。由于土地与一般商品相比，具有独特的人文和自然条件，因此供需均衡法则对土地没有其相对其他商品同样的约束力，从而使土地形成了自己的供需规律，主要表现在土地的价格容易形成垄断，所以地价形成于不完全竞争的市场。

3. 协调原则

土地总是处于一定的自然和社会环境之中，必须与周围环境相协调，因为土地能适应周围环境，该土地能最大限度地发挥收益或效用，所以要分析土地是否与所处环境协调。因此，在土地估价时，一定要认真分析土地与周围环境的关系，判断其是否协调，这直接关系到该地块的收益量和价格。

4. 预期收益原则

土地的价格受预期收益形成因素的变动所左右。所以，土地投资者是预测该土地将来所能带来的收益或效用进行投资的。

5. 最有效利用原则

由于土地具有用途的多样性，不同的利用方式能为权利人带来不同的收益，且土地权利人都期望从其所占用的土地上获得更多的收益，并以能满足这一目的为确定土地利用方式的依据，所以地价是以该宗地的效用能最有效发挥为前提的，此次评估宗地为城镇住宅用地，在评估中就应充分考虑用地的特性，按照最有效的利用方式进行评估，得到一个客观、公正、公平、科学、合法的土地价格。

6. 合法原则

土地使用权价格评估必须以估价对象的合法利用为前提。由于我国土地所有制特性决定，土地流转过程是土地使用权的流转，土地使用权的取得、使用年限、利用方式、利用规划等方面有严格控制，所以在进行土地使用权价格评估时，必须确保估价对象来源合法、利用合法。同时，土地估价要遵循相关法律法规的规定。

7. 变动原则

一般商品的价格是伴随着构成价格的因素的变化而发生变动的。土地价格也有同样情形，它是各种地价形成因素相互作用的结果，而这些价格形成因素经常处于变动之中，所以土地价格是在这些因素相互作用及其组合的变动过程中形成的。因此，在土地估价时，必须分析该土地的效用、稀缺性、个别性及有效需求以及使这些因素发生变动的一般因素、区域因素及个别因素。由于这些因素都在变动之中，因此应把握各因素之间的因果关系及变动规律，以便根据目前的地价水平预测未来的土地价格。

8. 价值主导原则

土地综合质量优劣是对土地价格产生影响的主要因素。

9. 审慎原则

在评估中确定相关参数和结果时，应分析并充分考虑土地市场运行状况、有关行业发展状况、以及存在的风险。

10. 公开市场原则

评估结果在公平、公正、公开的土地市场上可实现。

11. 多种评估方法相结合的原则

随着土地估价业的发展，国际上有几种通用的估价方法，如收益还原法、剩余法、市场比较法等，充分考虑用地的类型和所掌握的资料，选择最适宜的估价方法进行评估，力求得到客观、公正、科学、合法的土地价格。

总之，在评估过程中，要按照国家、地方有关规定，恪守客观、公正、科学、合法的原则进行土地价格评估，做到评估过程合理，评估方法科学，评估结果准确，严格保守评估秘密。

二、估价方法与估价过程

(一) 估价方法

1. 选用的估价方法

依据《城镇土地估价规程》的规定，土地的评估方法有市场比较法、收益还原法、剩余法、成本逼近法、基准地价系数修正法。本次估价根据待估宗地的特点及评估项目实际情况（宗地用途、评估目的、地产市场等），依据上述规定，决定采用市场比较法和剩余法进行估价。采用这两种方法评估的原因有两个：一是估价对象所处区域的相同供需圈内同类型宗地的交易实例较多，所以可以采用市场比较法进行估价。二是该类用地可通过其他方法求得该估价对象房地产总价，扣除建筑物建造成本、专业费用、利息、利润、税费等费用后以价格余额来确定土地价格，故可以采用剩余法进行估价。

2. 未选用估价方法的理由

（1）收益还原法。估价对象为待建城镇住宅用地，没有类似用途土地出租情况，难以收集到区域内类似土地总收益与成本费用资料，无法采用收益还原法进行评估，因此不采用收益还原法评估。

（2）基准地价系数修正法。C区基准地价的基准日是2019年1月1日，距离估价期日已超过3年，故本次估价未选用基准地价系数修正法。

（3）成本逼近法。估价对象为城镇住宅用地，征地成本不易确定，增值收益也难以通过现有资料进行测算，因此不采用成本逼近法评估。

（二）评估过程

1. 运用市场比较法进行评估

（1）基本原理。市场比较法是在求取待估土地的价格时，根据替代原则，将待估宗地与近期内同一供需圈内的类似土地实例加以比较对照，并依据后者已知的价格，参照该土地的交易情况、期日、个别因素、区域因素等差别，修正得出待估宗地在评估期日价格的一种方法。

其基本公式为：

$$P = P_B \times A \times B \times C \times D \times E$$

式中，P——待估宗地价格；

P_B——比较实例价格；

A——待估宗地交易情况指数/比较实例宗地交易情况指数；

B——待估宗地估价期日地价指数/比较实例宗地交易期日地价指数；

C——待估宗地区域因素条件指数/比较实例宗地区域因素条件指数；

D——待估宗地个别因素条件指数/比较实例宗地个别因素条件指数；

E——待估宗地年期修正指数/比较实例宗地年期修正指数。

（2）比较案例选取。我们通过数据库查询、咨询成交地块等方式调查取得四宗土地交易实例，情况见表14-2。

表14-2　土地交易实例一览表

序号	交易案例名称	交易时间	土地用途	用地面积/m²	容积率	楼面地价/(元·米⁻²)
1	某居住项目	2021年5月19日	城镇住宅用地	138889	2.1	1411
2	某住宅项目	2021年5月19日	城镇住宅用地	134414	1.5	2023
3	某用地项目	2021年3月12日	城镇住宅用地	9376	1.6	2163
4	某世纪城项目	2021年5月19日	城镇住宅用地	29781	1.5	2480

根据宗地用途、交易时间、供需圈、临近区域等因素，选取了三宗与估价对象距离较近，情况相似的土地作为比较案例，具体情况见表14-3。

表14-3　选取土地交易实例一览表

序号	交易案例名称	交易时间	土地用途	用地面积/m²	容积率	楼面地价/(元·米⁻²)
1	某居住项目	2021年5月19日	城镇住宅用地	138889	2.1	1411
2	某住宅项目	2021年5月19日	城镇住宅用地	134414	1.5	2023
3	某用地项目	2021年3月12日	城镇住宅用地	9376	1.6	2163

比较案例14.1：

交易时间为2021年5月19日；

宗地位于C区某路以西；

土地使用者为某企业管理有限公司；

土地用途为城镇住宅用地；

宗地面积为138889 m²；

土地级别为住宅二级；

开发程度为宗地所在区域基础设施达到"七通一平"；

使用年限为70年；

交易方式为拍卖出让；

交易情况为正常交易；

交易价格为1411元/米²；

价格内涵与待估宗地相同；

比较案例14.2：

交易时间为2021年5月19日；

宗地位于C区某路以北；

土地使用者为某房地产开发有限公司；

土地用途为城镇住宅用地；

宗地面积为134414 m²；

土地级别为住宅二级；

开发程度为宗地所在区域基础设施达到"七通一平"；

使用年限为70年；

交易方式为拍卖出让；

交易情况为正常交易；

交易价格为2023元/米²；

价格内涵与待估宗地相同；

比较案例14.3：

交易时间为2021年3月12日；

宗地位于C区某路以北；

土地使用者为某房地产开发有限公司；

土地用途为城镇住宅用地；

宗地面积为9376 m²；

土地级别为住宅二级；

开发程度为宗地所在区域基础设施达到"七通一平"；

使用年限为70年；

交易方式为拍卖出让；

交易情况为正常交易；

交易价格为2163元/米²；

价格内涵与待估宗地相同；

确定比较案例后需要建立价格可比基础，上述选用的比较案例的付款方式、币种、货币单位、面积内涵、面积单位等情况见表14-4。

表14-4　价格可比基础

比较案例	付款方式	币种	货币单位	面积内涵	面积单位
14.1	限期全额缴纳	人民币	元	供地面积	建筑平方米
14.2	限期全额缴纳	人民币	元	供地面积	建筑平方米
14.3	限期全额缴纳	人民币	元	供地面积	建筑平方米

三个比较案例与估价对象设定的价格基础一致，故不需要进行修正。

（3）比较因素的选择。根据待估宗地的宗地条件，影响待估宗地价格的主要因素有以下几点。

①交易期日。根据地价指数，确定交易期日修正系数；

②交易情况。根据交易的实际情况分为正常交易、关联方间交易、快速变现及特殊交易方式等；

③交易方式。排除不同交易方式所造成的比较实例的价格偏差,将其成交价格修正为相同交易方式下的价格。

④土地用途。将各比较实例在不同土地用途下的价格调整为待估宗下的价格,消除因土地用途不同对价格带来的影响。

⑤土地使用年期：指待估宗地和比较案例的土地使用年期。

⑥区域因素。主要有基础设施完备程度、居住条件、商服繁华程度、距火车站距离、距客运站距离、距医院距离、距学校距离、距农贸市场距离、公共交通状况等。

⑦个别因素。主要有临路状况、宗地面积、宗地形状、容积率、地形地势、规划限制等。

（4）因素条件说明。通过调查，选择了与待估宗地用途相同或相近、在同一供需圈的比较案例，各比较案例的具体情况可见表14-5。

表14-5　因素条件说明

影响因素	待估宗地	比较案例14.1	比较案例14.2	比较案例14.3
比较案例单价/（元·建筑平方米）	—	1411	2023	2163
交易时间	2022年6月15日	2021年5月19日	2021年5月19日	2021年3月12日

表 14-5（续）

影响因素	待估宗地	比较案例 14.1	比较案例 14.2	比较案例 14.3
交易情况	正常	正常	正常	正常
交易方式	出让	出让	出让	出让
剩余土地使用年限/年	67.62	70	70	70
容积率	1.4	2.1	1.5	1.6
土地用途	城镇住宅用地	城镇住宅用地	城镇住宅用地	城镇住宅用地
基础设施完备程度	宗地外"七通"	宗地外"七通"	宗地外"七通"	宗地外"七通"
居住条件	周围住宅小区分布较密集，有一定规模效应	周围住宅小区分布较零散	周围住宅小区分布较零散	周围住宅小区分布较密集，有一定规模效应
商服繁华程度	周围小型商业设施集中分布，商服繁华程度较弱	周围小型商业设施分散分布，商服繁华程度较弱	周围小型商业设施分散分布，商服繁华程度较弱	周围小型商业设施集中分布，商服繁华程度一般
距火车站距离	约 18.5 km	约 23.8 km	约 19.4 km	约 19.6 km
距客运站距离	约 18.5 km	约 23.8 km	约 19.4 km	约 19.6 km
距医院距离	约 3.4 km	约 7.6 km	约 6.5 km	约 2.4 km
距学校距离	距小学约 3.2 km	距小学约 4.4 km	距小学约 5.5 km	距小学约 0.9 km
距农贸市场距离	约 2.8 km	约 6.6 km	约 6.5 km	约 0.9 km
公共交通状况	距公交车站约 2 km	距公交车站、有轨电车车站 0.8 km	距公交车站约 3 km	距公交车站、有轨电车车站 0.8 km
临路状况	临主要混合型主道路	临主要混合型主道路	临主要混合型主道路	临次干道
宗地面积/m²	72569	138889	134401	9376
宗地形状	形状较规则，土地利用充分	形状规则，土地利用较充分	形状规则，土地利用较充分	形状较规则，土地利用充分
容积率	1.4	2.1	1.5	1.6
地形地势	地形平整，地势平坦，能满足建设要求	地形平整，地势平坦，能满足建设要求	地形平整，地势平坦，能满足建设要求	地形平整，地势平坦，能满足建设要求
规划限制	无规划限制	无规划限制	无规划限制	无规划限制

（5）比较因素修正说明。根据待估宗地与比较实例各种因素具体情况，编制比较因素条件指数表。比较因素指数确定如下。

①交易期日。根据待估宗地所在区域的地价变化情况，确定比较案例和待

估宗地在不同时间的地价指数。

$$P_E = P_o \times Q/Q_0$$

式中，P_E——估价期日修正后比较实例价格；

　　　P_o——估价期日修正前比较实例价格；

　　　Q——待估宗地估价期日地价指数；

　　　Q_0——比较实例交易日地价指数。

待估宗地的估价期日为2022年6月15日，比较案例14.1的交易日期为2021年5月19日，比较案例14.2的交易日期为2021年5月19日，比较案例14.3的交易日期为2021年3月12日。从各比较案例的交易日期至待估宗地的估价期日，待估宗地所在区域的住宅用地地价水平基本无变化，确定各比较案例的期日修正指数均为100。

②交易情况。根据交易的实际情况分为正常交易、关联方间交易、快速变现等，当待估宗地条件与比较案例条件一致时，不需进行修正；当条件不一致时，需进行修正。

$$P_E = P_o \times E_P/E_E$$

式中，P_E——交易情况修正后比较实例价格；

　　　P_o——交易情况修正前比较实例价格；

　　　E_P——待估宗地交易情况指数；

　　　E_E——比较实例交易情况指数。

本次评估待估宗地交易情况为公开转让，比较案例交易情况为公开出让，均为公开市场条件下的土地使用权价格，因此待估宗地及各比较案例价格内涵相同，因此待估宗地及各比较案例的交易情况指数均为100。

③交易方式。以待估宗地的条件为标准，当待估宗地条件与比较案例条件一致时，不需进行修正，当条件不一致时，需进行修正。

本次估价结果土地使用权出让价格内涵是在估价期日公开市场条件下出让国有土地使用权价格，比较案例交易方式均为挂牌出让，均为公开市场下的交易方式，故不需要对交易方式进行修正，因此待估宗地及各比较案例交易方式指数均为100。

④用途修正。以待估宗地的条件为标准，当待估宗地条件与比较案例条件一致时，不需进行修正，当条件不一致时，需进行修正。

待估宗地的设定用途为城镇住宅用地，比较案例14.1至14.3用途均为城镇住宅用地，因此待估宗地及各比较案例土地用途指数均为100。

⑤土地使用年期修正。

$$P_t = P_O \times \left[1 - 1/(1-r)^m\right] / \left[1 - 1/(1+r)^n\right]$$

式中，P_t——年期修正后宗地价格；

P_O——年期修正前比较实例价格；

r——土地还原率；

n——比较实例的使用年期；

m——待估宗地的使用年期。

经计算各比较案例使用年限修正指数均为100。

⑥区域及个别因素修正。

A. 区域因素。

a. 基础设施完备程度。以待估宗地区域的基础设施完备程度为标准，确定其指数为100。若比较案例优于此标准，则比较案例的指数高于100；若比较案例劣于此标准，则比较案例的指数低于100。待估宗地外开发程度为"七通"，比较案例的宗地外开发程度均为"七通"，因此不需要对各比较案例进行开发程度修正，确定各比较案例的宗地外开发程度指数为100。

b. 居住条件。以待估宗地区域的居住条件为标准，确定其指数为100。若比较案例优于此标准，则比较案例的指数高于100；若比较案例劣于此标准，则比较案例的指数低于100。将待估宗地与比较案例居住条件按"优、较优、一般、较劣和劣"划分为五个级别：周围住宅小区分布密集，形成较大规模；周围住宅小区分布较密集，有一定规模效应中；周围住宅小区分布较分散；周围住宅小区分布分散；周围住宅小区零星分布。每上升或下降一个级别，指数上升或下降2%。根据上述标准确定及各比较案例土地用途指数分别为98，98，100。

c. 商服繁华程度。以待估宗地区域的商服繁华程度为标准，确定其指数为100。若比较案例优于此标准，则比较案例的指数高于100；若比较案例劣于此标准，则比较案例的指数低于100。将待估宗地与比较案例商服繁华程度按"优、较优、一般、较劣和劣"划分为五个级别：周围大型商业设施分布，商服繁华程度优；周围中型商业设施分布，商服繁华程度较优；周围小型商业设施集中分布，商服繁华程度一般；周围小型商业设施分散分布，商服繁华程度较劣；周围商业设施零星分布，商服繁华程度劣。每上升或下降一个级别，指数上升或下降2%。根据上述标准确定各比较案例土地用途指数分别为98，98，100。

d. 距火车站距离。以待估宗地的距火车站距离为标准，确定其指数为100。若比较案例优于此标准，则比较案例的指数高于100；若比较案例劣于此标准，则比较案例的指数低于100。将待估宗地与比较案例距火车站距离进行比较，以2km为标准，距离每多2km，向上修正1%，距离每少2km，向下修正1%，根据上述标准确定各比较案例土地用途指数分别为98，100，100。

e. 距客运站距离。以待估宗地的距客运站距离为标准，确定其指数为100。若比较案例优于此标准，则比较案例的指数高于100；若比较案例劣于此标准，则比较案例的指数低于100。将待估宗地与比较案例距客运站距离进行比较，以2km为标准，距离每多2km，向上修正1%，距离每少2km，向下修正1%，根据上述标准确定各比较案例土地用途指数分别为98，100，100。

f. 距医院距离。以待估宗地的距医院距离为标准，确定其指数为100。若比较案例优于此标准，则比较案例的指数高于100；若比较案例劣于此标准，则比较案例的指数低于100。将待估宗地与比较案例距医院距离进行比较，以1km为标准，距离每多1km，向上修正1%，距离每少1km，向下修正1%，根据上述标准确定各比较案例土地用途指数分别为96，97，101。

g. 距学校距离。以待估宗地的距学校距离为标准，确定其指数为100。若比较案例优于此标准，则比较案例的指数高于100；若比较案例劣于此标准，则比较案例的指数低于100。将待估宗地与比较案例距学校距离进行比较，以1km为标准，距离每多1km，向上修正1%，距离每少1km，向下修正1%，根据上述标准确定各比较案例土地用途指数分别为99，98，102。

h. 距农贸市场距离。以待估宗地的距农贸市场距离为标准，确定其指数为100。若比较案例优于此标准，则比较案例的指数高于100；若比较案例劣于此标准，则比较案例的指数低于100。将待估宗地与比较案例距农贸市场距离进行比较，以1km为标准，距离每多1km，向上修正1%，距离每少1km，向下修正1%，根据上述标准确定各比较案例土地用途指数分别为97，97，102。

i. 公共交通状况。以待估宗地距公交站点距离和公交站点级别为标准，确定其指数100。若比较案例优于此标准，则比较案例的指数高于100；若比较案例劣于此标准，则比较案例的指数低于100。根据上述标准确定各比较案例土地用途指数分别为102，98，102。

B. 个别因素。

a. 临路状况。以待估宗地的临路状况为标准，确定其指数为100。若比较案例优于此标准，则比较案例的指数高于100；若比较案例劣于此标准，则比较案例的指数低于100。将宗地临路状况按"优、较优、一般、较劣和劣"划分为五个级别：临主要混合型主道路、临主要混合型次道路、临次干道、临支路、临普通街道。每上升或下降一个级别，指数上升或下降1%。比较案例14.1和14.2均为临主要混合型主道路，比较案例14.3为临次干道，因此待估宗地及各比较案例临路状况指数分别为100，100，98。

b. 宗地面积。以待估宗地的宗地面积为标准，确定其指数为100。若比较案例优于此标准，则比较案例的指数高于100；若比较案例劣于此标准，则比较案例的指数低于100。将宗地面积状况按"优、较优、一般、较劣和劣"划分为五个级别：宗地大小非常适合土地利用类型、宗地大小较适合土地利用类型、宗地大小对土地利用类型不造成影响、宗地大小相对土地利用类型偏大或偏小、宗地大小不适合土地利用类型。每上升或下降一个级别，指数上升或下降1%。比较案例14.1和14.2均为宗地大小对土地利用类型不造成影响，比较案例14.1为宗地大小相对土地利用类型偏大或偏小，因此待估宗地与比较案例14.1和14.2宗地面积指数均为100，比较案例14.3宗地面积指数为99。

c. 宗地形状。以待估宗地的宗地形状为标准，确定其指数为100。若比较案例优于此标准，则比较案例的指数高于100；若比较案例劣于此标准，则比较案例的指数低于100。将宗地形状按"优、较优、一般、较劣和劣"划分为五个级别：形状规则，土地利用充分；形状规则，土地利用较充分；形状较规则，土地利用充分；形状不规则，土地利用一般；形状不规则，土地利用不充分。每上升或下降一个级别，指数上升或下降2%。根据上述标准确定各比较案例土地用途指数分别为102，102，100。

d. 容积率。以待估宗地的容积率为标准，确定其指数为100。若比较案例优于此标准，则比较案例的指数高于100；若比较案例劣于此标准，则比较案例的指数低于100。通过查询C区基准地价文件中公布的容积率修正系数表确定容积率修正幅度，比较案例的容积率对应的容积率修正系数分别为1.0276，0.8755，1，0.9748，计算出比较案例修正幅度分别为85，97，95。

e. 地形地势。将宗地地形地势按"优、较优、一般、较劣和劣"划分为五个级别：地形平整，地势平坦，能满足建设要求；地形较平整，地势较平坦，能满足建设要求；地形平整度一般，地势平坦度一般，能基本满足建设要求；地形平整度较差，地势平坦度较差，不能全部能满足建设要求；地形不平整，地势不平坦，不能满足建设要求。每上升或下降一个级别，指数上升或下降2%。

比较案例均地形平整，地势平坦，能满足建设要求，因此不需要对各比较案例进行开发程度修正，确定规划限制修正系数指数均为100。

　　f. 规划限制。以待估宗地区域的规划限制为标准，确定其指数为100。若比较案例优于此标准，则比较案例的指数高于100；若比较案例劣于此标准，则比较案例的指数低于100。待估宗地无规划限制，比较案例也均无规划限制，因此不需要对各比较案例进行开发程度修正，确定规划限制修正系数指数均为100（表14-6）。

表14-6　比较因素条件指数表

影响因素	比较案例14.1	比较案例14.2	比较案例14.3	比较案例14.1
比较案例单价/(元·建筑平方米)	—	1411	2023	2163
交易时间	100	100	100	100
交易情况	100	100	100	100
交易方式	100	100	100	100
剩余土地使用年限	100	100	100	100
土地用途	100	100	100	100
基础设施完备程度	100	100	100	100
居住条件	100	98	98	100
商服繁华程度	100	98	98	100
距火车站距离	100	98	100	100
距客运站距离	100	98	100	100
距医院距离	100	96	97	101
距学校距离	100	99	98	102
距农贸市场距离	100	97	97	102
公共交通状况	100	102	98	102
临路状况	100	100	100	98
宗地面积	100	100	100	99
宗地形状	100	102	102	100
容积率	100	85	97	95
地形地势	100	100	100	100
规划限制	100	100	100	100

（6）实例修正后的地价计算见表14-7。

表14-7　比较因素修正系数表

影响因素	比较案例14.1	比较案例14.2	比较案例14.3
比较案例单价/(元·建筑平方米)	1411	2023	2163
交易时间	100/100	100/100	100/100
交易情况	100/100	100/100	100/100
交易方式	100/100	100/100	100/100
剩余土地使用年限	100/100	100/100	100/100
土地用途	100/100	100/100	100/100
基础设施完备程度	100/100	100/100	100/100
居住条件	100/98	100/98	100/100
商服繁华程度	100/98	100/98	100/100
距火车站距离	100/98	100/100	100/100
距客运站距离	100/98	100/100	100/100
距医院距离	100/96	100/97	100/101
距学校距离	100/99	100/98	100/102
距农贸市场距离	100/97	100/97	100/102
公共交通状况	100/102	100/98	100/102
临路状况	100/100	100/100	100/98
宗地面积	100/100	100/100	100/99
容积率	100/85	100/97	100/95
宗地形状	100/102	100/102	100/100
地形地势	100/100	100/100	100/100

根据以上修正得出的三个比较案例的比准价格较接近且符合估价期日估价对象用途土地的价格水平，故取三个比较案例的比准价格的算术平均值作为本次市场比较法评估测算结果：

$$宗地价格 = (1876 + 2356 + 2190) \div 3$$
$$\approx 2141（元/米^2）$$

（7）方法应用分析。市场比较法中所采用的比较实例价格为实际发生并已为人接受的价格，并且比较实例与估价对象位于同一区域且距离相近，土地利用相似，宗地条件相近，具有较强的替代性。比较过程中在确定修正系数时，我们综合全面分析估价对象宏观、微观区位条件及其与比较实例的差异，选择对地价有影响的重要因素，并对各因素进行量化，使其结果尽可能逼近客观事实，从地价平衡角度看，采用该方法得出的价格可以采用。

2. 运用剩余法进行评估

剩余法是在测算完成开发后的不动产正常交易价格的基础上，扣除预计的正常开发成本及有关专业费用、利息和税费等，以价格余额来估算待估宗地价格的方法。

其基本公式：

$$P = A - B - C$$

式中，P——待估宗地价格；

A——为不动产总价；

B——为开发项目整体的开发成本；

C——为客观开发利润。

（1）确定最佳利用方式。委托估价宗地用途为城镇住宅用地，现状为空地，用地面积为 72569 m^2，容积率不高于 1.4，不低于 1，绿地率不低于 35%，建筑限高 40 m，建筑密度不高于 30%，参照 C 区总体规划，委托估价宗地最佳利用方式为低密度高档住宅。

（2）不动产总价的确定。

① 确定可比交易实例。评估人员通过市场调查收集与评估对象有关的市场交易实例，经比较选择与评估对象用途相同、区位相近、类型相似、交易时间接近、交易情况相仿的三个比较实例。

评估实例 A 为某住宅小区，交易时间为 2022 年 6 月。位于 C 区某路 580 号，住宅房屋建筑面积为 90～135 m^2，清水，交易价格为住宅均价 7400 元/米^2（付款方式为一次性付清，开发商产权，双方各自承担交易产生的税费）。

评估实例 B 为某住宅小区，交易时间为 2022 年 6 月。位于 C 区某路 199 号，房屋建筑面积为 81～148 m^2，精装修，交易价格为均价 7600 元/米^2（付款方式为一次性付清，开发商产权，双方各自承担交易产生的税费）。

评估实例 C 为某住宅小区，交易时间为 2022 年 6 月。位于 C 区某路 439 号，房屋建筑面积为 89～118 m^2，精装修，交易价格为均价 7400 元/米^2（付款方式为一次性付清，开发商产权，双方各自承担交易产生的税费）。

② 交易情况修正。委托估价对象和选用可比实例的交易情况均为正常交易，因此不进行交易情况修正。

③ 交易日期修正。可比实例的成交日期距离评估基准日较近，根据评估人员的调查，评估对象所在区域近期房地产交易价格比较稳定，房地产价格变动幅度较小，因此不进行交易日期修正。

④ 区域因素修正。根据评估人员对评估对象所在区域房地产的调查，影响

评估对象房地产价值的主要区域因素有繁华程度、公共配套设施状况、基础设施状况、交通便捷度、环境条件状况等。将可比实例与评估对象的区域因素进行比较，对可比实例的区域因素进行相应的调整见表14-8和表14-9（以评估对象的区域因素值为100，采用直接比较法确定区域修正系数。计算公式为：区域因素修正系数 = 100/可比实例房地产区域因素相对于评估对象房地产区域因素的得分）。

表14-8　区域因素条件说明表

项目	估价对象	实例A	实例B	实例C
繁华程度	有小型商业设施集中分布，繁华程度一般	有小型商业设施集中分布，繁华程度一般	有小型商业设施集中分布，繁华程度一般	有小型商业设施集中分布，繁华程度一般
公共配套设施	有少量公共配套设施	有少量公共配套设施	有少量公共配套设施	有少量公共配套设施
交通便捷度	通有少量公交线路，交通便捷度一般	通有少量公交线路，交通便捷度一般	通有少量公交线路，交通便捷度一般	通有少量公交线路，交通便捷度一般
环境条件状况	环境无污染，环境条件状况较好	环境无污染，环境条件状况较好	环境无污染，环境条件状况较好	环境无污染，环境条件状况较好
修正系数		1.0000	1.0000	1.0000

表14-9　区域因素修正指数表

项目	估价对象	实例A	实例B	实例C
繁华程度	100	100	100	100
公共配套设施	100	100	100	100
交通便捷度	100	100	100	100
环境条件状况	100	100	100	100
修正系数		1.0000	1.0000	1.0000

经过计算，可比实例的区域因素修正系数为：

可比实例A的区域因素修正系数为：1.0000。

可比实例B的区域因素修正系数为：1.0000。

可比实例C的区域因素修正系数为：1.0000。

⑤个别因素修正。影响评估对象房地产价值的个别因素主要有：面积、楼层、新旧程度、装修标准、平面格局、临街状况等。将可比实例与评估对象的个别因素进行比较，对可比实例的个别因素进行相应的修正如下表（以评估对

象的个别因素值为100，采用直接比较法确定个别因素修正系数。计算公式为：个别因素修正系数 = 100/可比实例房地产个别因素相对于评估对象房地产个别因素的得分）

表14-10 个别因素条件说明表

项目	估价对象	实例A	实例B	实例C
土地使用年限	67.62年	与估价对象类似	与估价对象类似	与估价对象类似
面积/m²	面积适中，符合一般需求	面积适中，符合一般需求	面积适中，符合一般需求	面积适中，符合一般需求
朝向	朝向合理	朝向合理	朝向合理	朝向合理
楼层	多层	多层	多层	多层
建成时间	未建	新建	新建	新建
装修标准	精装修	清水	精装修	精装修
临街状况	临次干道	临主要干道	临主要干道	临主要干道

表14-11 个别因素修正指数表

项目	估价对象	实例A	实例B	实例C
土地使用年限	100	100	100	100
面积/m²	100	100	100	100
朝向	100	100	100	100
楼层	100	100	100	100
建成时间	100	98	98	98
装修标准	100	95	100	100
临街状况	100	102	102	102
修正系数		1.0530	1.0004	1.0004

经过计算，可比实例的个别因素修正系数为：

可比实例A的个别因素修正系数为：1.0530。

可比实例B的个别因素修正系数为：1.0004。

可比实例C的个别因素修正系数为：1.0004。

⑥可比实例修正、调整后的价格。可比实例修正后的单价 = 可比实例成交单价×交易情况修正系数×交易日期修正系数×区域因素修正系数×个别因素修正系数。

可比实例A修正后的单价为：7792元/米²。

可比实例B修正后的单价为：7603元/米²。

可比实例C修正后的单价为：7403元/米²。

⑦ 比准单价的确定。可比实例修正后的单价差距在合理的范围内，因此对比准单价的确定采用简单算术平均法，计算结果为：

住宅比准单价 = (7792 + 7603 + 7403) ÷ 3 ≈ 7600(元/米²)

不动产总价 = 7600 × 1.4 × 72569 ≈ 772134160(元)

(3) 开发项目整体的开发成本。

① 房屋建筑成本。根据《辽宁省房屋建筑与装饰工程定额（2017）》、《辽宁省通用安装工程定额（2017）》、《沈阳市建筑工程造价信息》及同类建筑成本确定房屋建安工程费包括土建工程费、装饰工程费、安装工程费（表14-12）。

表14-12 建筑安装工程费用确定表

建安工程费用		单价/(元·米²)	施工面积/m²	总价/元
土建工程费	地上土建	1000	101596.60	101596600
装饰工程费	装饰	900	101596.60	91436940
安装工程费	电气	130	101596.60	13207558
	给排水	100	101596.60	10159660
	地下排风	80	101596.60	8127728
	消防	90	101596.60	9143694
	电梯	50	101596.60	5079830
	其他	50	101596.60	5079830
建安工程费小计		2400	—	243831840

② 前期费用及专业费见表14-13。

表14-13 前期费用及专业费

项目	计费基础	费率	取费依据
勘察设计费	建安工程造价	3.50%	计价格〔2002〕10号
施工图审查费	建安工程造价	2.49%	辽价发〔2002〕119号
工程招标代理费	建安工程造价	1.00%	计价格〔2002〕1980号
工程造价咨询服务费	建安工程造价	0.07%	辽价发〔2007〕229号
不可预见	建安工程造价	2.00%	
合计	—	9.06%	

前期费用及专业费 = 243831840 ÷ (1 + 9%) × 9.06% ≈ 20267124(元)

③ 园区配套费。园区配套工程费用，包括水、电、消防、弱电、绿化及区内道路等费用，根据C区同类房地产投资情况，区内配套工程费用按建筑面积计算平均为200元/米²。

园区配套费 = 200 × 1.4 × 72569 = 20319320(元)

④ 市政设施配套费。根据C区相关收取标准，住宅用房市政设施配套费为

186元/米²(建筑面积)计取。

$$市政设施配套费 = 186 × 1.4 × 72569 ≈ 18896968(元)$$

⑤ 管理费。管理费取房屋建筑成本与园区配套费之和的3%。

$$管理费 = (243831840 + 20319320) × 3\% ≈ 7924535(元)$$

⑥ 利息。根据估价对象情况,相似开发规模的房地产开发项目的合理开发期为两年,投资利息率按评估基准日时中国人民银行一年期贷款利率3.7%计算,设定土地取得费为年初一次性投入,建筑开发费、市政配套费、管理费等在开发期内均匀投入,故:

$$
\begin{aligned}
利息 &= 地价×[(1+3.7\%)^2-1] + (总建筑成本 + 市政设施配套费 + \\
&\quad 管理费)×[(1+3.7\%)^{2/2}-1] \\
&= [(1+3.7\%)^2-1]×地价 + (243831840 + 20267124 + 20319320 + \\
&\quad 18896968 + 7924535)×[(1+3.7\%)^{2/2}-1] \\
&= 11515872 + 0.075369×地价(元)
\end{aligned}
$$

⑦ 税费。

A. 增值税。

不动产销项税额是指纳税人销售货物或者应税劳务,按照销售额和条例规定的税率计算并向购买方收取的增值税额。销售不动产转让建筑物增值税税率为9%。

根据《国家税务总局关于发布〈不动产进项税额分期抵扣暂行办法〉的公告》(国家税务总局公告2016年第15号)及《不动产进项税额分期抵扣暂行办法》,纳税人销售其取得的不动产或者不动产在建工程时,尚未抵扣完毕的待抵扣进项税额,允许于销售的当期从销项税额中抵扣。

不动产可抵扣进项税额是指纳税人购进货物或接受应税劳务所支付或负担的增值税额。不动产建筑服务增值税税率为9%,签证咨询服务增值税税率为6%。

$$增值税 = 销项税额 - 进项税额$$

其中,销项税额 = (销售收入 - 取得土地使用权所支付的金额) × 9% = 45875698(元)

进项税额计算过程见表14-14:

表14-14　进项税额计算表

项目	含税金额/元	不含税金额/元	税率/%	进项税额/元
建安工程费部分	243831840	223698936	9	20132904
前期费用及专业费	20267124	19119928	6	1147196
小计				21280100

增值税 = 销项税额 − 进项税额 = 24595598(元)

B. 城市维护建设税、教育费附加和地方教育费附加。

城市建设维护、教育费附加和地方教育费附加分别按应交增值税的7%，3%，2%计取。

附加税费 = 24595598 × (7% + 3% + 2%) ≈ 2951472(元)

C. 土地增值税。

经测算，土地增值税为11985631元。

D. 销售费用按房地产总价的3%计取，土地契税按地价的4%计取。

税费 = 增值税 + 附加税费 + 土地增值税 + 销售费用 + 土地契税

= 24595598 + 2951472 + 11985631 + 23164025 + 0.04 × 地价

= 62696726 + 0.04 × 地价（元）

（4）客观开发利润。目前，C区类似房地产开发的利润率为20%左右，以房地产总价为基数，取利润率20%。

利润 = 房地产销售总价 × 利润率

= 772134160 × 20%

= 154426832(元)

（5）总地价。

总地价 = 不动产总价 − 开发项目整体的开发成本 − 客观开发利润

= 不动产总价 − 建筑成本 − 市政配套费 − 管理费 − 利息 −

开发利润 − 税费

= 772134160 − 243831840 − 18896968 − 7924535 −

（11515872 + 0.075369 × 地价）− 154426832 −

（62696726 + 0.04 × 地价）

= 232254943 − (0.075369 + 0.04) × 地价

总地价 = 208231485(元/m²)

土地单价 = 208231485 ÷ 72569 ≈ 2869(元/米²)

楼面地价 = 2869 ÷ 1.4 ≈ 2049(元/米²)

（6）方法应用评价。剩余法的其基本理论依据是预期原理，以房地产开发的角度计算土地价值，因开发后的房地产总价采用现行市场价格，开发成本均为估价时点的客观成本，用该方法测算土地价值较接近实际的土地市场，能够体现正常的土地市场价值。

三、地价的确定

(一) 地价确定的方法

待估宗地采用了两种评估方法评估，两种评估方法的评估结果均符合市场实际情况且相差不大，故以两种方法的算术平均值作为待估宗地的最终估价结果。

(二) 估价结果

宗地面积：72569 m^2；

单位面积楼面价 $= 2141 \times 0.5 + 2049 \times 0.5 = 2095$(元/米^2)；

单位面积地面价 $= 2095 \times 1.4 = 2933$(元/米^2)

总地价 $= 2933 \times 72569 \div 10000 \approx 21284.49$(万元) $= 2.128449$(亿元)

大写金额：贰亿壹仟贰佰捌拾肆万肆仟玖佰元整。

第四部分　附　件

(附件应包括土地使用证复印件或土地产权证明材料，房屋产权证复印件或证明材料，地籍图、宗地图、建筑平面图等图件，估价对象照片，有关背景材料和估价机构资质证书复印件等。)

第十五章　房地产市场价值评估案例

沈阳市沈河区风雨坛街×××号酒店房地产市场价值评估

房地产估价报告

项　目　名　称：　沈阳市沈河区风雨坛街×××号酒店房地产市场价值
　　　　　　　　　评估项目

估　价　委　托　人：　×××

房地产估价机构：　辽宁×××有限责任公司

注册房地产估价师：　×××（×××）×××（×××）

估价报告出具日期：　2024年6月25日

估价报告编号：　辽宁××房评字〔2024〕第×××号

估价师声明

我们郑重声明：

（1）我们在本估价报告中对事实的说明是真实和准确的，没有虚假记载、误导性陈述和重大遗漏。

（2）本估价报告中的分析、意见和结论是我们自己独立、客观、公正的专业分析、意见和结论，但受估价报告中已说明的估价假设和限制条件的限制。

（3）我们与本估价报告中的估价对象没有现实或潜在的利益，与估价委托人及估价利害关系人没有利害关系，也对估价对象、估价委托人及估价利害关系人没有偏见。

（4）我们依照中华人民共和国国家标准《房地产估价规范》（GB/T 50291—2015）、《房地产估价基本术语标准》（GB/T 50899—2013）的规定进行估价工作，撰写估价报告。

（5）我们在估价中没有得到他人的重要专业帮助。

中国注册房地产估价师×××××××

中国注册房地产估价师×××××××

估价假设和限制条件

一、一般假设

① 本次估价假设在价值时点的房地产市场状况为公开、平等、自愿的交易市场，即假设估价对象产权明晰，在公开市场上自由交易，交易双方都具有完全市场信息，对交易对象有必要的专业知识。

② 本次估价报告成立的前提条件是基于持续使用假设，即估价对象能够继续按照实际用途使用。

③ 本次估价假设估价对象可享有合理占用的公共配套设施和水、电、道路交通使用的权益。

④ 本次评估依据估价委托人提供的房屋所有权证、国有土地使用权证等相

关资料，在无理由怀疑其合法性、真实性、准确性和完整性情况下，假定估价委托人提供的资料合法、真实、准确和完整。委托人告知估价对象无法律纠纷，无抵押、查封等他项权利限制，本次估价以估价对象不存在上述情况为假设前提。

⑤ 我们已对估价对象进行了实地查勘，但未对估价对象的房屋安全及环境污染等影响估价对象价值的重大因素进行专业检测；在无理由怀疑其存在安全隐患的情况下，假设其能够正常安全使用。

⑥ 涉及估价对象的经济行为符合相关法律法规的规定并已获有权部门批准。

二、未定事项假设

本次估价无未定事项假设。

三、背离事实假设

本次估价无背离事实假设。

四、不相一致假设

本次估价无不相一致假设。

五、依据不足假设

本次估价无依据不足假设。

六、估价报告使用限制

① 价值时点后，估价报告有效期内估价对象的质量及价格标准发生变化，并对估价对象价值产生明显影响时，不能直接使用本估价结论。

② 本次估价结果未考虑国家宏观经济政策发生重大变化以及遇有自然力和其他不可抗力对估价结论的影响。

③ 本次评估中未考虑估价对象可能欠缴的相关税费对估价结果的影响。

④ 本估价结果采用委托人提供的相关资料，委托人须对资料的真实性负责。因资料失实造成估价结果有误的，估价机构和估价人员不承担相应的责任。

⑤ 本报告估价结果仅作为委托人在本次估价目的下的使用，未经本估价机构和估价人员同意，估价报告不得向委托人有报告审查权部门以外的单位及个人提供，凡因委托人使用估价报告不当而引起的后果，估价机构和估价人员不

承担相应的责任。

⑥ 本估价报告的全部或其部分内容不得发表于任何公开媒体上，报告解释权归本估价机构所有。

⑦ 本估价报告应用的有效期自出具估价报告日起为一年，即从2024年6月25日至2025年6月24日止。如果使用本估价结果的时间超过了报告应用的有效期，我们对此结果造成的损失不承担责任。

估价结果报告

一、估价委托人

名称：×××

住所：×××

二、房地产估价机构

单位名称：辽宁×××有限责任公司

地址：沈阳市×××号

统一社会信用代码：×××

法定代表人：×××

资格等级：贰级

资格证书编号：第×××号

三、估价目的

为委托方核实房地产市场价值提供参考依据而评估房地产市场价值。

四、估价对象

（一）估价对象财产范围

依据委托人提供的房屋所有权证、国有土地使用权证等相关材料结合估价人员现场查勘情况确认，估价对象位于沈阳市沈河区风雨坛街×××号，其财产范围为一栋酒店房地产，包括保证估价对象正常运转的上下水、供电、供暖、通信等配套设施。不包括估价对象内部动产及依附于估价对象的债权债务、特许经营权等其他财产和权益。估价对象明细表见表15-1和表15-2。

表15-1 估价对象明细表（房屋建筑物）

房屋所有权证证号	房屋所有权人	设计用途	坐落	结构	所在楼层/总楼层	建筑面积/m²
沈房权证中心字第×××号	×××	酒店	沈阳市沈河区风雨坛街×××号	钢混	-1-22/22	48078.13

表15-2 估价对象明细表（国有土地使用权）

国有土地使用权证证号	土地使用权人	权利性质	土地用途	土地使用权终止日期	土地使用权面积/m²
沈阳国用（×××）第×××号	×××	出让	商业用地	2054年2月28日	4723

（二）估价对象土地基本状况

估价对象所占宗地面积为4723 m²，土地用途为商业用地，坐落于沈阳市沈河区风雨坛街×××号，东临巷道，西临风雨坛街，南临巷道，北临巷道。根据估价人员现场查勘，估价对象地势较平坦，地质条件较好；宗地外基础设施均达到"六通"（通供水、通排水、通电、通路、通信、供热）水平，土地使用权终止日期为2054年2月28日。

（三）估价对象建筑物基本状况

根据估价人员现场勘查，估价对象建筑物状况如下：估价对象建筑面积为48078.13 m²，总层数为22层，所在层数为-1-22层，钢混结构；外墙面为玻璃幕墙；室内地面铺地砖、墙面部分贴砖、部分刷乳胶漆，顶棚部分石膏板吊顶、部分铝扣板吊顶。至价值时点，房屋通上下水、电等基础配套设施，维护状况较好。

（四）估价对象权益状况

1. 房屋所有权状况

依据估价委托人提供的房屋所有权证确认，估价对象权益状况见表15-3。

表15-3 房屋所有权证信息1

房屋所有权证号	沈房权证中心字第×××号
房屋所有权人	×××
坐落	沈河区风雨坛街×××号
登记时间	2013年11月13日

表15-3（续）

设计用途	酒店
建筑面积	48078.13 m²
房屋总层数	22

2. 土地使用权状况

依据估价委托人提供的国有土地使用证确认，估价对象权益状况见表15-4.

表15-4　国有土地使用证信息2

国有土地使用权证证号	沈阳国用（×××）第×××号
土地使用权人	×××
坐落	沈河区风雨坛街×××号
地类（用途）	商业用地
使用权类型	出让
终止日期	2054年2月28日
使用权面积	4723 m²

3. 他项权利状况

根据估价委托人提供的房屋所有权证、国有土地使用权证及说明，至价值时点，估价对象产权无法律纠纷，无查封等他项权利限制，估价对象已设立抵押权利，根据实地查勘，估价对象现为产权人自用状态。

五、价值时点

依据估价目的，经与估价委托人商定，本次价值时点为现场查勘日，即2024年2月28日。

六、价值类型

本估价报告的价值类型是市场价值。

市场价值是指估价对象适当经营后，由熟悉情况、谨慎行事且不受强迫的交易双方，以公平交易方式在价值时点自愿进行交易的金额。

七、估价原则

（一）独立客观公正

要求站在中立的立场上，实事求是、公平正直地评估出对各方估价利害关系人均是公平合理的价值或价格。

(二) 合法原则

要求估价结果是在依法判定的估价对象状况下的价值或价格。

(三) 价值时点原则

要求估价结果是在根据估价目的确定的某一特定时间的价值或价格。

(四) 替代原则

要求估价结果与估价对象类似房地产同等条件下的价值或价格偏差在合理范围内。

(五) 最高最佳利用原则

要求估价结果是在估价对象最高最佳利用状况下的价值或价格。

(六) 谨慎原则

要求在影响估价对象价值或价格的因素存在不确定性的情况下对其作出判断时，应充分考虑其导致估价对象价值或价格偏低的一面，慎重考虑其导致估价对象价值或价格偏高的一面的原则。

八、估价依据

(一) 有关法律、法规、政策性文件

①《中华人民共和国民法典》（第十三届全国人民代表大会第三次会议通过，自2021年1月1日起施行）。

②《中华人民共和国资产评估法》（第十二届全国人民代表大会常务委员会第二十一次会议第三次修正，自2016年12月1日起施行）。

③《中华人民共和国城市房地产管理法》（第十三届全国人民代表大会常务委员会第十二次会议第三次修正，自2020年1月1日起施行）。

④《中华人民共和国土地管理法》（第十三届全国人民代表大会常务委员会第十二次会议第三次修正，自2020年1月1日起施行）。

(二) 技术标准、规程、规范

①《房地产估价规范》（GB/T 50291—2015）。

②《房地产估价基本术语标准》（GB/T 50899—2013）。

（三）估价委托人提供的有关资料

① 委托人营业执照。
② 权利人营业执照。
③ 房屋所有权证。
④ 国有土地使用权证。

（四）估价机构和估价人员掌握和收集的有关资料

① 实地查勘照片和记录。
② 沈阳市房地产市场信息。
③ 沈阳市建筑工程造价信息。
④ 贷款市场报价利率（LPR）。
⑤ 估价对象附近房地产投资回报市场信息。
⑥ 估价机构积累的其他相关信息资料。
⑦ 估价人员掌握的其他相关信息资料。

九、估价方法

（一）估价方法的适用性分析

根据《房地产估价规范》（GB/T 50291—2015），房地产估价常用的方法有比较法、收益法、成本法和假设开发法，各估价方法的适用性分析如下。

1. 比较法

比较法是选取一定数量的可比实例，将它们与估价对象进行比较，根据其间的差异对比可比实例成交价格进行处理后得到估价对象价值或价格的方法。采用比较法对房地产进行估价需要具备的条件是在价值时点的近期有较多类似房地产的交易。房地产市场不够发育或者类似房地产的交易较少的地区，难以采用比较法估价。

本报告估价对象证载用途为酒店，实际用途为酒店，根据市场调查结果，该类房屋在当地房地产市场中缺少交易行为，因此对于估价对象整体而言，比较法不是最适宜的估价方法。

2. 收益法

收益法是预测估价对象的未来收益，利用报酬率或资本化率、收益乘数将未来收益转换为价值得到评估对象价值或价格的方法。采用收益法对房地产进行估价需要具备的条件是房地产的未来收益和风险都能够较准确地量化。

本报告估价对象证载用途为酒店，实际用途为酒店，酒店相关经营收益材料较完善，未来收益和风险可以准确量化，本次报告采用收益法进行估价。

3. 成本法

成本法是测算估价对象在价值时点的重置成本或重建成本和折旧，将重置成本或重建成本减去折旧得到评估对象价值或价格的方法。

本报告估价对象证载用途为酒店，实际用途为酒店，其于估价期日的重置成本无法准确测量，不具有采用成本法估价的条件，本次不选用成本法进行估价。

4. 假设开发法

假设开发法是求得估价对象后续开发的必要支出及折现率或后续开发的必要支出及应得利润和开发完成后的价值，将开发完成后的价值和后续开发的必要支出折现到价值时点后相减，或将开发完成后的价值减去后续开发的必要支出及应得利润得到评估对象价值或价格的方法。假设开发法一般适用于具有开发或再开发潜力并且其开发完成后的价值可采用比较法、收益法等方法求取的房地产。采用假设开发法对评估对象进行估价的效果，除了取决于估价专业人员对方法本身掌握得如何，还要求有一个良好的社会经济环境。

本报告估价对象为已建成的房屋，无须再行开发，也不具有再开发潜力，因而不具备采用假设开发法进行估价的条件。

综合以上分析，本报告中采用收益法进行估价，而不采用市场比较法、成本法和假设开发法。

（二）估价方法及公式

收益法是预测估价对象的未来收益，利用报酬率或资本化率、收益乘数将未来收益转换为价值得到估价对象价值或价格的方法。

基本公式为：

$$V = \frac{a}{r}\left[\frac{1}{(1+r)^n}\right]$$

式中，V ——房地产价格；

　　a ——房地产年净收益；

　　r ——报酬率；

　　n ——剩余收益年期。

十、估价结果

根据估价目的，按照估价程序，遵循估价原则，结合估价对象具体情况，采用科学的估价方法，测算出估价对象在价值时点2024年2月28日的估价结果为56336.04万元。评估价值人民币大写金额：伍亿陆仟叁佰叁拾陆万零肆佰元整。

十一、注册房地产估价师签字

姓名	注册号	签名	签名日期
			年　　月　　日

十二、实地查勘期

2024年2月28日

十三、估价作业期

2024年2月28日—2024年6月25日

估价技术报告

一、区位状况描述与分析

（一）区位状况描述

位置状况：估价对象位于沈阳市沈河区风雨坛街×××号。

交通状况：周围有风雨坛街等主次干道，路网较密集；出入可利用的交通工具有212路、224路、238路、333路、334路等多条公交线路；无交通管制；停车方便程度一般，交通条件一般。

外部配套设施状况：区域内基础设施完善，供水、排水、供电、燃气、暖气等市政配套设施齐全，区域内通信、宽带等设施均已接通，可以满足居民生活需要。区域内公共服务设施较完善，分布有沈阳五爱市场服装城、沈阳方城旅游文化区等公共服务设施。

环境状况：估价对象所在区域为城市商业区，周围流动人口较多，人文环境一般，距广场、公园距离较远，自然环境一般，区域内高层建筑较多，景观一般。

（二）区位状况分析

估价对象所在区域为商住混合区，位置较好，区域内交通状况较好，基础设施完善程度较好，公共配套设施完善程度较好，环境状况一般。综合评价，估价对象所处区域区位状况较好，对估价对象价值无不利影响。

二、实物状况描述与分析

（一）估价对象土地实物状况

估价对象所占宗地面积为4723 m²，土地用途为商业用地，坐落于沈阳市沈河区风雨坛街×××号，东临巷道，西临风雨坛街，南临巷道，北临巷道。根据估价人员现场查勘，估价对象地势较平坦，地质条件较好；宗地外基础设施均达到"六通"水平，土地使用权终止日期为2054年2月28日。

（二）估价对象建筑物实物状况

根据估价人员现场勘查，估价对象建筑物状况如下：估价对象建筑面积为48078.13 m²，总层数为22层，所在层数为-1-22层，钢混结构；外墙面为玻璃幕墙；室内地面铺地砖，墙面部分贴砖、部分刷乳胶漆，顶棚部分石膏板吊顶、部分铝扣板吊顶。至价值时点，房屋通上下水、电等基础配套设施，维护状况较好。

（三）实物状况分析

估价对象使用土地地质条件良好、开发程度高，建筑特征与规划功能相适应。根据估价师实地查勘，建筑物室外地面无可见明显不均匀沉降，外墙体无可见裂纹。估价师综合分析后认为，与同类使用中的房屋相比，估价对象使用状态处于一般水平，对估价对象价值无不利影响。

三、权益状况描述与分析

（一）房屋所有权及土地使用权状况

1. 房屋所有权

依据估价委托人提供的房屋所有权证确认，估价对象权益状况见表15-5。

表15-5 房屋所有权证信息2

房屋所有权证号	沈房权证中心字第×××号
房屋所有权人	×××
坐落	沈河区风雨坛街×××号
登记时间	2013年11月13日
设计用途	酒店
建筑面积	48078.13 m²
房屋总层数	22

2. 土地使用权

依据估价委托人提供的国有土地使用证确认，估价对象权益状况见表15-6.

表15-6 国有土地使用证信息2

国有土地使用权证证号	沈阳国用（×××）第×××号
土地使用权人	×××
坐落	沈河区风雨坛街×××号
地类（用途）	商业用地
使用权类型	出让
终止日期	2054年2月28日
使用权面积	4723 m²

（二）他项权利状况

根据估价委托人提供的房屋所有权证、国有土地使用权证及说明，至价值时点，估价对象产权无法律纠纷，无查封等他项权利限制，估价对象已设立抵押权利，根据实地查勘，估价对象现为产权人自用状态。

四、市场背景描述与分析

（一）经济社会发展状况

2023年前三季度，沈阳市实现地区生产总值5821.6亿元，按不变价格计算，同比增长6.0%，高于全国0.8%，高于辽宁省0.7%。

1—11月，沈阳市规模以上工业增加值同比增长7.0%，固定资产投资同比增长1.5%，限额以上社会消费品零售额1764.1亿元，同比增长10.3%，进出口总额1343.0亿元，同比增长4.4%，一般公共预算收入746.5亿元，同比增长

11.0%，金融机构本外币各项存款余额21728.4亿元，同比增长4.2%，全社会用电量384.3亿千瓦时，同比增长7.0%，货物运输总量17908.1万吨，同比增长9.9%，居民消费价格比上年同期上涨0.3%，涨幅比上年同期收窄1.4%。

2023年，沈阳市上下认真贯彻落实党中央、国务院决策部署和省委、省政府各项工作要求，坚持稳中求进工作总基调，生产供给稳步增加，市场需求持续回升，沈阳市经济恢复向好态势继续巩固。

(二) 房地产市场整体状况

2023年1—11月，沈阳市房地产开发投资完成593.4亿元，同比下降34.3%。其中，住宅投资480.3亿元，下降37.2%；商业营业用房投资54.6亿元，下降21.0%；办公楼投资16.2亿元，下降24.5%。施工面积6029.1万m²，下降11.2%。其中，住宅施工面积4142.5万m²，下降12.6%；商业营业用房施工面积740.2万m²，下降4.6%；办公楼施工面积237.5万m²，下降7.7%。新开工面积274.1万m²，下降38.7%。其中，住宅新开工面积193.1万m²，下降33.0%；商业营业用房新开工面积25.5万m²，下降35.9%；办公楼新开工面积8.2万m²，下降61.5%。

本年到位资金605.5亿元，下降21.8%。其中，国内贷款70.9亿元，增长17.2%；自筹资金214.2亿元，下降38.2%；定金及预收款205.5亿元，下降17.7%；个人按揭贷款100.4亿元，下降4.3%。

2023年商品房销售面积474.9万m²，下降19.9%。其中，住宅销售面积420.6万m²，下降22.8%；商业营业用房销售面积28.3万m²，下降3.5%；办公楼销售面积2.2万m²，下降66.2%。

(三) 商业办公房地产市场状况

2023年1—7月，沈阳酒店房地产销售总面积54.4万m²，同比增长118.2%，沈阳办公房地产销售总面积2.0万m²，同比下降81.6%，2023年1—7月，办公楼成交均价为6190元/米²，同比下跌10.7%。成交量及成交价格均低于上一年度。

2023年，房地产市场处于深度调整期，众多有利于稳定市场信心的政策措施相继出台，为市场释放了更为积极的信号。2024年在新的形势下，以政策"进"促市场"稳"，政策落实见效可期，房地产市场有望逐步实现筑底企稳。保交楼、化解项目交付风险仍是2024年政策聚焦点之一。在经济形势及政策利好的影响下，2024年沈阳商业办公房地产市场价格下跌情况有所放缓，但下行压力仍较大，商业办公房地产市场整体趋势以下行为主，但下降幅度有所放缓。

可预见未来，沈阳市商业办公房地产市场将以下行为主至逐渐趋于平稳，商业办公房地产价格短期内不会有较大回升。

五、最高最佳使用分析

根据估价目的，本次估价应以估价对象最高最佳利用为前提。估价对象实际用途为酒店房地产，目前作为酒店房地产使用。根据《房地产估价规范》（GB/T 50291—2015），其最高最佳利用应从维持现状继续利用、更新改造再予以利用、改变用途再予以利用、改变规模再予以利用、重新开发再予以利用以及上述利用方式的某种组合或其他特殊利用等利用方式中进行判断和选择。

（一）法律上允许分析

估价对象的设计用途为酒店房地产，实际用途为酒店房地产，实际用途符合设计用途以及建筑特征及标准要求，区域内无拆除改造等相关规划，作为工业用途也无法改变规模利用。因此，从现有房地产法律管理要求角度看，估价对象的最高最佳利用方式应排除改变用途再予以利用、改变规模再予以利用以及重新开发再予以利用等利用方式。

（二）技术上可能分析

根据以上分析，估价对象可选择的利用方式为维持现状继续利用、更新改造再予以利用。估价对象为普通建筑，已经建成使用，现状使用以及在现状基础上适当改造利用均无技术上的限制。

（三）财务上可行分析

估价对象现有配套设施都与设计用途相适用，且使用状况较好，内部装饰装修使用维护状况较好，无须更新改造，因此从财务可行性分析，估价对象的最高最佳利用方式应排除更新改造再予以利用方式。

（四）价值最大化判断

从法律上允许、技术上可能、财务上可行三方面判断的结论可以看出，估价对象维持现状用途持续合理使用既符合其规划设计要求，又符合其实际的装修及配套设备设施要求。因此，维持现状持续合理使用是使估价对象价值最大化的利用方式之一。根据估价目的，从谨慎原则出发，本报告以估价对象维持现状用途继续利用为估价前提。

六、估价方法适用性分析

(一) 估价方法适用性分析

根据《房地产估价规范》(GB/T 50291—2015)，房地产估价常用的方法有比较法、收益法、成本法和假设开发法。各估价方法的适用性分析如下。

(1) 比较法。比较法是选取一定数量的可比实例，将它们与估价对象进行比较，根据其间的差异对比可比实例成交价格进行处理后得到估价对象价值或价格的方法。采用比较法对房地产进行估价需要具备的条件是在价值时点的近期有较多类似房地产的交易。房地产市场不够发育或者类似房地产的交易较少的地区，难以采用比较法估价。

本报告估价对象证载用途为酒店，实际用途为酒店，根据市场调查该类房屋在当地房地产市场中缺少交易行为，因此对于估价对象整体而言，比较法不是最适宜的估价方法。

(2) 收益法。收益法是预测估价对象的未来收益，利用报酬率或资本化率、收益乘数将未来收益转换为价值得到评估对象价值或价格的方法。采用收益法对房地产进行估价需要具备的条件是房地产的未来收益和风险都能够较准确地量化。

本报告估价对象证载用途为酒店，实际用途为酒店，酒店相关经营收益材料较完善，未来收益和风险可以准确量化，本次报告采用收益法进行估价。

(3) 成本法。成本法是测算估价对象在价值时点的重置成本或重建成本和折旧，将重置成本或重建成本减去折旧得到评估对象价值或价格的方法。

本报告估价对象证载用途为酒店，实际用途为酒店，其于估价期日的重置成本无法准确测量，不具有采用成本法估价的条件，本次不选用成本法进行估价。

(4) 假设开发法。假设开发法是求得估价对象后续开发的必要支出及折现率或后续开发的必要支出及应得利润和开发完成后的价值，将开发完成后的价值和后续开发的必要支出折现到价值时点后相减，或将开发完成后的价值减去后续开发的必要支出及应得利润得到评估对象价值或价格的方法。假设开发法一般适用于具有开发或再开发潜力并且其开发完成后的价值可采用比较法、收益法等方法求取的房地产。采用假设开发法对评估对象进行估价的效果，除了取决于估价专业人员对方法本身掌握得如何，还要求有一个良好的社会经济环境。

本报告估价对象为已建成的房屋，无须再行开发，也不具有再开发潜力，因而不具备采用假设开发法进行估价的条件。

综合以上分析，本报告中采用收益法进行估价，而不采用市场比较法、成本法和假设开发法。

（二）估价方法及公式

收益法是预测估价对象的未来收益，利用报酬率或资本化率、收益乘数将未来收益转换为价值得到估价对象价值或价格的方法。

基本公式为：

$$V = \frac{a}{r}\left[\frac{1}{(1+r)^n}\right]$$

式中，V——房地产价格；

　　　a——房地产年净收益；

　　　r——报酬率；

　　　n——剩余收益年期。

七、估价测算过程

（一）酒店介绍

该酒店为四星级国际品牌酒店，占地 4723 m²，地上总层数 21 层，地下 1 层，总建筑面积达 48078.13 m²，是一家集客房、餐饮、会议等多功能于一体的商务型饭店。

1. 酒店楼层功能

第 1 层设有接待大堂、大堂吧、商务中心。

第 2 层整层为酒店餐厅，设有自助餐区及不同规格的包房，总餐位数为 580 个。

第 3～4 层为会议区，设有 20 个会议室，其中大会议室 2 个，中型会议室 18 个，并配有服务设施。

第 5～21 层全部为客房，共计 395 间。房型表见表 15–7。

表 15–7　房型表

房间类型	房间数
双床房	95
大床房	80
商务双床房	80

表15-7（续）

房间类型	房间数
商务大床房	60
行政大床房	35
行政豪华房	25
高级套房	10
行政套房	10

地下室用作设备用房及洗衣房等配套设施用房。

2. 装修情况

外墙玻璃幕墙；大堂地面铺大理石地砖，内墙面贴大理石，顶棚为艺术吊顶，水晶吊灯；第1~4层走廊地面铺大理石，内墙贴大理石，天花板为石膏板吊顶、铝扣板吊顶；客房地面铺地毯，墙面贴墙纸，顶棚为石膏板吊顶。

酒店共有电梯6部，中央空调系统，内部消防系统、烟感系统等设施设备齐全。

（二）测算过程

1. 年总收入测算

（1）客房收入。根据市场调查，四星级酒店客房入住率一般为50%~80%。由于该饭店为国际品牌，位于某区域中心城市繁华商业区，其年平均入住率在70%左右。根据该酒店实际经营数据统计，每种房型入住率各有不同，房型价格为548~1189元/天（含税），客房部分年收益的具体计算见表15-8。

表15-8 房型价格表

序号	房间类型	房间数	门市价/ (元·天⁻¹)	年入住率	含税年收入/万元	不含税年收入/万元
1	双床房	95	548	80%	1520.15	1434.10
2	大床房	80	548	75%	1200.12	1132.19
3	商务双床房	80	688	70%	1406.27	1326.67
4	商务大床房	60	688	60%	904.03	852.86
5	行政大床房	35	828	50%	528.89	498.95
6	行政豪华房	25	909	50%	414.73	391.25
7	高级套房	10	991	30%	108.51	102.37
8	行政套房	10	1189	30%	130.2	122.83
	合计	395			6212.9	5861.22

（2）餐厅收入。该酒店餐厅为高档餐厅，根据餐厅经营数据统计，人均消费为100～150元，平均消费为125元/人（含税）。午餐上座率为50%左右，晚餐上座率为70%左右，总餐位数为580个。餐厅年收益的计算见表15-9。

表15-9　餐厅年收益

序号	餐时	平均收费/ (元·人⁻¹)	座位数	上座率	日收入/ (元·天)	含税年收入/万元	不含税年收入/万元
1	午餐	125	580	50%	36250	1323.13	1248.24
2	晚餐	125	580	70%	50750	1852.38	1747.53
	合计					3175.51	2995.77

（3）会议收入。根据酒店定价，大会议室为1000元/天（含税），中型会议室为500元/天（含税）。根据酒店经营数据统计，会议室的平均使用率在50%，会议室的年收益计算见表15-10。

表15-10　会议室年收益

序号	会议室类型	间数 (间)	收费/ (元/间·天)	平均使用率	日收入/ (元·天⁻¹)	含税年收入/万元	不含税年收入/万元
1	大型会议室	5	1000	50%	2500	91.25	86.08
2	中型会议室	18	500	50%	4500	164.25	154.95
	合计					255.5	241.03

（4）其他收入。该酒店的其他收入主要为客房酒水消费、高级洗衣服务、休闲区消费、节日礼品售卖等。根据市场调查结果，确定按客房收入（含税）的5%计算，则含税年收入为310.65万元，不含税年收入为293.07万元。

（5）年总收入。

年总收入（含税）＝客房收入（含税）＋餐厅收入（含税）＋

会议收入（含税）＋其他收入（含税）

＝6212.9＋3175.51＋255.5＋310.65

＝9954.56（万元）

年总收入（不含税）＝客房收入（不含税）＋餐厅收入（不含税）＋

会议收入（不含税）＋其他收入（不含税）

＝5861.22＋2995.77＋241.03＋293.07

＝9391.09（万元）

2. 年总成本

（1）营业成本。

399　☞

①客房成本。客房成本主要为客房用品、布草清洗、水电等费用，根据酒店经营数据统计客房成本约为客房收入（不含税）的10%。

$$客房成本 = 5861.22 \times 10\% \approx 586.12(万元)$$

②餐厅成本。餐厅成本主要为食材、酒水的采购费用和水电等费用，根据酒店经营数据统计餐厅成本约为餐厅收入（不含税）的40%。

$$餐厅成本 = 2995.77 \times 40\% \approx 1198.31(万元)$$

③会议成本。会议成本主要为会议消耗品的采购费用和水电等费用，根据酒店经营数据统计会议成本约为会议收入（不含税）的10%。

$$会议成本 = 241.03 \times 10\% \approx 24.10(万元)$$

④其他收入成本。其他收入成本主要为原料或商品的采购费用，根据酒店经营数据统计其他收入成本约为其他收入（不含税）的30%。

$$其他收入成本 = 293.07 \times 30\% = 87.92(万元)$$

⑤营业成本。营业成本总和为各项成本之和。

$$营业成本 = 586.12 + 1198.30 + 24.10 + 87.92 = 1896.44(万元)$$

（2）营业费用。营业费用包括工资、福利、服装费、保险费、广告宣传费、其他费用。

①工资。该酒店共有员工320人，根据工作支出数据，该酒店人员平均工资为5000元/月。

$$年工资费用 = 320 \times 5000 \times 12 \div 10000 = 1920(万元)$$

②福利。福利费为传统节日和法定节假日发放的员工福利，根据酒店实际支出，平均每人每年约2000元。

$$年福利费用 = 320 \times 2000 \div 10000 = 64(万元)$$

③服装费。服装费为酒店为员工定制工作服的费用，根据酒店实际支出，平均每人每年约1000元。

$$年服装费用 = 320 \times 1000 \div 10000 = 32(万元)$$

④保险费。保险费为建筑物购买商业保险的费用，建筑物商业保险费一般为建筑物重置成本的千分之二，根据酒店固定资产账目记载，该酒店建筑物的建造成本为6000元/米²。

$$年保险费 = 48078.13 \times 6000 \times 0.2\% \div 10000 \approx 57.69(万元)$$

⑤广告宣传费。广告宣传费是酒店的市场推广、品牌宣传等活动，以提高酒店的知名度和吸引力，增加客源和收入，广告宣传费按照总收入的一定比例计算，广告宣传费一般为总收入的2%。

$$年广告宣传费 = 9954.56 \times 2\% \approx 199.09(万元)$$

⑥其他费用。其他费用可能包括一些杂项支出，如意外支出、差旅费等与

酒店运营相关的其他费用。其他费用按照总收入的一定比例计算，其他费用一般为总收入的1.5%。

$$其他费用 = 9954.56 \times 1.5\% \approx 149.32（万元）$$

⑦ 营业费用。

年总营业费用总 = 1920 + 64 + 32 + 57.69 + 199.09 + 149.32 = 2422.1（万元）

（3）有关税费。

① 应交增值税。应交增值税是增值税销项税额与进项税额之间的差额。增值税是对商品生产、流通、劳务服务中多个环节的新增价值或商品的附加值征收的一种流转税。增值税的计算是以不含税价格为基础，酒店行业按照6%的税率征收增值税销项税额，酒店的进项税额一般为购买原材料、布草等商品产生，故按13%计算增值税进项税额。

$$增值税销项税额 = 9391.09 \times 6\% \approx 563.47（万元）$$
$$增值税进项税额 = 1896.44 \times 13\% = 246.54（万元）$$
$$应交增值税 = 销项税额 - 进项税额$$
$$= 563.47 - 246.54$$
$$= 316.93（万元）$$

② 城建及教育附加。城建及教育附加是为了支持城市建设和教育事业而征收的税费，是企业在经营过程中需要承担的成本之一。包括城市维护建设税（7%）、教育费附加（3%）、地方教育费附加（2%），城建及教育附加是以应交增值税为基础计算的。

$$城建及教育附加 = 316.93 \times (7\% + 3\% + 2\%) = 38.03（万元）$$

③ 城镇土地使用税。城镇土地使用税是对城市、县城、建制镇和工矿区范围内使用土地的单位和个人，按其实际占用的土地面积征收的一种税。其计算方式一般为：

$$应纳税额 = 实际占用土地面积（m^2） \times 适用税额。$$

适用税额根据不同地区和土地等级而有所不同，由当地政府根据相关规定确定。该酒店所在地区规定城镇土地使用税为30元/（米²·年）。

$$年城镇土地使用税 = 4723 \times 30 \div 10000 \approx 14.17（万元）$$

④ 房产税。房产税依照房产原值一次减除10%至30%后的余值计算缴纳。具体减除幅度，由省、自治区、直辖市人民政府规定。房产税的税率依照房产余值计算缴纳，税率为1.2%，该酒店所在地区规定房产税依照房产原值一次减除30%后的余值计算缴纳。根据酒店固定资产账目记载，该酒店建筑物的建造成本为6000元/米²。

年房产税 = 48078.13 × 6000 × (1 − 30%) × 1.2% ÷ 10000 ≈ 242.31(万元)。

⑤ 有关税费。

年有关税费 = 316.93 + 38.03 + 14.17 + 242.31 = 611.44(万元)

（4）年总成本。将营业成本、营业费用、管理费用、财务费用和税费相加。

年总成本 = 1896.44 + 2422.1 + 497.73 + 298.64 + 611.44 = 5726.35(万元)

3. 年净收益

年净收益为年总收入减去年总成本

年净收益 = 9391.09 − 5726.35 = 3664.74(万元)

4. 确定报酬率

报酬率也称为回报率、收益率，采用的报酬率应等同于与获取估价对象净收益具有同等风险的投资的报酬率，不同地区、不同时期、不同用途或不同类型的房地产，同一类型房地产的不同权益、不同收益类型，风险不同，报酬率也不尽相同。

本次估价采用累加法确定报酬率，公式如下：

报酬率 = 无风险报酬率 + 投资风险补偿率 + 管理负担补偿率 +

缺乏流动性补偿率 − 投资带来的优惠率

其中，风险调整值是承担额外风险所要求的补偿，即超过安全利率以上部分的报酬率。并应根据估价对象及其所在地区、行业、市场等存在的风险来确定。风险调整值一般由投资风险补偿率、管理负担补偿率、缺乏流动性补偿率组成。

报酬率的确定详见表15-11。

表15-11 报酬率的确定

序号	项目	内容	理由	取值/%
1	无风险报酬率	无风险利率又称安全利率，是指没有风险的投资报酬率	取价值时点中国人民银行一年期银行存款利率	1.5
2	投资风险补偿率	指当投资者投资于收益不确定、具有一定风险性的房地产时，他必然会要求对所承担的额外风险有所补偿，否则就不会投资	估价对象为商业房地产，通用性较强，市场不确定性较小，投资风险相对较小	2.5
3	管理负担补偿率	指一项投资所要求的操劳越多，其吸引力就会越小，从而投资者必然会要求对所承担的额外管理有所补偿	估价对象作为自营商业房地产，管理负担为日常经营管理，与股票、证券等流动资产相比管理负担较大	0.5

表15-11（续）

序号	项目	内容	理由	取值/%
4	缺乏流动性补偿率	指投资者对所投入的资金由于缺乏流动性所要求的补偿	估价对象为固定资产，与股票、债券等流动资产相比，买卖要困难，变现能力较弱	1.0
5	投资带来的优惠率	指投资房地产可能获得某些额外的好处，易于获得融资，从而投资者会降低所要求的报酬率	估价对象为房地产，与股票、债券等相比，易于获得融资	0.5
6	资本化率	1 + 2 + 3 + 4 − 5	—	5.0

通过上述综合分析测算，本次评估的报酬率确定为5.0%。

5. 确定收益期

根据房地产的土地使用权剩余期限确定收益期为30年。

6. 房地产价值

根据收益法计算公式，计算房地产价值。

$$房地产总价 = 净收入 \div 报酬率 \times [1 - 1 \div (1 + 报酬率)^{收益期}]$$
$$= 3664.74 \div 5\% \times [1 - 1 \div (1 + 5\%)^{30}]$$
$$= 56336.04 (万元)$$
$$房地产单价 = 房地产总价 \div 建筑面积$$
$$= 56336.04 \div 48078.13$$
$$= 11718 (元/米^2)$$

八、估价结果确定

根据估价目的，按照估价程序，遵循估价原则，结合估价对象具体情况，采用科学的估价方法，测算出估价对象在价值时点2024年2月28日的估价结果为56336.04万元。评估价值人民币大写金额：伍亿陆仟叁佰叁拾陆万零肆佰元整。

九、附件

（附件应包括估价委托书复印件、估价对象位置图、估价对象实地查勘情况照片、估价对象权属证明复印件、估价所依据的其他文件资料、房地产估价机构营业执照和估价师资质证书复印件、注册房地产估价师估价资格证书复印件。）

第十六章 房地产抵押价值评估案例

沈阳市康平县某加油加气站房地产抵押价值评估项目

土地估价报告

项　目　名　称：沈阳市康平县某加油加气站房地产抵押价值评估项目

估　价　委　托　人：×××

房地产估价机构：辽宁×××有限责任公司

注册房地产估价师：×××（×××）×××（×××）

估价报告出具日期：2023年11月6日

估　价　报　告　编　号：辽宁××房评字〔2023〕第×××号

估价师声明

我们郑重声明：

（1）我们在本估价报告中对事实的说明是真实和准确的，没有虚假记载、误导性陈述和重大遗漏。

（2）本估价报告中的分析、意见和结论是我们自己独立、客观、公正的专业分析、意见和结论，但受估价报告中已说明的估价假设和限制条件的限制。

（3）我们与本估价报告中的估价对象没有现实或潜在的利益，与估价委托人及估价利害关系人没有利害关系，也对估价对象、估价委托人及估价利害关系人没有偏见。

（4）我们依照中华人民共和国国家标准《房地产估价规范》（GB/T 50291—2015）、《房地产估价基本术语标准》（GB/T 50899—2013）的规定进行估价工作，撰写估价报告。

（5）我们在估价中没有得到他人的重要专业帮助。

中国注册房地产估价师　×××　　×××

中国注册房地产估价师　×××　　×××

估价假设和限制条件

一、一般假设

① 本次估价假设在价值时点的房地产市场状况为公开、平等、自愿的交易市场，即假设估价对象产权明晰，在公开市场上自由转让，交易双方都具有完全市场信息，对交易对象有必要的专业知识。

② 本次估价报告成立的前提条件是基于持续使用假设，即估价对象能够继续按照实际用途使用。

③ 本次估价假设估价对象可享有合理占用的公共配套设施和水、电、道路交通使用的权益。

④ 本次估价对象的权属信息依据估价委托人提供的不动产权证书等资料，

我公司已对这些资料进行了查验；在无理由怀疑其合法性、真实性、准确性和完整性情况下，假定估价委托人提供的资料合法、真实、准确和完整。由于估价委托人提供资料和范围不真实、不合法或引起的一切后果，由估价委托人自行承担。

⑤ 我们已对估价对象进行了实地查勘，但未对估价对象的房屋安全及环境污染等影响估价对象价值的重大因素进行的专业检测；在无理由怀疑其存在安全隐患的情况下，假设其能够正常安全使用。

⑥ 涉及估价对象的经济行为符合相关法律法规的规定并已获有权部门批准。

二、未定事项假设

本估价报告无未定事项假设。

三、背离事实假设

本估价报告无背离事实假设。

四、不相一致假设

本估价报告无不相一致假设。

五、依据不足假设

本估价报告无依据不足假设。

六、估价报告使用限制

① 价值时点后，估价报告有效期内估价对象的质量及价格标准发生变化，并对估价对象价值产生明显影响时，不能直接使用本估价结论。

② 本次估价结果未考虑国家宏观经济政策发生重大变化以及遇有自然力和其他不可抗力对估价结论的影响。

③ 任何单位和个人未经估价机构书面同意，不得以任何形式发表、肢解本报告。

④ 本估价结果采用委托人提供的相关资料，委托人须对资料的真实性负责。因资料失实造成估价结果有误的，估价机构和估价人员不承担相应的责任。

⑤ 本报告估价结果仅作为委托人在本次估价目的下的使用，未经本估价机构和估价人员同意，估价报告不得向委托人有报告审查权部门以外的单位及个人提供，凡因委托人使用估价报告不当而引起的后果，估价机构和估价人员不

承担相应的责任。

⑥ 本估价报告的全部或其部分内容不得发表于任何公开媒体上，报告解释权归本估价机构所有。

⑦ 本估价报告应用的有效期自出具估价报告日起为一年，即从 2023 年 11 月 6 日至 2024 年 11 月 6 日止。如果使用本估价结果的时间超过了报告应用的有效期，我们对此结果造成的损失不承担责任。

估价结果报告

一、估价委托人

名　　　称：×××

类　　　型：有限责任公司

法定代表人：×××

住　　　所：×××

二、房地产估价机构

单位名称：辽宁×××有限责任公司

地　　址：沈阳市×××路

统一社会信用代码：×××

法定代表人：×××

资格等级：贰级

资格证书编号：第×××号

三、估价目的

为确定房地产抵押贷款额度提供参考依据而评估房地产抵押价值。

四、估价对象

（一）估价对象财产范围

依据委托人提供的不动产权证书等相关权属材料结合估价人员现场查勘情况确认，估价对象的财产范围为位于康平县某加油加气站房地产的房屋所有权及其所分摊的国有土地使用权，包括保证估价对象正常运转的配套设施，不包括估价对象内部动产及依附于估价对象的债权债务、特许经营权等其他财产和权益。详细情况见表16-1。

表16-1 估价对象明细表

名称	不动产权证书号	坐落	权利人	用途	所在层数/总层数	建筑面积/m²	共用宗地面积/m²
估价对象1	辽（2022）康平县不动产权第×××号	康平县×××镇	×××	商业	1/1	101.37	3080
估价对象2	辽（2022）康平县不动产权第×××号	康平县×××镇	×××	其他	1/1	105.69	
合计						207.06	3080

（二）估价对象土地基本情况

至价值时点，根据估价人员现场查勘，估价对象为共用宗地使用权，所在宗地四至为东临巷道、南临巷道、西临政府路、北临巷道；土地形状较规则，地势较平坦，地质条件较好、土壤无污染；开发程度为"六通"。

（三）估价对象建筑物基本情况

估价对象1位于康平县×××镇，建筑面积为101.37 m²，建筑结构为混结构，南北朝向，房屋总层数1层，估价对象位于1层；估价对象装饰装修为外墙涂料，进户门为塑钢门，塑钢窗，地面铺地砖，内墙刷乳胶漆，顶棚木板装饰；房屋通上下水、暖、电等基础配套设施，维护保养一般，综合成新率为80%。

估价对象2位于康平县×××镇，建筑面积为105.69 m²，建筑结构为混结构，南北朝向，房屋总层数1层，估价对象位于1层；估价对象装饰装修为外墙涂料，进户门为塑钢门，塑钢窗，地面铺地砖，内墙刷乳胶漆，顶棚木板装饰；房屋通上下水、暖、电等基础配套设施，维护保养一般，综合成新率为80%。

（四）估价对象权益状况

1. 不动产权状况

依据估价委托人提供的不动产权证书确认，估价对象权益状况见表16-2和表16-3。

表16-2 估价对象1

不动产权证书号	辽（2022）康平县不动产权第×××号
权利人	×××
共有情况	单独所有
坐落	康平县×××镇

表16-2（续）

权利类型	国有建设用地使用权/房屋所有权
权利性质	出让/自建房
用途	商业服务业/商业
面积	土地使用权面积：3080 m²/房屋建筑面积：101.37 m²
使用期限	国有建设用地使用权2004年11月4日至2044年11月3日止
登记日期	2022年9月27日
房屋结构	混结构
房屋总层数	1
所在层数	1

表16-3　估价对象2

不动产权证书号	辽（2022）康平县不动产权第×××号
权利人	×××
共有情况	单独所有
坐落	康平县×××镇
权利类型	国有建设用地使用权/房屋所有权
权利性质	出让/自建房
用途	商业服务业/其他
面积	土地使用权面积：3080 m²/房屋建筑面积：105.69 m²
使用期限	国有建设用地使用权2004年11月4日至2044年11月3日止
登记日期	2022年9月27日
房屋结构	混结构
房屋总层数	1
所在层数	1

2. 他项权利状况

根据权利人提供的不动产登记资料以及法定优先受偿权利及其他他项权调查表，于价值时点估价对象未被查封；未设立抵押权登记，无租赁权、居住权设定。根据实地查勘，估价对象为自用状态。

五、价值时点

依据估价目的，经与估价委托人商定，本次价值时点为现场查勘日，即2023年10月27日。

六、价值类型

本报告的价值类型为抵押价值。估价对象的抵押价值是估价对象假设未设立法定优先受偿权下的价值减去注册房地产估价师知悉的法定优先受偿款后的价值。

法定优先受偿款是指假定在价值时点实现抵押权时，已存在的且法律、行政法规先于本次抵押贷款受偿的款额，包括已抵押担保的债权数额、发包人拖欠承包人的建设工程价款、其他法定优先受偿款。

七、估价原则

(一) 独立客观公正

要求站在中立的立场上，实事求是、公平正直地评估出对各方估价利害关系人均是公平合理的价值或价格。

(二) 合法原则

要求估价结果是在依法判定的估价对象状况下的价值或价格。

(三) 价值时点原则

要求估价结果是在根据估价目的确定的某一特定时间的价值或价格。

(四) 替代原则

要求估价结果与估价对象类似房地产同等条件下的价值或价格偏差在合理范围内。

(五) 最高最佳利用原则

要求估价结果是在估价对象最高最佳利用状况下的价值或价格。

(六) 谨慎原则

要求在影响估价对象价值或价格的因素存在不确定性的情况下对其作出判断时，应充分考虑其导致估价对象价值或价格偏低的一面，慎重考虑其导致估价对象价值或价格偏高的一面的原则。

八、估价依据

（一）有关法律、法规、政策性文件

①《中华人民共和国民法典》（第十三届全国人民代表大会第三次会议通过，自2021年1月1日起施行）。

②《中华人民共和国资产评估法》（第十二届全国人民代表大会常务委员会第二十一次会议第三次修正，自2016年12月1日起施行）。

③《中华人民共和国城市房地产管理法》（第十三届全国人民代表大会常务委员会第十二次会议第三次修正，自2020年1月1日起施行）。

④《中华人民共和国土地管理法》（第十三届全国人民代表大会常务委员会第十二次会议修正，自2020年1月1日起施行）。

⑤《城市房地产抵押管理办法》（1997年5月9日建设部令第56号发布，根据2001年8月15日建设部令第98号、2021年3月30日住房和城乡建设部令第52号修改，2021年3月30日起施行）。

⑥《房地产抵押估价指导意见》（中华人民共和国建设部、中国人民银行、中国银行业监督管理委员会发布，自2006年3月1日起施行）。

（二）技术标准、规程、规范

①《房地产估价规范》（GB/T 50291—2015）。

②《房地产估价基本术语标准》（GB/T 50899—2013）。

（三）估价委托人提供的有关资料

①不动产权证书。

②营业执照。

③法定优先受偿权利及其他他项权调查表。

（四）估价机构和估价人员掌握和收集的有关资料

①实地查勘照片和记录。

②沈阳市房地产市场信息。

③沈阳市建筑工程造价信息。

④人民银行公布的贷款市场报价利率。

⑤估价对象附近房地产投资回报市场信息。

⑥估价机构积累的其他相关信息资料。

⑦ 估价人员掌握的其他相关信息资料。

九、估价方法

（一）估价方法的适用性分析

根据《房地产估价规范》（GB/T 50291—2015），房地产估价常用的方法有比较法、收益法、成本法和假设开发法，各估价方法的适用性分析如下。

1. 比较法

比较法是选取一定数量的可比实例，将它们与估价对象进行比较，根据其间的差异对比可比实例成交价格进行处理后得到估价对象价值或价格的方法。采用比较法对房地产进行估价需要具备的条件是在价值时点的近期有较多类似房地产的交易。房地产市场不够发育或者类似房地产的交易较少的地区，难以采用比较法估价。

本报告估价对象证载用途为商业，实际用途为加油加气站，根据市场调查结果，该类房屋在房地产市场中多数为自建房屋，房屋结构、布局往往与特定生产用途下的生产工艺相适应，在市场中更是缺少交易行为，因此对于估价对象整体而言，比较法不是最适宜的估价方法。

2. 收益法

收益法是预测估价对象的未来收益，利用报酬率或资本化率、收益乘数将未来收益转换为价值得到评估对象价值或价格的方法。采用收益法对房地产进行估价需要具备的条件是房地产的未来收益和风险都能够较准确地量化。

本报告估价对象证载用途为商业，实际用途为加油加气站，相关经营收益材料较完善，未来收益和风险可以准确量化，本次报告采用收益法进行估价。

3. 成本法

成本法是测算估价对象在价值时点的重置成本或重建成本和折旧，将重置成本或重建成本减去折旧得到评估对象价值或价格的方法。

本报告估价对象证载用途为商业，实际用途为加油加气站，其于估价期日的重置成本无法准确测量，不具有采用成本法估价的条件，本次不选用成本法进行估价。

4. 假设开发法

假设开发法是求得估价对象后续开发的必要支出及折现率或后续开发的必要支出及应得利润和开发完成后的价值，将开发完成后的价值和后续开发的必要支出折现到价值时点后相减，或将开发完成后的价值减去后续开发的必要支出及应得利润得到评估对象价值或价格的方法。假设开发法一般适用于具有开发或再开发潜力并且其开发完成后的价值可采用比较法、收益法等方法求取的房地产。采用假设开发法对评估对象进行估价的效果，除了取决于估价专业人员对方法本身掌握得如何，还要求有一个良好的社会经济环境。

本报告估价对象为已建成的房屋，无须再行开发，也不具有再开发潜力，因而不具备采用假设开发法进行估价的条件。

综合以上分析，本报告中采用收益法进行估价，而不采用市场比较法、成本法和假设开发法。

（二）估价方法及公式

收益法是预测估价对象的未来收益，利用报酬率或资本化率、收益乘数将未来收益转换为价值得到估价对象价值或价格的方法。

基本公式为：

$$V = \frac{a}{r}\left[\frac{1}{(1+r)^n}\right]$$

式中，V ——房地产价格；

　　　a ——房地产年净收益；

　　　r ——报酬率；

　　　n ——剩余收益年期。

（三）估价技术路线

① 采用收益法确定估价对象在假设未设立法定优先受偿权下的房地产价值。

② 确定估价对象的法定优先受偿款。

③ 将估价对象在假设未设立法定优先受偿权下的房地产价值扣除法定优先受偿款，求取估价对象抵押价值。

十、估价结果

根据估价目的，按照估价程序，遵循估价原则，结合估价对象具体情况，采用科学的估价方法，测算出估价对象在价值时点2023年10月27日的估价结果如下：

假定未设定法定优先受偿款下的房地产价值：2041319元；

估价师知悉的法定优先受偿款：0；

房地产抵押价值：2041319元。

人民币（大写）金额：贰佰零肆万壹仟叁佰壹拾玖元整。

十一、注册房地产估价师签字

姓名	注册号	签名	签名日期
			年　月　日

十二、实地查勘期

2023年10月27日

十三、估价作业期

2023年10月27日—2023年11月6日

十四、变现能力分析

（一）影响估价对象变现能力的因素及分析

房地产变现能力是指假定在价值时点实现抵押权时，在没有过多损失的条件下，将抵押房地产转换为现金的可能性。对于估价对象的变现能力分析详见表16-4。

表16-4　估价对象的变现能力分析

影响因素	分析
通用性	估价对象规划用途与实际用途一致，其建筑形式符合一般用房需要，通用性较强
独立使用性	估价对象为商业房地产，功能完整，除了受建筑共用部位及共用设施使用限制外，无其他影响独立使用的重要不利因素，独立使用性较好
可分割转让性	估价对象为商业房地产，其供水、供电等由城市公共服务系统提供，受这些公共功能限制，为保持其成套商业服务功能，法律法规规定不得分割转让。根据此产权状况及用途，委托估价对象不可分割转让
区位	估价对象位于康平县，具有便利的交通及配套优势，有利于估价对象变现
开发程度	估价对象为已建成并投入使用的房屋以及使用土地使用权，目前维护保养状况一般，对估价对象变现无不利影响
价值大小	估价对象总体价值量较大，对潜在购买者的资金能力要求较高，不利于估价对象快速变现
市场状况	现阶段房地产市场运行平稳，房地产市场状况对估价对象的变现无不利影响

（二）变现价格与市场价值差异程度分析

假定在价值时点强制处分估价对象，其实现的价格要受估价对象所在区域市场发育的完善程度、交易时的价外手续费、竞价空间、快速变现的付款方式、双方无合理的谈判周期、潜在购买群体受到限制及心理排斥等因素影响，一般比市场价值要低。根据对影响估价对象变现能力的因素的分析，当对估价对象进行变现处置时，其可实现价格与市场价值有一定差异，预计最可能成交价格为其评估市场价格的70%左右。

（三）变现时间长短估计

假定在价值时点强制处分估价对象，卖方价外手续费、竞价空间、双方无合理的谈判周期、快速变现的付款方式及目前拍卖市场成交活跃程度等因素将会导致一定的价值减损。通过上述估价对象通用性、独立使用性、可分割转让性的分析，结合估价经验及房地产市场状况综合判断，类似房地产的变现时间约为6个月。但具体变现的时间长短要根据以上所述各项因素综合确定。

（四）变现费用、税金的种类

以采用司法强制拍卖为例，抵押权实现及拍卖变现过程中可能发生的费用、税金种类如下。

① 诉讼费用，如案件受理费、执行费、司法鉴定费、律师费用等。

② 交易税费，如增值税及附加、个人所得税、印花税、交易费等。

③ 实施拍卖需要的费用，如价值评估费用、拍卖佣金等。

（五）清偿顺序

根据《中华人民共和国民法典》《城市房地产抵押管理办法》，处分抵押房地产所得金额，依下列顺序分配。

① 支付处分抵押房地产的费用。

② 扣除抵押房地产应缴纳的税款。

③ 支付优先于抵押权人债权法定优先受偿款。

④ 偿还抵押权人债权本息及支付违约金。

⑤ 赔偿由债务人违反合同而对抵押权人造成的损坏。

⑥ 剩余金额交还抵押人。

十五、风险提示

（一）预期导致房地产抵押价值未来下跌的风险

本次抵押评估是评估设定抵押时的房地产价值，但抵押期限是一年或多年，还有还款的宽限期，若抵押期间房地产市场变动造成房地产价值下降就会形成预期风险。房地产市场是地区性市场，当地市场环境条件变化的影响比国家市场环境条件变化影响大得多。调控政策变化会影响房地产市场的变化，形成预期风险。

根据委托人提供的相关证明材料及估价人员经验，估价对象的抵押价值还可能受以下几个方面影响或限制而下降，需要报告使用人予以充分关注。

①经济衰退或房地产政策调整致使区域内房地产市场整体价值下跌。

②人为使用不当或自然因素使得房地产加速贬值。

③经营方经营不当会导致估价对象的市场价格降低。

④市场上出现配套设施更完善、功能更先进的替代品造成抵押物功能折旧，导致房地产抵押价值下降。

⑤环境因素或区位条件恶化、物业管理等因素导致小区品质下降等情况引起抵押物外部不经济，导致房地产抵押价值下降。

⑥有关抵押物的心理阴影（恶性案件、经营失败、破产等）导致房地产抵押价值下降。

（二）估价对象状况和房地产市场状况因时间变化对房地产抵押价值可能产生的影响

随着时间的推移，估价对象将面临使用功能退化、外观及配套设施老化、抵押期间的使用耗损、风险等问题，其价值可能自然降低。另外，房地产在经营或使用过程中，若存在经营环境、带租约和物业管理等问题，及涉及政府、业主、消费者和管理者的关系，这些工作处理不当，也可能造成房地产的贬值或空置率增加，影响物业价值的实现。

房地产市场会发生变化，估价对象房地产状况也会发生变化。因此随着时间的推移，估价对象的价值也会发生变化，增值或减损均有发生的可能，抵押权人应当特别关注估价对象价值的减损。本报告估价结果是估价对象在价值时点的房地产抵押价值，建议抵押权人密切关注估价对象及房地产市场状况。

（三）未来可能产生的房地产信贷风险关注点

未来可能产生的房地产信贷风险关注点包括抵押房地产自身风险及系统风险，尤其是抵押期限较长的抵押贷款项目，建议抵押权人密切关注抵押物状况及市场动态，监测风险。主要风险点分析如下。

①市场是不断变化的，房地产市场的供给与需求也在不断变化，而供求关系的变化必然造成房地产抵押物价格的波动，这种风险极大影响抵押房地产的变现。

②政府有关房地产的税收、住房、价格、金融、环境保护等政策都会对房地产收益目标的实现产生巨大影响，从而给抵押权人带来风险。

③抵押期间抵押物仍由抵押人占有、使用、收益。在抵押期间正常使用房地产也会造成抵押物的一般损耗；不当使用或空置，质量隐患，管理维护不妥，甚至火灾等意外，会造成其价值严重减损甚至消失。

④当抵押人不能履行债务时，抵押权人是要将其抵押房地产变现，而不是收回抵押物。这时会出现因处置抵押物的短期性、强制性、变现能力差和处置发生的税和费形成价值减损甚至资不抵债的风险。

⑤或然损失风险。火灾、风灾或其他偶然发生的自然灾害引起的抵押房地产的损失。

⑥抵押人信用、道德影响还贷计划，其企业的经营、管理决定着还贷能力。

⑦在金融活动中，房地产抵押担保仅仅是一种保障方式，借款人信用以及还款能力需要金融机构相关人员核实、评价与认定。金融机构对借款人还款能力与意愿的考察是借款安全的基本保障。

根据估价委托，本次评估是为申请抵押贷款服务，金融机构在操作中要落实好抵押权登记事宜，避免抵押落空，或重复放贷，增大信贷风险。

⑧其他因素。其他因素包括估价师在本次估价中可能不知悉的或不可预测的风险，如在价值时点估价对象是否存在隐藏的不明显的物业缺陷、不可预见的法律诉讼等因素，或者抵押期间抵押人持续经营能力下降造成引起诉讼等限制经营因素，都会导致房地产抵押价值或抵押净值下跌。

（四）合理使用评估价值

请充分注意市场风险及估价对象的变现能力，合理使用估价结果，估价结果仅供委托人参考，具体用于抵押的房地产范围及可担保的数额最终由抵押当事人协商确定。

鉴于目前金融机构贷款风险管理办法等规定涉及抵押物变现价值的计算，

考虑到报告使用人按其内部规定将自行判断将来可能的变现损失。因此，为避免造成重复扣减，本次估价结果未扣除未来可能的变现损失，特提请报告使用人注意。

（五）定期进行再评估

鉴于估价对象、相关产业和房地产市场、经济形势的特点，建议抵押权人应定期或者在有关情况变化较快时对房地产抵押价值进行再评估。

估价技术报告

一、区位状况描述与分析

（一）区位状况

位置状况：估价对象坐落于沈阳市康平县×××镇，康东临巷道、南临巷道、西临政府路、北临巷道，距康平百货大楼约2 km。

交通状况：周围有政府路经过，路网较密集；出入可利用康平 K301 路公交线路，交通条件一般；无交通管制；停车方便程度一般，交通条件一般。

外部配套设施状况：区域内基础设施完善，供水、排水、供电、燃气、暖气等市政配套设施齐全，区域内通信、宽带等设施均已接通，可以满足居民生活需要。区域内公共服务设施较完善，分布有康平百货大楼等公共服务设施。

环境状况：估价对象所在区域为城镇住宅区，周围人群多为本市常住人口，人文环境一般，距广场、公园较远，自然环境一般，区域内高层建筑较多，景观一般。

（二）区位状况分析

估价对象所在区域为城镇住宅区，楼层一般，东西朝向，位置一般，区域内交通状况一般，基础设施及公共配套设施较完善，人文环境一般，居民生活便利程度较好。综合评价，估价对象所处区域区位状况一般，对估价对象价值无不利影响。

二、实物状况描述与分析

(一) 估价对象土地实物状况

至价值时点,根据估价人员现场查勘,估价对象为共用宗地使用权,所在楼宇宗地四至为东临巷道、南临巷道、西临政府路、北临巷道;土地形状较规则,地势较平坦,地质条件较好、土壤无污染;开发程度为"六通"。

(二) 估价对象建筑物基本情况

估价对象1位于康平县×××镇,建筑面积为101.37 m²,建筑结构为混结构,南北朝向,房屋总层数1层,估价对象位于1层;估价对象装饰装修为外墙涂料,进户门为塑钢门,塑钢窗,地面铺地砖,内墙刷乳胶漆,顶棚木板装饰;房屋通上下水、暖、电等基础配套设施,维护保养一般,综合成新率为80%。

估价对象2位于康平县×××镇,建筑面积为105.69 m²,建筑结构为混结构,南北朝向,房屋总层数1层,估价对象位于1层;估价对象装饰装修为外墙涂料,进户门为塑钢门,塑钢窗,地面铺地砖,内墙刷乳胶漆,顶棚木板装饰;房屋通上下水、暖、电等基础配套设施,维护保养一般,综合成新率为80%。

(三) 实物状况分析

估价对象使用土地地质条件良好、开发程度高,建筑特征与规划功能相适应。截至价值时点,估价对象内部装饰装修以及水、电、暖气等设施设备及系统均处于可正常使用状态,短期内无须进行更新改造。估价师综合分析后认为,估价对象使用状态与同类使用中的房屋相比水平相当,对估价对象价值无不利影响。

三、权益状况描述与分析

(一) 不动产权状况

依据估价委托人提供的不动产权证书确认,估价对象1权益状况见表16-5。

表16-5 估价对象1不动产权证书信息

不动产权证书号	辽(2022)康平县不动产权第×××号
权利人	×××
共有情况	单独所有

表16-5（续）

坐落	康平县×××镇
权利类型	国有建设用地使用权/房屋所有权
权利性质	出让/自建房
用途	商业服务业/商业
面积	土地使用权面积：3080 m^2/房屋建筑面积：101.37 m^2
使用期限	国有建设用地使用权2004年11月4日至2044年11月3日止
登记日期	2022年9月27日
房屋结构	混结构
房屋总层数	1
所在层数	1

依据估价委托人提供的不动产权证书确认，估价对象2权益状况见表16-6。

表16-6 估价对象2不动产权证书信息

不动产权证书号	辽（2022）康平县不动产权第×××号
权利人	×××
共有情况	单独所有
坐落	康平县×××镇
权利类型	国有建设用地使用权/房屋所有权
权利性质	出让/自建房
用途	商业服务业/其他
面积	土地使用权面积：3080 m^2/房屋建筑面积：105.69 m^2
使用期限	国有建设用地使用权2004年11月4日至2044年11月3日止
登记日期	2022年9月27日
房屋结构	混结构
房屋总层数	1
所在层数	1

（二）他项权利状况

根据权利人提供的不动产登记资料以及法定优先受偿权利及其他他项权调查表，于价值时点估价对象未被查封；未设立抵押权登记，无租赁权、居住权设定。根据实地查勘，估价对象为自用状态。

（三）权益状况分析

估价对象属已完成不动产登记的房地产，根据不动产登记有关规定，委托人拥有估价对象房屋所有权及其土地使用权，权益状况清晰；至价值时点无抵押权限制，无租赁权、居住权限制，估价对象属于《中华人民共和国民法典》规定可以抵押的财产。

四、市场背景描述与分析

（一）经济社会发展状况

2022年前三季度，沈阳实现国内生产总值5527.1亿元，按可比价格计算，同比增长3.8%，环比增长1.2%。其中，第一产业199.3亿元，增长2.9%；第二产业2059.9亿元，增长4.8%；第三产业3267.9亿元，增长3.3%。

1—11月份，沈阳市规模以上工业增加值同比增长4.1%，其中11月当月增长7.6%。从三大门类看，采矿业增加值增长7.0%，制造业增加值增长3.9%，电力、热力、燃气及水生产和供应业增加值增长2.4%。

沈阳市固定资产投资同比增长7.7%，其中11月当月增长12.9%。从三次产业看，第一产业投资下降35.2%，第二产业投资增长28.8%，第三产业投资增长3.2%。沈阳市限额以上单位实现消费品零售额1575.2亿元，同比下降0.5%。其中，11月当月限额以上单位实现消费品零售额150.9亿元，下降8.6%。全市实现进出口总额1292.3亿元，同比下降0.8%。其中，出口总额484.7亿元，增长11.3%；进口总额807.6亿元，下降6.9%。沈阳市一般公共预算收入1372.4亿元，扣除留抵退税因素后可比增长3.0%（按自然口径计算下降5.0%）。沈阳市一般公共预算支出929.3亿元，增长2.1%。沈阳市金融机构本外币各项存款余额20854.3亿元，同比增长7.4%。金融机构本外币各项贷款余额20562.3亿元，增长7.7%。沈阳市居民消费价格同比上涨1.7%。

2022年以来，沈阳市高效统筹疫情防控和经济社会发展，加力落实稳经济一揽子政策措施，全市经济继续保持平稳恢复态势。

（二）房地产市场整体状况

2022年1—11月，沈阳市房地产开发投资完成903.4亿元，同比下降23.6%。其中，住宅投资765.3亿元，下降20.9%；商业营业用房投资69.0亿元，下降33.6%；办公楼投资21.5亿元，增长19.3%。

施工面积6789.5万㎡，下降13.2%，其中，住宅施工面积4740.0万㎡，下降15.8%；商业营业用房施工面积776.2万㎡，下降20.6%；办公楼施工面积257.4万㎡，下降5.5%。新开工面积446.8万㎡，下降68.2%，其中，住宅新开工面积287.8万㎡，下降71.3%；商业营业用房新开工面积39.8万㎡，下降77.5%；办公楼新开工面积21.4万㎡，下降23.6%。

2022年1—11月沈阳市房地产市场销售总面积653.48万㎡，成交套数55752套。其中，住宅销售总面积497.69万㎡，成交套数45272套，商业销售总面积115.98万㎡，成交套数10105套，工业销售总面积39.81万㎡，成交套数375套。总体成交量和成交价格低于上一年度，房地产市场状况不容乐观，短期市场修复艰难。

（三）商业房地产市场状况

2022年受全国经济环境和疫情影响，沈阳商品住宅市场持续降温，1—11月全市商品住宅销售总面积497.69万㎡，成交套数45272套。其中，普通住宅销售总面积497.69万㎡，成交套数45272套；洋房销售总面积100.05万㎡，成交套数7873套；联排销售总面积22.31万㎡，成交套数1090套；叠拼销售总面积11.38万㎡，成交套数772套。2022年12月，沈阳新建商品住宅均价13063元/米²，环比上升0.16%，但较去年同期下跌4.57%。沈阳二手商品住宅均价9409元/米²，环比上月下跌0.02%，同比去年同期下跌5.89%。

2022年开发商谨慎拿地，土地成交量和成交价额均低于上一年度，土地市场热度持续下降。第一次集中供地5宗涉宅用地，底价成交4宗，流拍1宗，总成交价13.99亿元，总出让面积14.28万㎡。第二次供地13宗涉宅用地，地价成交10宗，流拍3宗，总成交价49.31亿，总出让面积约62.4万㎡。

楼市数据的转强离不开国家对于房地产刺激政策的持续输出。"保交楼""金融23条""金融16条""三支箭"等鼓励政策不断推出，金融市场上，地产股行情也是反复出现。从中央经济工作会议大篇幅提及房地产到高层多次正向表态，再到从疫情防控到恢复经济转向，无论是行业自身，还是宏观经济，楼市利好山呼海啸般地释放。中央经济工作会议在保交楼、融资、支持刚性和改善性住房需求等方面均有表述，还提出推动房地产业向新发展模式。2023年，沈阳市商业房地产市场以"稳"为主。尽管房地产市场没有走出强势回暖，但楼市的修复基调已经确立，预计2023年沈阳商品住宅市场价格虽然回升乏力，但是下行趋势将有所改善，商业房地产市场整体趋势以保持稳定为主。

可预见的未来，沈阳市商业房地产市场将继续平稳运行，房地产市场将会出现价格波动，成交价格不会大幅下跌。

五、最高最佳使用分析

根据估价目的，本次估价应以估价对象最高最佳利用为前提。估价对象为在用房地产，目前作为自建营业室使用。根据《房地产估价规范》（GB/T 50291—2015），其最高最佳利用应从维持现状继续利用、更新改造再予以利用、改变用途再予以利用、改变规模再予以利用、重新开发再予以利用以及上述利用方式的某种组合或其他特殊利用等利用方式中进行判断和选择。

（一）法律上允许分析

估价对象的设计用途为商业，实际用途为自建营业室，实际用途符合设计用途以及建筑特征及标准要求，且小区不存在拆除改造等相关规划。因此，从现有房地产法律管理要求角度，估价对象的最高最佳利用方式应排除改变用途再予以利用、改变规模再予以利用以及重新开发再予以利用等利用方式。

（二）技术上可能分析

根据以上分析，估价对象可选择的利用方式为维持现状继续利用、更新改造再予以利用。估价对象为普通建筑，已经建成使用，现状使用以及在现状基础上适当改造利用均无技术上的限制。

（三）财务上可行分析

估价对象现有配套设施都与设计用途相适用，无须更新改造，因此从财务可行性分析，估价对象的最高最佳利用方式应排除更新改造再予以利用方式。

（四）价值最大化判断

从法律上允许、技术上可能、财务上可行三方面判断的结论可以看出，估价对象维持现状用途持续合理使用既符合其规划设计要求，又符合其实际的装修及配套设备设施要求。因此，维持现状持续合理使用是使估价对象价值最大化的利用方式之一。根据估价目的，从谨慎原则出发，本报告以估价对象维持现状用途继续利用为估价前提。

六、估价方法适用性分析

（一）估价方法的适用性分析

根据《房地产估价规范》（GB/T 50291—2015），房地产估价常用的方法有比较法、收益法、成本法和假设开发法。各估价方法的适用性分析如下。

1. 比较法

比较法是选取一定数量的可比实例，将它们与估价对象进行比较，根据其间的差异对比可比实例成交价格进行处理后得到估价对象价值或价格的方法。采用比较法对房地产进行估价需要具备的条件是在价值时点的近期有较多类似房地产的交易。房地产市场不够发育或者类似房地产的交易较少的地区，难以采用比较法估价。

本报告估价对象证载用途为商业，实际用途为加油加气站，根据市场调查该类房屋在房地产市场中多数为自建房屋，房屋结构、布局往往与特定生产用途下的生产工艺相适应，在市场中更是缺少交易行为，因此对于估价对象整体而言，比较法不是最适宜的估价方法。

2. 收益法

收益法是预测估价对象的未来收益，利用报酬率或资本化率、收益乘数将未来收益转换为价值得到评估对象价值或价格的方法。采用收益法对房地产进行估价需要具备的条件是房地产的未来收益和风险都能够较准确地量化。

本报告估价对象证载用途为商业，实际用途为加油加气站，相关经营收益材料较完善，未来收益和风险可以准确量化，本次报告采用收益法进行估价。

3. 成本法

成本法是测算估价对象在价值时点的重置成本或重建成本和折旧，将重置成本或重建成本减去折旧得到评估对象价值或价格的方法。

本报告估价对象证载用途为商业，实际用途为加油加气站，其于估价期日的重置成本无法准确测量，不具有采用成本法估价的条件，本次不选用成本法进行估价。

4. 假设开发法

假设开发法是求得估价对象后续开发的必要支出及折现率或后续开发的必要支出及应得利润和开发完成后的价值，将开发完成后的价值和后续开发的必要支出折现到价值时点后相减，或将开发完成后的价值减去后续开发的必要支出及应得利润得到评估对象价值或价格的方法。假设开发法一般适用于对具有开发或再开发潜力并且其开发完成后的价值可采用比较法、收益法等方法求取的房地产。采用假设开发法对评估对象进行估价的效果，除了取决于估价专业人员对方法本身掌握的如何，还要求有一个良好的社会经济环境。

本报告估价对象为已建成的房屋，无须再行开发，也不具有再开发潜力，因而不具备采用假设开发法进行估价的条件。

综合以上分析，本报告中采用收益法进行估价，而不采用市场比较法、成本法和假设开发法。

(二) 估价方法定及公式

收益法是预测估价对象的未来收益，利用报酬率或资本化率、收益乘数将未来收益转换为价值得到估价对象价值或价格的方法。

基本公式为：

$$V = \frac{a}{r}\left[\frac{1}{(1+r)^n}\right]$$

式中，V ——房地产价格；

a ——房地产年净收益；

r ——报酬率；

n ——剩余收益年期。

七、估价测算过程

(一) 评估过程

1. 年经营总收入

估价对象位于康平县×××镇，该站周边为生活区，周边地区车辆保有量大幅度提升。区域车流量一般，周围加油加气站较少，服务半径较合理。故该宗地地理位置优越，建站较为有利，稀缺性较强。

该加油加气站共有3台加油机、1台加气机、储油罐、配电屏、发电机组等配套设施。

根据估价对象规模、经营情况等，调查同行业收益作为其客观收益。经综合分析确定估价对象年总收益见表16-7。

表16-7　加油加气站收益调查数据表

名称	天数	日平均车次	单车平均加气量/kg（加油量/L）	油价/(元·L^{-1})　燃气/(元·kg^{-1})	年收入/元
柴油0#	365	15	15	7.7	632363
汽油92#	365	20	10	8.09	590570
汽油95#	365	20	10	8.63	629990
燃油合计		55			1852923
LNG	365	20		4.3	313900
CNG	365	20	10	5.2	379600
燃气合计		40			693500
总计					2546423

由表16-7可知估价对象平均每年不含税营业总收入2546423元。其中，燃油平均每年不含税营业收入1852923元，燃气不含税每年营业收入693500元。

$$年收益总收入 = 1852923 + 693500 = 2546423（元）$$

2. 年经营总成本

（1）销售成本。根据市场调查并结合估价对象实际经营数据分析，燃油销售成本一般为经营收入的82%，燃气销售成本一般为经营收入的79%。

$$燃油不含税销售成本 = 1852923 \times 82\% \approx 1519397（元）$$
$$燃气不含税销售成本 = 693500 \times 79\% = 547865（元）$$
$$年不含税销售成本 = 1519397 + 547865 = 2067262（元）$$

（2）销售费用。根据市场调查并结合估价对象实际状况，燃油、燃气销售费用，一般为经营收入的3%。

$$销售费用 = 2546423 \times 3\% \approx 76393（元）$$

（3）经营管理费。经营管理费主要为管理费用，包括工作人员工资费用、交通运输费等，根据估价对象实际情况按销售收入的5%计取，即：

$$经营管理费 = 2546423 \times 5\% = 127321（元）$$

（4）财务费用。根据市场调查并结合估价对象实际状况，财务费用一般为经营收入的1%。

$$财务费用 = 2546423 \times 1\% \approx 25464（元）$$

（5）税金及附加。经营加油加气站，主要税费有增值税、城市建设维护和教育费附加、地方教育费附加、房产税、城镇土地使用税。

① 应交增值税。燃油销项税额为不含税销售收入的13%，即$1852923 \times 13\% \approx 240880$（元）；进项税额为不含税销售成本的13%，即$1519397 \times 13\% \approx 197522$（元）。

燃气销项税额为不含税销售收入的13%，即$693500 \times 13\% = 90155$（元）；进项税额为不含税销售成本的13%，即$547865 \times 13\% = 71222$（元）。

$$\begin{aligned}应交增值税 &= 总销项税额 - 总进项税额 \\ &= （240880 + 90155）-（197522 + 71222）\\ &= 62291（元）\end{aligned}$$

② 城市维护建设税。城市维护建设税额为应交增值税的7%。

$$城市维护建设税额 = 应交增值税 \times 7\% = 62291 \times 7\% \approx 4360（元）$$

③ 教育费附加。教育费附加为应交增值税的3%。

$$教育费附加 = 应交增值税 \times 3\% = 62291 \times 3\% = 1869（元）$$

④ 地方教育费附加。地方教育费附加为应交增值税的2%。

地方教育费附加 = 应交增值税 × 2% = 62291 × 2% ≈ 1246(元)

⑤ 房产税。房产税依照房产原值一次减除10%～30%后的余值计算缴纳。具体减除幅度由省、自治区、直辖市人民政府规定。房产税的税率依照房产余值计算缴纳的，税率为1.2%，该加油加气站依照房产原值一次减除30%后的余值计算缴纳。根据加油加气站固定资产账目记载，该站建筑物的建造成本为1500元/米²。

$$年房产税 = 房产原值(1 - 一次减除率) × 房产税率$$
$$= 1500 × 207.06 × (1-30\%) × 1.2\% ≈ 2609(元)$$

⑥ 城镇土地使用税。根据《辽宁省城镇土地使用税实施办法》规定，土地使用税按土地使用证确认的占地面积计算征收。该地区地段税额为6元/(米²·年)。

$$土地使用税 = 土地面积 × 每平方米年税额$$
$$= 3080 × 6 = 18480(元)$$

⑦ 税金及附加合计。

$$税金及附加合计 = 增值税 + 城市维护建设税 + 教育费附加 +$$
$$地方教育费附加 + 房产税 + 城镇土地使用税$$
$$= 62291 + 4360 + 1869 + 1246 + 2609 + 18480$$
$$= 90855 (元)$$

（6）年经营总成本。

$$年经营总成本 = 年销售成本 + 年销售费用 + 年经营管理费 +$$
$$年财务费用 + 年税金及附加$$
$$= 2067262 + 76393 + 127321 + 25464 + 90855$$
$$= 2387295(元)$$

3. 年纯收益

$$年纯收益 = 年经营总收入 - 年经营总成本$$
$$= 2546423 - 2387295$$
$$= 159128(元)$$

4. 报酬率

报酬率也称为回报率、收益率，采用的报酬率应等同于与获取估价对象净收益具有同等风险的投资的报酬率，不同地区、不同时期、不同用途或不同类型的房地产，同一类型房地产的不同权益、不同收益类型，风险不同，报酬率也不尽相同。

本次估价采用累加法确定报酬率，公式如下：

$$报酬率 = 无风险报酬率 + 投资风险补偿率 + 管理负担补偿率 +$$
$$缺乏流动性补偿率 - 投资带来的优惠率$$

其中，投资风险补偿率、管理负担补偿率和缺乏流动性补偿率是承担额外风险所要求的补偿，即超过安全利率以上部分的报酬率，并应根据估价对象及其所在地区、行业、市场等存在的风险来确定。风险调整值一般由投资风险补偿率、管理负担补偿率、缺乏流动性补偿率组成。

报酬率的确定详见表16-8。

表16-8　报酬率的确定

序号	项目	内容	理由	取值/%
1	无风险报酬率	无风险利率又称安全利率，是指没有风险的投资报酬率	取价值时点中国人民银行一年期银行存款利率	1.5
2	投资风险补偿率	是指当投资者投资于收益不确定、具有一定风险性的房地产时，他必然会要求对所承担的额外风险有所补偿，否则就不会投资	估价对象为商业房地产，通用性较强，市场不确定性较小，投资风险相对较小	2.5
3	管理负担补偿率	指一项投资所要求的操劳越多，其吸引力就会越小，从而投资者必然会要求对所承担的额外管理有所补偿	估价对象作为自营商业房地产，管理负担为日常经营管理，与股票、证券等流动资产相比管理负担较大	0.5
4	缺乏流动性补偿率	是指投资者对所投入的资金由于缺乏流动性所要求的补偿	估价对象为固定资产，与股票、债券等流动资产相比，买卖要困难，变现能力较弱	1.0
5	投资带来的优惠率	是指投资房地产可能获得某些额外的好处，易于获得融资，从而投资者会降低所要求的报酬率	估价对象为房地产，与股票、债券等相比，易于获得融资	0.5
6	资本化率	1＋2＋3＋4－5	—	5.0

通过上述综合分析测算，本次评估的报酬率确定为5.0%。

5. 确定收益期

根据房地产的土地使用权剩余期限确定收益期为21.02年。

6. 房地产价值

$$房地产总价 = 净收入 \div 报酬率 \times [1 - 1 \div (1 + 报酬率)^{收益期}]$$
$$= 159128 \div 5\% \times [1 - 1 \div (1 + 5\%)^{21.02}]$$
$$\approx 2041319(元)$$
$$房地产单价 = 房地产总价 \div 建筑面积$$
$$= 2041319 \div 207.06 \approx 9859(元/米^2)$$

（二）房地产抵押价值

1. 法定优先受偿权

法定优先受偿款是指假定在价值时点实现抵押权时，法律规定优先于本次抵押贷款受偿的款额，包括发包人拖欠承包人的建设工程价款，已抵押担保的债权数额，以及其他法定优先受偿款。根据委托人提供的法定优先受偿权利及其他他项权调查表，估价对象的法定优先受偿权情况见表16-9。

表16-9　法定优先受偿权利及其他他项权调查表

序号	法定优先受偿权	说明	金额/万元
1	发包人拖欠承包人的建设工程价款	估价对象为已取得不动产权证书的房屋，不存在建设工程优先受偿款	0
2	已抵押担保的债权数额	根据估价委托人提供的权属材料及法定优先受偿权利及其他他项权调查表，估价对象未设定有抵押权	0
3	其他法定优先受偿款	根据估价委托人提供的权属材料及法定优先受偿权利及其他他发　项权调查表，估价师未发现其他法定优先受偿款	0
合计		—	0

2. 确定房地产抵押价值

《房地产抵押估价指导意见》规定，房地产抵押价值为抵押房地产在价值时点的市场价值，等于假定未设定立法定优先受偿权利下的市场价值减去房地产估价师知悉的法定优先受偿款。即：

房地产抵押价值 = 假定未设立法定优先受偿权利下的市场价值 –
房地产估价师知悉的法定优先受偿款
= 2041319 – 0 = 2041319(元)

八、估价结果确定

根据估价目的，按照估价程序，遵循估价原则，结合估价对象具体情况，采用科学的估价方法，测算出估价对象在价值时点2023年10月27日的估价结果如下：

假定未设定法定优先受偿款下的房地产价值：2041319元；

估价师知悉的法定优先受偿款：0；

房地产抵押价值：2041319元。

人民币（大写）金额：贰佰零肆万壹仟叁佰壹拾玖元整。

九、附件

（附件应包括估价委托书复印件、估价对象位置图、估价对象实地查勘情况照片、估价对象权属证明复印件、估价对象法定优先受偿款调查情况、估价所依据的其他文件资料、房地产估价机构营业执照和估价师资质证书复印件、注册房地产估价师估价资格证书复印件。）

参考文献

[1] 朱道林.不动产估价[M].北京:中国农业大学出版社,2017.

[2] 叶剑平,曲卫东.不动产估价[M].北京:中国人民大学出版社,2016.

[3] 卢新海,黄善林.土地估价[M].上海:复旦大学出版社,2010.

[4] 麦肯泽.不动产经济学[M].北京:中国人民大学出版社,2009.

[5] 陈龙高,但伯龙.不动产经济学[M].南京:东南大学出版社,2011.

[6] 孙宪忠.中国物权法总论[M].北京:法律出版社,2014.

[7] 崔建远.物权:规范与学说:以中国物权法的解释论为中心[M].北京:清华
     大学出版社,2011.

[8] 城镇土地估价规程:GB/T 18508—2014[S].北京:中国标准出版社,2014.

[9] 农用地估价规程:GB/T 28406—2012[S].北京:中国质检出版社,2012.

[10] 房地产估价规范:GB/T 50291—2015[S].北京:中国建筑工业出版社,2015.